信息系统实证研究的20种重要理论与应用

袁勤俭 朱哲慧 张一涵 等著

机械工业出版社
China Machine Press

图书在版编目（CIP）数据

信息系统实证研究的 20 种重要理论与应用 / 袁勤俭等著 . —北京：机械工业出版社，2020.12（2021.12 重印）

ISBN 978-7-111-67002-5

I. 信… II. 袁… III. 信息系统 – 研究 IV. G202

中国版本图书馆 CIP 数据核字（2020）第 239439 号

  本书以近 20 年实证研究的国内外期刊论文和学位论文作为研究对象，对信息系统实证研究的 20 种重要理论进行了系统梳理，总结其应用现状，并对其实证研究的潜在方向进行了展望。本书不仅系统梳理了一些应用较广、成果丰硕的研究理论，如理性行为理论、社会资本理论等，还将一些研究较少、处于前沿的理论纳入书中，如控制错觉理论、民族志决策树理论等；不仅包括 D&M 信息系统成功模型等信息系统研究的常用理论，还包含社会临场感等跨领域、跨学科的理论。本书有望提高信息管理与信息系统专业的学术地位、社会认可度，为理论体系的构建奠定基础，并为研究人员的实证研究提供理论武器。

  本书适合管理信息系统、电子商务等领域的硕士生、博士生以及从事管理相关领域实证研究的研究人员学习参考。

出版发行：机械工业出版社（北京市西城区百万庄大街 22 号　邮政编码：100037）
责任编辑：程天祥　　　　　　　　　　　　　责任校对：李秋荣
印　　刷：北京捷迅佳彩印刷有限公司　　　　版　　次：2021 年 12 月第 1 版第 2 次印刷
开　　本：185mm×260mm　1/16　　　　　　印　　张：19.25
书　　号：ISBN 978-7-111-67002-5　　　　　定　　价：69.00 元

客服电话：（010）88361066　88379833　68326294　　投稿热线：（010）88379007
华章网站：www.hzbook.com　　　　　　　　　　　　读者信箱：hzjg@hzbook.com

版权所有·侵权必究
封底无防伪标均为盗版
本书法律顾问：北京大成律师事务所　韩光 / 邹晓东

PREFACE 。 **前　言**

　　互联网/移动互联网的广泛应用为信息管理与信息系统学科的发展提供了前所未有的广阔发展空间，各种研究成果、研究理论不断涌现，但是学科理论仍然呈现出碎片化、专精化、"拿来主义"的特点。为了提高信息管理与信息系统学科的学术地位、社会认可度，为了给该学科理论体系的构建奠定基础，为了给越来越多的信息管理与信息系统研究人员的实证研究提供理论武器，对信息系统实证研究的重要理论及其研究应用现状进行系统总结变得至关重要。

　　为实证研究寻找理论基础是研究的重大难点。目前各种研究理论层出不穷，还有大量其他领域的理论应用到信息系统领域，让研究人员目不暇接，同时学习这些理论也要耗费研究人员大量的时间，故迫切需要对这些理论进行梳理。然而，我们在文献调研中发现，虽然有个别论文对某一理论或研究模型进行了评述，但是罕有学者对信息系统实证研究的重要理论进行系统梳理。因此，为了解决研究人员理论搜索难的问题，本书以近20年实证研究的国内外期刊论文和学位论文作为研究对象，对信息系统实证研究的20种重要理论进行了系统梳理，总结其应用现状，并对其实证研究的潜在方向进行了展望。本书不仅系统梳理了一些应用较广、成果丰硕的研究理论，如理性行为理论、社会资本理论等，还将一些研究较少、处于前沿的理论纳入其中，如控制错觉理论、民族志决策树理论等；不仅包括D&M信息系统成功模型等信息系统研究的常用理论，还包含社会临场感等跨领域、跨学科的理论。

本书每章的内容框架主要由三部分构成，方便研究人员快速把握理论精髓：①详细论述信息系统实证研究理论的源流演进。信息系统研究中应用的理论往往来源于多学科、多领域，包括情报学、计算机科学、管理学、社会学、心理学、经济学等，研究人员往往难以通晓这些理论的来龙去脉。有鉴于此，本书以不同理论为研究对象分别论述，对这些理论的起源、不同流派及其演进历程进行了详细论述。以本书中对技术接受模型（TAM）的研究为例，TAM来源于理性行为理论，在发展过程中衍生出了TAM2、UTAUT、TAM3等模型。②全面总结信息系统实证研究理论的应用现状。即使是同一理论，由于研究主题、研究领域、研究背景的不同，且与不同的理论模型相结合，在信息系统领域的研究进展中也会呈现出不同的应用方向。为了帮助研究人员准确把握这些理论的应用进展，本书依据研究问题对信息系统实证研究理论的应用现状进行了全面总结。以本书中对期望确认理论的研究为例，我们发现目前信息系统领域的应用研究多以确认后阶段为核心，探讨模型在不同研究场景中的适应性，对确认前阶段和意愿向行为转化过程的关注则较少，所构建的模型也未能针对信息系统产品的特点体现出差异性。③深入展望信息系统实证研究理论的潜在方向。如果没有对信息系统实证研究之理论及其研究应用的深刻把握，一般研究人员往往难以洞察其中的研究机会。有鉴于此，本书在总结现状的基础上提出研究展望。对于一些已经得到广泛应用的理论来说，研究展望则提供了新背景下的回顾与反思的契机；而对于一些较新的理论，或者是刚刚被移植到信息系统领域内的理论，研究展望则为这些理论的应用构建了想象的空间。以本书中对民族志决策树理论的研究为例，它目前的应用研究主要集中在特定群体的行为研究和用户流失因素研究两方面，未来的研究可在此基础上进一步构建用户流失因素决策树预测模型和复杂用户行为的多阶段民族志决策树模型等。

本书的学术创新和学术价值主要有：①本书对信息系统实证研究的20种重要理论进行了系统梳理，为信息系统实证研究提供了一张"地图"，为研究人员的研究之路提供指引，让研究人员可以根据这张图较易地寻找到自己研究领域所需的理论，从而帮助他们解决搜寻理论基础的难题，可以将更多的科研时间投入研究问题提出、研究方案设计和研究结果讨论上来。②本书详细论述了信息系统实证研究理论的源流演进，这有助于研究人员了解理论的起源、演进、流派，更好地选择适合研究主题的理论，进而对理论未来的发展有所洞见，甚至于提出新的理论。③对信息系统实证研究的所有重要理论的应用现状进行了全面总结，有助于研究人员了解理论的应用现状，避免选题重复，准确把握学界的动态，甚至突破现有的研究窠臼。④本书对信息系统实证研理论的潜在方向进行了深入展望，为信息系统实证研究提供了一副望远镜，研究人员可以从中窥见未来的研究方向。研究人员可以从中选择自己擅长、感兴趣的研究领域进行挖掘，从而实现理论研究、应用研究上的创新。

本书由袁勤俭拟定大纲，共分20章。第1章和第2章由朱哲慧、袁勤俭写作；第3章由孟祥莉、袁勤俭写作；第4章由黄丽佳、袁勤俭写作；第5章由张宁、袁勤俭写作；第6章由徐娟、黄奇、袁勤俭写作；第7章和第20章由朱梦然、颜祥林和袁勤俭写作；第8章由周昊天、黄奇、袁勤俭写作；第9章和第10章由张一涵、袁勤俭写作；第11章和第17章由毛春蕾、袁勤俭写作；第12章和第18章由张桦、岳泉、袁勤俭写作；第13章由费欣意、施云、袁勤俭写作；第14章由杨欣悦、袁勤俭写作；第15章和第19章由朱梦茜、颜祥林、袁勤俭写作；第16章由苏怡、袁勤俭写作。最后，由袁勤俭、朱哲慧、张一涵负责全书统稿和定稿。

本书的出版得到了南京大学信息管理学院"亮点工程"的资助，特此致谢。本书的20章内容是由正式发表在《情报理论与实践》《情报杂志》《情报科学》《现代情报》《信息资源管理学报》等CSSCI期刊上的论文修改而成的。我们对有关信息系统实证理论的研究之所以能坚持不懈，是因为得到了这些高质量期刊持续录用论文的支持和来自匿名审稿专家的鼓励，请允许我们对张薇、王忠军、郝屹、马卓、于媛等主编和编辑老师、匿名审稿专家敬表谢意！我们也要感谢在本书出版过程中，机械工业出版社华章分社的张有利、程天祥等提供的帮助。在著述过程中，我们参阅了大量的国内外优秀成果，我们要向其作者表示衷心的感谢。此外，作为第一作者，我还想向所有参与本书撰写的同事、同学的辛勤劳动致以谢意！

值得指出的是，信息系统实证研究的理论研究本身是一项"大海捞针"式的复杂系统工程，本书是我们历时五年的研究成果。在正式发表的论文基础上，我们还花费了六个月时间再次对所有内容进行了认真的修改，这才形成了本书。虽然在完成本书的过程中，我们竭尽所能追求完美，但由于水平所限，书中仍有不妥和疏漏之处，敬请各位专家和广大读者批评指正（yuanqj@nju.edu.cn），以便再版时更正，提高本书的质量。

袁勤俭

2020年7月于南京大学

目录 CONTENTS

前言

第1章 技术接受模型：用户、环境、时间和系统因素的交互影响 /1

1.1 TAM 理论演变及评述 /2
1.2 TAM 在信息系统研究领域的应用进展 /5
    1.2.1 用户特征在 TAM 中的作用研究 /5
    1.2.2 环境因素在 TAM 中的作用研究 /9
    1.2.3 TAM 在用户使用行为生命周期中的应用研究 /10
    1.2.4 系统差异在 TAM 中的作用研究 /12
1.3 结论与展望 /15
    1.3.1 结论 /15
    1.3.2 展望 /16

第2章 交互记忆系统及其在信息系统研究领域的应用与展望 /18

2.1 TMS 理论演进及评述 /19
2.2 TMS 在信息系统研究领域的应用进展 /20

    2.2.1 TMS 对团队绩效的影响 / 20
    2.2.2 TMS 对知识整合的影响 / 23
  2.3 结论与展望 / 27
    2.3.1 结论 / 27
    2.3.2 展望 / 28

第 3 章 期望确认理论及其在信息系统研究领域的应用与展望 / 30

  3.1 期望确认理论的演化 / 32
  3.2 期望确认理论在信息系统研究领域的应用进展 / 34
    3.2.1 以确认后阶段为核心的适应性研究 / 34
    3.2.2 纳入确认前阶段的延伸性研究 / 41
  3.3 结论与展望 / 45

第 4 章 印象管理理论及其在信息系统研究领域的应用与展望 / 46

  4.1 印象管理理论的起源及演进 / 48
  4.2 印象管理理论在信息系统研究领域的应用进展 / 48
    4.2.1 印象管理的策略研究 / 49
    4.2.2 印象管理的影响因素研究 / 51
    4.2.3 印象管理对员工关系和工作绩效的影响研究 / 53
    4.2.4 印象管理对用户在线参与意愿的影响研究 / 53
  4.3 结论与展望 / 54

第 5 章 社会资本理论及其在信息系统研究领域的应用与展望 / 56

  5.1 社会资本理论的历史演进和理论解读 / 57
    5.1.1 微观层次取向研究 / 58
    5.1.2 中观层次取向研究 / 58
    5.1.3 宏观层次取向研究 / 59
  5.2 社会资本理论的分类研究 / 59
    5.2.1 内容维度研究 / 60
    5.2.2 关系强度研究 / 60
    5.2.3 关系类型研究 / 62
  5.3 社会资本理论的测度研究 / 62
    5.3.1 线下环境的测度研究 / 63

        5.3.2 信息系统领域的测度研究 / 63
    5.4 社会资本理论在信息系统研究领域的应用进展 / 66
        5.4.1 技术与信息系统使用研究 / 67
        5.4.2 在线参与研究 / 70
        5.4.3 知识管理研究 / 72
        5.4.4 表现绩效研究 / 74
    5.5 结论与展望 / 75

第 6 章 沉浸理论及其在信息系统研究领域的应用与展望 / 77
    6.1 沉浸理论的起源及其演化 / 78
        6.1.1 沉浸理论的起源 / 78
        6.1.2 沉浸理论的演化 / 79
    6.2 沉浸理论在信息系统领域的应用研究 / 80
        6.2.1 沉浸的量度指标研究 / 80
        6.2.2 影响沉浸的因素研究 / 84
        6.2.3 沉浸体验对用户使用行为和购买行为的影响研究 / 87
        6.2.4 沉浸体验对用户使用信息系统绩效的影响研究 / 90
        6.2.5 沉浸引发的互联网问题性使用研究 / 91
    6.3 结论与展望 / 93

第 7 章 结构洞理论及其在社交网络研究领域的应用与展望 / 95
    7.1 结构洞理论的演化 / 96
    7.2 结构洞理论及其在社交网络研究中的应用进展 / 97
        7.2.1 结构洞对用户在线参与效果的影响研究 / 98
        7.2.2 结构洞对个体表现绩效的影响研究 / 101
        7.2.3 基于结构洞的信息传播关键主体识别研究 / 103
        7.2.4 结构洞测度指标与算法研究 / 105
    7.3 结论与展望 / 108

第 8 章 资源依赖理论及其在信息系统研究领域的应用与展望 / 110
    8.1 RDT 的起源及演化 / 111
        8.1.1 RDT 的起源 / 111
        8.1.2 RDT 的演化 / 112

8.2 RDT 在信息系统领域的应用进展 /113
　　8.2.1 基于 RDT 的信息技术对组织影响的应用研究 /113
　　8.2.2 基于 RDT 的信息系统采纳的影响因素研究 /116
　　8.2.3 基于 RDT 的信息共享的影响因素研究 /117
8.3 结论与展望 /119

第 9 章　理性行为理论及其在信息系统研究领域的应用与展望 /121

9.1 TRA 的起源与演变 /122
　　9.1.1 TRA 的起源 /122
　　9.1.2 TRA 的演变 /124
9.2 TRA 在信息系统研究领域的应用进展 /125
　　9.2.1 TRA 在信息系统采纳研究方面的应用 /125
　　9.2.2 TRA 在网络平台及信息服务使用研究方面的应用 /128
　　9.2.3 TRA 在用户信息披露和共享研究方面的应用 /131
　　9.2.4 TRA 在信息系统开发、评价研究方面的应用 /133
9.3 结论与展望 /134

第 10 章　计划行为理论及其在信息系统研究领域的应用与展望 /136

10.1 TPB 的起源与演变 /137
　　10.1.1 TPB 的起源 /137
　　10.1.2 TPB 的演变 /139
10.2 TPB 在信息系统研究中的应用进展 /139
　　10.2.1 TPB 在信息系统、技术及服务采纳研究方面的应用 /139
　　10.2.2 TPB 在在线学习意愿及行为研究方面的应用 /146
　　10.2.3 TPB 在信息安全/隐私/伦理研究方面的应用 /148
10.3 结论与展望 /149

第 11 章　社会临场感理论及其在信息系统研究领域的应用与展望 /152

11.1 社会临场感理论及其应用的演化 /153
　　11.1.1 社会临场感理论的起源与演化 /153
　　11.1.2 社会临场感理论的主要应用领域 /154
11.2 社会临场感理论在信息系统研究领域的应用进展 /155
　　11.2.1 社会临场感的影响因素研究 /155

11.2.2 社会临场感对学习绩效的影响研究 / 156

11.2.3 社会临场感在系统设计中的应用研究 / 159

11.2.4 社会临场感对群体行为的影响研究 / 160

11.2.5 社会临场感对用户意向与行为的影响研究 / 161

11.3 结论与展望 / 166

第 12 章 控制错觉理论及其在信息系统研究领域的应用与展望 / 168

12.1 控制错觉理论的起源与演化 / 169

12.1.1 控制错觉理论的起源 / 169

12.1.2 控制错觉理论的演化 / 170

12.2 控制错觉理论在信息系统研究中的应用进展 / 172

12.2.1 控制错觉的影响因素及其产生机理研究 / 172

12.2.2 控制错觉现象及其影响研究 / 174

12.3 结论与展望 / 175

第 13 章 D&M 信息系统成功模型：信息系统净收益、影响因素及设计与优化 / 177

13.1 D&M 信息系统成功模型的演化 / 178

13.1.1 初始 D&M 模型 / 178

13.1.2 Seddon 的信息系统成功模型 / 179

13.1.3 更新后的 D&M 信息系统成功模型 / 180

13.2 D&M 信息系统成功模型的应用述评 / 181

13.2.1 D&M 信息系统成功模型中的净收益研究 / 181

13.2.2 影响信息系统成功的因素 / 183

13.2.3 D&M 信息系统成功模型在用户相关问题研究中的应用 / 189

13.2.4 D&M 信息系统成功模型在系统设计与优化上的应用 / 195

13.3 结论与展望 / 196

第 14 章 民族志决策树理论及其在信息系统研究领域的应用与展望 / 199

14.1 EDTM 的起源和演化 / 200

14.1.1 EDTM 的起源 / 200

14.1.2 EDTM 的演化 / 202

14.2 EDTM 在信息系统研究中的应用现状 / 203

14.2.1　EDTM 在特定群体行为研究中的应用　/ 203

14.2.2　EDTM 在用户流失因素研究中的应用　/ 205

14.3　EDTM 在信息系统研究中的发展展望　/ 205

14.3.1　改进建模与检验方法　/ 206

14.3.2　拓展应用情境　/ 208

14.4　结语　/ 210

第15章　媒介丰富度理论及其在信息系统研究领域的应用与展望　/ 211

15.1　媒介丰富度理论的基本内容及其发展　/ 212

15.1.1　媒介丰富度理论的基本内容　/ 212

15.1.2　媒介丰富度理论的发展　/ 214

15.2　媒介丰富度理论在信息系统研究领域的应用进展　/ 216

15.2.1　媒介丰富度对表现绩效的影响研究　/ 216

15.2.2　媒介丰富度对用户信任感及诚信行为的影响研究　/ 219

15.2.3　媒介丰富度理论在系统设计研究中的应用　/ 221

15.2.4　媒介丰富度理论在信息/沟通技术使用研究中的应用　/ 223

15.3　结论与展望　/ 226

第16章　手段目的链理论在信息系统研究领域的应用与展望　/ 228

16.1　MEC 理论的演化　/ 229

16.2　MEC 理论在信息系统研究领域的应用进展　/ 230

16.2.1　MEC 理论在信息产品及服务设计研究中的应用　/ 230

16.2.2　MEC 理论在信息系统用户感知与行为研究中的应用　/ 235

16.3　MEC 理论在信息系统研究领域的应用展望　/ 237

16.3.1　MEC 理论在决策支持领域中的应用展望　/ 237

16.3.2　MEC 理论在人机交互领域中的应用展望　/ 238

16.3.3　MEC 理论在信息系统组织和战略管理中的应用展望　/ 239

16.4　结论与展望　/ 241

第17章　动机拥挤理论及其在信息系统研究领域的应用与展望　/ 242

17.1　动机拥挤理论及其重要应用领域　/ 243

17.1.1　动机拥挤理论的起源与演化　/ 243

17.1.2　动机拥挤理论的重要应用领域　/ 245

17.2 动机拥挤理论在信息系统研究领域的应用进展 / 246
  17.2.1 动机拥挤理论在在线社区采用中的应用研究 / 246
  17.2.2 动机拥挤理论在口碑传播中的应用研究 / 247
  17.2.3 动机拥挤理论在内容贡献中的应用研究 / 248
17.3 结论与展望 / 251

第 18 章 集体行动理论及其在信息系统研究领域的应用与展望 / 253

18.1 集体行动理论的起源及演化 / 254
  18.1.1 集体行动理论的起源 / 254
  18.1.2 集体行动理论的演化 / 255
18.2 集体行动理论在信息系统研究领域的应用进展 / 257
  18.2.1 集体行动理论在在线社区知识共享的影响因素研究中的应用 / 257
  18.2.2 集体行动理论在信息通信技术对组织开展集体行动的影响研究中的应用 / 258
  18.2.3 集体行动理论在组织间合作开发信息系统的影响因素研究中的应用 / 260
18.3 结论与展望 / 261

第 19 章 自我效能理论及其在信息系统研究领域的应用与展望 / 263

19.1 自我效能的内涵及其理论演化 / 264
  19.1.1 自我效能的内涵 / 264
  19.1.2 自我效能理论的演化 / 265
19.2 自我效能理论在信息系统研究领域的应用进展 / 267
  19.2.1 自我效能理论在信息技术接受和使用研究中的应用 / 268
  19.2.2 自我效能理论在信息安全研究中的应用 / 271
  19.2.3 自我效能理论在信息共享行为研究中的应用 / 274
  19.2.4 自我效能理论在用户培训教育研究中的应用 / 276
19.3 结论与展望 / 278

第 20 章 服务接触理论及其在信息系统研究领域的应用与展望 / 280

20.1 服务接触理论的起源及演化 / 281
  20.1.1 对服务接触内涵的研究不断深化 / 281
  20.1.2 对服务接触模型的研究愈加完善 / 282

    20.1.3 服务接触理论的应用情境从服务营销领域拓展到服务设计
           领域   / 285
 20.2 服务接触理论在信息系统研究领域的应用进展 / 287
    20.2.1 服务接触理论在顾客电子服务满意度中的应用研究 / 287
    20.2.2 服务接触理论在顾客在线使用意愿中的应用研究 / 288
    20.2.3 服务接触理论在在线企业员工工作绩效中的应用研究 / 290
    20.2.4 服务接触理论在电子服务质量测评中的应用研究 / 290
    20.2.5 服务接触理论在服务系统设计中的应用研究 / 291
 20.3 结论与展望 / 293

CHAPTER 1 第 1 章

技术接受模型：
用户、环境、时间和系统因素的交互影响

技术接受模型（Technology Acceptance Model，TAM）是用来研究影响用户对信息系统技术接受的因素的重要理论，广泛应用于信息系统、情报学、图书馆学、企业管理等研究领域。从最早的对计算机系统的研究到最新的对虚拟现实设备的研究，从最初的企业组织内部的研究到现在对不同消费者群体的研究，技术接受模型都在其中扮演着至关重要的角色。

面对这些浩瀚的研究成果，我们需要对其进行总括归纳以辅助学者的研究工作。国外的学者中，Marangunić 等对 TAM 的演化进行了回顾[一]，Schepers 等运用元分析的方法研究了主观规范这一因素在技术接受中的影响[二]，Burton-Jones 等则对 TAM 中的外部变量的调节作用进行了研究[三]。国内的学者中，边鹏根据研究重点的转移对技术接受

[一] Marangunić N, Granić A. Technology acceptance model: A literature review from 1986 to 2013[J]. *Universal Access in the Information Society*, 2015, 14(1): 81-95.

[二] Schepers J, Wetzels M. A meta-analysis of the technology acceptance model: Investigating subjective norm and moderation effects[J]. *Information & Management*, 2007, 44(1): 90-103.

[三] Burton-Jones A, Hubona G S. The mediation of external variables in the technology acceptance model[J]. *Information & Management*, 2003, 43(6): 706-717.

模型的演化过程进行了总结[一]，张培利用文献计量的方法分析了 TAM 相关论文学科分布、重要作者和研究热点[二]。可以发现，目前的总结性研究多集中于对其理论沿革的回顾、模型要素测度的梳理以及知识图谱的总览，缺乏以研究问题为导向的综述，本章正拟以此为切入点对技术接受模型在信息系统领域的研究成果进行总结。

1.1　TAM 理论演变及评述

TAM 是用于研究影响用户技术接受的重要因素的模型，由弗雷德·D. 戴维斯（Fred D. Davis）在其博士论文（1986）中首次提出，此后戴维斯及其合作者对此模型进行了多次改进。

TAM（如图 1-1 所示）最主要的理论框架来源于理性行为理论，戴维斯吸取了其中的行为态度、使用意愿、实际行为三个变量和它们之间的关系。而感知有用性和感知易用性两个变量吸取了众多理论的精华，其中感知有用性来自期望理论模型中的激励力量、成本收益理论中的主观决策绩效以及通道配置理论中描述价值维度的"重要""相关""有用"等词语；感知易用性则来源于自我效能理论中的自我效能、创新采纳理论中的复杂性、成本收益理论中的主观决策投入和通道配置理论中描述易用性维度的"方便""可控""容易"等词语。外部变量在最早的模型中主要是指系统设计特征。[三]

图 1-1　技术接受模型（TAM）

2000 年，Venkatesh 等[四]在 TAM 的基础上增加了感知有用性和使用意愿的影响因素，提出了技术接受模型 2（TAM2），并将影响因素分为社会影响过程（包括主观规范、使用者形象和自愿性）和认知工具过程（包括工作相关性、输出质量、结果展示性和感知易用性）两部分（如图 1-2 所示）。此外，可以发现研究者在 TAM2 中开始考虑将以

[一] 边鹏. 技术接受模型研究综述 [J]. 图书馆学研究，2012(1): 2-6.
[二] 张培. 技术接受模型的理论演化与研究发展 [J]. 情报科学，2017(9): 165-171.
[三] Davis F D. Perceived usefulness, perceived ease of use, and user acceptance of information technology[J]. *MIS Quarterly*, 1989, 13(3): 319-340.
[四] Venkatesh V, Davis F D. A theoretical extension of the technology acceptance model: Four longitudinal field studies[J]. *Management Science*, 2000, 46(2): 186-204.

自愿性为代表的情境因素纳入模型的考量之中,并在实验的设计中开始使用纵向数据,说明研究者也开始注意到时间因素对技术接受的影响。

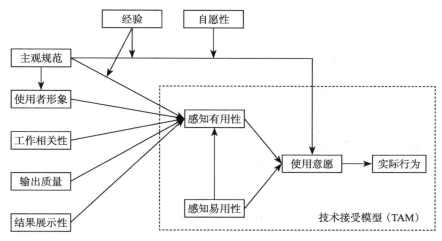

图 1-2 技术接受模型 2(TAM2)

2003 年 Venkatesh 等[一]将重要的行为理论模型整合到一个统一的理论框架中,提出了整合型技术接受模型(UTAUT),如图 1-3 所示。其中绩效期望来自 TAM/TAM2/TAM-TPB 整合模型中的感知有用性、动机模型的外部激励、电脑使用模型的工作适配、创新扩散理论的相对优势以及社会认知理论的成果期望,努力期望则来自 TAM/TAM2 的感知易用性、电脑使用模型的复杂性以及创新扩散理论的易用性,而社会影响来自理性行为理论/TAM/TAM2/计划行为理论/TAM-TPB 整合模型的主观规范、电脑使用模型的社会因素、创新扩散理论的形象,便利条件来自计划行为理论/TAM-TPB 整合模型的感知行为控制、电脑使用模型的促进性条件以及创新扩散理论的兼容性。实证发现 UTAUT 对组织内用户技术接受行为的解释力度提高到了 70%。在研究展望中,Venkatesh 提出了未来的研究可以关注于技术类型、用户群体和组织背景对技术接受的影响。

为了给信息系统实际工作提供更多的指导,Venkatesh 等[二]于 2008 年在 TAM2 的基础上补充了感知易用性的影响因素,提出了技术接受模型 3(TAM3),如图 1-4 所示。除了图中所示的 TAM3 的影响因素外,研究者还提出了信息系统实施前和实施后两类介入因素,实施前的介入因素包括设计特征、用户参与、管理支持和动机匹配,实施

[一] Venkatesh V, Morris M G, Davis G B, et al. User acceptance of information technology: Toward a unified view[J]. *MIS Quarterly*, 2003, 27(3): 425-478.

[二] Venkatesh V, Bala H. Technology acceptance model 3 and a research agenda on interventions[J]. *Decision Sciences*, 2008, 39(2): 273-315.

后的介入因素包括培训、组织支持和同伴支持。

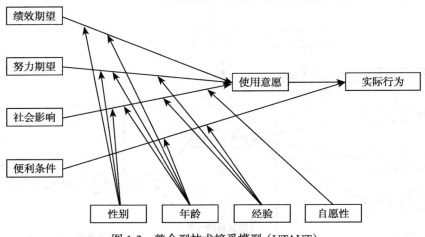

图 1-3 整合型技术接受模型（UTAUT）

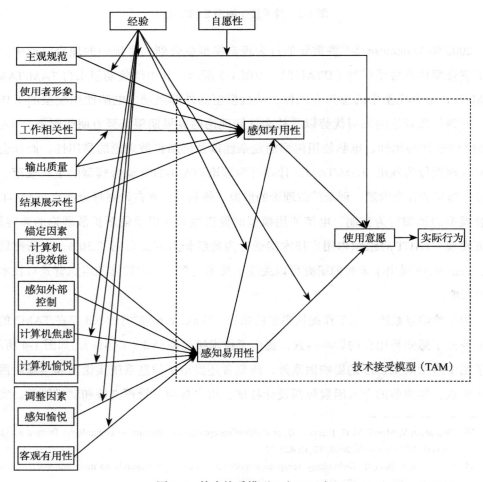

图 1-4 技术接受模型 3（TAM3）

回顾 TAM 的发展历程可以发现，为了适应不同的组织环境、使用阶段、用户群体，TAM 从最初只包含六个变量的经典模型引入了越来越多的研究变量。这些影响因素具体可以分为以下三类：①用户特征对技术接受的影响。研究者在 TAM2 中发现用户的自愿性和经验会对技术接受产生调节作用，在 UTAUT 中更增加了以性别、年龄为代表的人口统计学因素。②环境因素对技术接受的影响。研究者在 TAM2 中增加了主观规范和使用者形象作为社会影响过程的重要组成，在 TAM3 中添加了培训、组织支持和同伴支持作为信息系统实施后的介入因素。在 TAM2 和 TAM3 中，研究者调查了不同类型组织环境下的技术接受度。③时间因素对技术接受的影响。在 TAM2、UTAUT、TAM3 的数据收集过程中都考虑到了时间因素对技术接受的影响，将调查的时间跨度延长到五到六个月。在 TAM2 中，研究者发现随着时间推移，主观规范对技术接受的影响越来越弱。

可以看到，虽然在模型的演变过程中，研究者开始注意到用户特征、环境因素和时间因素对技术接受的影响，但是并没有系统地提出并进行论证。比如说在时间因素中，没有考虑到不同使用阶段用户可能受到不同影响因素的驱动。而且研究者所考虑的技术使用环境完全局限于企业组织内部，关注的技术类型集中于办公类系统，忽视了现代个体用户技术使用的潮流和趋势。

随着技术的发展、研究的进步，TAM 的这些缺陷在之后的应用研究中得到了弥补，展现了 TAM 出色的解释力和适应性。因此，本书拟在这些研究的基础上，从用户特征、环境因素、时间因素和系统因素四个方面对 TAM 在信息系统领域的应用研究进行综述，并在前人的基础之上探索未来的潜在研究方向。

1.2 TAM 在信息系统研究领域的应用进展

1.2.1 用户特征在 TAM 中的作用研究

1. 人格特征对技术接受的影响研究

人格特征会影响对技术的采纳程度。目前使用最广泛的是 Costa 等提出的大五人格理论，表明在五类人格中，具有外向性、宜人性、尽责性、开放性的人格特征的人群更倾向于接受新技术，而神经质特征的人群更偏向于回避新技术。

Venkatesh 等对不同人格对采纳电子政务的影响进行了研究，发现具有外向性、宜人性、尽责性、开放性的人格特征的人群更倾向于采纳电子政务，而神经质的人格特征会阻碍电子政务的使用，这是因为神经质人格的人更倾向于规避风险、谨慎和持怀疑态度，他们更难以接受技术创新。○Rauschnabel 等则对人格特征对智能眼镜的采纳的影响进行了研究，结果表明，具有开放性的外向人格的人更了解并更可能使用智能眼镜，尤其是当他们将其作为融入社会的方式时；当具有神经质的内向人格的人不能从新技术中获取显著益处时，他们更倾向于不使用智能眼镜。◎

2. 性别因素对技术接受的影响研究

性别因素往往被认为对技术接受起着重要的调节作用。人们通常认为女性更容易受到情绪感受、社会导向的影响，而男性更具有风险偏好和个体偏好，部分研究证实了这些假设。Lin 等研究了用户加入社交网站的性别差异，结果表明同伴压力是影响女性持续使用意愿的重要因素，但是同伴压力和用户人数对男性没有显著影响。◎ Pascual-Miguel 等则发现不同性别在在线购物产品类型的选择上也存在差异，如对非数码产品的购买意图没有显著的性别差异；就数码产品而言，享乐动机和感知风险对女性消费者购买意愿的影响更突出。◎而 Ong 等对采纳在线学习的性别差异进行了研究，结果显示女性更易受到自我效能、感知易用性的影响，而男性更加注重感知有用性。◎

另外，也有学者认为技术接受的差异并非性别因素造成的，而是由于其他因素的调节作用。Bourgonjon 等对学生采用电子游戏进行学习的接受程度进行了研究，发现性别差异和游戏偏好之间没有直接关系，而是受到感知易用性和经验的调节作用。◎ 环境因素也会造成技术接受性别差异的假象，Leong 等对马来西亚移动娱乐使用意愿的性别差异进行了研究，通过多群组分析，发现性别的调节作用并不显著。作者认为这是因为随着女性在发展中国家获得教育、信息和技能的机会逐渐平等，与男性消费者之

○ Venkatesh V, Sykes T A, Venkatraman S. Understanding e-Government portal use in rural India: Role of demographic and personality characteristics[J]. *Information Systems Journal*, 2014, 24(3): 249-269.

◎ Rauschnabel P A, Brem A, Ivens B S. Who will buy smart glasses? Empirical results of two pre-market-entry studies on the role of personality in individual awareness and intended adoption of Google Glass wearables[J]. *Computers in Human Behavior*, 2015, 49: 635-647.

◎ Lin K, Lu H. Why people use social networking sites: An empirical study integrating network externalities and motivation theory[J]. *Computers in Human Behavior*, 2011, 27(3): 1152-1161.

◎ Pascual-Miguel F J, Ángel F. Agudo-Peregrina, Chaparro-Peláez J. Influences of gender and product type on online purchasing[J]. *Journal of Business Research*, 2015, 68(7): 1550-1556.

◎ Ong C S, Lai J Y. Gender differences in perceptions and relationships among dominants of e-learning acceptance[J]. *Computers in Human Behavior*, 2006, 22(5): 816-829.

◎ Bourgonjon J, Valcke M, Soetaert R, Schellens T. Students' perceptions about the use of video games in the classroom[J]. *Computers & Education*, 2010, 54(4): 1145-1156.

间的差距逐渐缩小。○

3. 年龄因素对技术接受的影响研究

用户年龄对技术接受有重要影响。青少年通常更具有好奇心、精力充沛，而且容易受到同龄人的影响，更加注重追求生活品质和享乐。Bilgihan 研究了 Y 一代（1983年到 2000 年间出生的人）对酒店预订网站的忠诚度的影响因素，结果表明信任、品牌价值是年轻一代保持忠诚度的关键前置变量，而沉浸体验在网站功能和忠诚度之间起着重要的中介作用。○青少年对社交工具的参与往往更加热情，Mäntymäki 等对青少年参与社会性虚拟世界的意愿进行的研究发现，青少年的参与主要受到享乐因素的驱动，他们通过社会性虚拟世界与同伴建立联系以及进行社会学习。○

随着年岁渐长，人的生理和心理状况都会发生巨变，这两方面的变化都会影响老年人的技术接受。Loi 等调查了发达国家的老年人对触屏技术的接受情况，结果表明大部分老年人接触过触屏技术产品，这些产品具有显著的感知有用性和感知易用性，为老年人的生活带来了便利。○Braun 则对阻碍老年人使用社交网站的因素进行了研究，结果发现网络风险和感知易用性是老年人不愿意使用社交网站的重要原因。○

4. 经验和教育水平对技术接受的影响研究

经验和教育水平对技术接受有着重要的调节作用。对缺乏经验的用户来说，感知易用性对其技术采纳通常起着重要的作用。Castañeda 等研究了网站接受模型中用户经验的调节效应，发现对于上网经验较少的用户来说，感知易用性是决定其重访网页的重要因素；而对于经验丰富的用户来说，感知有用性的影响更大。○

教育水平对计算机焦虑有较大影响，Porter 等对互联网使用意愿中的人口因素进行了研究，发现教育水平较低的人更容易感受到计算机焦虑，并且更加简单的认知结构

○ Leong L Y, Ooi K B, Chong Y L, et al. Modeling the stimulators of the behavioral intention to use mobile entertainment: Does gender really matter?[J]. *Computers in Human Behavior*, 2013, 29(5): 2109-2121.

○ Bilgihan A. Gen Y. Customer loyalty in online shopping: An integrated model of trust, user experience and branding[J]. *Computers in Human Behavior*, 2016, 61: 103-113.

○ Mäntymäki M, Riemer K. Digital natives in social virtual worlds: A multi-method study of gratifications and social influences in Habbo Hotel[J]. *International Journal of Information Management*, 2014, 34(2): 210-220.

○ Loi S M, Westphal A, Lautenschlager N T. An investigation of residential facility staff usage of touchscreen technology[J]. *International Psychogeriatrics*, 2017, 29(12): 2095-2098.

○ Braun M T. Obstacles to social networking website use among older adults[J]. *Computers in Human Behavior*, 2013, 29(3): 673-680.

○ Castañeda J A, Muñoz-Leiva F, Luque T. Web Acceptance Model (WAM): Moderating effects of user experience[J]. *Information & Management*, 2007, 44(4): 384-396.

也阻碍了他们在新环境中的学习能力，因此对互联网的使用意愿更低。[1]但是教育水平也有可能对技术采纳带来负面影响，Burton-Jones等发现当组织内部采用新技术时，高教育水平可能会起阻碍作用，因为教育会增强员工的个人能力，因此可能对集体行为产生负面影响。[2]

5. 创新意识对技术接受的影响研究

创新扩散理论是由埃弗雷特·M. 罗杰斯（Everett M. Rogers）在20世纪60年代提出的。其中个人创新性是指消费者在特定社会系统中相对于其他消费者较早采用创新的程度，主要包括猎奇性、最适刺激水平、多样性追求、探索性倾向。[3]Yang对新加坡地区移动商务的采纳的影响因素进行研究，发现个人创新性作为外部变量对感知有用性和感知易用性有着显著的积极作用。[4]但是也有研究者认为个人创新对新技术的采纳没有显著影响，Sim等对消费者在数字音乐的初始采纳阶段的影响因素进行了研究，发现感知有用性和满意度对使用意愿的影响最大，个人创新并没有像预想的那样对感知有用性和感知易用性产生显著影响。[5]

早期的研究更加关注创新采纳中个人创新对技术接受的影响，后期的研究发现创新抗拒发挥更大的解释作用。Ram于1987年提出创新抗拒模型[6]，创新抗拒是指消费者面对创新带来的现状改变而采取的拒绝使用、延迟使用和对抗使用的行为。Claudy等发现创新抗拒对消费者技术采纳起着更重要的作用，创新抗拒在技术接受上主要包括使用障碍、价值障碍、风险障碍三个维度。[7]而Lee研究了创新抗拒对韩国用户采纳移动电子书的影响，发现创新抗拒对于使用意愿有显著的负面影响，并且负面调节了感知有用性和感知易用性的作用；也就是说，如果新产品的感知有用性和感知易用性不

---

[1] Porter C E, Donthu N. Using the technology acceptance model to explain how attitudes determine Internet usage: The role of perceived access barriers and demographics[J]. *Journal of Business Research*, 2006, 59(9): 999-1007.

[2] Burton-Jones A, Hubona G S. The mediation of external variables in the technology acceptance model[J]. *Information & Management*, 2006, 43(6): 706-717.

[3] Wood S L, Swait A J. Psychological Indicators of Innovation Adoption: Cross-Classification Based on Need for Cognition and Need for Change[J]. *Journal of Consumer Psychology*, 2002, 12(1): 1-13.

[4] Yang K C C. Exploring factors affecting the adoption of mobile commerce in Singapore[J]. *Telematics & Informatics*, 2005, 22(3): 257-277.

[5] Sim J J, Tan W H, Wong J C J, et al. Understanding and predicting the motivators of mobile music acceptance–A multi-stage MRA-artificial neural network approach[J]. *Telematics & Informatics*, 2014, 31(4): 569-584.

[6] Ram S. A model of innovation resistance[J]. *Advances in Consumer Research*, 1987, 14(1): 208-212.

[7] Claudy M C, Garcia R, O'Driscoll A. Consumer resistance to innovation—a behavioral reasoning perspective[J]. *Journal of the Academy of Marketing Science*, 2015, 43(4): 528-544.

足以抵消用户的创新抗拒，用户的使用意愿就比较低。[1]

1.2.2 环境因素在 TAM 中的作用研究

1. 主观规范对技术接受的影响研究

主观规范是指一个人对于大多数人认为他是否应该执行某行为的认知。Kim 等研究了主观规范对用户使用航空公司电子商务网站的影响，发现主观规范是感知有用性、使用态度和再次使用意愿的重要前因，其他人的观点会影响用户对公用事业的有用性认识，因此航空公司应该注重对电子网站的宣传和推广。[2]

以同伴压力和家庭影响为代表的主观规范会对技术接受产生重要影响。Cheung 等对学生采用谷歌应用程序支持协作学习的意愿的影响因素进行了研究，发现同伴压力对使用意愿有显著影响，这表明在协作环境中同伴的影响力很大，但是教师和大众传媒对使用意愿没有明显的直接影响。[3] Yu 等则研究了在家庭环境下用户进行电视购物的影响因素，结果发现以家庭成员为代表的主观规范会对用户使用意愿产生重要影响。[4]

2. 文化因素对技术接受的影响研究

作为"划分不同族群的集体文化"，民族文化对不同国家的技术接受具有重要影响。民族文化的测量项包括权力距离、不确定性的规避、个人主义/集体主义、男性化与女性化、长期取向与短期取向。Al-Hujran 等对民族文化对约旦公民使用电子政务服务的态度的影响进行了研究，结果表明民族文化的测量项中只有不确定性的规避与使用意愿有正相关关系。这是因为对不确定性规避程度高的文化重视权威、资历、地位，具有这种文化特征的地区的公民更倾向于采用传统的渠道与政府人员沟通。[5]

宗教信仰在文化差异中对技术接受的影响也不容忽视。Agag 等对用户参与在线旅游社区的前因进行了研究，结果表明宗教信仰在信任和使用意愿之间起着重要调节作

---

[1] Lee S. An integrated adoption model for e-books in a mobile environment: Evidence from South Korea[J]. *Telematics & Informatics*, 2013, 30(2): 165-176.

[2] Kim H B, Kim T, Shin S W. Modeling roles of subjective norms and eTrust in customers' acceptance of airline B2C eCommerce websites[J]. *Tourism Management*, 2009, 30(2): 266-277.

[3] Cheung R, Vogel D. Predicting user acceptance of collaborative technologies: An extension of the technology acceptance model for e-learning[J]. *Computers & Education*, 2013, 63: 160-175.

[4] Yu J, Ha I, Choi M, Rho J. Extending the TAM for a t-commerce[J]. *Information & Management*, 2005, 42(7): 965-976.

[5] Al-Hujran O, Al-Debei M M, Chatfield A, et al. The imperative of influencing citizen attitude toward e-government adoption and use[J]. *Computers in Human Behavior*, 2015, 53:189-203.

用。这是因为旅游业往往会对当地的宗教习惯和文化传统造成威胁，故这些地区的用户对于在线旅游社区的参与态度并不积极。[1]

作为"一种给个人提供独特身份的符号"，时尚潮流对用户的技术接受有着潜移默化的影响。时尚决策过程由先验偏好的强度、选择性影响、团队精神/一致性、个人主义/差异性、实现欲望的渴求度和面对变革的态度六个激励构念组成。[2]Shang 等对消费者进行在线购物的内在和外在动机进行了研究，发现消费者的时尚涉入度与其在线购物的频率存在联系。原因在于在线购物发展的初期，网购作为一种时尚潮流吸引了一定数量用户的参与。[3]

1.2.3　TAM 在用户使用行为生命周期中的应用研究

1. 用户不同阶段技术接受影响因素的比较研究

用户在信息系统使用的不同阶段，其使用意愿的影响因素有着较大的差异。一般来说，潜在用户容易受到主观规范等环境因素的影响，而早期用户往往受到创新意识的驱动，晚期用户更加注重系统的实用价值。

Hsu 等研究了潜在用户和早期用户在选择使用多媒体信息服务上的差异，发现兼容性、感知易用性、感知形象和自愿性对潜在用户的使用意愿有显著影响；比起一般用户，早期用户往往具有更高的社会经济地位和个人价值，对多媒体信息服务的看法更积极，并且由于更强的个人创新性，早期用户相对来说并不注重兼容性。[4]Kim 等则对移动支付的早期使用者和晚期使用者的影响因素进行比较，发现对于早期使用者来说，他们关于移动支付的知识是其敢于尝试的动力，而移动性和可达性是其使用移动支付的主要原因；对于晚期使用者来说，便利性和实用性更加重要，因为晚期使用者在技术采纳方面相对被动和谨慎。[5]

---

[1] Agag G, El-Masry A A. Understanding consumer intention to participate in online travel community and effects on consumer intention to purchase travel online and WOM: An integration of innovation diffusion theory and TAM with trust[J]. *Computers in Human Behavior*, 2016, 60: 97-111.

[2] Miller C M, Mcintyre S H, Mantrala M K. Toward Formalizing Fashion Theory[J]. *Journal of Marketing Research*, 1993, 30(2): 142-157.

[3] Shang R A, Chen Y C, Shen L. Extrinsic versus intrinsic motivations for consumers to shop on-line[J]. *Information & Management*, 2005, 42(3): 401-413.

[4] Hsu C L, Lu H P, Hsu H H. Adoption of the mobile Internet: An empirical study of multimedia message service (MMS)[J]. *Omega*, 2007, 35(6): 715-726.

[5] Kim C, Mirusmonov M, Lee I. An empirical examination of factors influencing the intention to use mobile payment[J]. *Computers in Human Behavior*, 2010, 26(3): 310-322.

2. 用户持续使用意愿的影响因素研究

早期有关技术接受的研究关注短期内的技术采纳问题，然而通过对在线消费者行为的分析，Cheung 等发现相较于意向和采纳，产品的持续使用意愿和用户忠诚度是一个值得研究的领域，对于企业有很大的价值。[1]

信息系统持续使用模型是期望确认理论和 TAM 的整合，反映了用户对信息系统初始采纳后期望的改变，一般包括感知有用性、期望确认度、满意度、持续使用意愿几个变量。[2] Lee 构建了理论模型来解释和预测用户对在线学习的持续使用意愿，研究结果表明满意度是用户持续使用意愿的最强预测因素，其次是感知有用性、态度、注意力集中度和感知行为控制。其中，感知有用性和初次使用意愿的关系更密切，而满意度则对持续使用影响更大。[3]

习惯对持续使用意愿的作用也不容忽视。习惯反映了个人在其经历中所发展出一种无意识的、自动化的行为倾向。陈明红等对移动图书馆的持续使用意愿的影响因素进行了研究，发现用户习惯对持续使用意愿有显著影响，但是随着用户习惯的形成，相对优势对移动图书馆的持续使用意愿的正向影响作用逐渐减弱。[4]

3. 用户忠诚的影响因素研究

1997 年奥利弗（Oliver）对顾客忠诚度的概念做出了界定，认为顾客忠诚是指顾客对其所偏爱的企业或品牌的深刻承诺，在未来持续地重复购买和消费同一品牌的行为。在忠诚度的形成过程中，顾客会经历认知忠诚、情感忠诚、意向忠诚和行为忠诚等阶段。[5]可以发现，比起持续使用，忠诚度更加强调归属感、凝聚力、愉悦感等情感因素的影响。

Hsu 等运用理性行为理论和 TAM 对用户对网络游戏社区的忠诚度进行了研究。结果表明，用户忠诚度受到感知享受、社会规范和偏好的影响，感知凝聚力对忠诚有间

---

[1] Cheung C, Zhu L, Kwong T, et al. Online consumer behavior: A review and agenda for future research[C]// eTransformation: Proceedings of the 16th Bled e-Commerce Conference. Bled, Slovenia: e-Commerce Center, Faculty of Organizational Sciences, University of Maribor, 2003: 194–218.

[2] 韩啸，李洁. 基于期望确认的信息系统持续使用模型研究：一项荟萃分析 [J]. 图书情报工作，2018(1): 54-60.

[3] Lee M C. Explaining and predicting users' continuance intention toward e-learning: An extension of the expectation-confirmation model[J]. *Computers & Education*, 2010, 54(2): 506-516.

[4] 陈明红，漆贤军，刘莹. 移动图书馆持续使用意向及习惯的调节作用 [J]. 情报科学，2016, 34(6): 125-132.

[5] 邓爱民，陶宝，马莹莹. 网络购物顾客忠诚度影响因素的实证研究 [J]. 中国管理科学，2014, 22(6): 94-102.

接影响。这是因为用户是受娱乐目的的内在动机驱使而参与游戏社区的。另外，这一发现的实践意义表明，社区管理者应该致力于解决用户问题，包括系统不稳定、恶意玩家等。[1]

1.2.4 系统差异在 TAM 中的作用研究

1. 系统特征因素对技术接受的影响研究

（1）系统设计对技术接受的影响研究

系统设计一般分为界面设计、内容设计、导航结构三个方面。良好的系统设计有利于用户集中注意力并提高信息处理能力。Hong 等研究了台湾地区电子学习系统的内容和界面设计与用户持续使用系统意愿的关系，发现用户对内容和界面设计的满意度对感知效用有直接影响，感知效用与电子学习系统的持续使用意愿正相关。[2]

设计美学对用户使用意愿也有重要影响。设计美学是指通过颜色、形态、字体类型、音乐或动画等体现出网站在美学上的和谐并具有情感吸引力。Li 等对移动商务网站的设计美学与用户信任之间的关系进行了研究，发现感知有用性、感知易用性和设计美学共同对用户信任产生重要影响。就设计美学而言，互联网环境下"清晰"或"干净"的设计将使用户更容易对网站产生信任，而网站的设计美学存在一定的文化差异。[3]

（2）信息系统质量对技术接受的影响研究

信息系统质量被定义为"用户对系统功能是否满足用户需求的评估"，DeLone 等提出信息系统成功模型，将信息系统质量划分为三个维度，即信息质量、系统质量和服务质量。[4]

Rana 等将信息系统成功模型与 TAM 相结合，从印度公民的角度来研究网上公开申诉系统成功的影响因素，发现信息质量、系统质量、服务质量和感知易用性是感知

---

[1] Hsu C L, Lu H P. Consumer behavior in online game communities: A motivational factor perspective[J]. *Computers in Human Behavior*, 2007, 23(3): 1642-1659.

[2] Hong J C, Tai K H, Hwang M Y, et al. Internet cognitive failure relevant to users' satisfaction with content and interface design to reflect continuance intention to use a government e-learning system[J]. *Computers in Human Behavior*, 2017, 66: 353-362.

[3] Li Y M, Yeh Y S. Increasing trust in mobile commerce through design aesthetics[J]. *Computers in Human Behavior*, 2010, 26(4): 673-684.

[4] Delone W H, Mclean E R. Information systems success: The quest for the dependent variable[J]. *Information Systems Research*, 1992, 3(1): 60-95.

满意度的重要决定因素，感知有用性和感知易用性对使用意愿有正向作用，感知风险则对使用意愿有负面作用。[1] Mohammadi 等也将 TAM 和信息系统成功模型进行整合来建立伊朗用户对在线学习的使用意愿的综合模型，研究发现教育质量、服务质量、系统质量和信息质量都对满意度和使用意愿有显著影响，其中系统质量是影响伊朗用户在线学习满意度的最重要因素；感知有用性对使用意愿影响更大，感知易用性的影响很小。[2]

2. 系统类型因素对技术接受模型的影响研究

亚伯拉罕·马斯洛（Abraham Maslow）于 1943 年提出需求层次理论。本书从需求层次理论出发划分信息系统类型，将信息系统主要划分为安全需求、娱乐需求、发展需求、社交需求四种类型。例如，在对以移动支付为代表的信息系统的采纳过程中，用户更加注重信任、风险规避、安全的重要性，因此将其归为安全需求型；以网络游戏为代表的信息系统满足了人们对新奇、刺激、享乐的追求，因此将其划为娱乐需求型；以在线学习为代表的信息系统辅助人们学习、工作，因此将其归为发展需求型；以社交媒体为代表的信息系统使人们与他人建立情感关系，获得丰富信息，因此将其划为社交需求型。

（1）安全需求型在技术接受中的特征研究

在在线交易的情境下，感知风险是指"使用在线交易服务可能面临的潜在损失"。[3]而信任可以被定义为"无论是否有能力监控支付平台，用户都愿意进行在线交易并期望支付平台履行其义务"。[4]Yang 等对移动支付中的感知风险和信任进行了研究，将感知风险分为系统感知风险和交易感知风险。系统感知风险包括功能风险、安全风险、时间风险和社会风险；交易感知风险包括经济风险、隐私风险、服务风险和心理风险。研究发现，系统感知风险与信任正相关，交易感知风险与信任负相关；人们在享受移动支付的便捷性时，往往会忽视系统带来的风险。[5]

---

[1] Rana N P, Dwivedi Y K, Williams M D, et al. Investigating success of an e-government initiative: Validation of an integrated IS success model[J]. *Information Systems Frontiers*, 2015, 17(1): 127-142.

[2] Mohammadi H. Investigating users' perspectives on e-learning: An integration of TAM and IS success model[J]. *Computers in Human Behavior*, 2015, 45: 359-374.

[3] Featherman M, Pavlou P. Predicting e-services adoption: A perceived risk facets perspective[J]. *International Journal of Human-Computer Studies*, 2003, 59(4): 451-474.

[4] Mayer R C, Davis J H, Schoorman F D. An integrative model of organizational trust[J]. *Academy of Management Review*, 1995, 20(3): 709-734.

[5] Yang Q, Pang C, Liu L. Exploring consumer perceived risk and trust for online payments: An empirical study in China's younger generation[J]. *Computers in Human Behavior*, 2015, 50: 9-24.

移动支付通常分为两类，一类是近场移动支付，另一类是远程移动支付。近场无线通信允许电子设备之间进行非接触式点对点数据传输来交换数据。在近场移动支付的采纳中，社会影响、个人创新推动用户使用这一新技术，感知风险会妨碍用户采纳移动支付，因为这可能带来财产或者心理上的损失。[1]远程移动支付是指利用移动终端通过移动通信网络接入移动支付后台系统完成支付行为的支付方式。远程移动支付与近场移动支付相近，除了TAM中的一般因素，系统相关隐私和感知安全性都会影响用户的使用意愿，远程支付的不可见性会加剧用户对隐私和安全的担忧。[2]

（2）娱乐需求型在技术接受中的特征研究

创新系统的娱乐性和新奇性能够满足用户逃避现实、转移注意力、审美愉悦或者情感释放的需求。

技术的快速发展和对娱乐生活的追求使得游戏产业成为一个飞速发展的领域。沉浸体验和感知愉悦性对游戏用户的使用意愿起着重要的作用，Ha等利用TAM对用户对移动游戏的采纳进行研究，结果表明使用意愿受到沉浸体验、感知有用性、感知易用性、感知愉悦性、感知吸引力的影响，年龄成为移动游戏接受度的重要调节变量。[3]在不同的游戏类型中，近年来社交网络游戏异军突起。Park等对移动社交网络游戏中玩家的采纳意愿进行了研究，结果表明感知愉悦性和感知有用性起着决定性的作用，而感知沉浸、感知控制和技能是玩家重要的动机，而满意度也起着一定的作用。[4]

（3）发展需求型在技术接受中的特征研究

对于发展需求型信息系统，人们往往更加关注其实用价值，因此较高的感知有用性通常会对用户的使用意愿产生决定作用，而感知易用性会提高用户的使用信心。

目前在线学习已经成为支持远程教育的主要机制，人们更加关注在线学习中的用户行为。Motaghian等使用包含信息系统、心理和行为因素的综合模型来评估教师采用网络学习系统的意向，研究结果表明，感知有用性、感知易用性和系统质量提高了教师使用网络学习系统的意向，其中感知有用性是最重要的因素。[5]学生使用在线学习系

---

[1] Tan W H, Ooi K B, Chong S C, et al. NFC mobile credit card: The next frontier of mobile payment?[J]. *Telematics & Informatics*, 2014, 31(2): 292-307.

[2] Morosan C, Defranco A. It's about time: Revisiting UTAUT2 to examine consumers' intentions to use NFC mobile payments in hotels.[J]. *International Journal of Hospitality Management*, 2016, 53: 17-29.

[3] Ha I, Yoon Y, Choi M. Determinants of adoption of mobile games under mobile broadband wireless access environment[J]. *Information & Management*, 2007, 44(3): 276-286.

[4] Park E, Baek S, Ohm J. Determinants of player acceptance of mobile social network games: An application of extended technology acceptance model[J]. *Telematics and Informatics*, 2014, 31(1): 3-15.

[5] Motaghian H, Hassanzadeh A, Moghadam D K. Factors affecting university instructors' adoption of web-based learning systems: Case study of Iran[J]. *Computers & Education*, 2013, 61: 158-167.

统也受到一系列因素的影响。有学者对学生利用 Facebook 进行学习辅助的创新使用意愿进行了研究，结果表明感知易用性、感知有用性、社会影响、便利条件和社区认同都对 Facebook 的采用有显著的正向影响，其中社会影响是预测将 Facebook 用于学习辅助的最重要因素。○

（4）社交需求型在技术接受中的特征研究

人们在使用社交需求型信息系统时，朋友或同伴的行为可能会对用户起到潜移默化的作用，人们使用社交需求型的信息系统往往是为了融入社会网络并获得更多信息。

社交网络软件是智能手机中最受欢迎的应用之一。Nikou 等对用户对移动社交媒体的使用意愿进行了研究，结果表明感知移动性、感知易用性、使用情境、临界量与社会影响相一致，会显著影响用户的行为意图。用户的习惯行为也对移动社交网络软件的使用起着重要的作用。与人们通常的假设不同，情境因素仍然在社交媒体的使用中起着重要的作用。○社交媒体商业创新是社交媒体网站获利的重要方式，Mamonov 等对 Facebook 上赠送礼物的用户行为进行了研究，结果发现，购买和赠送 Facebook 礼物的使用意愿受到感知社会效用、感知象征价值、感知便利性、隐私关注的影响，同时受到人口特征因素的调节作用。值得注意的是，社交媒体礼物虽然为赠送者提供了便利，却与赠送者应该在礼物上花费心力的主观规范相冲突，使得社交媒体礼物的实际效果大打折扣。○

1.3 结论与展望

1.3.1 结论

本章对 TAM 在信息系统领域的应用研究进行了回顾，从用户特征、环境因素、时间因素和系统因素四个维度对技术接受的影响进行了总结。

用户特征对技术接受的影响可以分为人格特征、性别因素、年龄因素、经验和教育水平、创新意识等方面。从人格特征来看，具有外向性、开放性人格特征的人群更

○ Sánchez R S, Cortijo V, Javed U. Students' perceptions of Facebook for academic purposes[J]. *Computers & Education*, 2014, 70: 138-149.

○ Nikou S, Bouwman H. Ubiquitous use of mobile social network services[J]. *Telematics and Informatics*, 2014, 31(3): 422-433.

○ Mamonov S, Benbunan-Fich R. Exploring factors affecting social e-commerce service adoption: The case of Facebook gifts[J]. *International Journal of Information Management*, 2017, 37(6): 590-600.

容易接受新技术。从性别因素来看，男性在技术接受时更注重感知有用性，主观规范和感知风险对女性的影响更显著，但也有一些学者认为是由于其他因素的调节作用。从年龄因素看，年轻人的使用意愿更容易受到同伴压力和享乐因素的推动，老年人由于心理和生理原因，感知易用性对其有重要意义。从经验和教育水平上看，感知易用性对缺乏经验的用户至关重要；教育水平低的人对新技术的采纳意向往往更低，但教育水平高可能对集体技术采纳带来负面影响。从创新意识上看，一般来说个人创新性会对感知有用性和易用性产生正向影响，创新抗拒负面调节感知有用性和易用性的作用。

环境因素对技术接受的影响包括主观规范和文化因素两方面。主观规范对使用意愿有着直接的影响，尤其是以同伴压力和家庭影响为代表的主观规范。文化因素分为民族文化、宗教信仰、时尚潮流等：对不确定性规避程度高的民族文化更倾向于使用传统方法和技术；当新技术可能对宗教习惯带来破坏时，人们可能会回避使用；当新技术成为一种时尚潮流时，会吸引更多的用户使用。

技术接受模型在用户使用行为生命周期中的应用包括三个研究问题：第一个是对不同阶段的用户的技术接受影响因素的比较，潜在用户更容易受到主观规范等环境因素的影响，早期用户的技术采纳往往受到创新意识的驱动，晚期用户则更加注重技术的感知有用性；第二个是研究信息系统持续使用意愿的影响因素，满意度、感知有用性和习惯对持续使用意愿有直接影响；第三个是研究用户对信息系统忠诚度的影响因素，归属感、凝聚力、愉悦感等情感因素对用户忠诚度有很大的影响。

系统因素对技术接受的影响可以分为系统特征因素和系统类型因素。系统特征因素包括系统设计和系统质量：系统设计因素中，界面设计、内容设计、导航结构以及设计美学对用户的使用意愿有重要影响；系统质量因素包括信息质量、系统质量和服务质量，与使用意愿正相关。系统类型可以从用户需求的角度划分为安全需求型、娱乐需求型、发展需求型和社交需求型。对于安全需求型信息系统，用户在技术采纳过程中更加注重信任、风险规避和安全；对于娱乐需求型信息系统，感知愉悦性和沉浸体验会影响用户的使用意愿；对于发展需求型信息系统，感知有用性和感知易用性对用户的价值更大；对于社交需求型信息系统，以同伴压力为代表的主观规范对用户的使用意愿有重要影响。

1.3.2 展望

目前的研究利用 TAM 从多个维度研究了技术接受的影响因素，不过仍然存在一些不足：①大部分研究忽视了情境因素在技术接受中的作用，如在某一国家进行某项技术接受的研究时，常常忽视了这个国家民族文化、宗教信仰的影响；②很少有研究通过结构方程模型得出技术接受模型后，还能在实践过程中验证其解释效果；③性别对技术接受的调节作用仍然存在一定的争议，男性和女性在技术接受上的差异究竟是因为生理和心理上本质的不同还是受社会构建的影响，仍然有待研究；④ TAM 的理论构建主要是在组织环境下，较少考虑个体消费者的使用状况，虽然在具体的应用研究中得以改进，但是仍然没有提出一个系统的针对个体消费者的技术接受理论；⑤大部分研究针对的是已经存在的信息系统，很少有针对潜在信息系统的技术接受的研究，但是 TAM 在戴维斯最早提出时是用于测试潜在用户对信息系统原型的采纳意向，以指导信息系统的开发；⑥信息系统的成功对于用户的工作绩效有重要的影响，但是较少有研究者将用户技术接受的程度与工作绩效结合起来进行研究。

针对这些不足，未来的研究可以在这些方面取得进展：①重视情境因素在技术接受中的作用，甚至针对不同的典型情境下的技术接受进行专门的研究；②在获得技术接受模型后，用准实验法等提高外部效度来验证模型得出的影响因素在现实环境中的解释效果；③可以区分社会性别和生理性别，以进一步研究性别对技术接受的调节作用；④ TAM 在演变过程中吸收融合了大量行为理论中的重要构念，为了适应个体消费者技术使用的潮流，可以吸纳更多的管理学理论、消费者心理学理论，创建新的理论模型；⑤在信息系统的迭代开发过程中，利用 TAM 对用户需求进行分析、设计、实现与测试，使得信息系统的设计更加符合用户的需求和技术使用习惯；⑥研究用户的技术接受水平与工作绩效之间的关系，为提高用户的工作效率、企业的生产率提供指导。

第 2 章 ○ CHAPTER 2

交互记忆系统
及其在信息系统研究领域的应用与展望

交互记忆系统（Transactive Memory System，TMS）是用来研究团队内部认知过程及其影响因素和结果变量的重要理论。交互记忆系统的核心思想是必须了解、协调团队成员的领域知识，才能更好地实现团队协作。

目前已经有不少学者将 TMS 融入学术研究之中。在研究内容上，目前最多的是用 TMS 来研究团队绩效，其次研究知识共享、知识管理、虚拟团队、团队认知等；在研究领域上，大部分集中在企业管理方面，还有心理学、新闻与传媒、信息系统等。在这些研究的基础之上，学术界已经开始出现一些 TMS 的综述性研究。部分学者从要素模型的角度对研究文献中 TMS 的前因变量、组成部分、调节变量以及结果变量进行了归纳；⊖还有学者从团队绩效、知识共享等研究问题入手，如王力铭等对 TMS 与团队学习和团队创新等行为变量之间的关系进行了总结，并构建一个以团队 TMS 为核心的

⊖ Yuqing Ren, Linda Argote. Transactive memory systems 1985–2010: An integrative framework of key dimensions, antecedents, and consequences[J]. *Academy of Management Annals*, 2011, 5(1): 189-229.

团队绩效模型。⊖总体而言，这些综述性研究仍然比较匮乏，而且存在距离时间远、研究面狭窄、缺乏全局性视角等缺憾。

随着知识协作、全球互联的趋势不断加强，虚拟知识社区、知识众包、全球软件开发团队等发展迅猛，团队知识协作将越来越成为信息系统领域的学者关注的重点，TMS 在团队知识协作研究中的作用将得到更加深入的发掘。因此本章在前人的基础上对 TMS 在信息系统领域的研究成果进行总结，为相关领域的学者未来的研究指明潜在的研究方向。

2.1 TMS 理论演进及评述

TMS 最早是由韦格纳（Wegner）于 1985 年针对亲密关系间的认知交互提出的。⊜TMS 理论自提出以来，在组织管理、社会心理学、传播学、信息系统等领域得到了应用。从最初对亲密关系组合、实验团队小组、产品开发团队、销售团队、管理团队等的研究，到现在的研究热点如虚拟工作团队、全球软件开发团队、维基协作团队、跨学科科研团队，TMS 都在其中扮演着不容小觑的角色。

在 1987 年韦格纳的初始定义中，TMS 被概念化为一个将个人记忆与团队内的交流过程融合起来的团队信息加工系统。之后的学者在定义 TMS 时更加强调其信息加工过程，如 Hollingshead 就将 TMS 定义为认知劳动对来自不同领域的信息的编码、存储、检索、交流的分工合作。⊜

TMS 基于个人的认知过程发展而来。个人的记忆系统对信息的处理可以分为编码、存储、检索三个阶段，这与 TMS 的信息加工过程相同。除了依靠个人的内部记忆来获取信息，人们往往还借助备忘录、家庭成员等外部记忆（external memory）资源。要获取外部记忆，必须要知道哪些人（物）拥有哪些领域的记忆，这被称为元记忆（metamemory）。元记忆对于在 TMS 中了解团队成员的专长起着重要的作用。

类比于计算机网络，韦格纳认为 TMS 的运作由三个过程构成，分别是目录更新、信息分配和检索协调。⑳目录更新（directory updating）是指团队成员了解其他成员所擅长的领域。团队成员领域分配的方式包括默认项、协商项、专家项和获取项。信息分

⊖ 王力铭. 团队交互记忆系统的影响因素及其与效能的关系研究 [D]. 杭州：浙江工商大学, 2010: 26.

⊜ Wegner D M, Giuliano T, Hertel P T. Cognitive interdependence in close relationships[M]. Compatible and Incompatible Relationships. New York, NJ: Springer Publishing Company, 1985: 253-276.

⊜ Hollingshead A B. Cognitive interdependence and convergent expectations in transactive memory[J]. *Journal of Personality & Social Psychology*, 2001, 81(6): 1080-1089.

⑳ Wegner D M. A computer network model of human transactive memory[J]. *Social Cognition*, 2011, 13(3): 319-339.

配（information allocation）是指团队成员将信息传递给领域专家。① 检索协调（retrieval coordination）是指团队成员从领域专家处获取信息。

Liang 等在实验的基础上提出 TMS 的三个要素：记忆区分、任务协调和任务信任。② 记忆区分（memory differentiation）是指团队成员在合作过程中的专业化分工，任务协调（task coordination）是指团队成员有效合作的能力水平，任务信任（task credibility）是指团队成员对其他成员专业知识的信任程度。③ 刘易斯（Lewis）将这三个要素进一步归纳为专业化（specialization）、协调性（coordination）和信任度（credibility），并基于此开发出了得到广泛应用的 TMS 测量量表。④

自 20 世纪 80 年代以来，在对团队认知思维的研究中出现了一系列理论成果，比如说团队心智模型（team mental model）、共享任务认知（shared-task understanding）、交互理解（cross-understanding）等。虽然都是研究团队认知的理论模型，TMS 相比之下仍具有一定的特殊性。从理论起源来看，其他理论主要起源于心理学、行为学等，TMS 则用计算机信息处理的思维对团队认知加工过程进行了全新的诠释。从切入点大小来看，相较于这些理论，TMS 理论显得窄而深，其他的理论融入了组织目标、组织策略、成员偏好等组织理论的内容，TMS 只关注于团队内的认知分工与合作。从团队差异性来看，其他理论更加注重团队内部的一致性，而 TMS 更强调不同团队成员的分布式知识以及相关专长的异质性⑤。

2.2 TMS 在信息系统研究领域的应用进展

2.2.1 TMS 对团队绩效的影响

1. TMS 对软件开发团队绩效的影响

软件开发团队比起其他任务团队，往往面临更高的任务复杂度、成员分散性和知

---

① 张钢，熊立. 交互记忆系统研究回顾与展望 [J]. 心理科学进展，2007, 15(5): 840-845.
② Liang, D W, Moreland R, Argote L. Group versus individual training and group performance: The mediating role of transactive memory.[J]. *Personality & Social Psychology Bulletin*, 1995, 21(4): 384-393.
③ Moreland R L, Myaskovsky L. Exploring the performance benefits of group training: Transactive memory or improved communication?[J]. *Organizational Behavior & Human Decision Processes*, 2000, 82(1): 117-133.
④ Lewis K. Measuring transactive memory systems in the field: Scale development and validation[J]. *Journal of Applied Psychology*, 2003, 88(4): 587.
⑤ 张钢，吕洁. 团队心智模型和交互记忆系统：两种团队知识表征方式 [J]. 自然辩证法通讯，2012, (1): 81-88.

识密集性，因此 TMS 的记忆区分、任务协调和任务信任等要素更加适用于对软件开发团队绩效的研究。

一方面，团队熟悉度、任务熟悉度、人际互动等因素通过 TMS 的中介作用，会对软件开发团队的绩效产生影响。TMS 可以优化团队互动过程，使团队协调顺畅，提高决策质量，从而取得高绩效。Espinosa 等研究了在异地分布式软件开发团队中熟悉度和复杂度对团队绩效的影响。他们通过对 1 170 个 "修改请求" 软件项目进行研究，发现任务熟悉度和团队熟悉度对团队绩效产生直接影响，但是受到任务复杂性和团队协作复杂性的调节作用。这里任务熟悉度和团队熟悉度的概念都来源于 TMS 理论。[一] Butler 等则研究了软件开发团队中团队意识的影响因素以及团队意识对团队绩效的影响。通过用现场法对 51 个数据库开发团队进行研究，他们发现交流频率和团队特征影响团队意识，而团队意识直接影响团队绩效。团队意识分为专家位置认知和共享任务理解，其中专家位置认知就来自 TMS 理论。[二]

另一方面，除了中介作用，TMS 还对软件开发团队绩效产生间接影响。研究发现，TMS 通过提高问题解决能力、团队行为整合等影响软件开发团队绩效。Lin 等研究了信息系统开发团队中哪些知识资源有助于提高问题解决能力。通过向中国台湾地区的信息管理协会的 359 位成员发送调查问卷，研究发现知识互补性、知识位置和知识配置对团队问题解决能力有正向影响，问题解决能力又对项目绩效产生直接影响。其中，知识位置的概念就来自 TMS 理论。[三] 而 Lin 等还研究了信息系统开发团队中行为整合的影响因素及其对团队绩效的影响。通过对 360 个项目经理的问卷调查，研究发现 TMS 中的专家专业化和专家可信度的两个因素及其交互作用对行为整合产生正向影响，而行为整合对团队绩效产生直接影响。其中行为整合由联合决策、集体决策和专家整合三个构念组成。[四]

2. TMS 对虚拟团队工作绩效的影响

虚拟团队为企业带来了巨大的便利，增加了人才多样性，降低了研发成本，减少

[一] Espinosa J A, Slaughter S A, Kraut R E, et al. Familiarity, complexity, and team performance in geographically distributed software development[J]. *Organization Science*, 2007, 18(4): 613-630.

[二] He J, Butler B, King W. Team cognition: Development and evolution in software project teams[J]. *Journal of Management Information Systems*, 2007, 24(2): 261-292.

[三] Lin T C, Chen C M, Hsu S C, et al. The impact of team knowledge on problem solving competence in information systems development team[J]. *International Journal of Project Management*, 2015, 33(8): 1692-1703.

[四] Lin T C, Hsu S C, Cheng K T, et al. Understanding the role of behavioural integration in ISD teams: An extension of transactive memory systems concept[J]. *Information Systems Journal*, 2012, 22(3): 211-234.

了差旅强度；但在另一方面，虚拟团队的地理分散性、组织分散性、虚拟性的特点带来了团队沟通不畅、低水平的信任、团队意识和凝聚力差等问题。[一] TMS 在解决虚拟团队的这些不足上发挥了重要的作用，从而提高了其工作绩效。

Marlow 等提出了团队虚拟性对团队交流的影响的研究框架。他认为虚拟性负向调节了团队交流中交流频次、交流及时性、交流内容与团队绩效之间的关系，而团队信任、团队认知中介了团队交流和团队绩效之间的关系，其中团队认知可以分为 TMS 和共享心智模型两种主要类型。根据研究，拥有更优的 TMS 的团队在分享及分担任务信息、目标、角色、职责、团队互动技术上有着更好的团队绩效。[二]

Engelmann 等则研究了信任对虚拟团队工作绩效的影响。通过实验法，作者将不同学生分为拥有团队知识和信息意识的组群和没有拥有的组群，他们在分散的空间里参与由计算机支持的协作。结果表明，团队知识和信息意识提高了虚拟团队成员之间的信任，抵消了相互怀疑，提高了虚拟团队的工作绩效。这是因为团队知识和信息意识推动了虚拟团队内 TMS 的发展，推动了知识分享并提高了认知处理的效率。[三]

3. TMS 对团队创新绩效的影响

企业创新往往包括提供新产品和服务，采用新流程、新管理方法以及创造新技能等内容[四]。TMS 有助于提高团队知识利用率、团队知识整合、团队问题解决能力等，从而提高团队创新绩效。

Yu 等从认知的视角研究了企业内员工建言行为对团队创造力的影响。通过对中国的 614 名电子商务企业的员工进行问卷调查，研究发现，员工建言行为通过 TMS、团队学习行为和知识分享对团队创造力产生影响。TMS 能够提高团队吸收效率、知识利用效率以及知识多样性，从而影响团队创造力。[五]

Dai 等发现新产品开发联盟和 TMS 对创业企业创新活动有正向影响。通过对中国长

[一] 王凌剑，廖述梅，陈敏华，等. 虚拟团队中交互记忆系统理论研究现状述评 [J]. 心理科学进展，2013, 21(8): 1512-1520.

[二] Marlow S L, Lacerenza C N, Salas E. Communication in virtual teams: A conceptual framework and research agenda[J]. *Human Resource Management Review*, 2017, 27(4): 575-589.

[三] Engelmann T, Kolodziej R, Hesse F W. Preventing undesirable effects of mutual trust and the development of skepticism in virtual groups by applying the knowledge and information awareness approach[J]. *International Journal of Computer-Supported Collaborative Learning*, 2014, 9(2): 211-235.

[四] 黄海艳. 交互记忆系统与研发团队的创新绩效：以心理安全为调节变量 [J]. 管理评论，2014, 26(12): 91-99.

[五] Yu S Z, Zhang L, Deng J Z. Mechanisms of e-business security and enterprise employee voice behavior impacts on team creativity: A cognitive perspective[J]. *International Journal of Security and Its Applications*, 2016, 10(9): 149-164.

三角地区 148 名创新企业管理人员进行问卷调查，研究发现 TMS 提高了团队知识管理能力和团队知识整合，有助于创业企业同时开展产品探索和产品开发两种创新活动。[⊖]

4. TMS 在社交媒体中对团队绩效的影响

随着企业内部通信工具的发展，社交媒体越来越成为加强组织内部团队交流、知识共享的重要工具。人们可以通过社交媒体观察彼此交换的信息内容、信息方向，也就是所谓的元知识，这是 TMS 的重要内容。通过增加团队成员的元知识，人们可以提高创新能力、减少组织内的重复工作，从而提高团队绩效。[⊜]

戴维森（Davison）等研究了社交媒体和关系对人际间知识交换和工作绩效的影响。通过对两家公关公司的案例研究，作者发现在中国注重关系的企业文化中，社交媒体的交互性、即时性和亲密性加强了企业内部的社会关系，推动了人际间知识交换，从而提高了工作绩效，这是一个双向互动的过程。在社交媒体的技术支持和 TMS 的辅助下，人们可以增长自己的专业知识，形成关于他人知识的元知识，培养与他人的认知信任，并获得跨任务知识协调的技能，最终提高工作绩效。[⊜]

Cao 等则研究了社交媒体的使用与 TMS 对团队创新绩效的影响。通过对中国的 89 个组织的团队成员进行问卷调查，研究发现，社交媒体的使用与 TMS 正相关，因为社交媒体有助于团队交流、成员互动和知识管理；社交媒体的使用和 TMS 通过团队吸收能力和知识创造能力对团队创新绩效产生影响。[⊛]

2.2.2 TMS 对知识整合的影响

1. TMS 对知识共享的影响

在 TMS 中，团队成员通过相互交流来增进各自的记忆，从而共享成员个人拥有的和团队其他成员拥有的两类知识。团队成员往往依赖于团队中的其他成员从不同的知识领域获取知识，处理和沟通信息。这样可以确保团队成员之间更多的知识共享，并

⊖ Dai Y, Du K, Byun G. Ambidexterity in new ventures: The impact of new product development alliances and transactive memory systems[J]. *Journal of Business Research*, 2017, 75: 77-85.

⊜ Leonardi P M. Ambient awareness and knowledge acquisition: Using social media to learn "who knows what" and "who knows whom."[J]. *MIS Quarterly*, 2015, 39(4): 747-762.

⊜ Davison R M, Ou C X J, Martinsons M G. Interpersonal knowledge exchange in China: The impact of guanxi and social media[J]. *Information & Management*, 2018, 55(2): 224-234.

⊛ Cao X, Ali A. Enhancing team creative performance through social media and transactive memory system[J]. *International Journal of Information Management*, 2018, 39: 69-79.

且能够承担更多的团队任务。

TMS通过信息技术支持对知识共享产生积极的推动作用。Choi等研究了信息技术支持和TMS对知识共享、知识应用和团队绩效的影响。通过对韩国两家大公司的139个团队进行现场研究，作者发现TMS和信息技术支持对知识共享有直接影响，但是知识共享对团队绩效并没有直接影响，团队绩效更受到知识应用的作用。其中，TMS为知识共享提供了基础的元知识。

TMS在知识共享中起着重要的联结作用。Lin等运用扎根理论的方法研究了虚拟教学社区中知识共享与创造的类型，以及其前因变量和结果变量。知识共享和创造可以分为知识贡献、知识催化、知识整合、任务执行、知识寻求五种类型，TMS在虚拟社区中起着知识流的作用，有助于实现不同群体、个人之间的知识共享。

知识共享也受到一些因素的阻碍。Mansingh等用案例研究的方法探索了在加勒比地区医疗行业知识管理系统的知识分享过程中阻碍知识流动的因素。研究发现，如果分享的知识属于个人记忆，那么只能依靠记录来保存这些知识；如果分享的知识属于交互记忆，虽然有助于知识的流动，但是可能无法得到快速检索。

2. TMS对知识搜索的影响

TMS中目录更新、任务协调和检索协调的过程就是在团队内部进行知识与信息检索的过程，因此TMS有助于团队成员提高检索意识，缩短知识搜索链，从而提高知识搜索的效率。

知识搜索受到TMS等一系列因素的影响。Yuan等从多层社会网络的角度探索了专家检索的影响因素。通过用多层线性模型对一个全球销售团队的通信数据进行分析，作者发现可接近性、任期、检索意识、可获得性以及媒介多样性对专家检索产生作用。TMS理论着重于检索意识，但是忽视了可获得性的影响。

Singh等则探索了组织内部分员工处于信息搜索劣势的原因。他们通过现场实验法

---

① 林筠，闫小芸. 共享领导与团队知识共享的关系研究——基于交互记忆系统的视角[J]. 科技管理研究，2011, 31(10): 133-137.
② Choi S Y, Lee H, Yoo Y. The impact of information technology and transactive memory systems on knowledge sharing, application, and team performance: A field study[J]. *MIS Quarterly*, 2010, 34(4): 855-870.
③ Lin F R, Lin S C, Huang T P. Knowledge sharing and creation in a teachers' professional virtual community[J]. *Computers & Education*, 2008, 50(3): 742-756.
④ Mansingh G, Osei-Bryson K M, Han R. Issues in knowledge access, retrieval and sharing – Case studies in a Caribbean health sector[J]. *Expert Systems with Applications*, 2009, 36(2): 2853-2863.
⑤ Yuan Y C, Carboni I, Ehrlich K. The impact of awareness and accessibility on expertise retrieval: A multilevel network perspective[J]. *Journal of the Association for Information Science & Technology*, 2014, 61(4): 700-714.

对一家大型跨国服务公司的员工进行研究，结果发现女性、同性恋者、低级员工等群体很容易处于搜索圈的外围。TMS 在信息搜索链中起到识别领域专家的作用，正是因为上述群体在 TMS 中处于劣势，他们往往需要更长的搜索路径才能获取到目标信息。这要求组织改善信息网络状况，信息弱势群体也要跨越社会边界加强异质性信息的搜索行为。[1]

3. TMS 对知识协作的影响

随着信息技术的发展，开源软件项目、科学合作、跨国产品开发不断增加，要求具有不同知识背景的大量参与者进行异步协作，这令 TMS 在知识协作中发挥了重要的作用。

TMS 帮助参与者了解信息所在的位置。Engelmann 等研究了协作者的知识和信息的概念地图如何影响计算机支持的协作问题的解决。在概念地图中，TMS 指明了信息所在位置，改变了人们的行为、交流和协作模式。作者通过实验法进行控制，发现使用概念地图的团队能够更快地获得信息，并且知识协作更为有效。[2]

TMS 帮助参与者理解任务的背景和内涵。Garud 等研究了数字技术虚拟项目中知识协作的过程和机制。作者采用技术民族志的方法对维基工具记录的维基百科贡献者互动的数据进行研究，发现在这一知识协作的机制中，不同于一般项目按照时间顺序推进项目过程，虚拟合作项目是由紧急结构和不断变更的所有权构成。TMS 使得虚拟项目中新的知识贡献者能够快速理解前人遗留任务的背景、文本和内涵，推动知识协作的发展。[3]

TMS 帮助参与者获取知识存储、检索、交流的方向。Ali-Hassan 等研究了知识资本在移动协作环境下的作用。研究发现，社会流动性通过社会资本进行中介，对移动协作产生影响，同时受到媒介丰富度的调节作用。其中，社会资本可以分为结构维度、关系维度和认知维度，TMS 属于认知维度，为移动协作提供知识存储、检索、交流的方向。[4]

---

[1] Singh J, Hansen M T, Podolny J M. The world is not small for everyone: Inequity in searching for knowledge in organizations.[J]. *Management Science*, 2010, 56(9): 1415-1438.

[2] Engelmann T, Hesse F W. How digital concept maps about the collaborators' knowledge and information influence computer-supported collaborative problem solving[J]. *International Journal of Computer-Supported Collaborative Learning*, 2010, 5(3): 299-319.

[3] Garud R, Kumaraswamy A, Tuertscher P. A model of and for virtual projects[J]. *Advances in Strategic Management*, 2011, 28: 357-387.

[4] Ali-Hassan H, Nevo D, Nevo S. Mobile collaboration: Exploring the role of social capital[J]. *ACM SIGMIS Database*, 2010, 41(2): 9-24.

4. TMS 对知识网络的影响

组织内的知识学习越来越呈现出网络化的发展结构，但是在组织学习中，人们往往关注建议寻求、信息搜索、知识转化、探索开发、团队合作等，忽视了客观的知识网络的结构对组织学习的影响，忽略了 TMS 和知识网络之间的相互影响。

Škerlavaj 等用社会网络分析的方法研究组织内知识网络的模式和结构。作者通过问卷进行调查并从公司人力资源数据库获得相关数据，研究发现，在知识学习网络中参与者的同质性（性别、任期和等级等）和接近度（地理距离和部门距离等）都对网络结构产生重要影响；知识网络间的关系是互惠互利的；知识传递性和稀疏群体间的高局部聚集都有利于组织内的知识学习。其中，TMS 表明在知识网络中，个人影响力与其所拥有的知识水平、专业技能正向相关。[⊖]

Akgun 等则对新产品开发项目中 TMS 与知识网络之间的相互作用进行了研究。通过对 69 个新产品开发项目的参与人员的问卷调查和访谈，发现团队稳定性、团队成员熟悉程度和人际信任对 TMS 有正向影响，而 TMS 对团队学习、产品上市速度和新产品成功也有正向影响，当任务更加复杂时，TMS 在知识网络所起的作用更大。[⊜]

5. TMS 对知识转化的影响

知识转化是指一个组织在学习特定知识后，在其他环境中重新应用、实践这些知识的过程。知识转化受到知识语境、团队互动、基础设施等应用条件的影响。TMS 在知识语境、团队互动上对知识转化起着重要作用。

Oshri 等探讨了 TMS 在哪些方面促进全球分布团队的知识转化。通过对 TATA 公司的两个咨询服务项目进行案例研究，对访谈、观察、档案资料等数据进行分析，作者发现 TMS 在编码、存储和检索三个方面推动了全球分布团队的知识转化。就编码而言，TMS 创建了共享的信息分类系统，可以用标签标识出领域专家的位置和技能；就存储而言，它创建了知识存储系统，可以对资料记录和专家知识进行更新；就检索而言，它可以有效寻找到领域专家和相关知识，从而实现知识转化。[⊜]

TMS 在推动潜在知识向实用知识转化上起了重要作用。Griffith 等研究了个体、组织和信息技术在虚拟团队背景下的互动。作者通过回顾相关文献提出了理论模型，认

⊖ Škerlavaj M, Dimovski V, Desouza K C. Patterns and structures of intra-organizational learning networks within a knowledge-intensive organization[J]. *Journal of Information Technology*, 2010, 25(2): 189-204.

⊜ Byrne J, Keskin H, Lynn G S, et al. Knowledge networks in new product development projects: A transactive memory perspective[J]. *Information & Management*, 2005, 42(8): 1105-1120.

⊜ Oshri I, Fenema P V, Kotlarsky J. Knowledge transfer in globally distributed teams: The role of transactive memory[J]. *Information Systems Journal*, 2008, 18(6): 593-616.

为个人知识、社会知识和组织知识构成了虚拟团队的潜在团队知识；而实现潜在的团队知识向实用知识的知识转化，个中 TMS 起着重要的调节作用。通过技术支持和组织系统，在培训中增强虚拟团队内部的交互记忆水平，就可以促进知识转化和工作效率的提高。[1]

6. TMS 对知识管理的影响

知识管理是"协调组织获取、创建、存储、共享、扩散、发展知识等广泛活动的系统性和综合性流程，并通过个人和团队开发知识来获得最大化的组织目标"，是对一系列知识活动的整合。基于 TMS，研究者提出了知识管理的一些解决方案。

Yang 等基于 TMS 理论提出了点对点知识管理创新模式。这一知识管理模式可以分为功能层面、自我知识层面和知识交换层面：在功能层面可分为政策管理、知识资料管理、通信媒体管理和咨询管理；元数据、角色知识、领域知识等共同构成自我知识层面；自我知识通过交换记忆系统等向知识交换层面转化，形成点对点的记忆目录。[2]

Alavi 等则基于虚拟团队中知识整合所面临的问题，提出了知识管理系统作为解决方案。虚拟团队环境下知识整合面临四个方面的挑战：对交互记忆的限制、缺少相互理解、在共享和保存知识上的失败以及组织联系的死板。针对交互记忆上的不足，作者认为可以在知识管理系统内创建可检索的编码知识库，将员工的技能和经验数据化。[3]

2.3 结论与展望

2.3.1 结论

本章对 TMS 在信息系统的应用研究进行了回顾，主要分为 TMS 对团队绩效和知识整合的影响两个方面。

TMS 对团队绩效的影响可以分为 TMS 对软件开发团队绩效、虚拟团队工作绩效、团队创新绩效、社交媒体中团队绩效的影响四个层面。在软件开发团队中，一方面团队熟悉度、任务熟悉度、人际互动等因素通过 TMS 的中介作用对软件开发团队的绩效

---

[1] Griffith T L, Sawyer J E, Neale M A. Virtualness and knowledge in teams: Managing the love triangle of organizations, individuals, and information technology[J]. *MIS Quarterly*, 2003, 27(2): 265-287.

[2] Yang H L, Ho H C. Emergent standard of knowledge management: Hybrid peer-to-peer knowledge management[J]. *Computer Standards & Interfaces*, 2007, 29(4): 413-422.

[3] Alavi M, Tiwana A. Knowledge integration in virtual teams: The potential role of KMS[J]. *Journal of the American Society for Information Science & Technology*, 2002, 53(12): 1029-1037.

产生影响；另一方面，TMS 通过提高问题解决能力、团队行为整合等间接影响软件开发团队绩效。在虚拟团队中，TMS 在团队认知、团队互动技术、信任上辅助解决了虚拟团队存在的团队凝聚力差、交流不足、信任感低等问题。在团队创新绩效中，TMS 通过提高知识利用率、知识多样性、知识管理能力等来发挥团队创造力。通过社交媒体等工具，可以增强团队成员的元知识，提高组织创新能力、减少重复工作，从而提高团队绩效。

TMS 对知识整合的影响可以分为 TMS 对知识共享、知识搜索、知识协作、知识网络、知识转化和知识管理的影响六类。在知识共享中，TMS 通过信息技术支持推动知识共享，在知识共享的群体和个人之间起着知识扣的联结作用，部分知识类型可能会阻碍知识共享。在知识搜索中，TMS 有助于提高检索意识，提高知识搜索的效率，但是女性、同性恋者、低级员工等弱势群体很容易在知识搜索链中处于劣势。在知识协作中，TMS 通过定位信息资源、提供任务背景、获取知识交流方向，推动团队内部的知识协作。在知识网络中，在 TMS 中拥有的知识水平、专业技能越高，越有可能在知识网络中具有较强的影响力；团队任务越复杂，TMS 对知识网络的作用越大。在知识转化上，TMS 从编码、存储和检索三个维度出发，推动潜在知识向实用知识和实践转化。在知识管理上，学者们基于 TMS 提出了点对点知识管理创新模式、知识管理系统等知识管理的方法。

2.3.2 展望

目前的研究虽然对不同的团队类型、知识处理过程中 TMS 的影响进行了探索，但是因为 TMS 移植到信息系统领域的时间还不长，研究成果尚不丰硕，并且存在一定的局限性，针对这些问题我们对 TMS 未来的研究提出展望。

（1）从理论本身看，TMS 主要关注不同团队成员的分布式知识以及相关专长的异质性，忽视了团队凝聚力、团队文化等同质性的因素。在未来的研究中，可以将 TMS 与团队心智模型、共享任务认知等进行融合，取长补短，构建出一个全面的团队认知模型。

（2）从任务类型和时间维度来看，目前对 TMS 对团队绩效的影响的研究往往关注的是单一任务、同一时间节点的团队绩效，忽视了现实中的团队往往是多重任务并行，并且不同任务往往具有一定的时间长度的特点。在未来的研究中，可以研究 TMS 随着时间动态变化在多重任务、不同的任务顺序中对团队绩效的作用。这一过程可能比较复杂，需要借助社会网络方法、计算机建模技术等。

（3）从研究对象看，目前 TMS 在信息系统领域的研究对象主要是企业组织、工作团队等，比较狭窄。未来可以将 TMS 的研究对象拓展到游戏社区小组、在线学习小组、医疗服务团队等，在这些团队或小组中不同成员之间也需要进行知识合作。

（4）从数据获取上看，目前大部分研究采用了访谈法、问卷调查来获取相关数据，较少有研究者采用观察法、实验法来获取数据，未来可以采用观察法，加强对团体内部的深入了解，用实验法控制不同变量，使结论更具有科学性。

（5）从研究方法上看，目前的大部分研究采用调查研究、现场研究的方法进行，少部分采用了社会网络、案例研究的研究方法，未来可以更多地采用民族志、扎根理论等方法，结合对组织团队的主客观认知，对 TMS 的各个元素的相互作用理解得更加深入具化。

（6）从研究内容上看，目前的研究往往忽视了团队成员文化背景的影响，未来的研究可以关注跨文化的团队协作，不同的文化背景是否对 TMS 产生影响；目前的研究大多从正面来研究如何用 TMS 来促进团队绩效和知识整合，但很少有研究从负面探索阻碍团队绩效和知识整合的因素以及团队内较低的交互记忆水平会对其造成怎样的影响，未来的研究可以从这里入手。

随着信息技术的发展，在未来的信息系统领域研究中，对于虚拟团队、全球分布开发团队、知识协作团队的研究将不断增加，TMS 将在这些研究中发挥更加重要的作用。

第 3 章。 CHAPTER 3

期望确认理论
及其在信息系统研究领域的应用与展望

期望确认理论（Expectation Confirmation Theory）源于 20 世纪 70 年代学界对消费者满意度的关注，并由美国学者理查德·L. 奥利弗（Richard L. Oliver）在 1980 年研究满意度与期望不一致程度的关系时系统地提出[⊖]。该理论模型在时间上覆盖了使用前和使用后两个阶段（见图 3-1）。消费者在购买产品或服务前形成初始期望（expectation），并以此为参照，与购买使用后对产品或服务的感知绩效（perceived performance）进行对比，得到期望的确认水平（confirmation），而后依据期望的确认水平形成购后态度，并最终影响其再购买意愿。

由于期望确认理论在研究传统商业领域的消费者满意度及购后行为时表现出了较好的解释力和预测力，信息系统（Information System，IS）领域的学者们也尝试将消费者对产品或服务的重复购买意愿类比为用户对信息系统的持续使用意愿，于是期望确认理论便在 IS 领域针对不同类型的信息系统产品及相应的用户群体得到了较为广泛

⊖ Oliver R L. A cognitive model of the antecedents and consequences of satisfaction decisions[J]. *Journal of Marketing Research*, 1980, 17(4): 460-469.

的应用。正因如此,在综合考量期望确认理论在 IS 领域的应用现状时,该理论往往只作为信息系统持续使用研究的一部分进行探讨:皇甫青红将期望确认理论的相关研究作为信息系统持续使用研究的一个分支,从引进新变量探索最合适的用户持续使用模型的角度,总结了在线学习、移动搜索等电子服务相关领域的应用研究[一];欧阳博、刘坤锋和杨海娟则从理论融合、研究对象、影响因素抽取等方面揭示了国外基于期望确认理论的信息系统持续使用模型的应用规律[二]。此外,也有一些学者就 IS 相关的细分领域,分别回顾了国内外社交类应用[三]、移动商务[四]、信息检索系统[五]和电子政务信息服务[六]的持续使用研究,结合相应场景从研究对象、理论模型、影响因素和研究方法等方面提出指向性的问题与建议,并对模型应用时存在的结论不一致和矛盾的情况通过荟萃分析进行了原因剖析[七],但期望确认理论仅在基础理论梳理时予以阐释,并未对其进行针对性的探讨。

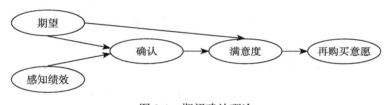

图 3-1 期望确认理论

尽管信息系统持续使用模型是期望确认理论在 IS 领域的主要应用,所涉及的研究对象包括 IT/IS、社交媒体、Web 应用、电子服务等,但该模型实为期望确认理论模型的变体,前文的综述受到该模型框架的限制,未能涵盖从期望确认理论出发所获得的其他研究成果。故本章拟追本溯源,以期望确认理论两阶段研究视角为出发点,梳理现有研究已取得的成果,探讨模型应用的局限性,从而为未来的研究提供值得关注的方向。

[一] 皇甫青红. 国内外信息系统持续使用研究综述——基于电子服务及相关领域文献的调研 [J]. 情报杂志, 2013, 32(10): 111-116.

[二] 欧阳博, 刘坤锋, 杨海娟. 国外信息系统持续使用模型应用研究综述 [J]. 现代情报, 2017, 37(8): 171-177.

[三] 杨海娟, 原薇, 王文艳. 国内外社交类应用持续使用研究综述 [J]. 情报科学, 2017, 35(3): 164-170.

[四] 袁顺波, 张云, 臧金帆. 移动商务用户持续使用行为实证研究综述 [J]. 图书情报工作, 2016, 60(4): 142-147.

[五] 韩金凤. 信息检索系统持续使用研究综述 [J]. 图书馆学刊, 2015, 37(5): 136-140.

[六] 杨菲, 高洁. 电子政务信息服务公众持续使用研究综述 [J]. 现代情报, 2014, 34(8): 170-176.

[七] 韩啸, 李洁. 基于期望确认的信息系统持续使用模型研究:一项荟萃分析 [J]. 图书情报工作, 2018, 62(1): 54-60.

3.1 期望确认理论的演化

从期望确认理论的角度理解用户满意度的形成，实则是在平衡事前期望与事后评价之间的关系。作为影响满意度的三个前置构念——事前期望、感知绩效和确认水平，其间的关系也不只是简单的正向关联影响，后续的研究表明还存在着其他的影响模式。表 3-1 总结了常见的六种关系模式[⊖]，其中基于认知失调理论的同化型影响模式和纳入对比作用的同化—对比型影响模式为学者们构建理论模型时的常见选择。

在这六种关系模式中，可以看到除了唯体验型，其余五种均强调了事前期望的影响作用。Bhattacherjee 则认为：①基于媒体信息和他人评价形成的事前期望忽略了用户在认知过程中受到亲身体验的影响而发生的潜在认知变化，事后期望则会在事前期望的基础上与用户亲身体验进行调和，真实性更强，能够取代事前期望停留在用户的认知记忆中，作为后续行为决策过程的基准；②尽管感知绩效与确认都发生于使用后阶段，但对确认水平和满意度的测量可以涵盖事前期望和感知绩效对持续使用意愿的影响[⊖⊜]。基于此，他提出了针对 IS 持续使用的期望确认模型，关注用户在接受或使用技术后的态度对持续使用意愿的影响，并假定用户的持续使用意愿依赖于三个变量：用户对 IS 的满意程度、用户期望的确认程度和事后期望（以感知有用性为代表）。需要说明的是，尽管期望可能涵盖的方面很广，但是由于技术接受模型已经证实感知有用性是唯一在信息系统使用的各个阶段中持续影响用户意愿的感知因素，所以 IS 持续使用模型选择感知有用性代表事后期望。

如图 3-2 所示，该模型有五个主要的假设。首先，用户对 IS 的满意度和感知有用性对他们继续使用 IS 的意向有积极的影响。其次，用户对 IS 的满意度取决于用户事前期望的确认水平以及他们对 IS 的感知有用性（事后期望的一种），这一影响关系与期望确认理论一致。最后，感知有用性也会受到确认水平的积极影响，这一关系可以通过认知失调理论的同化型影响来解读。模型的五个假设在对使用线上银行服务的用户进行的实证研究中均得到了支持。此外，在 B2C 电子商务服务环境中，期望确认水平通过对满意度和感知有用性的积极影响进而促进用户持续使用意愿形成的过程也得到了证实。[⊜]

⊖ Brown S A, Venkatesh V, Goyal S. Expectation confirmation in information systems research: A test of six competing models[J]. *MIS Quarterly*, 2014, 38(3): 729-756.

⊖ Bhattacherjee A. Understanding information systems continuance: An expectation-confirmation model[J]. *MIS Quarterly*, 2001, 25(3): 351-370.

⊜⊜ Bhattacherjee A. An empirical analysis of the antecedents of electronic commerce service continuance[J]. *Decision Support Systems*, 2001, 32(2): 201-214.

表 3-1 期望与感知绩效、结果评估的六种关系模式

类型	观点	IS 相关文献
同化型 (Assimilation)	基于认知失调理论，认为用户对结果的评估会调整至与事前期望一致，因此夸大期望是有利的	Lankton N K, McKnight D H[1] Szajna B, Scamell R W[2]
对比型 (Contrast)	基于期望不一致理论，事前期望将作为后续评估的参照，实际体验超出预期的幅度越大，用户的满意度就越高，因此保守的事前期望更有利	Staples D S, Wong I, Seddon P B[3]
一般否定型 (Generalized Negativity)	在该模型的假设中，最理想的情况是实际体验与期望恰好相符，超出或低于预期的结果都会导致用户的评价偏低。因此，应使事前期望与实际体验尽可能一致	Ginzberg M J[4] Tan B C Y, Wei K K, Sia C L, et al[5] Venkatesh V, Goyal S[6]
同化—对比型 (Assimilation-Contrast)	该模型认为，当期望与实际体验的差距较小时，同化作用占主导地位；当期望与实际体验相差较大时，对比作用则占主导。因此，使用户形成恰如其分的或适当偏高的期望（同化作用）以及极低的期望都是有利的（对比作用）	Brown S A, Venkatesh V, Goyal S[7]
唯期望型 (Expectations Only)	用户对结果的评估可以通过期望直接预测，与实际体验无关，即事前期望存在完全的同化作用	Davis F D, Bagozzi R P, Warshaw P R[8]
唯体验型 (Experiences Only)	用户对结果的评估完全依赖于实际体验的情况，与事前期望不存在因果关系	Brown S A, Venkatesh V, Kuruzovich J, et al[9]

[1] Lankton N K, Mcknight D H. Examining two expectation disconfirmation theory models: Assimilation and asymmetry effects[J]. *Journal of the Association for Information Systems*, 2012, 13(2): 88-115.

[2] Szajna B, Scamell R W. The effects of information system user expectations on their performance and perceptions[J]. *MIS Quarterly*, 1993, 17(4): 493-516.

[3] Staples D S, Wong I, Seddon P B. Having expectations of information systems benefits that match received benefits: Does it really matter?[J]. *Information and Management*, 2002, 40(2): 115-131.

[4] Ginzberg M J. Early diagnosis of MIS implementation failure: Promising results and unanswered questions[J]. *Management Science*, 1981, 27(4): 459-478.

[5] Tan B C Y, Wei K K, Sia C L, et al. A partial test of the task-medium fit proposition in a group support system environment[J]. *ACM Transactions on Computer-Human Interaction*, 1999, 6(1): 47-66.

[6] Venkatesh V, Goyal S. Expectation disconfirmation and technology adoption: Polynomial modeling and response surface analysis[J]. *MIS Quarterly*, 2010, 34(2): 281-303.

[7] Brown S A, Venkatesh V, Goyal S. Expectation confirmation in technology use[J]. *Information Systems Research*, 2012, 23(2): 474-487.

[8] Davis F D, Bagozzi R P, Warshaw P R. User acceptance of computer technology: A comparison of two theoretical models[J]. *Management Science*, 1989, 35(8): 982-1003.

[9] Brown S A, Venkatesh V, Kuruzovich J, et al. Expectation confirmation: An examination of three competing models[J]. *Organizational Behavior and Human Decision Processes*, 2008, 105(1): 52-66.

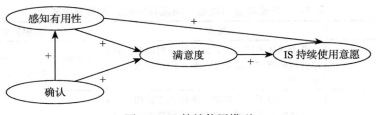

图 3-2　IS 持续使用模型

3.2 期望确认理论在信息系统研究领域的应用进展

Bhattacherjee 构建的模型在兼顾简洁性的同时，勾勒出了由期望确认到用户持续使用意愿形成的关键路径，同时也在对事后期望的度量方面留出了很多可根据情境调整模型的空间。正是因为该模型易于移植到不同的研究情境中，IS 领域后续基于期望确认理论的研究大都基于此模型来构建研究框架。此类研究以确认后阶段为核心，针对不同的研究对象探讨了相关因素可能产生的影响，丰富了用户对各类信息系统持续使用意愿的研究成果，证实了该模型在不同场景中对不同研究对象的适应性。

然而，该模型在简化期望确认理论模型的同时也引出了一些新的问题，如舍弃事前期望和感知绩效构念可能会造成研究结果的片面性。因此，一些学者在研究中纳入了确认前阶段，并通过完善确认过程和探究事前期望的维度，填补了 IS 持续使用模型未能覆盖的部分空白。

3.2.1 以确认后阶段为核心的适应性研究

作为确认阶段的起点，确认水平的形成过程首先会受到研究者的关注，包括其度量方式及其可能受到的影响等。其次，在应用模型时为了应对研究对象和研究场景的差异性，多维度的事后期望构建成为大多数学者的选择。虽然对确认过程和事后期望的探讨丰富了原有的研究视角，也从多角度探究了影响用户态度的因素，但若想获得真正的实践收益，停留在感知态度层的研究成果的说服力就略显不足。因此，对用户意愿向行为转化过程的了解便显得尤为重要。故确认后阶段的研究评述将从以上三个方面展开。

1. 确认过程的影响

在期望确认理论的相关研究中，主要有三种度量确认水平的方式：客观型

（Objective）、推断型（Inferred）和感知型（Perceived）[①]。客观度量需要一名外部裁判"客观地"衡量期望与实际绩效间的差异，但是这一判断有一个假设前提，即基于事前定义的明晰标准，不同的消费者会对产品或服务有一致的评价[②]。显然，这一前提条件忽略了消费者对绩效表现和期望确认度感知时的个体差异。因此，尽管客观度量易于操作，但其对满意度的前瞻性预测还不够准确。[③]而推断度量是就预先设定的产品或服务属性，计算期望与感知绩效间的差异，其评估的是消费者在消费体验前后，评价预选属性的差异分数的总和[④]，也常被表示为期望与感知绩效间代数差的函数[⑤]。感知度量得到的确认水平则是消费者事后对期望与感知绩效间差异的主观评价，这一主观评价或基于产品和服务的整体水平[⑥]，或基于个人的属性水平[⑦]。在针对信息系统的研究中，往往不存在明晰的评价标准，学者们也常以探究用户的期望点为目标，所以客观型度量并不适用。同时，尽管推断型度量在衡量具有明确侧重属性的期望与绩效差异时较为适用[⑧]，但在分别测度时，绩效因为是后置测量而可能会受到期望的影响，实际水平可能不够准确[⑨]。于是，感知型测度自然成为学者们最常采用的度量确认水平的方式。

虽然在原理论模型中，确认水平同时受到期望和感知绩效的影响，但是在采用感知度量的方式后，研究者常以确认水平代表事前期望和感知绩效的综合影响，不去理会其中更细致的影响关系，转而关注其他可能影响确认水平的因素。首先，从客观条件的支持来看，较好的服务质量可以为用户确认期望提供有力支持从而得到积极的确认结果[⑩]；进一步而言，基于良好的服务质量或环境支持带来的用户专注度的提升也可

[①] Yi Y. A Critical Review of Consumer Satisfaction[M]// Zeithaml V. A. *Review of Marketing* 1990. Chicago IL: American Marketing Association, 1991: 68-123.

[②] Olshavsky R W, Miller J A. Consumer expectations, product performance, and perceived product quality[J]. *Journal of Marketing Research*, 1972, 9(1): 19-21.

[③] Yi Y. A Critical review of consumer satisfaction[M]// Zeithaml V. A. *Review of Marketing* 1990. Chicago IL: American Marketing Association, 1991: 68-123.

[④] Swan J E, Trawick I F. Disconfirmation of expectations and satisfaction with a retail service[J]. *Journal of Retailing*, 1981, 57(3): 49-67.

[⑤] Tse D K, Wilton P C. Models of consumer satisfaction: An extension[J]. *Journal of Marketing Research*, 1988, 25(2): 204-212.

[⑥] Oliver R L. A cognitive model of the antecedents and consequences of satisfaction decisions[J]. *Journal of Marketing Research*, 1980, 17(4): 460-469.

[⑦] Tse D K, Wilton P C. Models of consumer satisfaction: An extension[J]. *Journal of Marketing Research*, 1988, 25(2): 204-212.

[⑧] Terzis V, Moridis C N, Economides A A. Continuance acceptance of computer based assessment through the integration of user's expectations and perceptions[J]. *Computers and Education*, 2013, 62: 50-61.

[⑨] Michael J. Roszkowski, John S. Baky, David B. Jones. So which score on the LibQual+ ™ tells me if library users are satisfied?[J]. *Library and Information Science Research*, 2005, 27(4): 424-439.

[⑩] Oghuma A P, Libaque-Saenz C F, Wong S F, et al. An expectation-confirmation model of continuance intention to use mobile instant messaging[J]. *Telematics and Informatics*, 2016, 33(1): 34-47.

以促进期望确认水平。其次，从用户的主观条件出发，以往的经验与习惯成为主要的考察对象[1][2][3][4][5]，以往积极的使用体验会为当下的确认过程奠定良好的基础；而且基于自我觉知理论，用户如果经常使用某一信息系统或产品，他会认为这是出于喜欢的行为，从而在评价期望确认程度时也是积极的。此外，频繁的使用行为也可以理解为形成了一种依赖关系[6]，加深了用户的感知印象，促进了积极确认结果的形成。同时，用户也会受到他人行为或评价的影响，从而改变自身对确认水平的判断。[7]

由上可知，感知型的度量方式因为融合了事前期望和感知绩效的影响，减少了对确认水平形成过程的关注。确认水平在模型中的位置前移，也使得现有的大部分研究将重心置于吸纳了确认水平影响的事后期望。然而，若想细致了解完整的期望确认过程，确认阶段作为承接环节的作用也是不应忽视的。同时，确认过程对事后期望的影响是否会受到诸如用户特征、环境特征等因素的调节也缺少进一步的探讨，需要在整体的研究框架中填补更多的细节。

2. 事后期望的构建

当事前期望由于难以捕捉被 IS 持续使用模型舍弃时，事后期望的构建可视为对事前期望的一种探索，并作为联结确认水平与满意度水平之间的桥梁。学者们根据研究对象的特点具体划分事后期望的维度，勾勒出影响用户满意度的路径，以给出更加具有针对性、实践意义和操作价值的建议，进而促进用户忠诚度和持续使用意愿的形成。

虽然称之为事后期望，在实际研究测度时却倾向于考察用户对实际体验的感知情况（以感知有用性为例，该构念的实际测量项旨在衡量使用该系统是否提升了个人处理相关事务时的绩效），所以事后期望实则是融合了期望与感知绩效对实际体验的评估和更进一步的确认，也可以理解为指向性更为明确的期望再确认，或是衡量用户对信息

---

[1] Recker J. Continued use of process modeling grammars: The impact of individual difference factors[J]. *European Journal of Information Systems*, 2010, 19(1): 76-92.

[2] Hung M C, Chang I C, Hwang H G. Exploring academic teachers' continuance toward the web-based learning system: The role of causal attributions[J]. *Computers and Education*, 2011, 57(2): 1530-1543.

[3] Kim B, Han I. The role of trust belief and its antecedents in a community-driven knowledge environment[J]. *Journal of the Association for Information Science and Technology*, 2010, 60(5): 1012-1026.

[4] Shin, D H, Biocca F, Choo H. Exploring the user experience of three-dimensional virtual learning environments[J]. *Behaviour and Information Technology*, 2013, 32(2): 203-214.

[5] Chen Y Y. Why do consumers go internet shopping again? Understanding the antecedents of repurchase intention[J]. *Journal of Organizational Computing and Electronic Commerce*, 2012, 22(1): 38-63.

[6] 常桂林，毕强，费陆陆．微信平台（公众号）用户持续使用意愿分析——基于期望确认模型与媒介系统依赖理论 [J]. 图书馆学研究，2017, (22): 85-92.

[7] Chen Y Y. Why do consumers go internet shopping again? Understanding the antecedents of repurchase intention[J]. *Journal of Organizational Computing and Electronic Commerce*, 2012, 22(1): 38-63.

系统产品不同方面价值的感知水平[1]。

已有研究中提出的事后期望主要有两方面来源——理论支撑和情境支撑。

由于在期望确认理论中，期望仅作为一个宽泛的概念，其具体的内涵需要学者根据研究的对象和目的进行细化，而现有的较为成熟的理论，则为学者们探究期望的维度提供了丰富的理论支持。因为 IS 持续使用模型自身即借鉴了技术接受模型，所以其中没有囊括的感知易用性的影响成为后续研究的一个关注点。尽管有研究指出，感知易用性的作用会随着用户对系统熟悉度的增加而减少，因而在技术采纳后的阶段不会存在显著影响，但 Hong 等的研究指出，感知易用性对于满意度和持续使用意愿都有积极影响，甚至强于感知有用性的影响，尤其是对功能和内容处于不断扩展过程中的移动网络而言，用户在使用设备时与传统渠道相比需要付出更多努力。[2]而用户使用信息系统时的限制条件也可以通过用户对完成某一项行为所需资源或机会的可及性感知来测度，即计划行为理论中的感知行为控制。同时，该理论提出的主观规范的影响也被引入对 IS 持续使用意愿的研究中[3]。Hsu 等的研究表明，社会关系的影响和感知行为控制都会受到确认水平的积极影响，从而促进持续使用意愿的形成。[4]结合了技术接受模型、计划行为理论的研究都将 IS 的持续使用作为单向因果关系来考虑，认为环境影响认知信念，进而影响态度和行为。而社会认知理论则给出了另一种模式，提出环境因素、认知因素和人类行为之间存在持续的相互因果关系。[5]

事后期望的维度也代表着用户使用信息系统的不同动机。借助自我决定理论对动机的划分，事后期望可细化为促进满意度提升和持续使用意愿形成的内在动机（偏向享乐性）与外在动机（偏向有用性），以及支撑动机的基础心理需求。研究结果表明，迎合用户的心理动机带来的积极影响要明显强于满意度对持续使用意愿的作用。[6]为了多角度探究用户的需要，Yeh 等结合了生存、相互关系、成长发展三核心需要理论

---

[1] 杨根福. MOOC 用户持续使用行为影响因素研究 [J]. 开放教育研究，2016, 22(1): 100-111.

[2] Hong S J, Thong J Y L, Tam K Y. Understanding continued information technology usage behavior: A comparison of three models in the context of mobile internet[J]. *Decision Support Systems*, 2007, 42(3): 1819-1834.

[3] Kim B. An empirical investigation of mobile data service continuance: Incorporating the theory of planned behavior into the expectation–confirmation model[J]. *Expert Systems with Applications*, 2010, 37(10): 7033-7039.

[4] Hsu M H, Yen C H, Chiu C M, et al. A longitudinal investigation of continued online shopping behavior: An extension of the theory of planned behavior[J]. *International Journal of Human-Computer Studies*, 2006, 64(9): 889-904.

[5] Wood R, Bandura A. Social Cognitive Theory of Organizational Management[J]. *Academy of Management Review*, 1989, 14(3): 361-384.

[6] Øystein Sørebø, Halvari H, Gulli V F, et al. The role of self-determination theory in explaining teachers' motivation to continue to use e-learning technology[J]. *Computers and Education*, 2009, 53(4): 1177-1187.

（Existence Relatedness Growth Theory，ERG），在扩展有用性内涵的同时，也关注了人们对相互关系（Relatedness）的需要和成长发展（Growth）的需要，证实了感知需求的满足对持续使用意愿的积极影响。㊀此外，整合型技术接受模型也是一个常见的选择，它包含绩效期望、付出期望、社群影响和配合情况四个核心维度。前两者与期望确认模型中的期望相契合，同时，纳入的社会因素和环境的支持条件在信息系统的使用情境中也是十分重要的影响因素。这四个维度的期望在受到确认水平的影响后也会改变用户的态度。而态度相对于满意度而言，是一个长期且稳定的心理认知，其对后续使用意愿的影响也得到了证实。㊁

虽然从理论中提取的期望维度界定清晰、指向明确，但在实证研究中也需要根据研究对象或使用情境予以调整。例如，线下环境中易用性的作用可能更突出，而线上环境中用户更加关注辅助条件提供的帮助是否充足。㊂所以结合使用情境理解影响用户认知和态度的变化是非常重要的，这也促成了事后期望构建的另一个主要来源。

已有文献所研究的信息系统对象主要有以下四种类型：技术型、服务型、社交型和娱乐型。在构建期望时，技术型侧重于衡量有用性与易用性，服务型强调感知价值与收益，社交型偏向于情感维系，而娱乐型注重享乐体验。这些属性并非彼此独立，它们往往糅合于同一信息系统工具中，以满足用户多层次的需求。从更宏观的角度来说，在根据研究对象的应用情境构建期望时，可将之分为绩效型期望和情感型期望两方面。绩效型期望主要衡量的是用户在实际体验中预期获得的价值，也考虑了为此付出的努力或代价。这种价值可以用净收益（即感知价值）表示㊃，也可以由感知收益和感知成本两方面分别测度㊃。感知成本包括使用信息系统或相关产品和服务需要付出的金钱成本㊄、学习成本㊅、习惯转变成本㊃等。感知成本可视为用户使用信息系统的阻碍，会对用户满意度产生消极影响，但较高的期望确认水平则会降低用户对于成本的感

㊀ Yeh K J, Teng T C. Extended conceptualisation of perceived usefulness: Empirical test in the context of information system use continuance[J]. *Behaviour and Information Technology*, 2012, 31(5): 525-540.

㊁㊂ Venkatesh V, Thong J Y L, Chan F K Y, et al. Extending the two-stage information systems continuance model: Incorporating UTAUT predictors and the role of context[J]. *Information Systems Journal*, 2011, 21(3): 527-555.

㊃ 殷猛，李琪. 基于价值感知的微博话题持续参与意愿研究[J]. 情报杂志，2017, 36(8): 94-100.

㊄㊃ Lin T C, Wu S, Hsu S C, et al. The integration of value-based adoption and expectation–confirmation models: An example of IPTV continuance intention[J]. *Decision Support Systems*, 2012, 54(1): 63-75.

㊅ Kim B. An empirical investigation of mobile data service continuance: Incorporating the theory of planned behavior into the expectation–confirmation model[J]. *Expert Systems with Applications*, 2010, 37(10): 7033-7039.

㊃ Chong Y L. Understanding mobile commerce continuance intentions: An empirical analysis of Chinese consumers[J]. *Data Processor for Better Business Education*, 2013, 53(4): 22-30.

知。①此外，辅助条件的支持也会降低感知成本，从而增强用户的使用意愿②。感知收益的衡量除了相对宽泛的感知有用性评估外，还包括对服务质量③④、金钱价值、绩效收益⑤等方面的评估。感知收益是用户采纳信息系统的动因，与用户的满意度正相关，在用户感知信息系统或产品有用的前提下，辅以增强用户黏性的措施，将会进一步增强用户的持续使用意愿。⑥

绩效型期望对技术型、服务型的 IS 工具而言是一种重要的度量项。而考察用户心理状态和情绪体验的情感型期望，则会对娱乐型、社交型的 IS 工具形成更加显著和直接的影响。感知娱乐性（Perceived Playfulness）和感知享乐性（Perceived Enjoyment）是常见的情感型期望构念，旨在衡量用户在使用信息系统的过程中所获得的愉悦感以及用户是否享受于整个使用过程。它们对具有社交属性的产品（如社区⑦、博客⑧）和娱乐属性的产品（如门户网站⑨、游戏⑩）的持续使用意愿都存在积极影响。除了短期使用获得的娱乐享受外，用户对信息系统产品的情感依赖还可以体现为长期使用形成的熟悉度和亲密度。针对在线购物网站的研究表明，这二者同样会受到确认水平的影响，并直接影响用户的持续使用意愿，其作用甚至强于感知有用性⑪。此外，由于用户在使用新兴技术传输个人信息和敏感信息时越来越多地注重隐私安全问题，信任因素也被

---

① Kim B. An empirical investigation of mobile data service continuance: Incorporating the theory of planned behavior into the expectation–confirmation model[J]. *Expert Systems with Applications*, 2010, 37(10): 7033-7039.

② Lankton N K, Wilson E V, Mao E. Antecedents and determinants of information technology habit[J]. *Information and Management*, 2010, 47(5): 300-307.

③ Hsu M H, Chang C M, Chuang L W. Understanding the determinants of online repeat purchase intention and moderating role of habit: The case of online group-buying in China Taiwan[J]. *International Journal of Information Management*, 2015, 35(1): 45-56.

④ Chen I Y L. The factors influencing members' continuance intentions in professional virtual communities — A longitudinal study[J]. *Journal of Information Science*, 2007, 33(4): 451-467.

⑤ Hsu C L, Lin C C. What drives purchase intention for paid mobile Apps? An expectation confirmation model with perceived value[J]. *Electronic Commerce Research and Applications*, 2015, 14(1): 46-57.

⑥ Bhattacherjee A. An empirical analysis of the antecedents of electronic commerce service continuance[J]. *Decision Support Systems*, 2001, 32(2): 201-214.

⑦ Alraimi K M, Zo H, Ciganek A P. Understanding the MOOCs continuance: The role of openness and reputation[J]. *Computers and Education*, 2015, 80: 28-38.

⑧ Luo M M. Continuance intention of blog users: The impact of perceived enjoyment, habit, user involvement and blogging time[J]. *Behaviour and Information Technology*, 2013, 32(6): 570-583.

⑨ Lin C S, Wu S, Tsai R J. Integrating perceived playfulness into expectation-confirmation model for web portal context[J]. *Information and Management*, 2005, 42(5): 683-693.

⑩ Cho V, Cheng T C E, Lai W M J. The role of perceived user-interface design in continued usage intention of self-paced e-learning tools[J]. *Computers and Education*, 2009, 53(2): 216-227.

⑪ Lee Y, Kwon O. Intimacy, familiarity and continuance intention: An extended expectation–confirmation model in web-based services[J]. *Electronic Commerce Research & Applications*, 2011, 10(3): 342-357.

纳入了相关情境的研究中[1][2][3],尤其是对隐私信息敏感度较高的移动医疗服务而言,感知信任度会显著影响持续使用意愿[4]。

如前所述,基于理论融合和情境化视角构建的事后期望使得模型可以针对不同的研究对象调整侧重点,积累了较为丰富的研究成果。但是,现有研究从其他理论抽取的构念往往过于笼统,没有进行较细维度的划分(以感知有用性为例,研究者多以整体有用性为出发点,缺少对具体功能板块有用性的考察)。同时,这一方法对不同类型的期望间的影响关系也缺乏进一步探讨,忽略了其中可能存在的单向影响或交互作用(例如,绩效型期望的满足是否会对情感型期望的确认具有促进作用)。未来的研究可以考虑做此方面的补充,以提供更具实践价值的建议。

3. 用户意愿的转化

基于 IS 持续使用模型的研究多将持续使用意愿作为预测持续使用行为的主要因素,虽然这一点没有在模型中明确指出,但研究者在分析结果时往往将意愿与行为联系在一起。然而,由于不包含行为构念,模型不能够解释长期行为可能被其他因素(如习惯)影响而不受意愿控制的状况。

为了克服这些局限性,进一步提高模型的解释力,研究者们探讨了可能影响用户意愿向行为转化的因素。有别于"有意识"的意愿,习惯被视为一种"无意识"因素。习惯基于过往行为形成,并受到使用环境、使用体验的丰富性和满意度的影响。[5]它会调节意愿与持续使用行为间的关系,即习惯性越强,意愿对实际行为的影响越小。而意愿在相对不稳定的或变化较大的环境中对后续行为的影响将会更强。[6]除了习惯外,

---

[1] Venkatesh V, Thong J Y L, Chan F K Y, et al. Extending the two-stage information systems continuance model: Incorporating UTAUT predictors and the role of context[J]. *Information Systems Journal*, 2011, 21(6): 527-555.

[2] Chong Y L. Understanding mobile commerce continuance intentions: An empirical analysis of Chinese consumers[J]. *Data Processor for Better Business Education*, 2013, 53(4): 22-30.

[3] Wu I L. The antecedents of customer satisfaction and its link to complaint intentions in online shopping: An integration of justice, technology, and trust[J]. *International Journal of Information Management*, 2013, 33(1): 166-176.

[4] Akter S, Ray P, D'Ambra J. Continuance of mHealth services at the bottom of the pyramid: The roles of service quality and trust[J]. *Electronic Markets*, 2013, 23(1): 29-47.

[5] Limayem M, Hirt S G, Cheung C M K. How habit limits the predictive power of intention: The case of information systems continuance[J]. *MIS Quarterly*, 2007, 31(4): 705-737.

[6] Ajzen I. Residual effects of past on later behavior: Habituation and reasoned action perspectives[J]. *Personality and Social Psychology Review*, 2002, 6(2): 107-122.

如果行为的实施过程有便利条件的支持，也会促进意愿向行为的转化。[1][2]

总体来看，作为最终实现研究价值的重要环节，意愿向行为的转化过程却没有受到应有的关注。造成这一现状的原因首先是受期望确认理论模型和 IS 持续使用模型的惯性思维影响，以意愿的形成作为模型的最终目标；其次是由于行为数据不能基于问卷获得，这对研究者的研究设计和数据获取提出了更高的要求。未来的研究可以考虑纳入行为数据进行分析，或可将行为的实现视为对意愿的一种确认，并将影响确认过程的因素纳入考量，以作为对意愿性研究成果的补充，提供更全面的研究结论。

3.2.2 纳入确认前阶段的延伸性研究

确认前阶段主要由在 IS 持续使用模型中被舍弃的事前期望与感知绩效两个构念构成，不过它们对确认水平的影响模式却非始终一致。因此纳入确认前阶段后，确认过程所受到的影响值得再做探讨。此外，事前期望作为模型中最先在用户心中形成的构念，其受到的影响会间接传递至模型中的其他环节，因此也受到了学者们的关注。

1. 对确认过程的再探究

如表 3-1 所示，事前期望与感知绩效对确认水平的相对影响程度并不能一概而论。对于特定的使用情境而言，应该引导用户设立怎样的事前期望？事前期望会对事后期望产生怎样的影响？期望与实际体验的差异应该控制在怎样的范围内？二者中哪一个对确认水平的提升影响更大？这些问题的答案只能通过完整的期望确认理论模型来获得。

Lankton 等通过对比简化模型和完整模型，证明了使用完整的期望确认模型的重要性。[3]囊括感知绩效和事前期望构念的模型有助于衡量事前期望存在的同化作用（Assimilation），即相较于感知绩效，用户的满意度更多地受到事前期望的影响。这种影响在 IT 环境中会较为显著，因为技术可能是复杂且不为人熟知的，让某些用户评估绩效并完成烦琐的确认过程是困难的。于是，用户会更多地依赖事前期望来形成满意度。在这种模式下，通过培训或其他沟通方式让用户形成正确的期望是实践者们应予

---

[1] Venkatesh V, Thong J Y L, Chan F K Y, et al. Extending the two-stage information systems continuance model: Incorporating UTAUT predictors and the role of context[J]. *Information Systems Journal*, 2011, 21(6): 527-555.

[2] Escobarrodríguez T, Carvajaltrujillo E. Online purchasing tickets for low cost carriers: An application of the unified theory of acceptance and use of technology (UTAUT) model[J]. *Tourism Management*, 2014, 43(5): 70-88.

[3] Lankton N K, Mcknight D H. Examining two expectation disconfirmation theory models: Assimilation and asymmetry effects[J]. *Journal of the Association for Information Systems*, 2012, 13(2): 88-115.

关注的。

　　除了具有同化影响外，事前期望也常作为评价参考的标准。当实际体验与期望的差距不大时，实际的使用情况会受到期望的驱动，即期望会对使用情况产生直接的积极影响；当实际体验与期望的偏差较大时，技术使用会受到确认水平的大小和方向的影响——积极的确认会带来较高的使用水平，消极的确认会导致较低的使用水平，但是负面影响的程度更大。[⊖]此外，事前期望还可能会对事后期望产生影响。Venkatesh等的研究结果表明，与技术接受相关的多个维度的事前期望都会对事后期望存在积极影响。[⊜]但从计划行为理论的角度出发，相较于主观规范和感知行为控制，来自媒体的外部影响会有更显著的留存作用，遗憾的是这一积极影响没能传递至持续使用意愿。[⊝]

　　感知绩效虽然常通过与期望的对比差异体现价值，但其有时也会脱离事前期望被单独考量，Ing等的研究即基于感知绩效的作用提出用户对信息系统服务的质量感知对确认水平、事后期望和满意度都会有积极影响。[㉘]在Tao等的研究模型中，感知绩效也充当了其他影响因素与确认水平间的桥梁[㉙]，虽然只有感知有用性对感知绩效水平有显著影响，但是也为确认水平的提高给出了另一重视角。此外，感知绩效存在的意义还包括检验不同类型的属性表现对满意度造成的不同程度的影响。如对于感知有用性（满意度维持型因素）而言，同样程度的消极结果带来的负面影响大于积极结果带来的正面影响；相反地，感知易用性（满意度促进型因素）的积极作用则更强。[㉚]这种不对称的影响在针对具体属性分别测量事前期望和感知绩效时才可以进行比较探究。对于概括度较高的构念而言，虽然在实际测量时包含多个维度，但综合考量时，不同维度间的影响可能彼此中和，导致事前期望和感知绩效对满意度无直接影响，被确认程度所中介。[㉛]

　　⊖ Brown S A, Venkatesh V, Goyal S. Expectation confirmation in technology use[J]. *Information Systems Research*, 2012, 23(2): 474-487.

　　⊜ Venkatesh V, Thong J Y L, Chan F K Y, et al. Extending the two-stage information systems continuance model: Incorporating UTAUT predictors and the role of context[J]. *Information Systems Journal*, 2011, 21(6): 527-555.

　　⊝ Hsu M H, Yen C H, Chiu C M, et al. A longitudinal investigation of continued online shopping behavior: An extension of the theory of planned behavior[J]. *International Journal of Human-Computer Studies*, 2006, 64(9): 889-904.

　　㉘ Ing B H, Degoulet P. Information system end-user satisfaction and continuance intention: A unified modeling approach[J]. *Journal of Biomedical Informatics*, 2016, 61: 185-193.

　　㉙ Tao Y H, Cheng C J, Sun S Y. What influences college students to continue using business simulation games? The China Taiwan experience[J]. *Computers and Education*, 2009, 53(3): 929-939.

　　㉚ Lankton N K, Mcknight D H. Examining two expectation disconfirmation theory models: Assimilation and asymmetry effects[J]. *Journal of the Association for Information Systems*, 2012, 13(2): 88-115.

　　㉛ Lankton N K, Mcknight D H, Thatcher J B. Incorporating trust-in-technology into Expectation Disconfirmation Theory[J]. *Journal of Strategic Information Systems*, 2014, 23(2): 128-145.

由前述可知，完整的期望确认模型有助于获得更全面的研究成果，但遗憾的是，在 IS 领域的现有研究中，学者大多受 IS 持续使用模型的影响而忽略了确认前阶段的作用。这一缺憾也为未来的研究提供了可供完善的空间。确认过程作为整个期望确认模型的中心环节，研究其会受到怎样的影响与研究其怎样影响后续过程具有同样的重要性。

2. 对事前期望的再探究

根据 Shirani 等提出的概念模型[1]，事前期望也会受到用户特征的影响，如在电子商务情境中，消费者在购买前的信任度会积极地影响期望水平[2]。在用户特征中，由性别形成的天然划分得到了许多关注。在以前的研究中，决策制定中的性别差异已被充分认识。具体而言，男性被认为更独立、更具竞争力，并被工具性目标驱动，女性则倾向于追求和谐的相互关系和已表露的共同目标。[3]因此，在满意度的形成过程中，男性会以内在需求作为参照点，女性则将注意力集中于外部线索（如以往的经验）。[4][5]在针对移动服务与 Web 服务的研究[6]中，学者发现女性希望移动服务与 Web 服务保持一致，因为她们并不热衷于寻求新鲜感并为此冒险。相比之下，男性倾向于做出独立的决定，追求自己的内在欲望，而不过分关注外部约束。男性所具有的追求新奇事物和冒险的倾向，使他们更关心如何调整服务以适应移动环境。因此，移动服务的适应性对男性用户的满意度有着更显著的影响。在社交网络情境中，性别差异表现为女性更注重保持联系这一基本期望的满足，男性则更偏重娱乐性，这也是一种对功能的延伸性需求[7]。

由以上的性别差异也可以看出，期望确认机制对女性的作用更加突出，而对于男性而言，考察欲望的确认水平似乎更加适用。这也引出了另一个对事前期望再探究的

---

[1] Shirani A, Aiken M, Reithel B. A model of user information satisfaction[J]. *Data Base*, 1994, 25(4): 17-23.

[2] Dan J K. An investigation of the effect of online consumer trust on expectation, satisfaction, and post-expectation[J]. *Information Systems and e-Business Management*, 2012, 10(2): 219-240.

[3] Sun Y, Kai H L, Jiang C, et al. Do males and females think in the same way? An empirical investigation on the gender differences in Web advertising evaluation[J]. *Computers in Human Behavior*, 2010, 26(6): 1614-1624.

[4] David G, Straub D W. Gender differences in the perception and use of E-mail: An extension to the technology acceptance model[J]. *MIS Quarterly*, 1997, 21(4): 389-400.

[5] Putrevu S. Exploring the origins and information processing differences between men and women: Implications for advertisers[J]. *Academy of Marketing Science Review*, 2002, 6: 1-10. https://www.ams-web.org/resource/resmgr/original_amsr/putrevu10-2001.pdf.

[6] Sun Y, Shen X L, Wang N. Standardization or adaptation during the web-mobile service transition: Understanding the moderating role of gender[J]. *Journal of Electronic Commerce Research*, 2016, 17(3): 266-279.

[7] Chan K H, Cheung M K, Shi N, et al. Gender differences in satisfaction with Facebook users[J]. *Industrial Management and Data Systems*, 2015, 115(1): 182-206.

角度，即期望与欲望的区分。Oliver[1]、Spreng 等[2]从概念上区分了欲望确认和期望确认，并确定满意度是欲望确认和期望确认的共同结果。二者的区别在于，欲望是一种内化的理想标准，期望则依赖于外在标准，如先前的经验或产品的描述[3]。因此，欲望是基于用户的内在需求形成的，并非现实的预测。与期望确认类似，欲望确认水平基于感知绩效和欲望的对比差异形成。[4][5]满足期望的产品或服务可能并不符合希望的理想标准。例如，低价产品的质量可能符合人们的预期（预估其质量偏低），但不符合人们的愿望（获得高质量的产品）。Khalifa 等的研究也表明了在理解用户对基于互联网的服务的满意度时区分期望与欲望的重要性，指出期望未确认对满意度的影响不会在采纳前后有所不同，而欲望未确认对满意度的影响在采用前阶段会很强，在采用后阶段则变得微不足道。[6]但这种明显的阶段差异并没有得到 Hong 等人研究的支持[7]，在该研究中，对于 IS 质量的双重感知对于持续使用行为而言同样重要。这种差异可能意味着，对于新奇元素变化频繁的信息系统（如门户网站）来说，即使在服务被采用之后，仍然难以建立稳定的期望，所以欲望仍然作为确认的标准。同时，尽管期望和欲望的确认都影响用户的持续使用意愿，但期望更偏向影响短期的满意度，欲望则会影响长期满意度，而且欲望会调节期望对满意度的影响，因为用户会期待其欲望未来实现时所带来的积极收益[8]。

尽管现有的研究对事前期望可能受到的影响给予了一定的关注，并考量了其与欲望间的差异，但研究多从有用性、兼容性、易用性三个角度衡量，考察的维度相对较少，故可在未来的研究中基于研究对象和研究情境的特征进一步丰富。此外，还可以深入探讨造成期望差异的细分人群特征，从整体特征逐步聚焦至群体特质，既"识大"也"见小"，使研究的层次和角度更加多元化。

---

[1] Oliver R L. A conceptual model of service quality and service satisfaction: Compatible goals, different concepts[J]. *Advances in Services Marketing and Management*, 1993, 9(16): 1-16.

[2] Spreng R A, Mackoy R D. An empirical examination of a model of perceived service quality and satisfaction[J]. *Journal of Retailing*, 1996, 72(2): 201-214.

[3] Khalifa M, Liu V. Satisfaction with Internet-based services: The role of expectations and desires[J]. *International Journal of Electronic Commerce*, 2002, 7(2): 31-49.

[4] Spreng R A, Mackoy R D. An empirical examination of a model of perceived service quality and satisfaction[J]. *Journal of Retailing*, 1996, 72(2): 201-214.

[5] Khalifa M, Liu V. Satisfaction with Internet-based services: The role of expectations and desires[J]. *International Journal of Electronic Commerce*, 2002, 7(2): 31-49.

[6] Khalifa M, Liu V. Satisfaction with Internet-based services: The role of expectations and desires[J]. *International Journal of Electronic Commerce*, 2002, 7(2): 31-49.

[7] Hong S, Kim J, Lee H. Antecedents of use-continuance in information systems: Toward an inegrative view[J]. *Data Processor for Better Business Education*, 2008, 48(3): 61-73.

[8] Nevo D, Chan Y E. A temporal approach to expectations and desires from knowledge management systems[J]. *Decision Support Systems*, 2008, 44(1): 298-312.

3.3 结论与展望

通过文献综述发现，期望确认模型在 IS 领域的相关研究中表现出了较为广泛的适用性，从技术型、服务型到社交型和娱乐型工具都有所覆盖，立足于确认过程及确认前后的两个阶段，为促进用户持续意愿的提升给出了具有参考价值的实现路径。但是现有的研究还存在以下问题：①研究成果多源于同质化的模型在各个应用场景间的迁移，虽然验证了模型的适应性，但缺乏细致化的场景探讨；②对事后态度的理解过于单一，多从提升满意度以增强持续使用意愿的角度出发，研究成果的丰富性受限；③意愿性研究成果多基于问卷调查所得，缺少从意愿向行为转化的观察性事实数据，转化过程中的用户流失或成为实践过程的阻碍；④研究多受 IS 持续使用模型的影响，以直接影响用户事后态度的确认后阶段为结果导向，舍弃了确认前阶段的事前期望和感知绩效构念，因而缺乏对期望确认过程的完整理解，得到的实践启示也存在相应的局限性；⑤研究者在应用期望确认模型时，虽然从期望构建的维度加入了与信息系统相关的影响因素，但未能考虑信息系统作为产品时的特殊性，不仅系统自身会不断迭代，用户的使用也是一个探索的过程，所以确认过程是一个相对动态的、多阶段连续的过程。

针对现有研究存在的不足，本书从完善研究框架、丰富研究成果的角度提出以下三方面切入点：

（1）基于完整的期望确认模型开展研究，对确认前阶段给予更多关注。未来的研究不仅可以针对特定研究情境探讨事前期望与感知绩效对确认水平的影响模式，还可以对这两个构念所包含的具体维度做一补充，探究具象化的事前期望与事后期望间存在的差异及其相应的影响关系。

（2）延展事后态度的内涵，拓宽期望确认模型的应用场景。未来的研究可以从减轻消极影响的角度出发，探究在面对 IS 服务失败时，用户补偿型期望的确认过程会受到哪些因素的影响，以及会如何影响用户态度。此外，作为期望确认模型的延伸，态度向行为转化的过程也值得深入探讨，研究者可以更多地采用行为数据作为对问卷数据的补充，增强研究结果的说服力。

（3）根据信息系统产品的特殊性，构建多层次的确认过程，更全面地了解影响用户意愿的因素。信息系统产品的使用往往涉及多个阶段，每个阶段又由多个环节构成，所以，由新用户转化为忠实用户的过程会经历多次期望确认。未来的研究可以从初始期望的满足、促生新的期望、新的期望再确认的多层次期望确认过程更细致地理解用户在不同阶段的需求差异，这对于提高各个环节的用户转化率有着重要意义。

第 4 章 CHAPTER 4

印象管理理论
及其在信息系统研究领域的应用与展望

1959 年，社会学家戈夫曼（Goffman）在《日常生活中的自我呈现》一书中首次提出印象管理理论（Impression Management Theory）[①]。印象管理理论是关于人们如何以满足自身的需求和目标的方式来展示自己的理论，其核心思想是：人们为了达到某一目标，会试图管理或改变他人对自己形成的印象感知。

无论是现实的还是虚拟的社交活动，为了实现其目标，个人或组织都存在着印象管理行为。因此，自印象管理理论提出之后，印象管理相关问题引起了社会学、心理学、管理学、教育学等学科学者的关注。为了揭示印象管理理论的发展及其应用现状，已有学者撰写了一些述评，主要集中在以下两个方向。

一类是对理论本身相关研究的述评。Bolino 等对 1988～2008 年间的相关文献进行梳理，发现相关研究主要集中在个人印象管理策略的用途和有效性研究、组织内个

[①] 戈夫曼. 日常生活中的自我呈现 [M]. 冯钢，译. 北京：北京大学出版社，2008: 1-61.

人印象管理的行为研究、组织层面的印象管理研究三个方面。[①] Guadagno 等通过对相关文献的回顾与总结，发现男性和女性在使用印象管理策略方面存在一定差异；具体而言，男性一般使用更加自信的主导策略，女性则使用更为被动和合作的策略。[②] Leary 等将印象管理分为印象管理的动机和印象构建两部分，并以此为框架系统梳理了现有的研究成果，发现印象管理的动机的影响因素包括印象的目标相关性、期望结果的价值、个人当前印象与期望印象之间的差异；印象构建的影响因素包括自我观念、期望（和不期望的）身份、自身角色的约束、目标价值、对他人看法的感知。[③] 刘娟娟首先对印象管理概念的由来及发展过程进行回顾，然后从印象管理的结构及其测量、印象管理的影响因素研究两个方面梳理了国内外相关文献。[④] 安桃艳等从印象管理的分类、印象管理的动机、印象管理的策略和印象管理的测量四个方面对国外研究进行了综述。[⑤]

另一类是传统环境下特定领域的印象管理理论应用研究的述评。王沛等具体梳理了应聘者印象管理的相关研究，发现现有研究主要集中在面试情境与应聘者印象管理行为、应聘者个性特质与印象管理策略使用、应聘者印象管理行为与面试结果、招聘者对应聘者印象管理识别四个方面。[⑥] 谭哲则从归因信息的自利性倾向、语言信息披露的可理解性和可读性分别对国外与国内会计语言信息披露印象管理的相关文献进行了梳理和对比研究。[⑦]

在网络环境下，个人或组织在社交网站上的一句话语或一个表情、组织在官方网站上的声明或展示元素，都可能影响到个人或组织给他人的印象。因此，网络环境中个人或组织的印象管理相关问题已经引起了学界的关注，在信息系统研究领域已经涌现出一些应用印象管理理论的研究成果。然而，在文献调研中，我们尚未见有关印象管理理论在信息系统研究中应用方面的述评文献。为此，为了帮助学界同仁准确把握印象管理理论在信息系统研究中的应用进展，本章拟在简要回顾印象管理理论的发展之后，评述印象管理理论在信息系统领域的应用现状，指出现有研究存在的问题以及值得关注的潜在研究方向。

[①] Bolino M C, Kacmar K M, Turnley W H, et al. A multi-level review of impression management motives and behaviors[J]. *Journal of Management*, 2008, 34(6): 1080-1109.

[②] Guadagno R E, Cialdini R B. Gender differences in impression management in organizations: A qualitative review[J]. *Sex Roles*, 2007, 56(7-8): 483-494.

[③] Leary M R, Kowalski R M. Impression management: A Literature review and 2-component model[J]. *Psychological Bulletin*, 1990, 107(1): 34-47.

[④] 刘娟娟. 印象管理及其相关研究述评 [J]. 心理科学进展，2006, 14(2): 309-314.

[⑤] 安桃艳，荣海涛. 国内外印象管理研究综述 [J]. 商业经济，2014(11): 22-23.

[⑥] 王沛，冯丽娟. 应聘者印象管理研究述评 [J]. 心理科学进展，2006, 14(5): 743-748.

[⑦] 谭哲. 会计语言信息披露中的印象管理：国内外文献综述 [J]. 经济研究导刊，2009(24): 103-104.

4.1 印象管理理论的起源及演进

在互动研究和社会分层研究成果的基础上，戈夫曼提出了印象管理理论，运用戏剧表演的观点，解释了人们如何通过控制向他人呈现自己的行为方式，引导他人对自己形成的印象，并将这些行为方式概括为"误解性表演""理想化表演""神秘化表演""补救表演"四种策略[一]。后来，戈夫曼又扩展了自己的研究，探讨了人们在面对面的社交场合中为了挽回面子而采取的特别策略。

1964 年，琼斯（Jones）通过对印象管理动机和策略的深度研究，提出了用以提升自身品质的吸引力从而影响他人的一系列战略行为的逢迎者模型。[二]其中，逢迎者的动机包括对他人宝贵资源的渴望、保护免受潜在危害的愿望和对积极自我的渴望三种；逢迎者惯用的四种策略包括恭维对方、意见遵从、自我呈现、略施恩惠。

1971 年，Tedeschi 等在费斯汀格（Festinger）的认知失调理论的基础上提出，相较于内在一致性的需求，人们更倾向于外在一致性，即与他人保持一致的社会关系的观点。[三]外在不一致性会使人们之间难以成功地互动，因此人们会试图采取一定的措施避免出现外在不一致性。Tedeschi 等人的贡献在于他们用印象管理理论解释人们会避免消极的认同和外在不一致性，为这一社会心理学现象扩宽了研究视角，增加了印象管理理论的应用范围。

此后，印象管理理论在实验性社会心理学范畴不断发展，大量学者纷纷在实验控制条件下对印象管理的影响因素和行为策略进行研究。1990 年，Leary 等通过对印象管理过程的分析研究，提出了印象管理双成分结构模型，将印象管理分为印象管理的动机和印象构建。[四]这一结构模型成为迄今为止印象管理相关研究的重要理论依据。

4.2 印象管理理论在信息系统研究领域的应用进展

目前，互联网已经成为人际关系互动的重要渠道。[五]为了给他人留下良好的印象，

[一] 戈夫曼. 日常生活中的自我呈现[M]. 冯钢, 译. 北京: 北京大学出版社, 2008: 1-61.

[二] Schneider D J. Tactical self-presentations: Toward a broader conception[M]// Tedeschi J T. *Impression Management Theory and Social Psychological Research*. New York, NJ: Academic Press, 1981: 23-40.

[三] Tedeschi J T, Rosenfeld P. Impression management theory and the forced compliance situation[M]// Tedeschi J T. *Impression Management Theory and Social Psychological Research*. New York, NJ: Academic Press, 1981: 147-177.

[四] Leary M R, Kowalski R M. Impression management: A Literature review and 2-component model[J]. *Psychological Bulletin*, 1990, 107(1): 34-47.

[五] O'sullivan P B. What you don't know won't hurt me: Impression management functions of communication channels in relationships[J]. *Human Communication Research*, 2000, 26(3): 403-431.

人们会借助信息系统提供的各种功能进行印象管理，一系列印象管理理论应用于信息系统研究领域的文献于是应运而生。这些文献的研究主要集中在四个方面：印象管理的策略研究、印象管理的影响因素研究、印象管理对员工关系和工作绩效的影响研究、印象管理对用户在线参与意愿的影响研究。

4.2.1 印象管理的策略研究

1. 个人印象管理的策略研究

相当部分的现代人际关系是在网络环境中开始和维持的，人们通过控制和管理社交媒体上的信息，试图影响他人对自己的印象感知。因此，基于网络的印象管理对人们来说变得越来越重要，对其印象管理策略的探讨也成了学界研究的主题之一。Tractinsky 等比较研究了制定决策和构建良好印象两种目的对人们信息呈现行为的影响，发现在制定决策时人们使用条形图的比例最高，并且喜欢用 2D 维度呈现信息；而在构建理想印象的目的下，人们会降低对条形图的偏好，转而增强对线形图、饼图的偏好，图形纬度则多采用 3D 类型呈现。⊖Ward 对 Tinder 用户在预匹配阶段进行研究时发现，为了寻找更多的匹配对象，用户往往会采取两种策略：一种是精心挑选个人资料中的照片；另一种是经常浏览他人的个人资料，来借鉴他人展现自己的语言和方式。⊜Bowman 在研究大学教授使用 Twitter 所采取的策略时发现，为了塑造更加专业的形象，他们在线上分享专业知识时会使用更多的可供性策略（如 URL、转推和 @ 功能），并且 29% 的被调查者申请了专门的账户用以分享专业知识⊜。此外，Hall 等发现，Facebook 用户的个人资料中个人照片形象越友好、照片中的好友数量越多以及照片情景为社交活动时，更能让别人感知其外向性的性格特点；用户在 Facebook 上表达更加积极的观点，更能让别人感知其宜人的性格特点，而表达消极情绪或寻求情感支持，则更易让别人感知其情绪不稳定的性格特点等。⑩然而，随着网络的快速普及，网民数量激增，社交媒体不再只是交友平台，还变成了公众人物塑造良好公众形象的平台。

⊖ Tractinsky N, Meyer J. Chartjunk or goldgraph? Effects of presentation objectives and content desirability on information presentation[J]. *MIS Quarterly*, 1999, 23(3): 397-420.

⊜ Ward J. What are you doing on Tinder? Impression management on a matchmaking mobile App[J]. *Information Communication & Society*, 2017, 20(11): 1644-1659.

⊜ Bowman T D. Differences in personal and professional tweets of scholars[J]. *Aslib Journal of Information Management*, 2015, 67(3): 356-371.

⑩ Hall J A, Penningtion N, Lueders. Impression management and formation on Facebook: A lens model approach[J]. *New Media & Society*, 2014, 16(6): 958-982.

Selva-Ruiz 等的研究发现，西班牙政治人物已将社交网站 Instagram 作为政治营销渠道，他们自拍并上传生活图片，试图通过塑造平易近人的形象来增强其政治影响力。[1]

从上述分析可知，现有研究均为单一平台个人印象管理的策略研究。然而，在不同类型的平台上，由于业务类型不同，个人采取的策略也会不同，因此有必要对跨平台的个人印象管理策略进行比较研究。此外，政治人物或明星等公众人物为了达到某些目的，也会借助社交媒体来构建良好的公众形象，因此对其印象管理策略进行研究，有利于解读其背后的深层动机。

2. 企业印象管理的策略研究

印象管理不仅适用于个人层面，也同样适用于企业层面。20 世纪末以来，由于官方网站已成为用户获取企业信息的来源之一，企业越来越重视其官方网站的管理，试图向用户传达良好的企业形象。Connolly 等随机抽选了《财富》500 强企业中的 110 家，对其研究发现，所有企业的官方网站都使用胜任力策略，以显示其更加智能化；仅一家企业使用威慑恐吓策略，以显示其在某一方面的权力和权威；63.6% 的企业使用逢迎讨好策略，以赢得用户的喜爱等。[2]Heinze 等则通过对标准普尔 500 强企业网站 1997～2003 年间的纵向调查发现，企业不仅会不断增加网站中有关产品介绍、招聘信息、投资者信息的数量并提高质量，还会提升在线购买和在线支付功能的性能，也会通过提供详细的联系方式和服务手册、技术手册、常见问题解答等，以创造积极的企业形象，从而提升客户的支持程度、在线账户的访问量和在线销售额。[3]此外，Huang 等分析了中国大陆企业和中国台湾企业在其官方网站上的财务图表，发现 6.7% 的中国大陆企业和 30.6% 的中国台湾企业选用财务绩效更好的指标，试图让用户感知其财务业绩优良。[4]

随着社交媒体平台的普及，越来越多的企业开始重视社交媒体的印象管理。Lillqvist 等分析了 Foody 和 Logy 的企业 Facebook 中包含回复与批评的评论后发现，企业会使用符合传统礼貌的、道德的话语，并且转移那些可能会对企业产生负面影响的话题，来维护和提高企业的社会可接受性；而当面对批评时，企业代表会灵活转换

---

[1] Elva-Ruiz D, Caro-Castano L. The use of Instagram as a political communication channel by Spanish deputies: The humanization strategy in the "Old" and the "New" politics[J]. Professional De La Information, 2017, 26(5): 903-915.

[2] Connolly-Ahern C, Broadway S C. The importance of appearing competent: An analysis of corporate impression management strategies on the World Wide Web[J]. Public Relations Review, 2007, 33(3): 343-345.

[3] Heize N, Hu Q. The evolution of corporate Web presence: A longitudinal study of large American companies[J]. International Journal of Information Management, 2006, 36(4): 313-325.

[4] Huang S Y, Huang S M, Wu T H. The data quality evaluation of graph information[J]. Journal of Computer Information Systems, 2011, 51(4): 81-91.

发言角度，或作为企业的官方发言人，或代表自己表达个人观点，或转述他人观点，以此来展现自己与所述观点的关系，从而承担不同程度的责任。㊀Schniederjans等则研究了逢迎讨好、威慑恐吓、自我宣传、以身作则和恳求帮助的策略对企业财务收益的影响，逢迎讨好能使企业对受众更具吸引力，威慑恐吓表明企业是强大而有竞争力的，自我宣传能显示企业的高度胜任力和成功率，以身作则可展现企业的诚信、社会责任和道德价值，恳求帮助体现了企业在寻求帮助时的真诚和渴望；研究结果显示，除了以身作则的效果不显著，其他四种策略均能正向影响企业的财务收益。㊁

综上，现有研究大多关注了企业成功构建形象时的策略，只有Lillqvist等少数学者关注了企业面临印象威胁时的举措，但他们并没有对策略的效用进行定量分析。因此，未来可以加强对印象管理策略的效用研究，以帮助企业选择最佳的印象管理策略。

4.2.2 印象管理的影响因素研究

1. 个人印象管理的影响因素研究

随着网络逐渐渗透到生活的各个方面，人们变得更加注重其在网络中的形象，那么究竟哪些因素会影响个人管理或控制自己的印象呢？Rosenberg等认为个人的网络印象管理将受到个体在尝试实现其印象（主要目标）时所遵守的约束（次要目标）的影响。他们将次要目标分为自我导向的次要目标（包括个体维系或提升物质、身体、精神和时间资产需求的个人资源目标，以及个体喜欢保持一定的使其能感觉舒适的界限的觉知管理目标）和交互导向的次要目标（包括与自我身份有关的身份目标和增强他人的关注、获得情感支持的互动目标）。实证研究发现，交互导向的次要目标越强，越会促使用户构建角色；自我导向的次要目标越强，越会促使用户进行自我推荐、控制印象不被损害和构建角色。㊂Gerhart等研究了在线社交网络的特征（认知同质性和联系多样性）对在线身份管理（分组联系、自我提升）的影响，发现认知同质性会促使用户进行分组联系，选择性地减少与认知不一致成员的交互，也会促使用户进行自我提升，有目的地呈现与积极形象有关的信息；联系多样性会促使用户进行分组联系，针对性地

㊀ Lillqvist E, Louhiala-Salminen L. Facing Facebook: Impression management strategies in company-consumer interactions[J]. *Journal of Business and Technical Communication*, 2014, 28(1): 3-30.

㊁ Schniederjans D, Cao E, Schniederjans M. Enhancing financial performance with social media: An impression management perspective[J]. *Decision Support Systems*, 2013, 55(4): 911-918.

㊂ Rosenberg J, Egbert N. Online impression management: Personality traits and concerns for secondary goals as predictors of self-presentation tactics on Facebook[J]. *Journal of Computer-Mediated Communication*, 2011, 17(1): 1-18.

向不同的群组展现身份，但是联系多样性对自我提升的影响在统计上不显著[1]。Pearce等人则关注了荣誉文化对阿塞拜疆民众的网络印象管理的影响，研究发现，为了减少或避免让他人感知到不好的网络形象，进而损害个人名誉或受到惩罚，阿塞拜疆的女性会采取以下四种印象管理方式：不创建在线账户；间歇性关闭在线账户；使用不完整的姓名和与自己无关的照片来模糊真实身份；进行自我监控和审查，精心创建让好友都能接受的内容。[2]

由前述可知，这些文献均是研究在线社交媒体的次要目标的强烈程度、在线社交网络中人际关系的特征、文化背景等因素对个人构建网络印象的影响。然而，在电子商务平台等其他业务类型平台上，个人也会进行印象管理，但是到底哪些因素会影响个人的印象管理？与在线社交媒体相比，这些平台上的个人印象管理的影响因素又有哪些差异呢？由于未见这些方面的研究文献，因此它们都是值得关注的研究领域。

2. 企业印象管理的影响因素研究

此类研究主要集中在以下两个方面：一方面是基于企业官方网站的影响因素研究。Winter等发现企业官方网站的用户会从网站上文字内容的质量和详细程度、图片的数量和新颖程度、结构布局的专业性和一致性、链接的数量和可用性、字体大小、网站颜色、技术的交互程度和先进性八个维度，来推断企业的胜任力、创新性和用户关怀等方面的印象。[3]另一方面则是基于社交媒体的影响因素研究。Benthaus等的研究发现，专业的社交媒体管理工具通过社交网络分析、数据挖掘或自然语言处理等技术，能够识别用户对某些主题的看法或情绪，帮助企业迅速地应对负面评论，营造积极的口碑。[4]然而，大量企业在应用社交媒体试图展现企业运营的良好形象的同时，也出现了与情境意识薄弱和自我呈现缺陷有关的漏洞，这些漏洞会严重影响企业形象。Richey等的研究发现，快速地回应评论并不总是有利的，有时回复的内容是未经深思熟虑、不恰当的；轻松和非正式的交流方式有时会因词汇使用过于随意而造成误解、招致批评；企业员工的社交媒体行为常常与企业形象关联，员工在社交媒体上使用粗俗的语言或发布不恰当的图片，也会损害企业的声誉；在发表言论时忽略潜在的用户群体，

---

[1] Gerhart N, Sidorova A. The effect of network characteristics on online identity management practices[J]. *Journal of Computer Information Systems*, 2017, 57(3): 229-237.

[2] Pearce K E, Vitak J. Performing honor online: The affordances of social media for surveillance and impression management in an honor culture[J]. *New Media & Society*, 2015, 18 (11): 2595-2612.

[3] Winter S J, Saunders C, Hart P. Electronic window dressing: Impression management with websites[J]. *European Journal of Information Systems*, 2003, 12(4): 309-322.

[4] Benthaus J, Risius M, Beck R. Social media management strategies for organizational impression management and their effect on public perception[J]. *Journal of Strategic Information Systems*, 2016, 25(2): 127-139.

存在引发潜在用户反感或不满的风险。[1]

由上述分析可知，员工在社交媒体上发表的言论，尤其是与企业经营环境、企业文化等相关的评论，与企业的公众形象息息相关。如今，大量的求职类社交媒体如 LinkedIn、看准网（https://www.kanzhun.com）等，已经成为人们找工作时了解企业不可或缺的渠道之一，在职员工或前员工对企业的评价都会影响潜在求职者的看法和意愿，因此除了要关注前述文献已发现的因素外，未来还可以进一步研究在求职社交媒体中员工的各种评论分别会对企业的公众形象产生怎样的影响。此外，企业间的合作交流也多通过通信系统完成，未来可以研究在合作洽谈情境下企业代表的用词、语气、表情等会对其企业形象产生怎样的影响。

4.2.3　印象管理对员工关系和工作绩效的影响研究

在组织中，日常业务活动要求不同职位的员工进行合作以实现共同目标，这种强关系加之员工有想要晋升加薪、获得优越权利等强目的，就会促使员工在日常工作环境中构建或维护个人形象，以建立良好的员工关系，提高工作绩效。Cheng 等研究发现，员工的自我宣传、逢迎讨好与恳求帮助可以使其获得更好的上下级关系和更高的工作绩效评分；员工展现威慑力在一定程度上有助于其排除工作障碍和摆脱琐碎的杂事。[2]此外，Da-Cunha 基于戏剧化模型的研究发现，销售经理会授意销售人员在系统中录入销售数据时虚增销售额，使得软件自动生成的绩效报表更好看，从而在汇报绩效时给其领导留下良好的印象。[3]

由上述可知，印象管理会影响企业内员工关系和工作绩效。目前，在企业内部，智能办公系统（钉钉、企业微信等）作为员工沟通和协同办公不可或缺的工具，也承载了员工的许多印象管理行为。为了改进员工关系并提升工作绩效，员工在这些智能办公系统中应该扮演怎样的角色和实施怎样的参与策略，都有待于进一步研究。

4.2.4　印象管理对用户在线参与意愿的影响研究

近年来，在线活动大量涌现，人们可以不受时间和空间的限制，自愿参与到活动

---

[1] Richey M, Ravishankar M N, Coupland C. Exploring situationally in appropriate social media posts an impression management perspective[J]. *Information Technology & People*, 2016, 29(3): 597-617.

[2] Cheng J W, Chiu W L, Tzeng G H. Do impression management tactics and/or supervisor-subordinate guanxi matter?[J]. *Knowledge-Based Systems*, 2013, 40: 123-133.

[3] Da-Cunha J V. A dramaturgical model of the production of performance data[J]. *MIS Quarterly*, 2013, 37(3): 723-748.

中，但是人们参与活动的意愿也会受到诸多因素的影响。Jeong 等研究发现，与非社交媒体平台相比，社交媒体平台的用户更有可能意识到他们加入公益活动的举动对朋友是可见的，这有利于在朋友中树立良好的形象，因而会激励他们积极地参与在线公益活动。[1]Choi 等指出，在开发者参与新开源软件项目时，项目描述得越全面，屏幕快照的可用性、项目网站的可用性和初始工作的可下载程度越高，越容易让开发者对项目形成良好的第一印象，从而提高开发者的参与意愿。[2]在基于奖励的众筹活动驱动因素的研究中，Ba 等发现高质量的视觉效果、及时更新的活动状态和成果、大量的项目评论和回复对电影、视频与出版等众筹项目都有积极的影响，因为这些要素有助于塑造众筹项目的良好形象，从而促使投资者投资。[3]Gleasure 则反向探究了 20 位爱尔兰企业家抵制发布众筹活动的原因，发现企业家对信息披露的恐惧、对失败的恐惧都会抑制他们众筹融资的意愿，因为信息披露和项目失败都会对企业的公众形象造成危害，并长期影响他们与各种利益相关者的交易。[4]

随着知乎、豆瓣、抖音等用户生成内容平台和小红书、美芽等内容电子商务平台的普及，大量用户从被动信息接收者的角色转换成主动内容生成者的角色。因此，为了推进这些平台的进一步发展，未来有必要研究印象管理是如何影响用户的在线参与意愿与参与行为的。

4.3 结论与展望

通过文献梳理可以发现，在信息系统领域，国际上已经涌现了许多关于印象管理理论应用的研究成果，这些成果主要集中在"印象管理的策略研究""印象管理的影响因素研究""印象管理对员工关系和工作绩效的影响研究""印象管理对用户在线参与意愿的影响研究"四个方面。

现有研究主要存在以下不足：①个人印象管理策略的研究对象多来自一个平台或一个国家，未见跨平台的个人印象管理策略的比较研究，以及不同社会文化背景下的个人印象管理策略的比较研究；②企业印象管理的策略研究多集中于如何构建良好的

---

[1] Jeong H J, Lee M. The effect of online media platforms on joining causes: The impression management perspective[J]. *Journal of Broadcasting & Electronic Media*, 2013, 57(4): 439-455.

[2] Choi N, Chengalur-Smith I, Whitmore A. Managing first impressions of new open source software projects[J]. *IEEE Software*, 2010, 27(6): 73-77.

[3] Bao Z S, Huang T Z. External supports in reward-based crowdfunding campaigns: A comparative study focused on cultural and creative projects[J]. *Online Information Review*, 2017, 41(5): 626-642.

[4] Gleasure R. Resistance to crowdfunding among entrepreneurs: An impression management perspective[J]. *Journal of Strategic Information Systems*, 2015, 24(4): 219-233.

印象，较少关注企业面临印象威胁时的举措，同时未见关键危机事件之后印象管理策略的效用评价文献；③个人印象管理的影响因素研究均基于社交媒体平台，未见对其他业务类型平台上个人印象管理影响因素的研究，也未见不同类型平台间影响因素的比较研究；④基于企业智能办公系统的员工印象管理对员工关系和工作绩效的影响研究有待进一步完善；⑤印象管理对用户参与到新兴的用户内容生成平台的影响研究有待进一步深化。

未来在信息系统研究中应用印象管理理论需要注意以下问题：①关注跨平台的个人印象管理策略的比较研究；②可剖析政治人物或明星的印象管理策略，解读其深层动机；③关注关键危机事件后企业采取的网络印象管理策略，利用定量分析法研究其印象管理策略的效用；④不仅可以比较研究不同业务类型平台上印象管理影响因素之间的差异，还可以比较研究网络环境与现实世界印象管理影响因素之间的差异以及剖析存在差异的原因；⑤进一步研究在求职社交媒体中员工的各种评论分别会对企业的公众形象产生怎样的影响，以及在合作洽谈情境下企业代表的用词、语气、表情等会对其企业形象产生怎样的影响；⑥探究员工在智能办公系统中会扮演怎样的角色和实施怎样的参与策略，才能改进员工关系并提升工作绩效；⑦关注印象管理如何影响用户在内容生成平台上的参与意愿和参与行为，以助推平台的进一步发展。

第 5 章 CHAPTER 5

社会资本理论
及其在信息系统研究领域的应用与展望

社会资本是由人们在社会结构中所处的位置而带来的资源集合，不仅可以作为个体利益增加的途径，也是解决集体行动问题的重要参考。近年来，社会资本理论成为一个颇具国际性的学术研究热点，应用场景和领域也日益广泛，其研究范围已经渗入社会学、经济学、政治学、管理学和情报学等诸多领域，是具有典型跨学科特征的研究范式，特别适合解释各领域的诸多用户行为。

社会资本的理论和应用研究已经积累了不少成果，部分学者对其研究进展进行了梳理。吴军和夏建中按照社会资本理论发展的轨迹，从初创、发展和最新研究前沿三个发展阶段对国外社会资本理论的研究情况进行了归纳[一]；周红云则聚焦社会资本及其在中国的研究与应用，主要针对多角度的概念定义进行梳理和辨析，并对中国的社会资本研究进行了初步检视[二]；此外，针对社会资本理论的分类和测量问题，也有部分学

[一] 吴军，夏建中. 国外社会资本理论：历史脉络与前沿动态 [J]. 学术界，2012, (8): 67-76.
[二] 周红云. 社会资本及其在中国的研究与应用 [J]. 经济社会体制比较，2004, (2): 135-144.

者开展了较为细致的文献综述工作①②。不难发现，现有成果的梳理基本侧重于理论发展，较少关注社会资本理论的应用，在针对具有宽广前景的前沿交叉学科——信息系统领域，更是未见相关应用研究的综述性文献。

信息系统是情报学的主要应用研究领域，社会资本理论已为研究人员透视信息系统研究领域的包含网络关系的社会—技术行为提供了一个崭新的视角，使其对信息系统中用户行动、用户关系和网络结构的理解得到进一步的深化和认识，成为信息系统领域最具影响力的研究理论之一，故对其研究进展进行梳理就显得十分必要。因此，为了更清楚地理解其发展脉络和应用现状，本章将围绕社会资本理论在信息系统研究领域的应用情况对其进行述评，以期为我国情报学领域的社会资本理论应用研究提供一定的启示。

5.1 社会资本理论的历史演进和理论解读

社会学长期关注人与人之间因互动而形成的社会关系，经济学则关注具有经济利益的"资本"的概念，因此社会资本理论实现了社会学与经济学间的有效对话。社会资本的最早概念源自社区③，早在1916年，美国社区学者Hanifan发表了题为《农村学校社区中心》的文章，文中首次使用"社会资本"的专有称谓分析通过社区参与而形成社会交往及纽带的重要性，并认为社会资本和其他物质资源一样，也是有利于个体和社区发展的重要资源。④20世纪70年代初，Granovette在考察个人寻职行为时发现，对于找工作最有帮助和价值的信息往往是从关系较弱的亲戚朋友处获得，而非强关系的亲戚朋友⑤，由此解释了社会资源的关系组成现象。Lin在此基础上提出了"社会资源理论"，认为社会资源是个体通过直接和间接的社会关系所获取的社会网络中的资源，社会资源的质量和数量取决于社会网络的差异性、网络成员的社会地位和关系强度。⑥他在后来的研究中从个人主义方法论的视角，阐述了在美国如何通过非正式的社会关

---

① 苗红娜. 社会资本研究：分类与测量 [J]. 重庆大学学报（社会科学版），2015, 21(6): 123-131.
② 赵雪雁. 社会资本测量研究综述 [J]. 中国人口·资源与环境，2012, 22(7): 127-133.
③ Nahapiet J, Ghoshal S. Social capital, intellectual capital, and the organizational advantage[J]. *Academy of Management Review*, 1998, 23(2): 242-266.
④ Hanifan L J. The rural school community centre[J]. *Annals of the American Academy of Political and Social Science*, 1916, 67: 130.
⑤ Granovetter M. The strength of weak ties: A network theory revisited[J]. *Sociological Theory*, 1983, 1(6): 201-233.
⑥ Lin N. Social resources and social mobility: A structural theory of status attainment in social mobility and social structure[M]. Cambridge: Cambridge University Press, 1988: 121-144.

系实现职业流动性，尤其是那些"弱关系"。由此可见，Lin 的社会资源理论与即将讨论的"社会资本理论"已十分接近，虽未正式形成理论，但开创了社会资本理论研究的先河。

理解社会资本理论的发展和概念，按照突出的理论贡献，通常是基于三个不同的层次视角，即 Bourdieu 的微观层次取向、Coleman 的中观层次取向和 Putnam 的宏观层次取向。

5.1.1 微观层次取向研究

最早将社会资本这一概念引入社会学领域研究并进行系统诠释的是 20 世纪 80 年代的法国社会学家 Bourdieu，他将资本分为经济资本、社会资本和文化资本，并进行了详细区分，认为社会资本是人们公认的实际或潜在的资源集合体，每个个体都拥有这些资源集合体，通过制度化保障社会行为。个体所拥有的社会资本多寡取决于社会关系网络的规模、成员关系以及对行动者的地位的提升程度。[1][2]因此，Bourdieu 定义的社会资本是比较集中、制度化及带有持续性的一种社会关系网络。

5.1.2 中观层次取向研究

微观层次取向的社会资本只关注个体行动的目标实现，中观层次取向的社会资本则更多地关注社会资本如何促进集体行动目标的实现。中观层次取向的研究以美国社会学家 Coleman 为代表，他也是对社会资本理论影响最大的学者。Coleman 将 Granovetter、Lin 以及 Bourdieu 等的研究成果纳入自己的研究框架，通过大量实证研究论证了从微观到中观层次取向的跃进，是首位较为完整地提出了社会资本理论框架的学者。Coleman 认为社会资本包含社会结构的内容和形式，有利于个体或集体的行动，促进了行动和结构的产生，类似于物质资本和人力资本，并认为社会资本也具有生产性[3][4]。因此，Coleman 的社会资本理论观点基于社会结构，阐明了其功能不仅有利于个体实现目标，也有利于帮助集体行动者解决集体中观层面的问题。此外，Coleman 还论述了社会资本

---

[1] Bourdieu P. Distinction a social critique of the judgment of taste[M]. Cambridge, Massachusetts: Harvard University Press, 1984: 46-72.

[2] Bourdieu P. The forms of capital[M]. In handbook of theory and research for the sociology of education, New York, NJ: Greenwood Press, 1986: 3-17.

[3] Coleman J S. Foundations of social theory[M]. Cambridge, Massachusetts: The Belknap Press of Harvard University Press, 1990: 142-156.

[4] Coleman J S. Social capital in the creation of human capital[J]. *American Journal of Sociology*, 1998, 94: 95-120.

的几种基本形式，即义务和期望、信息网络、规范和有效约束以及权威关系。Coleman 对现有社会资本的理论贡献是显著的，提供了对社会资本更为宽泛的理解和应用，认为社会资本不仅可以作为个体利益增加的途径，也是解决集体行动问题的重要资源。

5.1.3 宏观层次取向研究

将社会资本理论思想加以深化和拓展的是美国的 Putnam 教授。他的研究范围超越前人，从宏观层面将社会资本概念融入国家政治话语体系，用以分析社会政治生活。Putnam 在解释当代意大利南北方行政绩效差异的研究中，引入了社会资本理论的分析内容，论述了如何通过社会资本的概念解释合作行动对社会公共利益的增进。[⊖]两年后，该学者的研究团队发现了美国社会资本的下降，提出应该恢复公民参与和信任以扭转局面，分析了信任、互惠规范以及网络等之间的关系和作用，并指出大力发展社会资本是解决集体行动困境的一条捷径，也是使美国政治民主得以运转的关键因素之一。[⊜]此后有系列研究者围绕 Putnam 的论点展开对社会资本和公民参与的研究，以促进社会经济的发展和民主化的进程。[⊝]

社会资本理论在微观、中观和宏观三个层面上的历史演进，也符合学者 Brow 的认知体系，即微观层面的社会资本理论是嵌入自我式的，个体通过社会网络调动资源；中观层面的社会资本理论是结构式的，群体和社团间的社会关系通过网络形成结构；宏观层面的社会资本理论是嵌入结构式的，关注所有社会、经济活动背景下的政治和制度性环境，包含更大的文化或社会规范体系，研究各种宏观因素对网络结构的形成、改变和转移的影响[@]。狭义的社会资本只是对某一方面的考量，综合的社会资本研究则纳入了对宏观、微观以及结构和文化的全盘考虑。

5.2 社会资本理论的分类研究

大量的现有文献表明，社会资本理论是一个多层次概念，存在许多分类方式。这些维度为社会环境应该如何支持知识发展和实现个体的目标描绘了整体的面貌。

⊖ Putnam R D. Making democracy work: Civic traditions in modern Italy[M]. Princeton, NJ: Princeton University Press, 1993: 21-34.

⊜ Putnam R. Tuning in, Tuning Out: The strange Disappearance of social capital in America[J]. *Political Science and Politics*, 1995, 12: 664-683.

⊝ Quan-Haase A, Wellman B. How does the Internet affect social capital[M]. Cambridge, Massachusetts: The MIT Press, 2004: 113-132.

@ 托马斯·福特·布朗，木子西. 社会资本理论综述[J]. 马克思主义与现实，2000, (2): 41-46.

5.2.1 内容维度研究

Uphof 将社会资本分为结构型社会资本和认知型社会资本：结构型社会资本是较为外部化和客观性的，该范畴来源于社会中诸多可明确描述的网络关系，具体包括角色、规则、程序、先例及用于社会交往的社会网络；相应地，认知型社会资本则是较为内部化和主观性的，倾向于描述人们合作的规范、价值、态度和信仰。Uphoff 还指出，研究中常用的信任和互惠也属于认知社会资本。[1]

Nahapiet 等在此基础上增加了关系资本，将社会资本分为结构资本、关系资本和认知资本。[2]其中结构资本用于刻画整个行动者之间的联结模式，决定了资源获取的多寡，Bolino 等采用网络分析的方法描绘了整个在线社交媒体的联结模式[3]。关系资本主要描述历史交互发展的人际关系及通过此关系能获得的资产，也可看作是网络中的关系质量。[4]Chang 等研究了组织网络间的成员关系特征，并发现"信任、规范、义务、期望和身份"形成了网络的关系特征。[5]认知资本是成员间对资源的共有表示和解释，如符号、语言、价值观和文化习俗等，Helliwell 等研究发现，不同密度的社交网络对成员间的共同价值形成有影响[6]。

此外，Scheufele 等还在过去研究成果的基础上，从人格力量和特征的视角，将社会资本分为人际资本、内心资本和行为资本三个维度。[7]其中社会信任作为人际资本，生活满足作为内心资本，社会参与作为行为资本。

5.2.2 关系强度研究

按照关系强度可以将社会资本分为强关系社会资本和弱关系社会资本：强关系主要

---

[1] Uphoff N, Wijayaratna C M. Demonstrated benefits from social capital: The Productivity of Farmer Organizations in Gal Oya, SriLanka[J]. *World Development*, 2000, 28(11) : 1875 -1890.

[2] Nahapiet J, Ghoshal S. Social capital, intellectual capital, and the organizational advantage[J]. *Academy of Management Review*, 1998, 23(2): 242-266.

[3] Bolino M C, Turnley W H. Citizenship behavior and the creation of social capital in organizations[J]. *Academy of Management Review*, 2002, 27(4): 505-522.

[4] Portes A. Social capital: Its origins and applications in modern sociology[J]. *Annual Review of Sociology*, 1998, 24(1): 1-24.

[5] Chang H H, Chung S S. Social capital and individual motivations on knowledge sharing: Participant involvement as a moderator[J]. *Information & Management*, 2011, 48(1): 9-18.

[6] Helliwell J F, Putnam R D. The social context of well-being[J]. *Philosophical Transactions of the Royal Society of London*. Series B: Biological Sciences, 2004, 359(1449): 1435-1446.

[7] Scheufele D A, Shah D V. Personality strength and social capital[J]. *Communication Research*, 2000, 27(2): 107-131.

表示人与人之间的稳固关系，弱关系则代表不稳定的关系。早在 1973 年，Granovetter 就发现并首次提到了关系的强弱，指出强关系和弱关系都有利于社会网络从整体上获益：强关系能为群体成员带来利益，但也容易引发冲突；弱关系表示网络的松散连接，更有助于将新信息传播给更多的人[①]，因为弱关系更容易包含大量持有不同观点、信息和资源的人才[②]。Beugelsdijk 与 Smulders 就发现弱关系社会资本更有利于经济增长[③]；Haythornthwaite 是首个区分了互联网线上与线下不同关系强度的学者，他指出诸如互联网之类的新通信技术对于弱关系的形成和维持是有用的[④]；Pickering 等也在研究中指出，工人和组织更易从计算机中介支持的弱关系中获益[⑤]；然而，Rost 认为研究中有可能高估了弱关系的效应，尤其是在创新性的活动中，强关系十分关键和重要，缺少强关系的弱关系均无价值贡献[⑥]。

按照关系强度分类的另外一种描述是内聚型网络（cohesive network）和稀疏型网络（sparse network），此种分类是刻画网络成员之间的关联冗余度与互联度。内聚型网络是具有凝聚力的网络，因为所有的参与者都连接到了网络。诸多学者指出了内聚型社交网络能够促进信息和知识的传递[⑦][⑧]，如 Obstfeld 证明了嵌入内聚型网络的个体更有可能参与创新活动[⑨]，因为网络的凝聚力发展了信任、互惠的规范，以及成员之间的共同身份，从而促进了协作。虽然内聚型网络能为组织的创新绩效提供各种优势，但也呈现出不利的一面，制约着创新活动的有效实施，因为紧闭的网络阻止了其成员搜索新的合作伙伴，从而导致"锁定"局面[⑩]，所以有学者认为内聚型网络约束企业探索

---

① Granovetter M. The impact of social structure on economic outcomes[J]. *Journal of Economic Perspectives*, 2005, 19(1): 33-50.
② Sheer V C, Rice R E. Mobile instant messaging use and social capital: Direct and indirect associations with employee outcomes[J]. *Information & Management*, 2017, 54(1): 90-102.
③ Beugelsdijk S, Smulders S. Bridging and bonding social capital: which type is good for economic growth? [EB/OL]. [2020-06-18]. http://www-sre.wu.ac.at/ersa/ersaconfs/ersa03/cdrom/papers/517.pdf.
④ Haythornthwaite C. Strong, Weak, and Latent Ties and the Impact of New Media[J]. *Information Society*, 2002, 18(5): 385-401.
⑤ Pickering J M, King J L. Hardwiring weak ties: Interorganizational computer -mediated communication, Occupational Communities, and Organizational Change[J]. *Organization Science*, 1995, 6(4): 479-486.
⑥ Rost K. The strength of strong ties in the creation of innovation[J]. *Research Policy*, 2011, 40(4): 588-604.
⑦ Uzzi B. Social structure and competition in interfirm networks: The paradox of embeddedness[J]. *Administrative Science Quarterly*, 1997, 42(1): 35-67.
⑧ Hansen M T. The search-transfer problem: The role of weak ties in sharing knowledge across organization subunits[J]. *Administrative Science Quarterly*, 1999, 44(1): 82-111.
⑨ Reagans R, Mcevily B. Network structure and knowledge transfer: The Effects of Cohesion and Range[J]. *Administrative Science Quarterly*, 2003: 240-267.
⑩ Obstfeld D. Social networks, the tertius iungens orientation, and involvement in innovation[J]. *Administrative Science Quarterly*, 2005, 50(1): 100-130.
⑪ Johannisson B. Networking and entrepreneurial growth[M]//Sexton D L, Landström H.The Blackwell Handbook of Entrepreneurship. Oxford: Blackwell Publishers Ltd., 2000: 368-386.

新知识、开拓新知识的能力[1]。稀疏型网络的特点与 Granovetter 的弱联系观点吻合，稀疏型网络能提供更为自由的信息、思想和知识的流动，支持组织获取对新信息和新机会的探索，从而提高组织绩效。Burt 在此基础上提出了结构洞理论[2]，其主要逻辑是认为组织嵌入稀疏网络中并占据中间位置可由此带来诸多收益。

5.2.3 关系类型研究

依据成员关系的强弱不同，为了更好地进行区分，Gittell 等、Vidal 等据此提出了纽带（Bonding）社会资本、桥接（Bridging）社会资本和联系（Linking）社会资本的概念。[3][4]纽带型社会资本主要存在于具有共同社会身份的强关系成员之间，如家人、朋友和邻里；桥接社会资本主要存在于持有不同观点的弱关系群体之间，如不同社会经济地位以及不同种族的人与人之间；联系社会资本将不同社会地位或不同阶层的人联结在一起，生成垂直关系。理论上看，纽带社会资本加强了同质性群体之间的关联和信任，而桥接社会资本作为沟通异质性群体的桥梁，更有利于整体的团结并带来更大收益。

从上述社会资本理论的分类中可发现，研究者对社会资本的表现维度基本达成共识。合理性的分类共识源自大家对社会资本的一致性认知，即认为社会资本和其他资本一样，也是一种资源，既具有网络的结构属性，也包含诸如关系、信任和规范等因素，这些共识推动了社会资本理论向更加科学化和系统化的方向发展，理论分类也为研究人员对社会资本的细致研究提供了充分的依据。

5.3 社会资本理论的测度研究

由于社会资本概念较为抽象，不易通过直接观察和测度获取，并且社会资本理论的多维分类具有很强的语境依赖性，因此单一测度社会资本是不现实的。为了有效准确地开展实证分析，大多数研究从不同研究视角采用了替代指标。

---

[1] Uzzi B. Social structure and competition in interfirm networks: The Paradox of Embeddedness[J]. *Administrative Science Quarterly*, 1997, 42(1): 35-67.

[2] Burt R. Toward a structural theory of action[M]. New York, NJ: Academic Press, 1992: 13-18.

[3] Gittell R, Vidal A. Community organizing: Building social capital as a development strategy[J]. *Contemporary Sociology*, 2000, 29(2): 400-401.

[4] Woolcock M, Naranyan D. Social capital: Implications for development theory, research and policy[J]. *The World Bank Research Observer*, 2000, 15(2): 225-249.

5.3.1 线下环境的测度研究

传统线下社会资本一般通过与社会组织有关的指标来衡量，如参与、志愿、社交和信任等。早期，Putnam 对社会资本的测度主要是关注行为和态度的变量，如信任、规范和价值等[⊖]；Paxton 在重新研究美国社会资本的下降情况时支持 Putnam 的多维度指标使用，社会资本在其研究中由两种测度要素构成：一种是测度个体之间的客观联系，另外一种是测度联系类型的主观部分，包括互惠、信任和积极情绪[⊜]，从而用于估计社会资本的变化；类似地，Knack 等在研究社会资本对经济增长和投资的影响中同样采用了两种社会资本的测度方式[⊝]，第一种测度是使用世界价值调查中的标准变量作为人们广义信任的均值，第二种测度是从诸多问题中产生的对民众协作构念的混合测度结果。

另外一种与前述线下测度研究不同的方式就是对社会网络的综合测度，主要是测度个体在社会网络中的位置。最有影响力的实证研究就是 Burt 提出的关于结构洞的测度[⊛]，他指出更少的结构洞意味着更少的社会资本，其网络约束的测度包含三个维度，即网络规模、密度和特定网络的层次，并假设网络规模越小，其网络密度和层次就越局限，同时将这种测度方法用于微观个体层面，即研究美国大型电子公司的高层管理者。同时 Walker 等在对生物技术企业网络信息的研究中，表明该测度方法同样可以用于分析集体行为。[⊛]

因此，线下环境的社会资本测度在个人层面强调目的性功用，测度方法主要有定名法和定位法；企业层面则强调结构因素（与其他机构的关系）和文化因素（信任及共同愿景等），主要测度企业的社会网络关系。

5.3.2 信息系统领域的测度研究

随着计算机和互联网技术的广泛渗透，研究人员试图探寻在线社会资本与离线社会资本的不同之处，有学者也指出需要开发新的量表以测度现有的在线社会资本[⊛]，以

⊖ Putnam R. Tuning in, Tuning out: The strange disappearance of social capital in America[J]. *Political Science and Politics*, 1995, 28(4): 664-683.

⊜ Paxton P. Is Social capital declining in the United States? A multiple indicator assessment[J]. *American Journal of Sociology*, 1999, 105(1): 88-127.

⊝ Knack S, Keeferr P. Does social capital have an economic payoff? A cross-country investigation[J]. *Quarterly Journal of Economics*, 1997, 112(4): 1251-1288.

⊛ Burt R S. The contingent value of social capital[J]. *Administrative Science Quarterly*, 1997, 42(2): 339-365.

⊛ Walker G, Kogut B, Shan W. Social capital, structural holes and the formation of an industry network[J]. *Knowledge & Social Capital*, 1997, 8(2): 225-254.

⊛ Quan-Haase A, Wellman B. How does the Internet affect social capital[M]. Cambridge, Massachusetts: The MIT Press, 2004: 113-132.

测度互联网和传统媒体之间的功能差异。

Haythornthwaite 是首个区分了线上和线下关系强度不同的学者[1]，她指出诸如互联网之类新的通信技术对于形成和维护弱关系网络本身是有用的，但是关系联系越集中，对弱关系网的依赖就越强。

Williams 不仅构造了在线社会资本的测度，更为重要的是区分了在线社会资本与离线社会资本的差异，在纽带社会资本和桥接社会资本的理论框架下，提出了在线纽带资本、离线纽带资本、在线桥接资本和离线桥接资本的混合矩阵[2]；同时，他依据 Putnam 关于强关系网络和弱关系网络的思想，主张互联网能提供比电视等传统媒体更多的交互，由此开发了经典的互联网在线资本测度 ISCS（Internet Social Capital Scales）。该量表由在线桥接社会资本和在线纽带社会资本两部分组成[3]，每个部分下包含四个题项，此量表成为后续诸多社会资本实证研究中普遍采用的测度框架，如 Sheer 等就采用该量表调查移动即时通信工具 MIM 对员工工作绩效和满意度产生的影响[4]；Chu 等使用该量表通过跨文化的在线调查，探寻社会关系与电子口碑之间的关系[5]。此外，Ellison 以 Facebook 社区为例，使用并发展了 Williams 量表的测度内容。[6]社会资本的测度除了桥接资本和纽带资本以外，还增加了维系资本维度，它表示与先前社区成员保持联系的能力；同样发展了 Williams 测度内容的还有学者 Pinho，他增加了对社会身份的测度，具体包括评价、情感和认知维度。[7]

此后，多数研究者对线上社会资本的测度呈现出一定的共通性，基本依据结构社会资本、关系社会资本和认知社会资本维度的分类框架，然后针对不同信息系统领域的应用情景对具体的测度进行丰富，如表 5-1 所示。

---

[1] Haythornthwaite C. Strong, weak, and latent ties and the impact of new media[J]. *Information Society*, 2002, 18(5): 385-401.

[2] Williams D. On and off the' Net: Scales for social capital in an online era[J]. *Journal of Computer-mediated Communication*, 2006, 11(2): 593-628.

[3] Putnam R D. Bowling alone: The collapse and revival of American community[M]. New York, NJ: Simon & Schuster, 2000: 24-38.

[4] Sheer V C, Rice R E. Mobile instant messaging use and social capital: Direct and indirect associations with employee outcomes[J]. *Information & Management*, 2017, 54(1): 90-102.

[5] Chu Sc, Choi S M. Electronic word-of-mouth in social networking sites: A cross-cultural study of the United States and China[J]. *Journal of Global Marketing*, 2011, 24(3): 263-281.

[6] Ellison N B, Steinfield C, Lampe C. The benefits of Facebook "Friends": social capital and college students' use of online social network sites[J]. *Journal of Computer-mediated Communication*, 2007, 12(4): 1143-1168.

[7] Pinho J C. The e-SOCAPIT scale: A multi-item instrument for measuring online social capital[J]. *Journal of Research in Interactive Marketing*, 2013, 7(3): 216-235.

表 5-1 信息系统领域的社会资本测度

框架	应用情景	具体测度	描述	测度层面	来源
结构社会资本	个体动机对知识贡献的影响	中心度	在网络中具有较高中心度的结构嵌入	个体层面	Wasko、Faraj[①]
	跨医院的电子病历交换系统及对医疗机构绩效的影响	社会交互联系	成员间关系的强度、维系关系所花费的时间和沟通交流频率	个体层面	Chang、Hung、Huang[②]
	调查虚拟社区归属感和参与的影响因素	熟悉度	与成员的熟悉程度	个体层面	Zhao、Lu、Wang, et al.[③]
	社会资本在数字使能团队中对知识整合和决策质量的影响	网络结构	成员间交互联系的强度和广度	未做区分	Robert, Dennis, Ahuja[④]
关系社会资本	虚拟社区成员知识共享动机	信任、互惠的规范和认同	社区将遵循的一个普遍接受的集体价值观、规范和原则的期望	个体层面	Chiu、Hsu、Wang[⑤]
	知识密集型团队中，社会资本对显性知识和隐性知识的影响	协作规范、情感承诺	研究团队层面是协作规范（团队成员合作的共同价值），个体层面是情感承诺（个体在其工作团队中所附加的情感）	个体层面、群体层面	Yu, Hao, Dong, et al.[⑥]
	组织内部博客系统的阅读行为	链接互惠、链接持续性	某段时间内，与其好友建立的双向关系和持续时间长短	群体层面	Li, Guo, Chen, et al.[⑦]
认知社会资本	员工的共享价值如何影响隐性知识共享意愿	共同价值	合作伙伴对行为、目标和政策的重要性、恰当性和正确性持有的共同信仰的程度	个体层面	Yang & Farn[⑧]
	员工使用知识管理系统的行为	共同规范	决定了成员间的共性并促进协作行动	个体层面	He, Qiao, Wei[⑨]
	对移动社交网络服务的成瘾行为	在线社会支持	收到在线社区对个人提供的社会支持	个体层面	Yang, Liu, Wei[⑩]

[①] Wasko M M, Faraj S. Why should I share? Examining social capital and knowledge contribution in electronic networks of practice[J]. *MIS Quarterly*, 2005, 29(1): 35-57.

[②] Chang H H, Hung C J, Huang C Y, et al. Social capital and transaction cost on co-creating IT value towards inter-organizational EMR exchange[J]. *International Journal of Medical Informatics*, 2017, 97: 247-260.

[③] Zhao L, Lu Y, Wang B, et al. Cultivating the sense of belonging and motivating user participation in virtual communities: A social capital perspective[J]. *International Journal of Information Management*, 2012, 32(6): 574-588.

[④] Robert L R, Dennis A R, Ahuja M K. Social capital and knowledge integration in digitally enabled teams[J]. *Information Systems Research*, 2008, 19(3): 314-334.

[⑤] Chiu C M, Hsu M H, Wang E T G. Understanding knowledge sharing in virtual communities: An integration of social capital and social cognitive theories[J]. *Decision Support Systems*, 2006, 42(3): 1872-1888.

[⑥] Yu Y, Hao J X, Dong X Y, et al. A multilevel model for effects of social capital and knowledge sharing in knowledge-intensive work teams[J]. *International Journal of Information Management*, 2013, 33(5):780-790.

[⑦] Li N, Guo X, Chen G, et al. Reading behavior on intra-organizational blogging systems: A group-level analysis through the lens of social capital theory[J]. *Information & Management*, 2015, 52(7): 870-881.

[⑧] Yang S C, Farn C K. Social capital, behavioral control, and tacit knowledge sharing—A multi-informant design[J]. *International Journal of Information Management*, 2009, 29(3): 210-218.

[⑨] He W, Qiao Q, Wei K K. Social relationship and its role in knowledge management systems usage[J]. *Information & Management*, 2009, 46(3): 175-180.

[⑩] Yang S, Liu Y, Wei J. Social capital on mobile SNS addiction[J]. *Internet Research Electronic Networking Applications* & Policy, 2016, 26(4): 982-1000.

除了按照结构社会资本、关系社会资本和认知社会资本维度的测度分类框架外，还存在其他的测度方法，如 Leana 等将组织社会资本按照合作和信任来进行测度[1]。"合作"是指组织中成员参与与服从集体目标及相关行动的意愿和能力，通过"集体目标"和"集体行动"进行测度；"信任"刻画了成员能否在同一共同目标上实现合作，通过"脆弱信任 / 弹性信任"和"双边信任 / 广泛信任"进行测度。合作与 Nahapiet 等提出的认知资本内容相似，可视为一种带有集体主义感的情感因素，信任与 Nahapiet 等提出的关系资本内容相似，但在脆弱信任和弹性信任之间做了明确的区分。

总体上看，社会资本主要是从其基本构成成分出发，即从信任、社会交互联系、互惠和规范的出发点寻求信息系统领域的替代指标进行测度。社会资本的测度研究是一项较为复杂的工作，它不仅取决于社会资本各个成分的系统解耦及其对内在关系的辨识，也取决于各个情景对测度指标的开发，因此结合不同的研究目的和关注对象，不同层次社会资本在具体应用上的测度指标各有不同，存在较大差异。此外，由于社会资本的理论和实证之间缺乏一个明显的联系，因此在多数情形下，社会资本的测度指标大都采用问卷的方式获取，如世界银行所做的"全球社会资本调查"。但是当研究情景发生变化时，如何执行确保满足某种理论假设的操作化过程，如何保证测度指标的本土化和标准化问题，如何区分与社会资本有关的、相互联系而含义却又不同的构念，如何防止重复的问题陈述，现有研究还存在不足。尤其是在对线上环境的测度研究中，个体层面和群体层面的研究存在极大的不平衡，即大量研究模糊了两者之间的界限或仅仅关注于个体层面，对群体层面的研究关注较少。

5.4 社会资本理论在信息系统研究领域的应用进展

社会资本作为由社会结构而产生的可调度关系，能够促进合作与行动，已经吸引了对家庭、青少年行为问题、教育、公共卫生、社区生活、民主、治理、经济发展和集体行动等系列问题的研究。在信息系统领域，社交网络中成员之间的人际关系为信息交换提供了必要条件[2]，也有大量关于社会资本的研究，如信息技术与信息系统使用、在线参与、知识管理和表现绩效等，这些概念性、案例性和实证性的研究有助于证明社会资本理论在信息系统应用的有效性。

---

[1] Leana C R, Buren H J V. Organizational social capital and employment practices[J]. *Academy of Management Review*, 1999, 24(3): 538-555.

[2] Nahapiet J, Ghoshal S. Social capital, intellectual capital, and the organizational advantage[J]. *Academy of Management Review*, 1998, 23(2): 242-266.

5.4.1 技术与信息系统使用研究

1. 信息技术使用研究

社会资本在新技术的采用、扩散和使用中发挥着重要作用。Yang 等研究了社会资本和信息通信技术（Information Communications Technology，ICT）之间的关系。[1]Wagner 等利用社会资本理论解释业务与 IT 之间的一致性是如何影响组织绩效的，并揭示了 IT 和业务单元之间的社会资本对 IT 价值实现的促进作用。[2]然而，这一领域的早期研究中并没有得出一致的结果，Putnam 对电视带来的影响的分析得出电子技术造成了社会资本下降的结论[3]；其他学者却认为互联网及此后出现的新应用，如社会网络服务站点等，促进了社会资本的构建[4]。具体地，Wellman 等[5]、Robinson 等[6]研究了互联网的使用是否会影响社会资本，通过二手数据或大范围的网络调查发现，人们的在线互动补充了他们的面对面交流和电话交流，因此既不会增加也不会减少社会资本。此后，多位学者利用社会资本理论研究了互联网技术对人们生产生活的影响，如 Sum 等在研究互联网对老年人的影响时，就探寻到互联网使用、社会资本与幸福的关系是一个复杂的结构，互联网对社会资本和老年人福祉的影响依具体的使用技术不同而有所不同[7]；Kavanaugh 等专门研究了互联网使用中的弱关系，发现具有桥接关系的互联网重度使用者具有更高的社会参与，桥接关系更有利于促进集体效能和活跃合作[8]。

---

[1] Yang S, Lee H, Kurnia S. Social capital in information and communications technology research: Past, present, and future[J]. *Communications of the Association for Information Systems*, 2009, 25(1): 183-220.

[2] Wagner H T, Beimborn D, Weitzel T. How social capital among information technology and business units drives operational alignment and IT business value[J]. *Journal of Management Information Systems*, 2014, 31(1): 241-272.

[3] Putnam R D. Bowling alone: The collapse and revival of American community[M]. New York, NJ: Simon & Schuster, 2000: 66-90.

[4] Hampton K, Barry W. Neighboring in Netville: How the Internet supports community and social capital in a wired suburb[J]. *City & Community*, 2003, 2(4): 277-311.

[5] Wellman B, Haase A Q, Witte J, et al. Does the Internet increase, decrease, or supplement social capital? Social networks, participation, and community commitment[J]. *American Behavioral Scientist*, 2001, 45(3): 436-455.

[6] Robinson J P, Martin S. IT use and declining social capital: More cold water from the general social survey (GSS) and the American time-use survey (ATUS)[J]. *Social Science Computer Review*, 2010, 28(1): 45-63.

[7] Sum S, Mathews M R, Pourghasem M, et al. Internet technology and social capital: How the internet affects seniors' social capital and wellbeing[J]. *Journal of Computer-Mediated Communication*, 2008, 14(1): 202-220.

[8] Kavanaugh A L, Reese D D et al. Weak ties in networked communities[J]. *Information Society*, 2005, 21(2): 119-131.

2. 信息系统使用研究

信息系统的使用有效提升了组织的绩效。Chang 等对跨医院的电子病历交换系统及其对医疗机构的绩效影响进行了探讨，发现社会交互关系和共同愿景积极影响医疗机构采用电子病历交换系统的意愿[1]；Kankanhalli 等研究了电子知识存储库的使用，在考虑情景因素的调节影响时使用了社会资本理论，即将情景因素具体为广义的信任、赞成共享的规范和身份认同三个方面[2]。在基于社交关系的系统研究中，Li 等针对组织的内部博客系统，研究了用户的持续阅读行为，证明了社会资本对持续阅读行为的显著影响，有助于理解组织内的社交网络特征[3]；Fulk 等发现企业社交网络系统比传统的知识网络系统能更好地应对组织知识分享的挑战，因为传统的知识管理系统中，社会资本只是作为对物理可访问性的支持而非社交的可访问性支持，但在企业社交网络系统中，社会资本很好地促进了纽带资本以及桥接资本[4]。此外，还有学者[5][6]利用社会资本理论研究了知识管理系统。

3. IT 外包研究

IT 外包是一个日益普遍的现象，是指将组织有关的 IT 资产外包给支持 IT 的战略合作伙伴。[7] 该领域涉及的有关问题包括 IT 外包的条件、动机、趋势和治理等，社会资本理论为其提供了一个较好的研究视角。Ye 等采用社会资本的结构维度、认知维度和关系维度分析外包关系[8]；Adler 等从社会资本的视角研究了 IT 外包中的伙伴选择、

---

[1] Chang H H, Hung C J, Huang C Y, et al. Social capital and transaction cost on co-creating IT value towards inter-organizational EMR exchange[J]. *International Journal of Medical Informatics*, 2017, 97: 247-260.

[2] Kankanhalli A, Tan B C Y, Wei K K. Contributing knowledge to electronic knowledge repositories: An empirical investigation[J]. *MIS Quarterly*, 2005, 29(1): 113-143.

[3] Li N, Guo X, Chen G, et al. Reading behavior on intra-organizational blogging systems: A group-level analysis through the lens of social capital theory[J]. *Information & Management*, 2015, 52(7): 870-881.

[4] Fulk J, Yuan Y C. Location, motivation, and social capitalization via enterprise social networking[J]. *Journal of Computer-mediated Communication*, 2013, 19(1): 20-37.

[5] Sherif K, Hoffman J, Thomas B. Can technology build organizational social capital? The case of a global IT consulting firm[J]. *Information & Management*, 2006, 43(7): 795-804.

[6] He W, Qiao Q, Wei K K. Social relationship and its role in knowledge management systems usage[J]. *Information & Management*, 2009, 46(3): 175-180.

[7] Ang S, Straub D W. Production and transaction economies and IS outsourcing: A study of the U.S. banking industry[J]. *MIS Quarterly*, 1998, 22(4): 535-552.

[8] Ye F, Agarwal R. Strategic information technology partnerships in outsourcing as a distinctive source of information technology value: A social capital perspective[EB/OL]. [2020-06-18]. https://aisel.aisnet.org/icis2003/26/.

不同任务的治理结构及外包关系管理等[一]；针对合作伙伴间的契约持续问题，Ravindran 等结合社会资本理论，发现客户和供应商之间的嵌入网络能够解决长期合同的管理挑战，该网络作为其声誉系统也能解决客户和供应商之间的信任问题[二]。

4. IT 创新研究

Powell 等已经证明了在组间的协作网络中，组织更容易实现 IT 创新绩效。[三] Landry 等发现与其他解释变量相比，社会资本的增加（成员资本和关系资本）更易增加公司的创新性[四]；在研究社会资本对 IT 创新的贡献时，Maskell 总结为影响因素是由于公司和其他行动者交易成本的减少，尤其是信息搜寻成本、谈判和决策成本的减少[五]。

5. 基于 IT 的组织业务研究

社会资本基于 IT 的组织业务研究主要包括跨组织的关联系统研究和 IT 价值与业务价值的一致性研究两个方面。

基于 IT 的跨组织关联系统主要是为了促进供应链伙伴之间的合作以获取竞争优势。电子数据交换系统（EDI）和 B2B 电子商务的发展，使得基于 IT 跨组织关联的研究成为热点，主要集中在创新扩散、组织创新和制度理论的视角。由于合作行为的跨组织交互，使得社会资本理论成为该领域研究的有力支撑，通过组织间关系建立的网络结构有助于降低组织间的交易成本，因此社会资本理论可以成为研究该领域再生现象的理论选择。[六]

长期以来，学者们对组织中 IT 需要与业务价值的实现保持一致性已经达成广泛的共识。Heinz 等从社会资本的理论视角出发，超越了传统的以战略一致性为主导的管理

[一] Adler P S, Kwon S W. Social capital: Prospects for a new concept[J]. *Academy of Management Review*, 2002, 27(1): 17-40.

[二] Ravindran K, Susarla A, Mani D, et al. Social capital and contract duration in buyer-supplier networks for information technology outsourcing[J]. *Information Systems Research*, 2015, 26(2): 379-397.

[三] Powell W W, Koput K W, Smith D L. Inter-organizational collaboration and the locus of innovation: Networks of learning in biotechnology[J]. *Administrative Science Quarterly*, 1996, 41(1): 116-145.

[四] Landry R, Amara N, Lamari M. Does social capital determine innovation? To what extent?[J]. *Technological Forecasting & Social Change*, 2002, 69(7): 681-701.

[五] Maskell, P. Social capital, innovation, and competitiveness[M]//Baron S, Field J, Schuller T. Social Capital: Critical Perspectives. Oxford: Oxford University Press, 2000: 111-123.

[六] Balijepally V, Mahapatra R K, Nerur S P. Social capital: A theoretical lens for IS research[EB/OL]. [2020-06-18]. https://aisel.aisnet.org/cgi/viewcontent.cgi?article=1763&context=amcis2004.

层视角，开发了一个名为"运营和 IT 业务价值一致性"的模型。[1]该模型结合了 IT 和业务关联的社会视角，并将业务与 IT 在运营层上进行交互，研究了社会资本如何在 IT 和业务单元间促进一致性达成并最终实现 IT 商业价值，结果表明对 IT 服务质量而言，运营一致性至少与战略一致性同等重要。

5.4.2 在线参与研究

社会资本理论同样可以用于研究在线参与。社会资本被公认为研究在线信息行为的合适框架，因为其阐明了与在线行为相关的关系、结构和内容维度[2]，因为社会资本依赖于社会关系及建立在这些关系上的社会连接，而社会连接又需要人们有意识的行动，及获得同行的支持、协作及信任。

1. 在线参与中的影响因素研究

在线参与的研究中，如持续使用及社区参与的影响因素等，对站点和社区的运营与发展至关重要。多位学者证明了 Facebook 的使用和社会资本之间的关系[3]，如 Ellison 证明了 Facebook 的使用和三种社会资本都有关系，特别是桥接社会资本[4]。在此基础上，Chen 等研究了 Facebook 的持续使用影响因素，发现感知成员信任和感知成员互惠共同作用于社区身份，从而最终影响 Facebook 的持续使用。[5]Chen 调查了专业化虚拟社区成员持续使用的情景因素和技术因素，情景因素中的社会交互联系资本与持续使用意愿存在显著相关关系[6]；而 Zhao 等调查了虚拟社区归属感和参与的影响因素，发现成员之间的熟悉程度（社会资本的结构维度）、与其他成员的感知相似性（社会资本的

---

[1] Heinz T W, Daniel B, Tim W. How social capital among information technology and business units drives operational alignment and IT business value[J]. *Journal of Management Information Systems*, 2014, 31(1): 241-272.

[2] Huvila I, Holmberg K, Ek S, et al. Social capital in second life[J]. *Online Information Review*, 2010, 34(2): 295-316.

[3] Valenzuela S, Park N, Kee K F. Is there social capital in a social network site?-Facebook use and college students' life satisfaction, trust, and participation[J]. *Journal of Computer-mediated Communication*, 2009, 14(4): 875-901.

[4] Ellison N B, Steinfield C, Lampe C. The benefits of Facebook "Friends": Social capital and college students' use of online social network sites[J]. *Journal of Computer-mediated Communication*, 2007, 12(4): 1143-1168.

[5] Chen R, Rao H R, Sharma S K. Members' site use continuance on Facebook: Examining the role of relational capital[J]. *Decision Support Systems*, 2016, 90: 86-98.

[6] Chen I Y L. The factors influencing members' continuance intentions in professional virtual communities — A longitudinal study[J]. *Journal of Information Science*, 2007, 33(4): 451-467.

认知维度)、对其他成员的信任(社会资本的关系维度)正向影响虚拟社区的归属感和参与[1]。此外,还有学者利用社会资本理论研究了电子口碑传播[2]、虚拟社区使用[3]、在线游戏的玩家忠诚[4]及电子商务买家忠诚[5]等情景的影响因素。

2. 在线参与的行为研究

在线参与的行为研究情景十分丰富。Ahn 调查了青少年对 Facebook 和 MySpace 的使用情况,当检验社会化网络服务 SNS 的参与和社会资本的关系时,发现耗费在 SNS 上的时间与桥接资本有关,而积极或消极的体验与纽带资本有关[6]。Gonen 等则关注 Facebook 上的隐私行为,将在线隐私行为分为好友选择、隐私控制设置和个人信息暴露等,结果表明隐私行为与社会资本之间的关系比较复杂,隐私在社交网络中对社会资本的创造有一定影响[7];同样是以 Facebook 为研究对象,Ha 等则从互惠的视角关注了 Facebook 上的标签行为,具体利用社会资本的形成过程来研究获得标签后的行为反应[8]。Zúñiga 等检验了人们使用 SNS 网站跟进有关公共事务或社区新闻时的参与行为,发现社会资本能够促进结社行为,使政治机构和官员反应更为迅速[9];Diep 等针对成人在线教育的情景,研究了在线教育的参与问题,结果表明成员的预期表现超过了利他主义,而社会资本只有两个维度(归属感和互惠规范)显著地预测了在线参与行为[10]。

---

[1] Zhao L, Lu Y, Wang B, et al. Cultivating the sense of belonging and motivating user participation in virtual communities: A social capital perspective[J]. *International Journal of Information Management*, 2012, 32(6): 574-588.

[2] Shu C C, Sejung M C. Electronic word-of-mouth in social networking sites: A cross-cultural study of the United States and China[J]. *Journal of Global Marketing*, 2011, 24(3): 263-281.

[3] Daniel B, Schwier R A, Mccalla G. Social capital in virtual learning communities and distributed communities of practice[EB/OL].[2020-06-18]. https://www.learntechlib.org/p/43189/.

[4] Teng C I. Impact of avatar identification on online gamer loyalty: Perspectives of social identity and social capital theories[J]. *International Journal of Information Management*, 2017, 37(6): 601-610.

[5] Chen X, Huang Q, Davison R M. The role of website quality and social capital in building buyers' loyalty[J]. *International Journal of Information Management*, 2017, 37(1): 1563-1574.

[6] Ahn J. Teenagers' experiences with social network sites: Relationships to bridging and bonding social capital[J]. *Information Society*, 2012, 28(2): 99-109.

[7] Gonen S, Aharony N. Relations between privacy behaviors and social capital on Facebook[J]. *Libri*, 2017, 67(2): 103-118.

[8] Ha T, Han S, Lee S, et al. Reciprocal nature of social capital in Facebook: An analysis of tagging activity[J]. *Online Information Review*, 2017, 41(6): 826-839.

[9] Zúñiga H G D, Jung N, Valenzuela S. Social media use for news and individuals' social capital, civic engagement and political participation[J]. *Journal of Computer-mediated Communication*, 2012, 17(3): 319-336.

[10] Diep N A, Cocquyt C, Zhu C, et al. Predicting adult learners' online participation: Effects of altruism, performance expectancy, and social capital[J]. *Computers & Education*, 2016, 101: 84-101.

Chen 等探索了社会资本、平台协同和积极参与如何影响在线团购情景的消费者利益，结果表明社会资本增加了消费者在线团购的积极参与。

3. 在线参与的信任研究

信任指对他人预期行动可靠性的信心水平，它基于大多数的人际关系，并能促进各种日常交互，因此是与社会资本理论紧密相关的要素之一。Grabner 分析了在线社交网络中的信任结构和关系，并指出社会资本可以看作是个体在开放社交网络中获得的结果，社会资本和信任的关系也不是单向而是互惠的；Stefanone 等探讨社会资本和在线支持之间的关系时，发现了拥有较高社会声望的个人，具有较高的信任水平，最有可能从朋友的帮助中获益；Tan 等区分了社会资本中的强弱关系，研究了兴趣型社区中强弱关系与成员之间的信任关系，认为弱关系会影响成员之间的综合信任水平并能促进群体认同。

5.4.3　知识管理研究

知识管理涉及组织知识的贡献、传播、共享和管理，这一领域的常见研究包括知识贡献或共享的意愿、行为以及动机等，基于社会资本的各个维度，通过资源的联结和交换，有助于生成新的知识资本。信息技术为组织提供了知识资本的组合或交流，也同样影响社会资本的结构和认知维度。知识管理中关于共同语言的使用、信任的建立、共享知识的塑造、成员之间的义务以及服务规范的构建等问题都可以借由社会资本理论视角进行研究。因此，社会资本理论被认为是知识创造、交换和组合的重要推动力量。

1. 知识贡献或共享的意愿研究

Wasko 和 Faraj 在研究电子网络讨论组时，发现当人们感知能提升自己的专业声

---

① Chen Y C, Wu J H, Peng L, et al. Consumer benefit creation in online group buying[J]. *Electronic Commerce Research & Applications*, 2015, 14(6): 499-513.
② Grabner K S. Web 2.0 Social Networks: The Role of trust[J]. *Journal of Business Ethics*, 2009, 90(4): 505-522.
③ Stefanone M A, Kwon K H, Lackaff D. Exploring the relationship between perceptions of social capital and enacted support online[J]. *Journal of Computer-Mediated Communication*, 2012, 17: 451–466.
④ Tan C H, Sutanto J, Tan B C Y. Empirical investigation on relational social capital in a virtual community for website programming[J]. *ACM SIGMIS Database*, 2015, 46(2): 43-60.
⑤ Balijepally V, Mahapatra R K, Nerur S P. Social capital: A theoretical lens for IS research[EB/OL]. [2020-06-18]. https://aisel.aisnet.org/cgi/viewcontent.cgi?article=1763&context=amcis2004.

望,并曾有过分享经历,及在网络中具有较中心位置的嵌入结构时,愿意贡献知识,即结构资本显著,而同时认知资本和关系资本均不显著[○];与此相反地,Yeon 等研究研发信息中心的人员时却发现,认知资本和关系资本对成员的知识贡献意愿有显著影响,反而结构资本的影响不显著[○]。此外,还有学者专门研究了隐性知识的共享意愿,如 Yang 等发现基于情感的信任可以诱导隐性知识共享意愿,而共享价值与隐性知识共享意愿呈负相关,内部控制对隐性知识共享意愿有积极作用[○];从动机角度,Chiu 等按照知识共享的数量和质量调查了虚拟社区知识共享的意愿,发现社会资本,即社会交互联系、信任、互惠的规范、认同、共同愿景和共同语言均影响个体知识共享的动机[○]。

2. 知识贡献或共享的行为研究

学者早已证明了社会资本对知识构建及分享的行为是至关重要的[○]。此后,陆续有学者丰富了研究情景,具体地,Sangmi 等探究了博客博主的知识贡献行为,发现博主的信任、社交关系的强度和互惠均正向影响知识贡献行为,且因博主的性别差异而产生不同程度的影响[○];Pan 等研究了 ERP(企业资源计划)实施中的知识共享挑战,证明了社会资本的纽带和桥接维度在 ERP 实施的不同阶段所面临的知识共享挑战[○];Yang 等以信息系统部门和研发部门的员工为研究对象,专门研究了其隐性知识的共享行为,并将控制分为内部控制和外部控制,内部控制与隐性知识共享行为的关系不显著,外部控制正向调节了隐性知识共享意愿与行为之间的关系,该研究团队还发现除非外部控制调节效应起作用,否则共享意愿并不一定导致隐性知识的共享行为[○];

○ Wasko M M, Faraj S. Why should I share? Examining social capital and knowledge contribution in electronic networks of practice[J]. *MIS Quarterly*, 2005, 29(1): 35-57.

○ Yeon K N, Wong S F, Chang Y, Park M C. Knowledge sharing behavior among community members in professional research information centers[J]. *Information Development*, 2016, 32(3): 655-672.

○ Yang S C, Farn C K. Social capital, behavioural control, and tacit knowledge sharing—A multi-informant design [J]. *International Journal of Information Management*, 2009, 29(3): 210-218.

○ Chiu C M, Hsu M H, Wang E T G. Understanding knowledge sharing in virtual communities: An integration of social capital and social cognitive theories[J]. *Decision Support Systems*, 2006, 42(3): 1872-1888.

○ Widen-Wulff G, Ginman M. Explaining knowledge sharing in organizations through the dimensions of social capital[J]. *Journal of Information Science*, 2004, 30(5): 448-458.

○ Sangmi C, Sanjukta D H. Raghav R. Factors Affecting Bloggers' Knowledge Sharing: An Investigation across Gender[J]. *Journal of Management Information Systems*, 2011, 28(3): 309-342.

○ Pan S L, Newell S, Huang J, et al. Overcoming knowledge management challenges during ERP implementation: The need to integrate and share different types of knowledge: Research Articles[J]. *Journal of the American Society for Information Science & Technology*, 2007, 58(3): 404-419.

○ Yang S C, Farn C K. Social capital, behavioral control, and tacit knowledge sharing—A multi-informant design [J]. *International Journal of Information Management*, 2009, 29(3): 210-218.

更为全面地，Yu 等同时针对显性知识和隐性知识的分享行为进行了实证，以知识密集型团队中的社会资本为研究对象，同时从个体和团队两个层面进行研究设计，总结出当个体具有适度的中间性和中心性，且整个团队拥有适度的网络密度时，团队成员的知识共享可以达到最大化[一]。

5.4.4 表现绩效研究

表现绩效是期望的结果，部分研究采用社会资本理论验证了信息系统领域的应用绩效。在对金融领域的绩效探索中，如在线众筹项目，Kang 等检验了众筹项目发起者的地理距离和社会资本的关系，发现众筹项目发起者的社会资本提高了众筹的效果[二]；Zheng 等对中国和美国的在线众筹表现进行了跨文化研究，结果表明众筹发起者的社交网络关系、为他人提供资金的义务及众筹项目的共同意义对中国和美国的众筹表现都产生了重大影响[三]；此外，在对金融领域的在线 P2P 借贷市场，Chen 等以集体社会资本的方式研究了借款绩效和还款绩效，发现借款人的结构社会资本对其借款绩效产生了负面影响，而关系社会资本却产生了不一致的结论，即集体信任有助于提高借款人的借款绩效却损害了他的还款绩效[四]。

在对知识整合的绩效探索中，Robert 等研究了数字支持团队的社会资本对知识整合绩效的影响，其结论是比起面对面的交流，团队通过精益数字网络交流时，结构和认知资本对知识的整合更为重要，并且不考虑团队使用的通信媒介，关系资本同样对知识的整合产生直接影响[五]，说明社会资本能部分影响整个团队的知识整合绩效。

在对学习效果的绩效探索中，Diep 等调查了在线交互质量对成年人学习绩效的影响，同时细致阐述了在线交互质量和学习绩效对联结社会资本与桥接社会资本的影响，研究结果指出在线交互质量对学习者的联结资本和桥接资本均有显著影响，但对学习

[一] Yu Y, Hao J X, Dong X Y, et al. A multilevel model for effects of social capital and knowledge sharing in knowledge-intensive work teams[J]. *International Journal of Information Management*, 2013, 33(5):780-790.

[二] Kang L, Jiang Q, Tan C H. Remarkable advocates: An investigation of geographic distance and social capital for crowdfunding[J]. *Information & Management*, 2017, 54(3): 336-348.

[三] Zheng H, Li D, Wu J, et al. The role of multidimensional social capital in crowdfunding: A comparative study in China and USA[J]. *Information & Management*, 2014, 51(4): 488-496.

[四] Chen X, Zhou L, Wan D. Group social capital and lending outcomes in the financial credit market: An empirical study of online peer-to-peer lending[J]. *Electronic Commerce Research & Applications*, 2016, 15: 1-13.

[五] Robert L R, Dennis A R, Ahuja M K. Social capital and knowledge integration in digitally enabled teams[J]. *Information Systems Research*, 2008, 19(3): 314-334.

绩效没有影响。㊀此外，鉴于人与人之间的交往日益减少，研究者将关注点转向社交网络，Bouchillon等以Facebook为例，探寻社交网络对公民参与和沟通能力的提升，发现对善于社交的用户来说，与弱关系的互动可以促成更大的公民参与和更广泛的信任感，最终促进沟通能力的发展。㊁

随着组织对新技术使用的日益增加，有学者开始关注新技术对员工工作绩效产生的影响。Ali-Hassan等研究了社交媒体的三种功能使用（社交使用、娱乐使用和认知使用），社会资本的中介作用对员工工作绩效（日常性绩效和创新性绩效）产生的影响，结果表明社会资本的中介效应显著，社交媒体的社交功能使用和认知功能使用对日常性绩效有正向影响，虽然娱乐功能的使用对日常性绩效有负向影响，却能正向影响创新性绩效。㊂

由前述可知，社会资本理论在信息系统领域的应用已经非常丰富，研究视角也较为全面，从线下信息技术的使用到线上各种行为的探讨，研究方法涉及网络调查、内容分析、网络分析、案例研究和统计分析等；为了有效准确地开展实证分析，大多数研究从不同研究视角采用了替代测度指标，测度指标也各有不同，存在较大差异。然而，多数研究集中在社会资本对其行为的使用和发展的影响，即将社会资本作为自变量，少数研究关注了信息系统对构建和维持社会资本的影响，即较少考虑社会资本作为因变量的情况，而社会资本的调节或中介效应的研究则更为少见。此外，社会资本理论和实证之间的关联性尚缺，问卷调查获取的数据成为许多社会资本研究中的测量指标，理论研究中的变量操作化、本土化和标准化问题值得进一步探讨。在线上情景的研究中，大量研究模糊了个体层面和群体层面的边界，并且较多关注个体层面，故从群体层面进行研究的成果较少。

5.5 结论与展望

通过文献梳理可以发现社会资本理论涵盖了结构和认知内涵，在信息系统领域，对于用户行为研究具有较好的解释力，国内外已经涌现了许多关于社会资本理论的研究成果。社会资本的理论研究可以归纳为微观层次、中观层次及宏观层次三个方面；

㊀ Diep N A, Cocquyt C, Zhu C, et al. Predicting adult learners' online participation: Effects of altruism, performance expectancy, and social capital[J]. *Computers & Education*, 2016, 101: 84-101.

㊁ Bouchillon B C, Gotlieb M R. Making them count: Facebook sociability for optimizing the accumulation of social capital[J]. *Social Science Computer Review*, 2017, 35(3): 299-318.

㊂ Ali-Hassan H, Nevo D, Wade M. Linking dimensions of social media use to job performance: The role of social capital[J]. *Journal of Strategic Information Systems*, 2015, 24(2): 65-89.

社会资本理论的分类研究主要从内容维度、关系强度维度和关系类型维度三个方面展开；社会资本理论的测度研究从传统的线下非技术环境转至信息系统领域的测度；社会资本理论在信息系统领域的应用主要集中在"信息技术与信息系统的使用研究""在线参与研究""知识管理研究"和"表现绩效研究"四个方面。

然而，现有研究仍存在以下不足：①替代性测度指标的信度和效度仍然存在较大差异；②个体层面和群体层面研究的界定较为模糊；③多数研究将社会资本作为自变量，较少考虑社会资本的多种关系作用。

需要指出的是，社会资本在信息系统领域现阶段研究存在的不足也为未来研究提供了方向，今后在该领域的相关研究应注意以下几点：①根据研究情景建立系统的测度框架，从测度指标的功能出发，充分考虑研究情景和地区文化的差异，选择功能等同的测度工具，尽可能地提高社会资本测度的信度和效度；②仔细考量研究对象特征，在研究设计时界定清晰测度的对象层次，如是针对个体层面的对象还是群体层面的对象，以期更加准确地选取替代性测度指标；③充分考虑社会资本在研究中的多种关系作用，除了传统意义上的作为自变量研究以外，应进一步开展将社会资本作为因变量、调节变量和中介变量的研究，考察社会资本作为研究结果的效应、调节效应和中介效应。

CHAPTER 6 ○ 第 6 章

沉浸理论
及其在信息系统研究领域的应用与展望

沉浸理论（flow theory）于 1975 年由 Csikszentmihalyi 首次提出[一]，用于解释当人们在进行某些日常活动时完全投入情境当中，过滤掉所有不相关的知觉，把注意力高度集中在当前活动上的一种主观状态。这种主观状态通常伴随着积极的情绪体验，是一种高水平的享受和满足，这种感受使人情绪愉悦，因而不计较个人的付出。

沉浸理论自提出以来得到了各个领域学者的广泛关注，为揭示沉浸理论的本质和应用现状，学者们从以下不同的视角撰写了述评。在国外学者中，Plike 分析了信息技术使用中沉浸的前因以及使用 IT 进入沉浸状态的障碍[二]；Mahnke 等则使用扎根理论方法分析了用户访问网站期间出现沉浸的机制及导致沉浸的网站设计因素[三]。在国内学者中，景娟娟在梳理沉浸的模型发展的基础上，概括了沉浸与现实工作生活、休闲生活、

[一] Csikszentmihalyi M. Beyond boredom and anxiety[M]. LinkSan Francisco: Jossey-Bass Publishers, 1975: 12.
[二] Pilke E M. Flow experiences in information technology use[J]. *International Journal of Human-Computer Studies*, 2004, 61(3): 347-357.
[三] Mahnke R, Benlian A, Hess T. A grounded theory of online shopping flow[J]. *International Journal of Electronic Commerce*, 2015, 19(3): 54-89.

人际沟通以及网络的关系[1]；陈逸雨等从工作领域的沉浸出发，将沉浸的研究分为概念界定、测量和实证研究三个模块，并总结了沉浸的影响因素和结果变量[2]；吴小梅研究了沉浸的实质，分析了在电子商务环境下沉浸的影响因素和结果[3]。

目前，随着互联网络的进一步深入发展，沉浸理论在网络环境下信息系统领域内的应用重要性日渐突显，国外的相关研究已经积累了一些成果，而在国内的文献调研中尚未见到关于沉浸理论的全面、综合述评，因此，为了推动沉浸理论在国内的理论研究进展、加快沉浸理论在信息系统领域内的应用，有必要梳理沉浸理论，总结研究取得的成果、目前存在的问题以及值得关注的未来研究方向。

6.1 沉浸理论的起源及其演化

6.1.1 沉浸理论的起源

沉浸理论起源于 Csikszentmihalyi 在 20 世纪 60 年代对游戏展开的研究，他将关注点从游戏带来的益处和功能转移到游戏带给人们的愉悦感上，并把现实游戏中产生的令人愉悦的感受扩展到多种不同形式的"自设目标"的活动中，比如攀岩、国际象棋、体育运动、艺术活动等，这些活动具有内部动机性，即参与者只关注活动本身，不求外部回报或结果，沉浸并享受于活动过程。Csikszentmihalyi 将"人们全面参与活动时所感受到的一种整体体验"定义为沉浸[4]，他认为这是人们愿意继续参与某一行为的主要原因。

1990 年，Csikszentmihalyi 在先前沉浸理论研究的基础上，出版了《沉浸：最佳体验的心理学》一书[5]，对沉浸理论进行了系统的介绍，并且重新解释了沉浸的概念，将其定义为"具有适当的挑战性而能让一个人沉浸其中，以至于忘记了时间的流逝、意识不到自己存在的一种体验"，并提出沉浸包括九个心理特征：挑战与技能平衡、明确的目标、反馈性、行为与意识的融合、注意力集中、感知控制、自我意识的丧失、时间失真感以及体验本身的目的性。沉浸理论的发展进入了相对完善的阶段。

---

[1] 景娟娟. 国外沉浸体验研究述评 [J]. 心理技术与应用，2015, (3): 54-58.
[2] 陈逸雨，黄波，习怡衡. 工作沉浸的研究现状及展望 [J]. 中国管理信息化，2016, 19(2): 104-108.
[3] 吴小梅. 电子商务环境下心流体验研究评与展望 [J]. 消费经济，2014(5): 90-93.
[4] Csikszentmihalyi M. Play and intrinsic rewards[J]. *Journal of Humanistic Psychology*, 1975, 15(3): 41-63.
[5] Csikszentmihalyi M. The psychology of optimal experience[M]. New York, NJ: Harper and Row, 1990: 13-14.

6.1.2 沉浸理论的演化

1. 沉浸理论模型的演化

早期的沉浸理论认为，沉浸包含挑战和技能两大构念[1]。Csikszentmihalyi 和 Massimini 根据这两个构念，先后系统建构了沉浸的三通道模型、四通道模型和八通道模型。

（1）三通道模型。Csikszentmihalyi 提出，个体感知到的任务难度与自身技能水平相适配时，会产生沉浸；当挑战要求过高，个体技能不足时，会产生焦虑；当挑战难度过低，个体技能水平较高时，会产生厌倦。[2]

（2）四通道模型。Massimini 等对三通道模型提出质疑，认为用户沉浸的出现与挑战、技能程度的高低相关。[3]当挑战与技能水平都很高时，会产生沉浸；当挑战与技能水平都很低时，产生冷漠体验；当挑战低于个体技能水平时，会产生无聊体验；当挑战高于个体技能水平时，会产生焦虑。

（3）八通道模型。Massimini 等进一步将挑战和技能细分为高、中、低三个等级，提出了八通道模型。[4]当挑战高于个体技能水平时，会产生担忧、焦虑或觉醒的体验；当挑战低于个体技能水平时，会产生控制、放松或无聊的体验；当挑战与技能水平都很低时，会产生冷漠体验；当挑战与技能水平都很高时，才会有沉浸。

2. 沉浸理论及其应用领域的发展

沉浸的研究是沿着对自身属性维度的概括总结、从理论层面到应用层面的发展轨迹。随着互联网的发展，沉浸理论被应用于网络环境下的在线学习、网络游戏、电子商务等各个领域。

首先，沉浸理论始于其自身概念属性的研究。Csikzentmihalyi 通过描述从事不同职业人群的忘我心理状态提出了沉浸的概念，它是对个人心理状态的一种描述。Novark 等认为沉浸是对个体参与活动过程感受进行概括的单维构念。[5]随着沉浸概念的发展，

---

[1] Csikszentmihalyi M. Flow and the Foundations of Positive Psychology[M]. Berlin: Springer Netherlands, 2014: 135-153.

[2] Csikszentmihalyi M. Beyond boredom and anxiety: The experience of play in work an games[J]. *Cotemporary Sociology*, 1977, 6(2): 197.

[3] Csikszentmihalyi M, Massimini F. On the psychological selection of bio-cultural information[J]. *New Ideas in Psychology*, 1985, 3(2): 115-138.

[4] Massimini F, Carli M. The systematic assessment of flow in daily experience[J]. *Optimal Experience*, 1988: 266-287.

[5] Hoffman D L, Novak T P. Marketing in hypermedia computer-mediated environments: Conceptual foundations[J]. *Journal of Marketing*, 1996, 60(3): 50-68.

沉浸的定义和测量维度逐步从单维构念发展为多维构念：Pace 认为沉浸是一种由乐趣发现、环境意识减弱、时间失真、行为与意识融合、控制感、思维敏锐度和临场感组成的多维结构[①]，这也与 Csikzentmihalyi 最初提出的九个心理特征相呼应。

其次，沉浸理论应用于游戏和教育领域的研究。沉浸首先源于对现实游戏中玩家体验到愉悦感的研究，游戏中的沉浸解释了玩家投入的原因及其对游戏的忠诚度。[②]随后沉浸应用到同样对个人注意力有高度要求的学习领域中，它表现为利用沉浸来改进教学设计、创造沉浸式的教学方法、触发学生兴趣以提高学习绩效。随后，研究开始将游戏和教学结合起来，将沉浸理论应用到游戏化学习环境的设计中来。[③]

最后，沉浸理论扩展至信息技术领域的研究。1996 年，Hoffman 等首次将沉浸的概念运用于网络导航行为，最先将沉浸理论引入网络与虚拟世界中，使沉浸开始涉足人机交互领域。[④]随着互联网的商业化，研究发现沉浸对网络用户访问特定的网站有促进作用，如 Bridges 等认为沉浸是在线消费者体验的重要指标。[⑤]而 Koufaris 通过沉浸模型来映射在线消费者行为。[⑥]沉浸理论得到了电子商务和信息系统领域内学者越来越多的关注。

6.2 沉浸理论在信息系统领域的应用研究

6.2.1 沉浸的量度指标研究

1. 沉浸的构念量度指标研究

现有研究有关沉浸理论的主要构念量度指标，概括起来主要有感知享受、感知实用性、感知控制、注意力集中和时间失真等几个方面。

---

① Pace S. A grounded theory of the flow experiences of web users[J]. *International Journal of Human-Computer Studies*, 2004, 60(3): 327-363.
② Su Y S, Chiang W L, Lee C T J, et al. The effect of flow experience on player loyalty in mobile game application[J]. *Computers in Human Behavior*, 2016, 63: 240-248.
③ 马颖峰，胡若楠. 不同类型电子游戏沉浸体验研究及对教育游戏设计的启示 [J]. 电化教育研究，2016(3): 86-92.
④ Hoffman D L, Novak T P. Marketing in hypermedia computer-mediated environments: Conceptual foundations[J]. *Journal of Marketing*, 1996, 60(3): 50-68.
⑤ Bridges E, Florsheim R. Hedonic and utilitarian shopping goals: The online experience[J]. *Journal of Business Research*, 2008, 61(4): 309-314.
⑥ Koufaris M. Applying the technology acceptance model and flow theory to online consumer behavior[J]. *Information Systems Research*, 13(2): 205-223.

感知享受被定义为捕捉个人与技术互动中的主观乐趣，它是在线环境中沉浸最常用的测量维度之一：Csikszentmihalyi 把沉浸命名为"最佳体验"，这就意味着当个体专注于一件事而忽略周围环境时，这个过程是愉快的、令人享受的；Guo 等同样指出，享受和集中是网络购物沉浸的两个关键属性[①]；类似地，Koufaris 将购物愉悦和感知控制一并视为沉浸，用来解释在线意外购买行为[②]；Sang 等也发现，在调查在线消费者行为时，沉浸可以通过享受、集中、时间失真和现实感来衡量[②]。可以说，绝大多数学者无论如何划分沉浸的测量维度，感知享受都包括在内。

另外，感知实用性（或者说功利性目的）也是沉浸的重要衡量指标之一。功利价值是有意识地追求预期目的的结果[③]，它是工具性、功能性和认知性的。感知实用性代表达到顾客价值目的的手段[④]，它是对功能效用与牺牲之间平衡的总体评估[⑤]。Chang 甚至发现感知实用性对用户满意度和沉浸的影响要比用户感知享受的影响更强。[⑥]

感知控制被描述为当人们感觉到他们控制着自己行为时的感知以及与所在的环境之间的相互作用。[⑦]个人的控制感知是必不可少的，一个成功的沉浸活动将让参与者感觉到他们可以控制接下来会发生的事。在线情境下，用户可以通过探索和继续推进呈现给他们的内容或者选择退出环境来实现控制。当人们对环境有控制权时，人们的行为会更为积极。[⑧]

注意力集中指将个体的注意力集中在有限的、刺激的领域。Hoffman 等认为，在互联网活动中，用户可以专注于活动本身，忽略任何不相关的感知和情绪。[⑨]注意力集

---

① ② Guo Y M, Poole M S. Antecedents of flow in online shopping: A test of alternative models[J]. *Information Systems Journal*, 2009, 19(4): 369-390.

② Sang M L, Chen L. The impact of flow on online consumer behavior[J]. *Data Processor for Better Business Education*, 2010, 50(4): 1-10.

③ Babin B J, Darden W R, Griffin M. Work and/or fun: Measuring hedonic and utilitarian shopping value[J]. *Journal of Consumer Research*, 1994, 20(4): 644-656.

④ Chandon P, Wansink B, Laurent G. A benefit congruency framework of sales promotion effectiveness[J]. *Journal of Marketing*, 2000, 64(4): 65-81.

⑤ Overby J W, Lee E J. The effects of utilitarian and hedonic online shopping value on consumer preference and intentions[J]. *Journal of Business Research*, 2006, 59(10): 1160-1166.

⑥ Chang C C. Examining users' intention to continue using social network games: A flow experience perspective[J]. *Telematics and Informatics*, 2013, 30(4): 311-321.

⑦ Fave A D, Massimini F. The Investigation of optimal experience and apathy: Developmental and psychosocial Implications[J]. *European Psychologist*, 2005, 10(4): 264-274.

⑧ Jawaid A Ghani, Satish P Deshpande. Task characteristics and the experience of optimal flow in human—computer interaction[J]. *Journal of Psychology*, 2016, 128(4): 381-391.

⑨ Hoffman D L, Novak T P. Marketing in hypermedia computer-mediated environments: Conceptual foundations[J]. *Journal of Marketing*, 1996, 60(3): 50-68.

中反映了用户在使用产品过程中的投入程度。[一]Zhou 等认为 App 用户的沉浸包括感知享受和集中[二];Guo 等指出,享受和集中是网络购物中沉浸的两个关键属性;Zaman 等也得出了类似的结论[三]。同样地,Zhou 等研究了即时通信用户的行为后断言,用户沉浸可以通过感知享受和注意力集中来评估。

时间失真就是指个体失去时间感的现象。当人们将注意力集中在某件特定的事物之上时,他们往往就无法再注意到时间的流逝,对于时间有一种失真的认知感受。在线沉浸的一些研究已经报告了注意力集中对时间失真的影响:Csikszentmihalyi 指出,当一个人高度参与和关注一项活动时,时间就不复存在了,而 Sánchez 等发现是技术的使用和对虚拟环境的充分关注赋予了个体在时间和空间上交错的感觉[四]。集中注意力是调节时间感的关键因素,人们常常对时间的快速流逝感到惊讶[五]。时间失真是沉浸研究中的一个重要部分,众多研究将时间失真作为沉浸的基本变量[六],它被认为是解释沉浸的关键因素之一。

2. 沉浸的生理量度指标研究

以往采用访谈、问卷形式的方法是回顾性、主观的,不能确定沉浸的即时特征,采用客观的生理沉浸指标可以在沉浸活动发生的期间进行测量而不用中断被调查者的沉浸。因而,研究人员越来越关注沉浸的生理量度指标。

(1)高唤醒

情绪唤醒是由感觉兴奋性水平、腺、激素水平以及肌肉的准备性所决定的一种生理和心理活动的准备状态:高唤醒既可能使人兴奋、激动,也可能使人焦虑不安;低唤醒水平既可能使人放松愉快,也可能使人厌倦冷漠。研究表明,唤醒刺激可以调节注意过程,高唤醒是沉浸潜在的生理指标,它可以通过心率和心率变异性来监测[七]。

[一] Zhou T, Lu Y. The effect of interactivity on the flow experience of mobile commerce user[J]. *International Journal of Mobile Communications*, 2011, 9(3): 225-242.

[二] Zhou T, Lu Y. Examining mobile instant messaging user loyalty from the perspectives of network externalities and flow experience[J]. *Computers in Human Behavior*, 2011, 27(2): 883-889.

[三] Zaman M, Anandarajan M, Dai Q. Experiencing flow with instant messaging and its facilitating role on creative behaviors[J]. *Computers in Human Behavior*, 2010, 26(5): 1009-1018.

[四] Roldán J L, Sánchez-Franco M J. Web acceptance and usage model: A comparison between goal-directed and experiential web users[J]. *Internet Research Electronic Networking Applications & Policy*, 2005, 15(1): 21-48.

[五] Chen H, Wigand R T, Nilan M. Exploring web users' optimal flow experiences[J]. *Information Technology & People*, 2000, 13(4): 263-281.

[六] Novak T P, Hoffman D L, Yung Y F. Measuring the customer experience in online environments: A structural modeling approach[J]. *Marketing Science*, 2000, 19(1): 22-42.

[七] Kop W J, Verdino R J, Gottdiener J S, et al. Changes in heart rate and heart rate variability before ambulatory ischemic events[J]. *Journal of the American College of Cardiology*, 2001, 38(3): 742-749.

Tian 等的调查结果也显示，沉浸与加快的呼吸速率、深度呼吸、心率、心率变异性和皮肤电导性也是积极相关的。㊀

（2）眨眼率

与处于非沉浸状态的人相比，经历沉浸的人可能会表现出不同的行为特征。当处于沉浸状态时，人的注意力高度集中。Acosta 等发现，当人们完成需要强烈视觉注意力的任务时，眨眼率下降。㊁

在研究视频游戏中儿童眨眼率的变化时，研究人员发现儿童在游戏进行过程中表现出眨眼频率的减少，与低沉浸水平相比，当游戏参与者处于高沉浸水平时，眨眼频率显著下降了 12%。Rau 等发现人们进入沉浸状态后，对外部环境感知减少，眨眼率下降。㊂这表明对外部环境感知和眨眼率可能是沉浸的客观指标。

越来越多的研究者使用先进的眼跟踪技术来评估潜在的视觉注意力机制，理解其在沉浸中所发挥的作用，有助于厘清沉浸背后的认知机制。㊃

（3）脑电波信号

脑电波（EEG）是大脑皮层神经元突触后电位总和而形成的，它是一种通过将电极放置在分布于头部的指定位置并记录头皮上电极的电压来测量大脑活动的方法。㊄因此，EEG 被广泛用于健康和医学研究。Russoniello 等通过分析玩家的脑电波信号，发现玩休闲游戏有助于提升玩家的情绪。㊅正是由于脑电图是一种与人类情感状态密切相关的心理生理测量，研究人员越来越注重探讨脑电波与沉浸之间的关系。

不难看出，在传统的沉浸量表基础上，增添结合科技与心理学产生的测度指标是十分有必要的。用户的心理状态沉浸会带来用户各项生理指标的改变，而生理指标的改变又表明了沉浸状态的持续时间、沉浸的深度。因此，可以采用这些生理指标来研究各个应用领域的沉浸状态。

㊀ Tian Y, Bian Y, Han P, et al. Physiological signal analysis for evaluating flow during playing of computer games of varying difficulty[J]. *Frontiers in Psychology*, 2017, 8(7): 1121.

㊁ Acosta M C, Gallar J, Belmonte C. The influence of eye solutions on blinking and ocular comfort at rest and during work at video display terminals[J]. *Experimental Eye Research*, 1999, 68(6): 663.

㊂ Jiang C, Rau P P. Working memory performance impaired after exposure to acute social stress: The evidence comes from ERPs[J]. *Neuroscience Letters*, 2017, 658: 137-141.

㊃ Harris D J, Vine S J, Wilson M R. Neurocognitive mechanisms of the flow state[J]. *Progress in Brain Research*, 2017, 234: 221-243.

㊄ Nacke L E, Stellmach S, Lindley C A. Electroencephalographic assessment of player experience: A pilot study in affective ludology[J]. *Simulation & Gaming*, 2011, 42(5): 632-655.

㊅ Russoniello C V, O'Brien K, Parks J M. The effectiveness of casual video games in improving mood and decreasing stress[J]. *Journal of Cyber Therapy & Rehabilitation*, 2009, 2(1): 53-66.

6.2.2 影响沉浸的因素研究

创造沉浸是沉浸研究关注的重点，目前研究沉浸影响因素的文献最多。这些文献的研究发现影响沉浸的因素主要包括以下两类：从技术因素看，系统质量、网站导航和界面呈现、感知易用性和用户反馈都是沉浸重要的前置因素；从非技术因素看，沉浸又与感知有用性、社交互动、临场感和个性化因素息息相关。

1. 影响沉浸的技术因素研究

系统质量在沉浸的形成中扮演着重要角色。信息系统的质量被描述成一个多维的、反映不同利益群体的实体。DeLone 等提出系统质量、信息质量、服务质量都会影响用户对信息系统的使用。[1] 为了探索信息系统质量的各个方面，Zhou 等的研究展示了信息质量影响网站系统用户的沉浸，从而产生忠诚度[2]；Aladwani 等则认为，有效的系统质量是提供高质量服务的基础，信息质量和系统质量对用户沉浸有显著影响[3]。由前述可知，对系统质量、信息质量、服务质量的感知会影响用户的沉浸。

在网站导航和界面呈现上，Landers 在研究线上线下品牌一致性对于沉浸的影响时，指出网站的导航表现与用户的沉浸呈现积极相关。[4] 此外，视觉上令人愉快的用户界面被视为比其他因素更具有潜力的沉浸的前因。因此，信息系统应该以一种满足用户自我扩展和主动发现需求的方式来创建能带来审美体验的用户界面[5]，引导用户进入沉浸状态。同时，网站整体界面呈现的气氛、颜色也会对用户沉浸产生影响，比如 Ettis 的研究指出，整体颜色为蓝色的高科技网站相较于黄色的，更易激发用户的沉浸体验[6]。

感知易用性被描述为个人使用技术的程度是毫不费力的。当用户感觉系统的使用

---

[1] Delone W H, Mclean E R. Information systems success: The quest for the dependent variable[J]. *Information Systems Research*, 1992, 3(1): 60-95.

[2] Zhou L, Shi Y, Sears A. Third-party error detection support mechanisms for dictation speech recognition[J]. *Interacting with Computers*, 2010, 22(5): 375-388.

[3] Aladwani A M, Palvia P C. Developing and validating an instrument for measuring user-perceived web quality[J]. *Information & Management*, 2002, 39(6): 467-476.

[4] Landers V M, Beatty S E, Wang S, et al. The Effect of Online versus Offline Retailer-Brand Image Incongruity on the Flow Experience[J]. *Journal of Marketing Theory & Practice*, 2015, 23(4): 370-387.

[5] Liu R, Suh A. Self-branding on social media: An analysis of style bloggers on Instagram[J]. *Procedia Computer Science*, 2017, 124: 12-20.

[6] Ettis S A. Examining the relationships between online store atmospheric color, flow experience and consumer behavior[J]. *Journal of Retailing & Consumer Services*, 2017, 37: 43-55.

毫不费力，会促使沉浸的发生。Chang 等证实了感知易用性对沉浸有正面影响。[1] Hsu 等也证明了感知易用性对于沉浸的影响及其如何影响在线玩游戏的意图，认为任何妨碍易用性的因素必须解决，以使用户进入完全沉浸的愉快"地带"。[2] 还有研究表明，在网站难度上，较少认知处理需求的用户界面有利于体验沉浸。[3] 因此，应基于消费者的感知易用性，创造一个易于使用的平台来促进沉浸[4]。

用户反馈是促进网络用户体验沉浸的元素。[5] 即时的用户反馈有助于保持玩家的注意力，如果玩家必须等很久才意识到他的行为会造成什么影响，他就会分心并放松对任务的关注，甚至会导致曲解和向负面转移的问题。[6] 即用户在网络环境下采取行动时，如果长期等待反馈，可能会从沉浸中转移[7]，因此用户反馈是不同背景下沉浸的前因。

2. 影响沉浸的非技术因素研究

Davis 等将感知有用性定义为"一个人相信使用一个特定的系统会提高他的工作绩效的程度"。[8] 当网站被用户识别为有用时，他们将进行探索式浏览。Alatalo 等指出，当消费者认为系统有用，可能会导致网络沉浸[9]，这与 Hsu 等的研究结果相一致，即感知的有用性与网络环境下的沉浸正相关。[10]

就社交互动而言，Sweetser 等提出在游戏领域中，社交互动可能会导致游戏玩家

---

[1] Chang H H, Wang I C. An investigation of user communication behavior in computer mediated environments[J]. *Computers in Human Behavior*, 2008, 24(5): 2336-2356.

[2] Hsu C L, Lu H P. Why do people play on-line games? An extended TAM with social influences and flow experience[J]. *Information & Management*, 2004, 41(7): 853-868.

[3] Zha X, Yang H, Yan Y, et al. Exploring the effect of social media information quality, source credibility and reputation on informational fit-to-task: Moderating role of focused immersion[J]. *Computers in Human Behavior*, 2018, 79: 227-237.

[4] Hsu C L, Chang K C, Chen M C. Flow Experience and Internet Shopping Behavior: Investigating the Moderating Effect of Consumer Characteristics[J]. *Systems Research & Behavioral Science*, 2012, 29(3): 317-332.

[5] Rettie R. An exploration of flow during Internet use[J]. *Internet Research*, 2001, 11(2): 218-250.

[6] Butler D L, Winne P H. Feedback and self-regulated learning: A theoretical synthesis[J]. *Review of Educational Research*, 1995, 65(3): 245-281.

[7] Xia L, Sudharshan D. Effects of interruptions on consumer online decision processes[J]. *Journal of Consumer Psychology*, 2002, 12(3): 265-280.

[8] Davis F D, Bagozzi R P, Warshaw P R. User acceptance of computer technology: A comparison of two theoretical models[J]. *Management Science*, 1989, 35(8): 982-1003.

[9] Alatalo T, Oinas-Kukkonen H, Kurkela V, et al. Information systems development in emergent organizations[M]// Kirikova M, Grundspenkis J, Wojtkowski W, et al. Information Systems Development. New York, NJ: springer publishing company, 2002: 115-122.

[10] Chien S H, Chen Y H, Hsu C Y. Exploring the impact of trust and relational embeddedness in e-marketplaces: An empirical study in Taiwan[J]. *Industrial Marketing Management*, 2012, 41(3): 460-468.

的沉浸，玩家的乐趣可能来自与其他人的互动。[1]研究表明，人际交往因素（感知专业知识与有用信息、感知相似性和感知熟悉程度）与沉浸呈正相关：首先，人们在受到社会影响时更多地认同专家的观点，同时通过团队成员提供的有用信息减少信息不对称成本且有更高的互动水平，这使用户失去自我意识并体验沉浸状态；其次，用户的感知相似性可以帮助他们享受互动，享受程度的提高使虚拟体验更加愉快和具有吸引力，从而导致沉浸状态；最后，感知熟悉程度可以减少不确定性，增加认知信任，并促进个人社交互动，用户参与这个过程会帮助他们完全沉浸在自己的活动中，产生一种沉浸感。

临场感是指"个人作为媒体创造的现象环境的一部分的感觉"。Nah 等在研究 3D 虚拟世界中的临场感和沉浸时，发现临场感会导致 3D 虚拟世界的享受与沉浸[2]，Phang 等在虚拟世界中的临场感对沉浸的影响的研究中报告了类似的结果[3]。Giasiranis 等的研究同时发现，AR（增强现实）技术通过创造用户的临场感，有望帮助在线学习中的学生体验沉浸，进而提高学习效果[4]。

沉浸是一个高度个人化的概念，它被视为一种动态的、个人主义的现象。[5]个人化因素又体现在个体能力与个性差异两个方面，从上文对挑战与技能的平衡的叙述中可知，只有当个体能力与面临的环境提供的挑战相平衡时，沉浸才可能发生；从个性差异方面来说：Csikszentmihalyi 等发现，与蓝领工人相比，管理者更有可能经历沉浸是因为管理者通过他们的领导表现出主导地位。[6]类似地，Katharina 等发现具有支配地位的人倾向于控制自己的环境并拥有高度的控制权，即拥有主导个性的人会体验更多沉浸。同时，他的研究还显示，高外向分数的参与者经历的沉浸明显多于低外向分数的参与者，而内向、害羞的个性也被发现对沉浸有负面影响，缺乏自信可能会阻止害羞的人在面对具有挑战性的任务时达到沉浸状态。

---

[1] Sweetser P, Johnson D, Wyeth P, et al. Gameflow in different game genres and platforms[J]. *Computers in Entertainment*, 2017, 15(3): 1-24.

[2] Nah F H, Eschenbrenner B, Dewester D. Enhancing brand equity through flow and telepresence: a comparison of 2D and 3D virtual worlds[J]. *MIS Quarterly*, 2011, 35(3): 731-748.

[3] Phang C W, Kankanhalli A, Sabherwal R. Usability and sociability in online communities: a comparative study of knowledge seeking and contribution[J]. *Journal of the Association for Information Systems*, 2011, 10(10): 721-747.

[4] Giasiranis S, Sofos L. Flow experience and educational effectiveness of teaching informatics using AR[J]. *Educational Technology & Society*, 2017, 20(4): 78-88.

[5] Kawaf F, Tagg S. The construction of online shopping experience: A repertory grid approach[J]. *Computers in Human Behavior*, 2017, 72: 222-232.

[6] Csikszentmihalyi M, Lefevre J. Optimal experience in work and leisure[J]. *Journal of Personality & Social Psychology*, 1989, 56(5): 815-822.

6.2.3 沉浸体验对用户使用行为和购买行为的影响研究

1. 沉浸体验对用户的使用行为的影响研究

研究发现，沉浸体验会直接提高用户的使用和持续使用行为。Guo 等发现，由于体验到沉浸与归属感，个体会使用政务微博平台㊀，Zha 等同样揭示了沉浸体验和无处不在的移动连接会促成用户对移动图书馆的采纳㊁；进一步地，Hausman 等发现，沉浸对用户再次访问站点的意愿具有直接影响㊂。此外，朱红灿等证实，通过影响政府开放数据平台用户的沉浸体验，可使用户产生持续使用意愿。㊃ 类似地，Pelet 等也发现，用户沉浸能够带来用户对社交媒体网站的持续使用意愿。㊄ 值得指出的是，在沉浸体验与互联网使用的持续意愿的关系中，性别也起到一定的中介调节作用：与女性相比，男性的互联网行为更为显著且其互联网使用的持续意愿明显高于女性。㊅ 此外，Zhou 的研究显示，沉浸能够显著地增强用户抵制变革的意愿，能够令用户继续沉浸在当前页面，从而从侧面增加其持续使用意愿和行为。㊆

同时，沉浸可以通过满意度间接地对用户的使用行为产生积极影响。代宝等发现，微信用户在使用过程中获得的沉浸体验主要通过直接影响满意度等对持续使用意愿产生间接影响㊇，Chang 等也发现沉浸对持续使用意愿的影响是由用户对 SNS 满意度调节的㊈。进一步地，Bakker 等指出，经历过沉浸的人倾向于忘记周围发生的事件，并且会以非常积极的态度评估自己工作和生活的质量㊉，也即沉浸感和用户满意度存在正相关

㊀ Guo J, Liu Z, Liu Y. Key success factors for the launch of government social media platform: Identifying the formation mechanism of continuance intention[J]. *Computers in Human Behavior*, 2016, 55: 750-763.

㊁ Zha X, Zhang J, Li L, et al. Exploring the adoption of digital libraries in the mobile context: The effect of psychological factors and mobile context factors[J]. *Information Development*, 2015, 32(4): 1155-1167.

㊂ Hausman A V, Siekpe J S. The effect of web interface features on consumer online purchase intentions[J]. *Journal of Business Research*, 2009, 62(1): 5-13.

㊃ 朱红灿，胡欣，王新波. 基于 S-O-R 框架的政府数据开放平台用户持续使用意愿研究[J]. 现代情报，2018, 38(5): 100-116.

㊄ Pelet J É, Ettis S, Cowart K. Optimal experience of flow enhanced by telepresence: Evidence from social media use[J]. *Information & Management*, 2017, 54(1): 115-128.

㊅ Wang C C, Chen C F, Chen C T. Exploring the different aspects of Internet leisure use by college students[J]. *Information Development*, 2013, 31(1): 5-12.

㊆ Zhou T. Examining continuance usage of mobile Internet services from the perspective of resistance to change[J]. *Information Development*, 2014, 30(1): 22-31.

㊇ 代宝，刘业政. 基于期望确认模型、社会临场感和心流体验的微信用户持续使用意愿研究[J]. 现代情报，2015, 35(3): 19-23.

㊈ Chang Y P, Zhu D H. The role of perceived social capital and flow experience in building users' continuance intention to social networking sites in China[J]. *Computers in Human Behavior*, 2012, 28(3): 995-1001.

㊉ Bakker A, Golub T L, Rijavec M. Validation of the study-related flow inventory (WOLF-S)[J]. *Croatian Journal of Education-Hrvatski Casopis za Odgoj i obrazovanje*, 2017, 19(1): 147-173.

关系。类似地，在移动端，Zhou等针对移动通信用户的调查显示，沉浸带来的感知愉悦会显著提高用户的满意度，从而促进用户的使用行为，这与Park等的研究相一致：当智能手机用户对移动通信等提供的功能满意时，用户会体验到沉浸感，从而产生使用意愿和行为[1]。

最后，通过沉浸带来的用户忠诚，也能够促进用户的持续使用意愿。Bilgihan等通过对旅游网站的预订情况的研究发现，用户忠诚、客户信任与沉浸体验积极相关。[2] Choi等也发现，用户的沉浸状态会影响消费者的忠诚度：即用户有沉浸的最佳体验就将继续玩网络游戏，长此以往，用户经常沉浸于某个特定的在线网站时，就会产生用户忠诚[3]，而用户忠诚的一个重要表现就是用户对在线网站的持续使用行为，沉浸体验对用户的使用行为具有直接和间接的重要影响。

2. 沉浸体验对用户购买行为的影响研究

Korzaan证实沉浸的心理状态会影响顾客对网上购物的探索态度和行为[4]。比如Ettis的研究表明，用户进入沉浸的心理状态后，拜访的网页数量和时间持续性都会得到显著提高；他还发现，沉浸体验是购买行为的一个关键预测指标。[5]

沉浸作为单维度测量时，沉浸体验对购买行为有积极的影响已经被确认：沉浸通过提高用户的满意度和忠诚度带来用户的购买行为。Gao等指出，消费者对在线旅行社的满意度和购买意愿是用户感知沉浸的结果[6]；Hsu等也发现，满意度部分中介了网站环境下沉浸与购买行为之间的关系[7]。同样地，Aluri等确定，满意度是感知享受和购买意愿之间的部分中介[8]。Shim等的研究则表明，用户对品牌网站的沉浸增强了品牌体验

---

[1] Park J, Parsons D, Ryu H. To flow and not to freeze: Applying flow experience to mobile learning[J]. *IEEE Transactions on Learning Technologies*, 2010, 3(1): 56-67.

[2] Bilgihan A, Nusair K, Okumus F, et al. Applying flow theory to booking experiences: An integrated model in an online service context[J]. *Information & Management*, 2015, 52(6): 668-678.

[3] Choi D, Kim J. Why people continue to play online games: In search of critical design factors to increase customer loyalty to online contents[J]. *Cyberpsychology & Behavior*, 2004, 7(1): 11.

[4] Korzaan M L. Going with the flow: Predicting online purchase intentions[J]. *Data processor for better business education*, 2003, 43(4): 25-31.

[5] Ettis S A. Examining the relationships between online store atmospheric color, flow experience and consumer behavior[J]. *Journal of Retailing & Consumer Services*, 2017, 37: 43-55.

[6] Gao L, Bai X, Park A. Understanding sustained participation in virtual travel communities from the perspectives of is success model and flow theory[J]. *Journal of Hospitality & Tourism Research*, 2014, 41(4): 1-35.

[7] Hsu C L, Chang K C, Chen M C. The impact of website quality on customer satisfaction and purchase intention: Perceived playfulness and perceived flow as mediators[J]. *Information Systems and e-Business Management*, 2012, 10(4): 549-570.

[8] Aluri A, Slevitch L, Larzelere R. The influence of embedded social media channels on travelers gratifications, satisfaction, and purchase intentions[J]. *Cornell Hospitality Quarterly*, 2016, 57(3): 250-265.

的感官和情感维度，使消费者品牌忠诚度提高，进而促进消费者对品牌的购买行为。○1

然而，沉浸概念的多维评估却显示，沉浸体验对在线购买没有强大的积极影响，将沉浸概念评估为多维导致了在沉浸体验对在线购买的影响方面的不一致结果，沉浸的"感知享受""感知控制"和"行动与意识合并"的维度对在线购买行为具有正向影响，时间扭曲则对网上购物行为有显著的负向影响。沉浸体验中的感知享受会提高人们的购买意愿，因为在网页浏览时进入沉浸状态后，用户的主观幸福感会得到提升，由此激起人们的购买意愿。○2当人们对环境有控制力时，人们表现出更积极的态度。行为与意识的融合会减少过程中的认知努力，能够以较少的精力达到目标的消费者会对在线购买表现出积极反响。而值得注意的是，网上购物的背景下，当消费者对由于沉浸而流逝的时间感到内疚时，会有消极的感受。○3针对这一点，Rettie 也指出，时间扭曲在受访者中造成了复杂的感受，即消费者在线期间具有定向目标时将时间视为成本，个人可能会将网上迅速消逝的时间视为负面因素，导致购买意愿下降。○4

沉浸被认为是如此令人愉快的，以至于个体想要尽可能经常地体验它，从而产生再购买行为，个人将参与在线购物作为沉浸体验愉悦感的延伸。○5Novak 等考察了沉浸变量对在线环境中消费者行为的影响，发现沉浸体验与重复访问和在线购买具有很强的相关性。Siekpe 等研究了"购买意向"和"返回意向"后证实，沉浸与再购买和返回意愿正相关，这一点与 Landers 等研究相一致，并且证明了沉浸体验通过提高用户对网站的积极态度而带来用户的再购买意愿。○6特别地，沉浸体验是影响冲动购买动力的重要因素。用户的在线冲动购买具有两个关键的驱动因素：技术使用和信任信念，以沉浸体验为中介○7；具体来说，随着沉浸体验中体验的情绪的增强，冲动购买的可能性就会增加。

○1 Shim S I, Forsythe S, Kwon W S. Impact of online flow on brand experience and loyalty[J]. *Journal of Electronic Commerce Research*, 2015, 16(1): 56-71.

○2 Kim M J, Lee C K, Bonn M. Obtaining a better understanding about travel-related purchase intentions among senior users of mobile social network sites[J]. *International Journal of Information Management*, 2017, 37(5): 484-496.

○3 Ozkara B Y, Ozmen M, Kim J W. Examining the effect of flow experience on online purchase: A novel approach to the flow theory based on hedonic and utilitarian value[J]. *Journal of Retailing & Consumer Services*, 2017, 37: 119-131.

○4 Rettie R. An exploration of flow during Internet use[J]. *Internet Research*, 2001, 11(2): 218-250.

○5 Smith D N, Sivakumar K. Flow and Internet shopping behavior[J]. *Journal of Business Research*, 2004, 57(10): 1199-1208.

○6 Landers V M, Beatty S E, Wang S, et al. The effect of online versus offline retailer-brand image incongruity on the flow experience[J]. *Journal of Marketing Theory & Practice*, 2015, 23(4): 370-387.

○7 Wu I L, Chen K W, Chiu M L. Defining key drivers of online impulse purchasing: A perspective of both impulse shoppers and system users[J]. *International Journal of Information Management*, 2016, 36(3): 284-296.

由此可以看出，沉浸体验对使用意愿、购买意愿和行为的积极影响是得到广泛认可的，但细分沉浸的维度非常重要。尽管沉浸的大多数构念是网上购物的积极促进因素，但也存在对用户意愿造成负面影响的因子，比如说时间扭曲，研究沉浸中的这些负面因素可以更好地从侧面促进用户的使用和购买意图；另外值得注意的是，用户进入沉浸状态后，可能是无意识地打发时间或者是随意浏览网页状态，即 Novak 等所区分的体验式沉浸和面向任务沉浸⊖，这时持续使用时长并不会带来用户的进一步购买和再购买意愿，因此研究不同情境下的沉浸状态是非常必要的。

6.2.4 沉浸体验对用户使用信息系统绩效的影响研究

系统绩效衡量的是用户在一定时段内使用信息系统的投入和产出情况。用户进入沉浸状态后，在相同的时间投入情况下能够不受干扰地获得最高效的产出（即获取的知识和技能最大化）。这种沉浸带来的系统绩效更多体现在用户使用信息系统的学习效果方面，研究发现，沉浸被证明可以带来用户在线学习和培训意愿的提高。⊖

一方面，沉浸体验可以直接带来学习效果的提高。如果学习者能够体验到参与、集中、控制和内在兴趣这些沉浸感，那么学习者对在线学习的偏好将大大提高。先前的研究结果就报告了沉浸体验对学习成绩的影响：Choi 等发现，基于 ERP 网络培训计划的学生体验了沉浸，且对其学习成果具有直接和间接影响⊜；Ho 等进一步指出，沉浸的体验对学习成果有积极的影响⊕。此外，一些研究已经将沉浸概念应用到合作学习中，以检查学习者是否可以体验沉浸从而增强团体学习效果。⊛

另一方面，沉浸体验可以通过提高满意度、改变个人态度和注意力集中等来间接增强在线学习效果。首先，如前文所述，体验到沉浸的用户的满意度会更高，研究也证实，沉浸与学生对虚拟课程满意度存在正相关关系⊗。即当课程给他们带来良好的体

⊖ Novak T P, Hoffman D L, Duhachek A. The influence of goal-directed and experiential activities on online flow experiences[J]. *Journal of Consumer Psychology*, 2003, 13(1): 3-16.

⊖ Woszczynski A B. Exploring the theoretical foundations of playfulness in computer interactions[J]. *Computers in Human Behavior*, 2000, 18(4): 369-388.

⊜ Choi D H, Kim J, Kim S H. ERP training with a web-based electronic learning system: The flow theory perspective[J]. *International Journal of Human-Computer Studies*, 2007, 65(3): 223-243.

⊕ Ho L A, Kuo T H. How can one amplify the effect of e-learning? An examination of high-tech employees' computer attitude and flow experience[J]. *Computers in Human Behavior*, 2010, 26(1): 23-31.

⊛ Van Schaik P, Martin S, Vallance M. Measuring flow experience in an immersive virtual environment for collaborative learning[J]. *Journal of Computer Assisted Learning*, 2012, 28(4): 350-365.

⊗ Shin N. Online learner's flow experience: An empirical study[J]. *British Journal of Educational Technology*, 2006, 37(5): 705-720.

验时，他们就会感到满意，沉浸体验通过提高学习者的满意度增强了学习效果。[一]其次，研究已经显示沉浸带来了用户学习时间的增加以及他们态度和行为的变化。Choi等提出，沉浸通过学习者的在线学习态度改变对学习效果产生了积极的影响，积极的态度在沉浸体验和学习成果之间占据一定的中介角色，三者之间存在显著的相互依赖关系。[二]最后，Csikzentmihalyi提出，个人在处于沉浸状态时，沉浸带来的注意力集中可以提高在线课程的学习效果，即进入沉浸状态后，用户将会屏蔽外界的干扰因素，只将注意力集中在学习这一件事上，这会大大提高学习的专注度和效率，从而提高学习效果。

通过研究沉浸体验对系统绩效提高方面的影响，我们可以发现，研究在线学习效果的相对较多，研究其他方面绩效的比较少，其中尤其值得注意的是沉浸在工作绩效提升方面的影响。如今企业越来越趋向于无纸化办公，员工通过电脑端工作的情形已经屡见不鲜，而以往的研究发现，经历过沉浸的人倾向于以非常积极的态度评估自己工作的质量，他们也被看作是为了体验享受和满足而进行某些与工作有关的活动。沉浸在提高工作满意度方面的积极作用甚至可能是一些高压力职业中最大的改善因子[三]，故将员工的工作绩效与信息系统中的沉浸结合起来研究将是一个值得研究的问题。此外，沉浸虽然在教育领域的研究较多，但研究其应用到在线学习领域的文献相对较少、较为笼统，尤其是商业教育领域的应用方面。[四]目前在线商业教育的网站如雨后春笋般崛起，研究如何吸引用户在在线学习的过程中达到沉浸状态，不仅可以为在线教育网站创造可观的盈利空间，并且能够最大限度地提高学习者的学习效果，创造双赢的局面。

6.2.5 沉浸引发的互联网问题性使用研究

Csikszentmihalyi指出，沉浸本身是如此令人愉快，故人们为此要付出代价。实际上，沉浸是具有两面性的，它除了给人带来感官上的享受和为开发商们贡献网站流量之外，也存在一定的消极影响，给个人、社会带来的影响不容忽视。沉浸引发的互联

[一] Park J, Parsons D, Ryu H. To flow and not to freeze: Applying flow experience to mobile learning[J]. *IEEE Transactions on Learning Technologies*, 2010, 3(1): 56-67.

[二] Choi D, Kim J. Study on the Effect of the Cognitive Performance, Self-Efficacy and Self-Esteem on the Players' Flow Experience during Playing Online Games[J]. *Journal of Korea Game Society*, 2013, 13(6): 5-14.

[三] Bakker A B. Flow among music teachers and their students: The crossover of peak experiences[J]. *Journal of Vocational Behavior*, 2005, 66(1): 26-44.

[四] Guo Y, Klein B, Ro Y, et al. The impact of flow on learning outcomes in a graduate-level information management course[J]. *Journal of Global Business Issues*, 2007, 1(7): 31-39.

网问题性使用的研究主要集中在以下几个方面。

首先是非工作状态的在线沉浸会降低员工工作绩效的研究。在工作中，对于雇主来说，如果员工投入的是相关的工作任务，沉浸的状态是可取的；但如果沉浸状态发生在员工多任务或非工作任务的状态下，雇主则会认为沉浸状态是不可取的，因为员工对非工作任务的沉浸会大幅度降低其对工作任务的投入精力和工作效率；即沉浸若不针对员工所需的工作任务，就可能会对工作绩效产生负面影响[1]。

其次是系统的在线沉浸会减弱用户对时间感知的研究。用户时间感知的减弱，会导致花费在系统上的时间缺乏控制，即互联网的在线沉浸会带来用户的时间浪费。Thatcher 等发现，互联网的问题性使用、在线拖延和沉浸都涉及网上花费的时间缺乏控制的问题，并且发现在线拖延是问题使用与沉浸之间的调节因素。[2] 类似地，Kaur 等对青少年 Facebook 后悔体验的调研发现，在 Facebook 上的沉浸提高了用户所经历的后悔程度[3]，用户普遍会对在 Facebook 上所花费的过多时间感到后悔，这会降低用户再次访问的可能性。

再次是网络活动的在线沉浸会损害用户身心健康的研究。互联网的问题性使用的一个重要表现就是用户由沉浸带来的上瘾行为：一方面，企业掌握沉浸的过程以创造忠诚至关重要；但另一方面，如果用户没有很好的自我意识的理解和管理，由沉浸引发的习惯形成或上瘾可能对个人消费者是危险的。沉浸、上瘾导致的过度心理依赖不仅会危害个人的心理健康，也会进一步造成用户生理机制的紊乱，比如出现"鼠标手""电脑颈""办公臀""触屏指"等症状[4]，对用户的生理健康产生不可逆的永久性损害。

最后是移动端的在线沉浸会加剧使用者上瘾的研究。Chang 等研究发现，经历过沉浸的消费者更有可能上瘾。[5] 互联网问题性使用在移动端的一个表现就是沉浸对于用户对手机强迫性使用的影响。相较于桌面设备，智能手机的便携便利性使用户更容易体验到沉浸，Salehan 等发现试图保持沉浸体验的用户往往会发展为不良的成瘾行为[6]，

---

[1] Sharafi P, Hedman L, Montgomery H. Using information technology: Engagement modes, flow experience, and personality orientations[J]. *Computers in Human Behavior*, 2006, 22(5): 899-916.

[2] Thatcher A, Wretschko G, Fridjhon P. Online flow experiences, problematic Internet use and Internet procrastination[J]. *Computers in Human Behavior*, 2008, 24(5): 2236-2254.

[3] Kaur P, Dhir A, Chen S, et al. Understanding online regret experience using the theoretical lens of flow experience[J]. *Computers in Human Behavior*, 2016, 57: 230-239.

[4] 鼠标手电脑颈这些职场病你有吗？这张处方请收好 [EB/OL]. http://society.firefox.sina.com/18/0407/21/2HTIYOL1JXR87DSA.html 2018-04-07/2018-06-12.

[5] Chang E C, Lv Y, Chou T J, et al. Now or later: Delay's effects on post-consumption emotions and consumer loyalty[J]. *Journal of Business Research*, 2014, 67(7): 1368-1375.

[6] Salehan M, Negahban A. Social networking on smartphones: When mobile phones become addictive[J]. *Computers in Human Behavior*, 2013, 29(6): 2632-2639.

Chou 等心理学研究表明沉浸对手机游戏成瘾有显著影响，他们建议将沉浸作为联结重复玩手机游戏和上瘾的中介。也就是说，重复促进沉浸的愉悦体验会增加用户保持积极情绪的欲望，并最终导致手机游戏成瘾。[⊖]

综合上述研究，可以看出沉浸的负面作用是不可忽视的，过度沉浸乃至上瘾会对个人、社会产生巨大的消极后果，而这方面的研究却未得到足够的重视。现有的系统梳理沉浸负面影响的相关文献较少，特别是研究如何提高对有益活动的沉浸（比如忘我地工作、学习），同时降低对无关休闲娱乐活动（游戏、消磨时间）的沉浸。此外，现有的文献深度不足，仅限于对沉浸引发的现象进行说明解释，并未探索和阐述现象背后的深层原因，部分研究提出的解决对策也缺乏进一步的具体措施和相关的实证检验，因此，沉浸引发的互联网问题性使用有待未来进一步的探索和研究。

6.3 结论与展望

通过文献综述发现，信息系统领域有关沉浸理论的研究主要集中在对沉浸构念的测量、沉浸的影响因素、沉浸带来的结果及其在不同领域的应用等四个方面。

信息系统领域有关沉浸理论的现有研究主要存在以下问题：①目前关于沉浸体验的负面作用并没有得到广泛的关注，但若放任沉浸毫无节制的发展，势必会对个人和社会产生不利的影响；②面向全球用户的网站可能要面临跨文化问题，中西方国家在文化背景、价值观、消费习惯等方面存在着很大的差异，而这些差异势必会影响沉浸理论的应用，面向本国文化设计的网站很有可能难以适应其他文化下的用户且引起沉浸的；③沉浸是一个动态、主观的体验，现存的多数研究基本采用的是横向调查的方法，并没有考虑到沉浸在一定时间内的变化；④由于被调查者在调查中回顾他们的经历时已经离开沉浸的状态并开始自我反省，关于沉浸的自我报告方法是主观的，故以往对沉浸体验的测量是一种自我回顾、主观的测量方法。

为了弥补现有研究的不足，实现新的突破，今后的沉浸理论研究可以从以下四个角度展开。

（1）加强对沉浸负面影响的研究。过往关于沉浸的研究多集中在其正面作用，负面作用并没有得到广泛的关注，比如在线拖延、后悔体验、强迫性使用以及最终导致用户的成瘾行为，放任其无节制发展势必会产生不利的影响。开发商出于利益的考量，希望尽可能地提高用户沉浸以增加其效益，而不会充分考虑过度发展沉浸后可能带来

⊖ Chou T J, Ting C C. The role of flow experience in cyber-game addiction[J]. *CyberPsychology & Behavior*, 2003, 6(6): 663-675.

的负面结果，这一点与用户摆脱上瘾心理的动机是相互矛盾的。在未来的研究中，生产商和网站开发商应该考虑采取适当的控制措施来抑制沉浸体验可能带来的不良影响，这样用户既不会由于后悔和负面效果而中断对网站的访问，也给个人和社会带来了更加"正能量"的影响，因此找到双方利益的平衡是我国互联网健康发展亟待解决的重要问题。

（2）随着科技的发展，为了吸引用户沉浸，除了提高网站设计的针对性、易用性、美观性外，还可以将信息科技融入网站设计中，比如进一步结合 VR（虚拟现实）、AR 和 MR（混合现实）技术，利用科技给予用户感官上的刺激，带来别具一格的生动享受和沉浸体验；此外，还可以利用科技的发展来创造客观的与沉浸量表相结合的测量方法，这样能够更准确地测量个人的沉浸体验，深入探讨从"有沉浸"到"密集的沉浸"等不同程度沉浸的状态，为沉浸理论的发展做出贡献。

（3）将情境因素与沉浸结合起来研究是一个新的方向。比如当沉浸体验应用到工作情境时，可以将其定义为以投入、工作享受和内在工作动机为特征的短期高峰体验，它是研究沉浸带来的系统绩效的另一个重要的方面。在计算机办公环境下，如何令员工沉浸于工作任务而避免分心到非工作任务，对于提高员工工作效率和企业经营业绩是十分有益的。再者，区分不同情境下的沉浸也是很有必要的，体验式沉浸和面向任务的沉浸二者在过程、影响因素和结果方面都有较大不同，比如在无意识的体验式沉浸中，用户的持续使用时长并不会带来进一步的购买和再购买意愿。未来可以在这些方面开展进一步研究。

（4）沉浸是一个动态、主观的体验，这也是人们喜欢重复地做一些偏爱的活动的原因。因此，研究沉浸在动态的时间线上的变化是一个非常有趣的课题，而目前多数研究基本采用的是横向调查的方法，并没有考虑到沉浸在一定时间内的变化。我们应该将沉浸作为动态而不是静态来研究，因为个人的状态本来就处于不断的变化之中，进行这方面的研究有助于用户在短暂脱离沉浸后再次进入沉浸状态，为研究这方面开辟了未来进一步的研究空间。

CHAPTER 7 ○ 第 7 章

结构洞理论及其在社交网络研究领域的应用与展望

1992年美国社会学家罗纳德·S.伯特（Ronald S. Burt）在《结构洞：竞争的社会结构》一书中正式提出了结构洞理论（Structural Holes Theory）。[⊖]结构洞理论具体阐述了结构洞的概念以及结构洞是如何带来竞争优势的。概括来说，如果网络中某个行动者所连接的其他行动者之间不存在直接联系，那么这个行动者就占据了结构洞位置，能够通过中介机会（brokerage benefit）获取社会资本收益，从而带来竞争优势。

结构洞理论创造性地从结构角度对网络进行分析，不仅有助于挖掘关键的行动者和关键位置，更有利于拓展研究与发现的视野。自提出以来，结构洞理论在管理科学、社会科学与经济学等多个领域中得到广泛的应用，尤其在组织管理学中产生了大量的研究成果。为了揭示结构洞理论应用研究的现状，有学者撰写了以下述评：汪丹从个人人际网络、群体内部组织建设、群体间信息交换网络和区域发展网络几个方面总结了国内外结构洞理论的应用成果，并提出在情报分析领域应用结构洞理论进行知识挖掘

⊖ Burt R S. Structural holes: The social structure of competition[M]. Cambridge: Harvard University Press, 1992: 8-81.

的研究设想[1]；梁鲁晋则系统地梳理了结构洞对个人绩效、团队绩效和企业绩效影响的相关文献[2]；孙笑明等专门针对结构洞与企业创新绩效的关系研究进行了深入的分析[3]；王海峰等更加全面地回顾了国内外结构洞研究的相关文献，发现目前的应用研究主要集中在结构洞的前因因素研究、影响前因因素与结构洞关系的情境因素研究、结构洞的产出因素研究、影响结构洞与产出因素关系的情境因素研究五个方面[4]。

随着互联网的快速发展，个体之间能够以社交平台为媒介进行有目的的信息交流，并在此过程中产生关系网络。这种由人与人之间的互动关系而构成的网络结构，称为"社交网络"。目前，结构洞理论在社交网络研究领域，尤其是虚拟社交网络与科研合著网络，已经积累了一定的研究成果，但是前文的述评均未涉及与之相关的研究文献。因此，为了帮助社交网络的研究者洞察结构洞理论的研究进展，推动结构洞理论在社交网络研究中的应用，本章拟对当前研究现状进行分析，梳理研究取得的成果、存在的问题以及值得关注的潜在研究方向。

7.1 结构洞理论的演化

作为社会网络理论的重要分支，结构洞理论在很大程度上继承与发展了其他学者的相关研究成果。在网络关系的研究方面，伯特吸收了 Granovetter 的"弱关系强力量"理论[5]，并将弱连接所涉及的二元关系拓展到三元关系，强调了对关系的控制；还吸收了 Cook 网络交换理论中关于网络交换的机会直接与网络结构有关的假定[6]，提出拥有结构洞的个体可以获得更多的交换机会和更大的权力。在网络拓扑性质的研究方面，伯特在 Freeman 中介中心度算法[7]的基础上，提出了四个度量结构洞的指标（有效规模、效率、等级度和限制度），进一步完善了针对自我中心网络的结构测度研究。在网络结构的形成与演化方面，与 Coleman 的网络闭合（network closure）带来社会资本[8]的观点相悖，伯特认为开放性网络中的结构洞才是社会资本的来源。

结构洞理论提出之后，伯特和其他学者通过理论研究和实证研究对结构洞理论进

---

[1] 汪丹. 结构洞理论在情报分析中的应用与展望[J]. 情报杂志，2009, 28(1): 183-186.
[2] 梁鲁晋. 结构洞理论综述及应用研究探析[J]. 管理学家（学术版），2011, (4): 52-62.
[3] 孙笑明，崔文田，王乐. 结构洞与企业创新绩效的关系研究综述[J]. 科学学与科学技术管理，2014, 35(11): 142-152.
[4] 王海峰，李垣. 结构洞的前沿探析与未来展望[J]. 科技管理研究，2016, 3(11): 214-219.
[5] Granovetter M S. The strength of weak ties[J]. *American Journal of Sociology*, 1973, 78(6): 1360-1380.
[6] Cook K S, Emerson R M, Gillmore M R, et al. The distribution of power in exchange networks: Theory and experimental results[J]. *American Journal of Sociology*, 1983, 89(2): 275-305.
[7] Freeman L C. A set of measures of centrality based on betweenness[J]. *Sociometry*, 1977, 40(1): 35-41.
[8] Coleman J S. Social capital in the creation of human capital[J]. *American Journal of Sociology*, 1988, 94: 95-120.

行了发展与完善，下文按照时间顺序对理论的发展脉络进行梳理。

首先是次级结构洞的概念与作用研究。1992年，伯特最先考虑到初级结构洞提供的利益可能会受到网络边缘结构洞的影响，因此提出次级结构洞的概念，即次级联系人之间关系的缺失。他认为，次级结构洞的存在会导致结构洞深度的增加，更有利于焦点行动者获取信息利益与控制利益。但是，2007年伯特通过实证研究发现，当知识黏性较强时，次级结构洞对焦点行动者没有显著作用。[①]因此，在类似的研究情境下可以仅考虑初级结构洞的影响。

其次是结构洞的权变因素研究。在验证结构洞理论的过程中，虽然大量文献证实了结构洞的理论价值与实践价值，仍有学者的研究得出了不一致的结论。例如，Ahuja在研究化工企业合作网络时发现，如果个体间的信任、资源的共享、机会主义的克服是企业合作取得成功的必要条件，那么闭合网络中的企业比开放网络中结构洞位置的企业具有更强的持续创新能力。[②]这说明在应用结构洞理论进行实证研究时，需要考虑所处的情境因素。

再次是虚拟网络中的结构洞研究。随着信息技术与互联网的快速发展，虚拟社交网络逐渐成为社会科学领域的研究热点。2012年，伯特在研究虚拟网络交友游戏时提出了虚拟结构洞（virtual structural holes）的概念[③]。他指出可以通过虚拟结构洞挖掘网络社交关系的间断。这一概念的提出进一步发展了结构洞理论，使其能够应用于在线网络情境下的相关研究。

最后是动态结构洞的研究开始成为研究热点。伯特曾在2002年指出结构洞不是静止而是动态变化的。[④]2013年，他再次强调从静态网络层面研究结构洞的缺陷，加大对动态网络研究的重视。[⑤]

7.2 结构洞理论及其在社交网络研究中的应用进展

从研究方法来看，大部分学者偏向于应用结构洞理论进行实证研究，解决不同社

---

① Burt R S. Secondhand brokerage: Evidence on the importance of local structure for managers, bankers, and analysts[J]. *Academy of Management Journal*, 2007, 50(1): 119-148.
② Ahuja G. Collaboration networks, structural holes, and innovation: A longitudinal study[J]. *Administrative Science Quarterly*, 2000, 45(3): 425-455.
③ Burt R S. Network-related personality and the agency question: Multirole evidence from a virtual world[J]. *American Journal of Sociology*, 2012, 118(2): 543-591.
④ Burt R S. Bridge decay[J]. *Social Networks*, 2002, 24(4): 333-363.
⑤ Burt R S, Kilduff M, Tasselli S. Social network analysis: Foundations and frontiers on advantage[J]. *Annual Review of Psychology*, 2013, 64(1): 527-547.

会情境下的具体问题，并在此过程中推动理论向前发展。总体来看，与结构洞基础研究内容相关的文献主要探讨结构洞的测度指标和算法。结构洞理论在社交网络研究中的应用则主要集中在两类：第一类研究是探寻社交网络中结构洞的嵌入及其效用。研究者往往利用问卷、数据库或者爬取的二手数据构建整体网络，然后通过回归分析等统计分析方法挖掘结构洞属性（限制度、中介中心性、有效规模、效率、等级度）与结果变量（用户在线参与效果、个体表现绩效）或前因变量（特征属性与行为属性）之间的关系。但需要指出的是，除少数文献综合考虑到了结构洞的前因变量与结果变量，大部分研究仅测度了结构洞对结果变量的影响。第二类研究主要进行信息传播关键主体（社交网络信息传播关键主体、学科领域核心作者、高影响力期刊）的识别。此类文献基本不进行关系推断，而是直接利用社会网络分析软件计算节点的结构洞属性和其他网络属性（如点度中心性、平均路径长度等），从而识别出占据结构洞的核心节点。

基于上文，本书构建了结构洞理论及其在社交网络研究中的应用框架（见图7-1）。

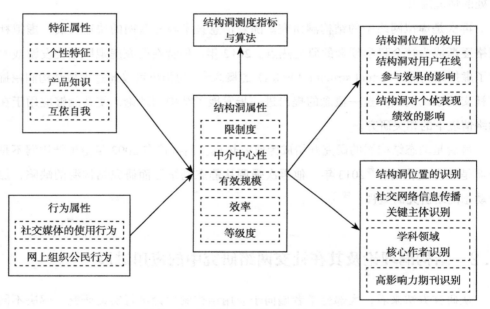

图7-1　结构洞理论及其在社交网络研究中的应用框架

7.2.1　结构洞对用户在线参与效果的影响研究

1. 结构洞对参与者线上社会资本的影响研究

Ganley等最早将结构洞理论应用到新闻评论社区中进行实证研究，探索了用户社交网络的结构洞（以限制度来测量）与用户线上社会资本（以社区等级来测量）之间的关系，结果发现结构洞不利于用户提高虚拟社区的声誉等级。[①]Liu 等通过分析 Facebook 用户的社交网络结构也验证了结构洞（以中介中心度测量）对桥接型社会资本（以量表来测量）的消极影响[②]；与此同时，他们还进一步考虑到了个性特征对结构洞位置的影响，从而构建了一个更为完善的研究框架。

可以看出，上述研究在测度线上社会资本时选取的指标以及相应的数据获取方式存在较大的差异，这可能是由于研究者对线上社会资本这一概念的分析视角不同。基于静态特征视角的研究将社会资本与个人的社会特征（如个人声誉、社会地位等）等同起来，因而采用社区等级来测度社会资本，并通过网络爬虫获取相关数据；而基于动态关系视角的研究认为社会资本表现为人际交往与联系，因而采用量表测度桥接型社会资本，并通过问卷调查法获取相关数据。未来的研究可以将静态特征视角与动态关系视角结合起来，使用更准确、更全面地反映线上社会资本的指标，从而深入洞察结构洞在维持和发展线上社会资本的作用。

2. 结构洞对参与者协作贡献度的影响研究

随着 Web 2.0 理念的兴起和相关技术的发展，基于 Wiki（多人协作的写作系统）的开放式协作内容生产方式和开放式协作社区在新一代网络中日益盛行。用户持续的内容贡献是社区可持续发展的必要条件，因而部分学者开始重视参与者在社群协作中的贡献度问题，并且基于结构洞理论展开了相关研究。

Li 等基于在线开源社区 GitHub 研究协作网络中的结构洞（以效率和等级度测量）对参与者贡献度的影响；研究表明，占据结构洞的软件项目负责人验收代码所需的时间更短，因而产出的效益更多，对软件开发做出的贡献更大[③]。同样，Okoli 等把用户在维基百科社区的管理权限作为其贡献能力的代理变量，验证了结构洞对于提升管理权限的积极影响；但是，不同的结构洞测度指标与贡献度之间的关系存在差异，有效规模显著正向影响用户的贡献度，而等级度和限制度则无显著影响[④]。这说明在使用结构洞理论进行实证研究时，要根据样本量和研究目的选取恰当的测度指标。此外，还有

[①] Ganley D, Lampe C. The ties that bind: Social network principles in online communities[J]. *Decision Support Systems*, 2009, 47(3): 266-274.

[②] Liu Y, Venkatanathan J, Goncalves J, et al. Modeling what friendship patterns on facebook reveal about personality and social capital[J]. *ACM Transactions on Computer-Human Interaction (TOCHI)*, 2014, 21(3): 17.

[③] Li L, Goethals F, Baesens B, et al. Predicting software revision outcomes on GitHub using structural holes theory[J]. *Computer Networks*, 2017, 114: 114-124.

[④] Okoli C, Oh W. Investigating recognition-based performance in an open content community: A social capital perspective[J]. *Information & Management*, 2007, 44(3): 240-252.

学者从团队层面分析了开源软件开发团队的集体贡献度。例如，Temizkan等系统搜集了SourceForge平台上的软件开发数据，使用网络限制度反映团队各成员外部联系人之间的凝聚力（外部凝聚力），使用团队产出的代码文档数量反映团队的集体贡献度，然后利用回归分析侧面证实了结构洞对于提高团队集体贡献度、推动开发项目成功的积极作用。[一]

除了上述有关社区内的局部结构洞的作用效果研究，Zhang等通过分析来自天涯、猫扑、色影无忌三个论坛关于华南虎事件调查与讨论的数据，进一步比较了跨社区的全局结构洞与局部结构洞分别对参与者协作贡献度的影响，结果表明平台内部中介者的平均贡献值显著大于跨平台的中介者。[二]这一发现与结构洞理论的基本观点相悖，意味着虚拟社区的合作机制与线下的合作机制存在差异。

由前述可知，局部结构洞显著正向影响参与者的协作贡献度，但是全局结构洞对参与者协作贡献度的作用效果尚不明晰。同时，由于结构洞理论认为全局结构洞比局部结构洞的作用效果更强，而上述相关研究结果并没有验证结构洞理论的假设，因此未来的研究有必要对此进行深入探索。此外，目前的研究局限于参与者的众包协作贡献，缺少其他形式的贡献度研究（例如，与用户在线评论的贡献度有关的研究）。如果对行动者集合和协作事件集合所构成的隶属网络进行深入剖析，一方面可以从共同参与事件的视角来观察参与者之间的关系，探究参与者之间的结构洞对个体贡献度的影响；另一方面可以从共享参与者的视角来观察协作事件之间的关系，挖掘事件之间的结构洞对群体贡献度的影响。这种双重视角的分析在一定程度上能够更全面地把握参与者在社群协作中的贡献机制，但现有研究基本囿于1-模网络[三]，鲜有研究通过隶属网络探索结构洞与参与者贡献度的关系。

3. 结构洞对参与者品牌忠诚度的影响研究

周志民等以在线品牌社群作为研究对象，结合提名生成法和问卷调查法获取数据，并通过结构方程模型检验了结构洞对参与者品牌忠诚度的影响。实证研究表明，在线品牌社群的组织公民行为是成员嵌入结构洞位置的一个前因；与此同时，结构洞可以

[一] Temizkan O, Kumar R L. Exploitation and exploration networks in open source software development: An artifact-level analysis[J]. *Journal of Management Information Systems*, 2015, 32(1): 116-150.

[二] Zhang Q, Zeng D D, Wang F Y, et al. Brokers or bridges? Exploring structural holes in a crowdsourcing system[J]. *Computer*, 2016, 49(6): 56-64.

[三] 在社会网络研究中，模（mode）指行动者的集合。按照行动者的集合类型，可将网络分为1-模网络和2-模网络。由一个行动者集合内部各个行动者之间的关系构成的网络叫作"1-模网络"。由一类行动者集合与另一类行动者集合之间的关系构成的网络为"2-模网络"。资料来源：刘军. 整体网分析：UCINET软件实用指南[M]. 2版. 上海：格致出版社，2014:5.

为成员带来社会强化利益，从而正向影响品牌忠诚与品牌推荐行为[1]。后续的研究还发现，成员的个人特征（产品知识、互依自我）也会显著影响其占据结构洞，而结构洞位置通过品牌社群承诺的完全中介作用影响用户的品牌承诺。[2]

从上述分析可以看出，少数学者进一步考虑到影响结构洞嵌入的前因变量（个体特征、组织公民行为等），从而更深入地揭示了结构洞的嵌入与作用机制。但是，这些研究只考虑了某几个结构洞的前因变量，未来研究可以纳入其他潜在的前因变量与调节变量（如虚拟社区的类型），以期得到更加科学的概念模型，形成系统的研究框架。值得指出的是，这些研究背景局限于在线品牌社区。

7.2.2 结构洞对个体表现绩效的影响研究

1. 结构洞对组织内员工工作绩效的影响研究

该主题的研究主要探讨员工对社交媒体的使用行为如何影响结构洞的嵌入以及结构洞如何影响组织内员工的工作绩效。Gray 等发现，社会化书签系统的使用会改变员工在网络结构中的位置、提高位于结构洞（使用有效规模进行测量）的员工的创新能力。[3]Wu 也指出，员工利用社交媒体工具策略性地占据结构洞（使用限制度进行测量）可以获得信息多样性、与社会沟通两方面的收益[4]，从而提高工作绩效和工作稳定性[5]。Suh 等进一步考虑到了分散式团队成员在地理与时空上的分散程度对结构洞嵌入与作用的调节效应。该研究表明：当团队成员之间的分散程度越高，使用社交媒体之后，人际网络的限制度越低，组间结构洞对于提高成员任务绩效的积极作用越弱。[6]

综合上述研究，员工对社交媒体的使用行为通过结构洞的中介作用显著影响其工作绩效。但是，当前的研究框架较为简单，没有考虑到社交媒体的类型（如企业博客、

---

[1] 周志民，李楚斌，张江乐，等. 网上组织公民行为、结构洞嵌入与消费者品牌行为研究：以在线品牌社群为背景 [J]. 营销科学学报，2014, 10(2): 1-14.

[2] 周志民，邓乔茜，饶志俊. 在线品牌社群产品知识与结构洞：互依自我的调节 [J]. 管理科学，2015, (4): 86-96.

[3] Gray P H, Parise S, Iyer B. Innovation impacts of using social bookmarking systems[J]. *MIS Quarterly*, 2011, 35 (3): 629-643.

[4] Wu L. Social network effects on performance and layoffs: Evidence from the adoption of a social networking tool[C]// ICIS 2011 Proceedings. https://aisel.aisnet.org/icis2011/proceedings/economicvalueIS/15/.

[5] Wu L Social network effects on productivity and job security: Evidence from the adoption of a social networking tool[J]. *Social Science Electronic Publishing*, 2013, 24(1): 30-51.

[6] Suh A, Bock G W. The impact of enterprise social media on task performance in dispersed teams[C]// Proceedings of the Annual Hawaii International Conference on System Sciences. Washington, DC: IEEE Computer Society, 2015: 1909-1918.

论坛聚合等)、员工的个体特征、任务特征等调节因素的影响。同时，研究使用的都是横截面数据，是基于单时点的研究，缺少时间维度的动态分析。

2. 结构洞对学者科研绩效的影响研究

众多研究者首先从不同的数据源搜集了某一学科领域内学者之间的论文合著信息，构建学者合著网络(网络中的节点代表作者，联系代表存在合著关系)，然后利用网络限制度、效率等指标测量结构洞，利用发表的论文数量[1]、论文被引频次[2]、g指数[3]、个体的创新性[4]等指标反映学者的科研绩效，最后通过回归分析探究结构洞与科研绩效的关系。大部分研究证实了结构洞的优势作用，然而也有少量研究质疑了结构洞的价值。例如，Guan等基于论文层面的研究表明，风能领域合著网络中学者的结构洞对提高论文被引频次没有显著影响[5]；然而，Gonzalez-Brambila等的实证研究表明结构洞有益于提高精密科学领域学者的论文被引频次，但对学者发表论文的数量的增加并没有显著影响[6]；Guan等则发现结构洞对纳米科学领域学者发表的论文数量与论文被引频次都没有显著影响[7]。前述文献对结构洞与学者科研绩效的关系研究所得到的结论不一致，可能与研究的学科领域、数据源、数据筛选的时间范围、科研绩效的测度指标、回归模型的选择等有一定的关系。

还有研究者基于结构洞理论对不同学科领域学者的科研绩效进行了对比研究，从而进一步阐明了结构洞发挥效用的条件。Gonzalez-Brambila使用1与"限制度"的差来衡量结构洞的丰富程度，探究了六个科学领域(精密科学、生物与化学、健康科学、人文社会科学、农业科学、工程学)学者的结构社会资本(结构洞)与科研绩效的关系，发现结构洞在不同的知识领域产生了相反的作用：结构洞不利于精密科学、人文

---

[1] Bordons M, Aparicio J, González-Albo B, et al. The relationship between the research performance of scientists and their position in co-authorship networks in three fields[J]. Journal of Informetrics, 2015, 9(1): 135-144.

[2] OH W, Choi J N, Kim K. Coauthorship dynamics and knowledge capital: The patterns of cross-disciplinary collaboration in information systems research[J]. Journal of Management Information Systems, 2005, 22(3): 266-292.

[3] Abbasi A, Chung K S K, Hossain L. Egocentric analysis of co-authorship network structure, position and performance[J]. Information Processing & Management, 2012, 48(4): 671-679.

[4] Heinze T, Bauer G. Characterizing creative scientists in nano-S&T: Productivity, multidisciplinarity, and network brokerage in a longitudinal perspective[J]. Scientometrics, 2007, 70(3): 811-830.

[5] Guan J, Yan Y, Zhang J J. The impact of collaboration and knowledge networks on citations[J]. Journal of Informetrics, 2017, 11(2): 407-422.

[6] Gonzalez-Brambila C N, Veloso F M, Krackhardt D. The impact of network embeddedness on research output[J]. Research Policy, 2013, 42(9): 1555-1567.

[7] Guan J, Wei H. A bilateral comparison of research performance at an institutional level[J]. Scientometrics, 2015, 104(1): 147-173.

社会科学、农业科学领域学者的科研产出，却对健康科学、生物与化学、工程学学者的科研产出有显著的积极影响。[一]Bordons 等也发现合著网络中结构洞发挥价值的条件依赖于学者所属学科的特性；在实验科学领域（纳米科学、药物科学）的作者合著网络中，结构洞对科研产出的正向影响比基础科学（统计学）更加显著[二]，这可能是因为当进行科学研究时，纳米科学与药物科学等以实验为基础、以实验室为平台的实验科学比统计学等基础科学更需要展开大规模的科研合作，所以实验科学领域中处于结构洞位置的学者容易获得来自更多研究者的新颖、异质的信息，能更充分地发挥结构洞的优势。

从上述分析可以看出，学科属性的差异影响了结构洞作用的发挥，但是未发现有研究给出详细的、令人信服的解释，因此这是值得进一步研究的有趣领域。此外，现有研究还存在以下问题：首先，研究者简单地用期刊论文的合著情况指代科研合作，没有考虑到其他合作类型（会议文献、社论等）、合作形式（导师制等）、合作分工（提出研究思路、数据分析、论文撰写与修改等）对研究结果的潜在影响；其次，合著网络的范围基本框定在某一学科领域内，涉及结构洞对跨学科、跨机构的学者科研绩效影响的研究较少。

除了上述有关个体层面的表现绩效研究之外，部分国内学者还从组织层面探讨了结构洞对数字图书馆资源建设[三]与服务绩效[四]的影响，但是这些研究仅限于理论分析与案例描述，缺少实证检验。

7.2.3 基于结构洞的信息传播关键主体识别研究

根据结构洞理论，结构洞占据者通过在关系间断的个体之间进行"搭桥"，成为控制信息传播和扩散的关键主体。为此，许多学者在不同的研究情境下基于结构洞识别出了知识交流与信息传播的关键主体。

1. 基于结构洞的社交网络信息传播关键主体识别研究

目前学者们主要对社交网络两类信息传播的关键主体识别进行了研究，①对知识

[一] Gonzalez-Brambila C N. Social capital in academia[J]. *Scientometrics*, 2014, 101(3): 1609-1625.

[二] Bordons M, Aparicio J, González-Albo B, et al. The relationship between the research performance of scientists and their position in co-authorship networks in three fields[J]. *Journal of Informetrics*, 2015, 9(1): 135-144.

[三] 刘磊，郭诗云，林小娟．基于社会网络理论的用户参与的图书馆数字资源建设研究述评 [J]. 高校图书馆工作，2014, 34(1): 36-41.

[四] 袁莉．浅析社会网络理论对数字图书馆服务的影响 [J]. 情报杂志，2009, 28(2): 213-214.

交流起到桥梁作用的中介者；②能够对他人施加个人影响、具有社区威望的意见领袖。

（1）推动知识交流的中介者识别研究

张赟使用结构洞测度指标考察了四类科研团队（培训、完全导师制、虚拟网络式和学习型社区）的隐性知识共享效果，识别出推动隐性知识共享的"桥"成员。[一]薛娟等则以戴尔公司 Ideastorm 众包社区作为研究对象，通过分析结构洞型三元组识别出了对知识传播起到关键作用的主体。[二]同样，王文秀等采集"经管之家"社区中"学术与投稿类"专栏的用户评论和回复数据，构建用户之间的知识交流网络，从而基于中介中心度指标识别出保证知识交流与共享的核心用户。[三]

（2）主导信息传播的意见领袖识别研究

陈远和刘欣宇提出一种根据中心度位置和结构洞位置识别网络社区中意见领袖的方法，并通过"科学网"图书馆博客社区验证了该方法的有效性。[四]彭黎则结合密度、中心性、结构洞、核心—边缘结构等多个指标识别出"长沙通"网站购物板块的意见领袖。[五]还有学者考察了"12·31上海外滩踩踏事件"的舆情传播过程，通过密度、距离、中心性、结构洞分析等测量指标挖掘出引导信息扩散的微博意见领袖。[六]

综上所述，结构洞位置的用户通常是社交网络信息传播的关键主体。但是，尚未有研究考虑到中介者的角色对结构洞形态以及信息传播方向的影响。此外，研究层次只停留在静态网络层面。

2. 基于结构洞的学科领域核心作者识别研究

袁思本等以图书情报学科 33 位高 h 指数的学者作为研究对象，抽取 2002～2013 年学者发表在核心期刊的合著文献，构建合著网络；通过计算桥接节点的结构洞值，识别出推动各簇群（每一位高 h 指数学者及与其关联的网络形成一个簇群）之间知识交流与传播的核心作者。[七]同样地，李文娟等也发现限制度较低的著者都是图书情报学领

[一] 张赟. 基于结构洞的科研团队隐性知识共享效果测度研究 [J]. 图书情报工作，2012, 56(6): 111-116.

[二] 薛娟，丁长青，卢杨. 复杂网络视角的网络众包社区知识传播研究——基于 Dell 公司 Ideastorm 众包社区的实证研究 [J]. 情报科学，2016, 34(8): 25-28.

[三] 王文秀，陈果，岑咏华. 面向网络社区知识交流与共享的用户关系图谱构建与可视化研究 [J]. 情报科学，2017, 35(11): 55-60.

[四] 陈远，刘欣宇. 基于社会网络分析的意见领袖识别研究 [J]. 情报科学，2015, 33(4): 13-19.

[五] 彭黎. 在线消费群体中意见领袖的识别及其特征分析 [D]. 长沙：中南大学，2013: 17-63.

[六] 林祎韵. 突发公共事件中微博意见领袖的社会网络分析——以"12·31上海外滩踩踏事件"为例 [D]. 广州：暨南大学，2015: 19-69.

[七] 袁思本，朱云霞. 高 h 指数学者在科学共同体中的作用研究——以我国图书情报学为例 [J]. 图书情报工作，2015, (23): 72-79.

域内的学术权威。Khan 等则具体考察了信息技术管理（ITM）领域的作者合著网络，识别出少数具有低网络限制度的核心作者。还有学者从有效规模、效率、限制度、等级度四个角度对国内信息素养领域 10 年间的作者合著网络进行结构洞分析，识别出在信息素养领域最具权威性的学者。除了合著网络，部分学者通过分析共被引网络中各节点的结构洞数值识别出知识服务领域学术交流范围较广的核心作者。

综上，应用结构洞理论进行核心作者识别的研究较为丰富，但基本局限于信息管理与图书情报学，鲜有研究涉及跨学科领域的核心作者识别。

3. 基于结构洞的高影响力期刊识别研究

Peng 等抽取了涉及互联网研究的八个社会科学领域的 1210 种期刊，并针对论文之间的引用关系构建期刊互引网络，进而根据节点的结构洞属性（中介中心性、限制度）识别出互联网研究领域最具影响力的期刊。宋歌等则对法学期刊的学术子群进行研究，发现跨越结构洞的子群网络限制度最小，是最具权威性和参考价值的法学期刊。

由前述可知，目前学者们仅基于结构洞理论对社会科学领域的高影响力期刊进行识别研究，鲜有涉及识别自然科学领域高影响力期刊的文献。此外，现有的研究直接依据论文的参考文献构建期刊互引网络，并没有考虑到引文关系所包含的内容信息。

7.2.4 结构洞测度指标与算法研究

1. 结构洞测度指标研究

目前结构洞有两大类经典的度量指标：一类是伯特提出的结构洞指数，涉及四个指标：有效规模、效率、限制度和等级度；另一类是 Freeman 提出的中介中心度指标。此外，许多研究者通过对网络结构与结构洞性质进行分析，相继提出其他的结构洞测度方法。

---

① 李文娟，牛春华. 社会网络分析在合著网络中的实证研究——以《中国图书馆学报》为例 [J]. 现代情报，2012, 32(10): 153-158.

② Khan G F, Wood J. Knowledge networks of the information technology management domain: A social network analysis approach[J]. *Communications of the Association for Information Systems*, 2016, 39(1): 367-397.

③ 陈汝模. 基于社会网络分析方法的国内信息素养领域作者合著网络分析 [J]. 图书馆研究与工作，2017, (9): 51-56.

④ 王忠义，陈伶丽，黄京. 我国知识服务领域的核心作者共被引分析 [J]. 情报科学，2017, 35(12): 66-72.

⑤ Peng T Q, Wang Z Z. Network closure, brokerage, and structural influence of journals: A longitudinal study of journal citation network in Internet research(2000–2010)[J]. *Scientometrics*, 2013, 97(3): 675-693.

⑥ 宋歌，刘利. 学术期刊分群研究——以法学期刊为例 [J]. 现代情报，2013, 33(1): 91-97.

（1）经典结构洞测度指标的改进研究

苏晓萍等认为伯特在计算网络限制度时仅考虑了最近的邻居节点，而忽略了次临近的多层邻居节点，因此提出一种基于节点及其邻域结构洞（N-Burt）的关键节点识别方法[1]；还有学者考虑到节点的邻居数目及其二步邻居的拓扑关系，提出了针对有效规模的改进的结构洞测度指标 E-Burt[2]。然而，Yu 等直接通过计算最近的邻居节点的相对重要性对限制度进行改进，提出了改进的结构洞（ISH）测度指标以识别复杂网络中的重要节点，并在 ARPA 网络上验证了指标比中介中心度、节点度和接近中心性更优。[3]

上述算法仅使用了网络的局部信息，没有考虑到网络的整体结构。据此，王运明等以指挥控制网络作为研究对象，将层级流介数引入结构洞限制度的计算中，降低了计算的复杂度，提高了节点识别的精度。[4]

（2）结构洞测度指标的创新研究

Newman 等提出局部聚集系数，认为局部聚集系数越小，节点跨越结构洞的可能性越大[5]；邓世果等提出一种基于基尼系数的结构洞测量方法，并讨论了贡献度和结构洞程度之间的关系[6]；Rezvani 等在考虑网络拓扑结构的基础上，提出一种基于平均距离的方法挖掘结构洞，将删除某顶点时网络的平均距离增加最大的节点作为 top-k 结构洞节点[7]。

综上所述，目前有关改进结构洞测度指标的研究比较多，创新测度指标的研究成果相对较少。此外，大部分研究都只针对单一指标进行改进，鲜有文献基于多个经典指标进行改进研究。同时，现有的研究在计算结构洞节点时只考虑了网络的拓扑结构，没有考虑网络内容信息。

---

[1] 苏晓萍，宋玉蓉. 利用邻域"结构洞"寻找社会网络中最具影响力节点 [J]. 物理学报，2015, 64(2): 1-11.

[2] 随云仙，刘勇. 基于二步邻居拓扑的 E-Burt 结构洞检测算法 [J]. 山东大学学报（理学版），2017, 52(9): 59-68.

[3] Yu H, Cao X, Liu Z, et al. Identifying key nodes based on improved structural holes in complex networks [J]. *Physica A: Statistical Mechanics & its Applications*, 2017, 486: 318-327.

[4] 王运明，王青野，潘成胜，等. 面向结构洞的指挥控制网络关键节点识别方法 [J]. 火力与指挥控制，2017, (3): 59-63.

[5] Newman M E J, Watts D J, Strogatz S H. Random graph models of social networks[J]. *Proceedings of the National Academy of Sciences of the United States of America*, 2002, 99 (3): 2566-2572.

[6] 邓世果，吴干华，杨会杰. 基于基尼系数的网络结构洞测量 [J]. 上海理工大学学报，2011, 33(5): 452-456.

[7] Rezvani M, Liang W, Xu W, et al. Identifying top-k, structural hole spanners in large-scale social networks[C]// Proceedings of the 24th ACM International Conference on Information and Knowledge Management. New York, NY: Association for Computing Machinery, 2015: 263-272.

2. 结构洞识别算法研究

随着在线社交网络的发展，如何在具有社团结构的大规模复杂网络中准确识别占据结构洞的节点成为许多学者关注的问题。Zhang 等最先在结构洞理论的基础上提出广义结构洞的概念，并通过在社交网络中建立拉普拉斯矩阵，提出了一种有效的启发式广义结构洞识别算法[1]；Lou 等则在假设社区结构已知的情况下，分别基于意见领袖与最小割（min-cut）提出了挖掘 top-k 结构洞的 HIS 算法和 MaxD 算法[2]；赵姝等进一步通过对 PageRank 算法和约束度算法进行加权改进，提出了 W_HIS[3]和 W_CIHIS[4]算法，从而使 HIS 算法更适用于加权网络。

但是，上述算法都没有考虑到社区的结构特性。据此，许多研究者分别针对重叠社区与分层社区的结构洞挖掘问题展开了研究。

（1）面向重叠社区的结构洞识别算法研究

李泓波等提出基于拓扑势理论的重叠社区识别和社区间结构洞识别算法，但这种方法直接将重叠节点视为结构洞，没有定量地分析结构洞的重要性[5]；刘世超等则考察了结构洞的重要性对社区间的信息传播的影响，提出重叠社区间的结构洞识别算法 SHCDA[6]；还有学者发现社区内部意见领袖的删除也会导致最小割减小的最大化，HIS 算法和 MaxD 算法并不适合多社区网络的结构洞挖掘，因此提出了一种基于重叠社区和结构洞度（SHD）的结构洞识别算法[7]。

---

[1] Zhang E, Wang G, Gao K, et al. Generalized structural holes finding algorithm by bisection in social communities[C]// Proceedings of the 2012 Sixth International Conference on Genetic and Evolutionary Computing. Washington, DC: IEEE Computer Society, 2013: 276-279.
E. Zhang, G. Wang, K. Gao, X. Zhao and Y. Zhang, "Generalized Structural Holes Finding Algorithm by Bisection in Social Communities," 2012 Sixth International Conference on Genetic and Evolutionary Computing, Kitakushu, 2012, pp. 276-279, doi: 10.1109/ICGEC.2012.98.

[2] Lou T, Tang J. Mining structural hole spanners through information diffusion in social networks[C]// Proceedings of the 22nd international conference on World Wide Web. New York, NY: Association for Computing Machinery, 2013: 825-836.

[3] 赵姝, 刘倩倩, 陈洁, 等. 加权网络的结构洞挖掘算法 [J]. 计算机工程与应用, 2016, 52(9): 135-139.

[4] 赵姝, 刘倩倩, 刘峰, 等. 基于加权合著网络的结构洞特征分析 [J]. 计算机工程与应用, 2016, 52(2): 40-44.

[5] 李泓波, 张健沛, 杨静, 等. 基于拓扑势的重叠社区及社区间结构洞识别——兼论结构洞理论视角下网络的脆弱性 [J]. 电子学报, 2014, 42(1): 62-69.

[6] 刘世超, 朱福喜, 冯曦. 复杂网络的重叠社区及社区间的结构洞识别 [J]. 电子学报, 2016, 44(11): 2600-2606.

[7] 冯健, 丁媛媛. 基于重叠社区和结构洞度的社会网络结构洞识别算法 [J]. 计算机工程与科学, 2016, 38(5): 898-904.

(2)面向分层社区的结构洞识别算法研究

上述算法只考虑单一粒度的结构洞,忽略了不同层次的社区结构中的结构洞,因而不能动态地分析网络中结构洞的变化过程。赵姝等认为不同粒度的社区结构会影响结构洞占据者跨越结构洞的程度,进而提出一种分层网络的结构洞发现方法 MG_MaxD。㊀崔平平进一步考虑到了网络权重对网络性质的影响,针对无权网络与加权网络分别提出多粒度分层递阶结构洞的挖掘算法。㊁

此外,考虑到目前许多结构洞算法在处理大规模数据量时运行效率不高的问题,有学者利用并行化思想设计并实现了基于 MapReduce 的结构洞节点发现算法。㊂

需要指出的是,识别社区结构是上述面向社区的结构洞挖掘算法的基础。因此,如何在社区结构未知的情况下找到结构洞的占据者还有待进一步研究;目前研究提出的算法只适用于静态网络,未来的研究需要对动态网络的结构洞识别算法进行深入的探讨。

7.3 结论与展望

通过文献综述发现,目前关于结构洞测度指标与算法的研究成果丰硕,且国内外在社交网络研究领域已经涌现出一些基于结构洞理论的应用研究成果,这些成果主要集中在结构洞对用户在线参与效果的影响研究、结构洞对个体表现绩效的影响研究以及基于结构洞的信息传播关键主体识别研究。

然而,现有的研究还存在以下问题:①研究对象基本是静态网络,鲜有研究涉及结构洞的动态演化。②研究文献数量偏少、深度不够、角度过于单一,整体研究体系还不够完善。③在探讨结构洞位置的嵌入及其效用的研究中,分析结构洞产出因素的文献多,分析结构洞前因变量和调节变量的研究较少。其中,在涉及结构洞对线上社会资本影响的研究中,对其的分析视角与操作化存在分歧与差异;在涉及结构洞对参与者贡献度影响的研究中,大部分研究者直接对 1-模网络进行分析,鲜有研究通过隶属网络探索结构洞与贡献度的关系;在涉及学者科研绩效的研究中,从跨学科、跨机构、跨国家的层面进行研究的文献较少。同时,对于结构洞与学者科研绩效的关系,研究结果还存在分歧,需要进一步探讨与验证。④在探讨信息传播关键主体(结构洞位

㊀ 赵姝,赵晖,陈洁,等.基于社区结构的多粒度结构洞占据者发现及分析[J].智能系统学报,2016,11(3):343-351.

㊁ 崔平平.基于分层递阶的网络结构洞占据者挖掘研究[D].合肥:安徽大学,2016:24-54.

㊂ 王珍,韩忠明,李晋.大规模数据下的社交网络结构洞节点发现算法研究[J].计算机科学,2017,44(4):188-192.

置）的识别的研究中，尚未有研究考虑到中介者的角色对结构洞形态以及信息传播方向的影响。⑤在探讨结构洞测度指标与算法的研究中，大部分学者只关注到了网络的拓扑结构，忽视了网络的内容信息；同时，目前的结构洞挖掘算法都建立在社区发现算法的基础上，尚未有研究探讨如何在社区结构未知的情况下识别结构洞占据者。

为了弥补现有研究的不足，完善研究框架，实现新的突破，今后的结构洞研究可以从以下三个角度展开。

（1）在涉及结构洞对用户在线参与效果与个体表现绩效的影响的研究中，可以继续深入探究影响结构洞形成的前因变量与结构洞发挥效用的调节变量；根据样本量与具体的研究情境，针对性地选取合适的结构洞测度指标；引入时间维度，利用面板数据分析影响结构洞产生、演变与消失的因素；对现有研究中尚未达成一致的问题继续深入分析，以期得到具有说服力的结果；通过隶属网络探索结构洞与参与者协作贡献度之间的关系，以期从整体上把握结构洞的作用机制；探究结构洞对用户其他形式贡献度的影响，如用户在线评论内容的产出贡献等。此外，在微观层面增加结构洞对跨学科领域学者科研绩效的影响研究，中观和宏观层面增加跨机构、跨文化的结构洞作用效果研究，以期为各级各类科研立项与基金拨款提供参考。

（2）在涉及结构洞与信息传播关键主体的识别研究中，除了根据结构洞属性挖掘出关键主体，还可以针对具体的研究情境对关键主体（占据结构洞的中介者）进行角色划分，从而识别出相对更重要的关键节点。一般而言，中介者的角色主要包括五类：协调人、守门人、代理人、联络人、顾问。⊖

（3）在涉及结构洞测度指标与算法的研究中，未来可以结合网络的拓扑信息和内容信息共同挖掘结构洞，还可以进一步研究如何在社区结构未知的情况下找到结构洞的占据者。

值得指出的是，基于结构洞视角的研究普遍适用于各种虚拟网络结构，所以除了现有的研究主题外，还有其他研究问题值得探索。例如，目前有关在线信息质量的文献大多从信息内容特征的角度进行研究，很少考虑到信息的结构特征，特别是结构洞位置对于信息质量的影响。因此，未来的研究可以通过构建信息关联网络，挖掘结构洞对大众生产社区⊖中信息质量的影响。

⊖ Bidwell M, Fernandez-Mateo I. Relationship duration and returns to brokerage in the staffing sector[J]. *Organization Science*, 2010, 21(6): 1141-1158.

⊖ 大众生产是大批知识生产者通过自愿的形式相互合作，以互联网平台对知识产品进行规模生产的一种方式。通过互联网尤其是以 Web2.0 为平台，大众生产的合作贡献者之间形成了一个虚拟的在线社区，合作贡献者在这个虚拟社区里自由地选择他们真正精通或感兴趣的知识领域合作。由于不受雇佣关系的限制，这种基于兴趣的合作往往是高效率的，能够生产出极高品质的知识产品，如维基百科、百度百科等。（姚灿中，杨建梅）

第 8 章。 CHAPTER 8

资源依赖理论
及其在信息系统研究领域的应用与展望

1978 年杰弗里和萨兰基克在《组织的外部控制：对组织资源依赖的分析》一书中正式提出资源依赖理论（Resource Dependence Theory，RDT）。[一]RDT 阐述了组织与外部环境的重要关系，其核心思想是：如果组织要维持生存，就需要设法从外部环境中获取其发展所必需的资源。

自提出以来，RDT 被广泛应用于经济管理、公共管理、信息资源管理、信息系统等多个领域。为帮助学界把握 RDT 研究与应用现状，Hillman 等评述了 RDT 概念发展、实证研究和应用三个方面的研究[二]；马迎贤则从理论萌芽、形成和发展、多种组织理论的联合、理论贡献和争议问题等方面回顾了 RDT 的研究进展[三]；而郑佳媛评述了 RDT

[一] Pfeffer J, Salancik G. The external control of organizations: A resource dependence perspective[M]. New York, NJ: Harper and Row, 1978: 123-133.

[二] Hillman A J, Withers M C, Collins B J. Resource dependence theory: A review[J]. *Journal of Management*, 2009, 35(6): 1404-1427.

[三] 马迎贤. 资源依赖理论的发展和贡献评析 [J]. 甘肃社会科学，2005, (1): 116-119.

的产生与发展以及杰弗里和萨兰基克的 RDT 理论精华[一]。此外，还有部分文献回顾了 RDT 在特定领域的应用，Drees 等总结和扩展了 RDT 在联盟、合资企业、内包、采购等问题中的应用[二]；严勇等评述了应用 RDT 研究企业核心竞争力的文献[三]；赵颖等评述了应用 RDT 研究海外连锁董事的文献[四]；潘玉巧等综述了应用 RDT 研究组织依赖关系的文献[五]。

在信息系统中，以互联网为核心的信息通信技术，为组织间资源共享提供了有效的工具和更多的合作机会，弱化了组织对既有合作伙伴或资源的依赖。因此，RDT 在信息系统领域的应用研究受到了学界的广泛关注，涌现出一些有价值的研究成果。然而，在文献调研中，未见评述 RDT 在信息系统领域应用的文献。为了帮助学界把握 RDT 在信息系统领域应用的研究进展，本章拟在简要介绍 RDT 的起源及演化后，重点分析 RDT 在信息系统研究领域的应用现状，并指出现有研究存在的问题和未来研究值得关注的领域。

8.1 RDT 的起源及演化

8.1.1 RDT 的起源

RDT 最早可以追溯到 20 世纪 40 年代，塞尔兹尼克研究了田纳西河流域及其居民生活，发现田纳西河流域管理局尽管从南方农村引进了先进的技术，能否消化和吸收这些技术并促进发展却主要取决于当地的精英人群。这一研究虽然没有明确提出 RDT，但其隐含了 RDT 的启蒙思想。[六]1958 年，汤普森等探究了组织间关系，将其分为联盟、商议和共同抉择三种类型。[七]1967 年，汤普森等根据爱默森权力关系理论中一方的权力来源于另一方的依赖[八]和布劳的社会交换理论中关于社会成员应该通过相互交换

- 郑佳媛. 资源依赖理论综述——以杰弗里和萨兰基克理论为视角 [J]. 青年与社会, 2015, (6): 283-284.
- Drees J, Heugens P P. Synthesizing and extending resource dependence theory: A meta-analysis[J]. *Journal of Management*, 2013, 39(6): 1666-1698.
- 严勇, 庄建. 国外核心竞争力理论综述 [J]. 社会科学, 2000, (4): 77-78.
- 赵颖, 刘鑫然. 海外连锁董事研究评述与展望 [C]// 天津市社会科学界联合会. 科学发展·协同创新·共筑梦想——天津市社会科学界第十届学术年会优秀论文集（中）. 天津：天津市社会科学界联合会, 2014: 299-305.
- 潘玉巧, 朱东恺. 现代企业组织内部关系研究综述 [J]. 河海大学学报（哲学社会科学版）, 2007, 9(1): 35-38.
- Selznick P. The TVA and the grass roots[J]. *Journal of Deaf Studies & Deaf Education*, 1949, 19(2): 282.
- Thompson J D, Mcewen W J. Organizational Goals and Environment: Goal-Setting as an Interaction Process[J]. *American Sociological Review*, 1958, 23(1): 23-31.
- Emerson R M. Power-dependence relations[J]. *American Sociological Review*, 1962, 27(1): 31-41.

获得双赢或多赢的观点[1]，提出了综合性的组织权力依赖模式[2]。1978 年，杰弗里与萨兰基克在塞尔兹尼克和汤普森等所持观点的基础上，首次提出了资源依赖理论，并在霍利的生态系统变迁和进化的模型[3]基础上提出了组织间存在竞争性依赖和共生性依赖两种依赖关系。此外，杰弗里与萨兰基克还在霍利的研究基础上，提出了"组织最重要的是生存""组织通常不具备维持生存的必要资源""组织为获得资源必须与它所依赖环境中的其他组织进行交流互动""组织的生存建立在一个控制它与其他组织交往能力的基础上"四个 RDT 基本假设，还指出资源的重要程度、资源的使用程度、资源的可替代性这三个因素共同决定了一个组织对其他组织的依赖程度，也指出企业合并、合资企业、董事会、政治行动、经营管理权的继承是五个可以处理组织互依性的策略。[4]

8.1.2 RDT 的演化

任何一个组织都具有社会性，需要从外部环境不断获得资源以维持生存，而且它也应不断做出调整，以适应其所依赖环境的变化。RDT 是有关组织和环境之间关系的理论，所以它为组织和环境间相关问题的研究提供了有力的武器。正是 RDT 具有重要的应用价值，自其正式提出之后，不断有学者试图完善 RDT 的相关理论，伯特进一步提出了"结构自主性"模式[5]。

从萌芽时期发展至今近 70 年的历史，RDT 的应用也越来越广泛，小到买卖双方的组织关系，大到多个组织间的网络关系。总体来说，按照时间顺序来看，RDT 的应用领域大致可以划分为以下三个阶段。

第一阶段：RDT 主要应用于商务活动的研究。该阶段主要应用 RDT 研究资源配置[6]、出口国的资源依赖问题[7]、准时生产[8]、企业联盟[9]、董事会与公司的关系以及企业应

---

[1] Blau P M. Exchange and power in social life[M]. New York, NJ: Routledge, 1964: 151-160.
[2] Thompson J D, Zald M N, Scott W R. Organizations in action: Social science bases of administrative theory[M]. Piscataway, NJ: Transaction Publishers, 1967: 505-509.
[3][4] Hawley A H. Human ecology: A theory of community structure[J]. *Quarterly Review of Biology*, 1950, 15(5): 386.
[5] Allen M P. Corporate profits and cooptation: Networks of market constraints and directorate ties in the American economy[J]. *Social Forces*, 1983, 64(2): 526.
[6] Austin C D. Case management: Let us count the ways[J]. *Administration*, 1981, (9): 24.
[7] Harris S. Dimensions of resource dependence in exporting countries[M]// Pearce D W, Siebert H, Walter I. Risk and the Political Economy of Resource Development. London: Palgrave Macmillan, 1984: 113-114.
[8] Handfield R B. A resource dependence perspective of Just-in-Time purchasing[J]. *Journal of Operations Management*, 1993, 11(3): 289-311.
[9] Ahern R. The role of strategic alliances in the international organization of industry[J]. *Environment & Planning A*, 1993, 25(9): 1229-1246.

对环境不确定性[1]等问题。Hillman 等结合 RDT 和代理理论用于研究董事会与公司的关系，指出公司对董事会监督和其所提供资源的依赖性会影响公司的绩效[2]；Cheon 等则将 RDT 与代理理论和交易成本理论相结合，分析了信息系统的外包决策[3]。

第二阶段：RDT 开始应用于教育领域的研究。1996 年，Armstrongdoherty 将 RDT 应用于加拿大 34 个大学体育部门的体育测试研究，分析它们是否会被提供资金的机构所控制[4]；Ntshoe 还利用 RDT 对私有化和准市场化下的南非高等教育的发展进行了分析，发现创业文化对南非高等教育十分重要[5]。

第三阶段：RDT 开始应用于医疗领域的研究。自 Zinn 等最早将 RDT 应用于分析养老院参与管理式医疗的问题[6]以来，RDT 除了被应用于研究全面质量革命对卫生保健组织的影响[7]外，还被用于研究医院提供预防和健康促进服务的相关因素[8]等问题。

8.2 RDT 在信息系统领域的应用进展

8.2.1 基于 RDT 的信息技术对组织影响的应用研究

如果组织能有效利用信息技术，毫无疑问可以提升组织的运营效率和管理水平。从某种程度上甚至可以说，组织利用信息技术的能力是其核心竞争力之一，这不仅事关其自身发展的成败，也会直接影响组织与合作伙伴之间的关系。因此，一些学者采用 RDT 研究了信息技术对组织的影响。

---

[1] Boyd B. Corporate linkages and organizational environment: A test of the resource dependence model[J]. *Strategic Management Journal*, 1990, 11(6): 419-430.

[2] Hillman A J, Dalziel T. Boards of directors and firm performance: Integrating agency and resource dependence perspectives[J]. *Academy of Management Review*, 2003, 28(3): 383-396.

[3] Cheon M J, Grover V, Teng J T C. Theoretical perspectives on the outsourcing of information systems[J]. *Journal of Information Technology*, 1995, 10(4): 209-219.

[4] Armstrongdoherty A J. Resource dependence-based perceived control: An examination of Canadian interuniversity athletics[J]. *Journal of Sport Management*, 1996, 10(1): 49-64.

[5] Ntshoe I M. Higher education and training policy and practice in South Africa: Impacts of global privatisation, quasi-marketisation and new managerialism[J]. *International Journal of Educational Development*, 2004, 24(2): 137-154.

[6] Zinn J S, Mor V, Castle N, et al. Organizational and environmental factors associated with nursing home participation in managed care[J]. *Health Services Research*, 1999, 33(6): 1753.

[7] Paola Adinolfi. Total quality management in public health care: A study of Italian and Irish hospitals[J]. *Total Quality Management & Business Excellence*, 2003, 14(2): 141-150.

[8] Proenca E J, Rosko M D, Zinn J S. Correlates of hospital provision of prevention and health promotion services[J]. *Medical Care Research & Review*, 2003, 60(1):58-78.

1. 基于 RDT 的信息技术对组织绩效影响的应用研究

组织绩效是指组织在某个时期内的工作效果和效率。绩效是组织愿景和战略的重要表现形式，是决定组织竞争力和可持续发展的关键因素。自 20 世纪 80 年代以来，信息技术成为组织的竞争优势，从 90 年代中期开始，就有学者不断通过实证研究探索信息技术对组织绩效的影响。

Straub 等收集了美国等 7 个国家金融业、零售业和制造业的 27 个跨国公司中 54 个业务单位的相关数据，分析了组织如何通过控制信息技术资源来提高组织绩效。研究发现：为了保持竞争力、规避信息技术不确定性所带来的风险并提升绩效，组织在外包信息技术资源时必须保留核心信息技术资源。[⊖] Yayla 等通过回归模型分析了上市公司高管的信息技术知识、经验对公司绩效的影响，发现董事会成员所拥有的 IT 知识和 IT 经验都是公司发展的重要资源，可以降低董事会与高管之间的信息不对称性，增强董事会的监督职能，同时帮助公司更灵活地应对所在行业环境的不确定性，以使公司在动态的环境中获得卓越的绩效。[⊜]

与前述研究单个组织的绩效不同，有学者关注了供应链绩效。Carr 在问卷调查的基础上收集了 231 个跨行业组织（169 个制造组织和 62 个服务组织）的相关数据，通过结构方程模型分析，发现 ERP 系统可以为组织间合作提供更多最新的、最准确的信息，从而提升供应链绩效。[⊜]

由上述可知，RDT 在信息技术对组织绩效影响的应用研究中存在以下问题：①绩效测度的主客观数据各有优势，但是前述研究绩效的测度仅仅采用了客观数据或基于问卷调查的主观数据，未来的研究可以考虑将主客观数据结合起来进行研究，从而实现相互验证，以进一步提升研究结论的可靠性。②在当今这个信息时代，组织中所有员工的 IT 知识和 IT 经验都会影响组织的绩效。然而，前述文献只是研究了董事会组成成员，未来的研究可以应用 RDT 探究普通员工的 IT 知识和 IT 经验究竟会对组织绩效产生怎样的影响。③现有研究主要集中于制造业中，未来可以拓展至信息技术对政府、教育机构等服务组织的绩效的影响。④目前的研究基本上是截面研究，未来的研究可以收集动态数据，分析信息技术对组织绩效的影响会随时间发生怎样的变化。

⊖ Straub D, Weill P, Schwaig K S. Strategic dependence on the IT resource and outsourcing: A test of the strategic control model[J]. *Information Systems Frontiers*, 2008, 10(2): 195-210.

⊜ Yayla A A, Hu Q. The effect of Board of Directors' IT awareness on CIO compensation and firm performance[J]. *Decision Sciences*, 2014, 45(3): 401–436.

⊜ Carr A S. Relationships among information technology, organizational cooperation and supply chain performance[J]. *Journal of Managerial Issues*, 2016, 28(3-4): 171-190.

2. 基于 RDT 的信息技术对组织间关系影响的应用研究

随着互联网和通信技术的发展，信息技术在组织间合作关系中的影响越发重要，不少学者对此进行了探究。Rai 等利用多元回归分析了美国四个行业（汽车设备、化学品、电子设备和工业设备行业）318 名采购人员的调查数据，发现信息技术整合能力、信息技术资源重新配置能力等信息技术资源都会影响组织间合作关系的模式。[1]

组织间合作关系的模式会影响合作关系的长短，然而不同的学者对信息技术资源究竟是否有助于组织间维持长期合作关系持有不同的观点。

一部分学者认为信息技术资源不利于组织间发展长期的合作关系。Reekers 等采用案例研究方法分析了德国和英国的汽车工业个案，发现虽然电子数据交换是汽车行业组织间得以协调的重要资源，但是它会打破供应商和制造商之间既有的权力平衡，从而引发冲突，导致二者之间原有的长期合作关系产生破裂。[2]于永军和柯士涛认为，组织的信息技术资源会减弱组织间的相互依赖性，可以使组织更加灵活地面对外部环境的变化，但是信息技术资源的不平等会导致组织间的权力失衡，从而使处于弱势地位的组织退出原有的组织合作，破坏组织的长期合作。[3]

有学者则发现信息技术资源有利于组织间发展长期的合作关系。Willette 通过电子邮件对美国制造业的 18 639 名员工进行了调查，采用结构方程模型进行了分析，发现在采购商拥有议价能力的情况下，小的供应商利用信息技术资源可以获得成本领先，从而提高产品差异化、增强竞争力，促进其与采购商建立长期的合作关系。[4]

此外，一些学者还研究了组织的信息技术人员配置策略、组织的信息技术治理以及信息技术外包商和客户之间的关系等问题。Shipps 通过探索性和验证性因子分析，研究了组织中信息技术人员配置策略，发现信息技术人力资源是一个组织必不可少的资源：组织内部的核心知识、技术技能、信息技术人员的创造力、经济效率等因素会使组织制定不同的信息技术人员配置策略，从而影响到信息技术人力资源优势的发挥。[5]

---

[1] Rai A, Tang X. Leveraging IT capabilities and competitive process capabilities for the management of interorganizational relationship portfolios[J]. *Information Systems Research*, 2010, 21(3): 516-542.

[2] Reekers N, Smithson S. The role of EDI in inter-organizational coordination in the European automotive industry[J]. *European Journal of Information Systems*, 1996, 5(2): 120-130.

[3] 于永军，柯士涛. 信息技术对组织间协调机制的影响 [J]. 云南民族大学学报（哲学社会科学版），2005, 22(4): 71-75.

[4] Willette W W. Capturing the longitudinal dynamics of customer-supplier relationships: An empirical examination of the roles of IT, transaction economics and social exchange[D]. Arlington: The University of Texas at Arlington, 2006: 81-89.

[5] Shipps B P. Information technology staffing strategies: On the road to "agility"[D]. Milwauke: The University of Wisconsin - Milwaukee, 2007: 155-167.

Xiao 等采访了 38 名经营、采购和 IT 部门的经理，通过案例研究法分析了组织间的一种特殊的信息技术治理——单边治理，发现组织间的信息技术资源治理不仅会受到组织间其他方面治理的影响，还会受到买卖双方之间的关系规范（团结、灵活性等）以及组织间信任的影响。[1] Su 等则通过电子邮件和面对面访谈对 Alpha 和 Beta 两个供应商的高层管理人员进行了长达五年的跟踪调查，研究发现信息技术外包供应商提供的信息技术资源十分容易受到客户需求的冲击，信息技术外包供应商应采用桥接或缓冲两种策略来适应客户需求的变化。[2]

如前所述，RDT 在信息技术对组织间关系影响的应用研究中存在以下问题：信息技术资源是否能够促进组织间的长期合作还存在很大的争议，尚待未来获取新的数据做进一步的研究，或者对已有的成果进行元分析，以发现信息技术资源对组织间的长期合作关系究竟会产生怎样的影响。

8.2.2 基于 RDT 的信息系统采纳的影响因素研究

由于信息系统可以提升组织的管理、服务水平，越来越多的组织逐渐将信息系统引入其计划、组织、指挥、协调和控制等各种管理活动之中。

有学者采用 RDT 研究了企业外包信息系统决策的影响因素。Jayatilaka 等通过对 35 名来自电脑服务公司、石油天然气等行业受访者的调查，建立了综合模型，并选取对 Xcetra 银行经理的访谈检验了综合模型中的因素，发现外包应用程序服务提供商的企业特征、安全性及所提供的应用程序的功能质量等都会影响组织对外包应用程序服务提供商的选择。[3] Schwarz 等则通过电子邮件对 84 家公司的首席信息官或高级信息系统管理人员进行调查，发现成本、风险和供应商能力会影响企业选择外包应用服务程序提供商。[4] 此外，Teng 等通过向 1000 名高层管理人员发放问卷，并挑选了 30 家未受访的公司，将其销售额与回收的 193 名受访者的结果进行比较分析，发现信息质量和信息系统支持质量的预期资源绩效与实际资源绩效之间的差距也会影响组织外包

---

[1] Xiao J, Xie K, Hu Q. Inter-firm IT governance in power-imbalanced buyer–supplier dyads: Exploring how it works and why it lasts[J]. *European Journal of Information Systems*, 2013, 22(5): 512-528.

[2] Su F, Mao J Y, Jarvenpaa S L. How do IT outsourcing vendors respond to shocks in client demand? A resource dependence perspective[J]. *Journal of Information Technology*, 2014, 29(3): 253-267.

[3] Jayatilaka B, Schwarz A, Hirschheim R. Determinants of ASP choice: An integrated perspective[J]. *European Journal of Information Systems*, 2003, 12(3): 210-224.

[4] Schwarz A, Jayatilaka B, Hirschheim R, et al. A conjoint approach to understanding IT application services outsourcing[J]. *Journal of the Association for Information Systems*, 2009, 10(10): 748-781.

信息系统的决策。[1]

电子病历是计算机化的病历系统，近 20 年来各国相继建立医院信息系统并大力推动电子病历的应用。Najaftorkaman 等分析了 89 篇有关医疗组织采纳电子病历的研究文献，总结了影响医疗组织采纳电子病历系统的 78 个因素。他在对这些因素进行系统研究后，发现医疗组织自身的资金状况和人力资源会影响到其是否采纳电子病历系统，贫穷地区的小型医疗组织由于其所处的环境以及组织本身不能提供足够的资金和人力资源，因此采纳电子病历系统的可能性较小。[2]

此外，Gupta 等通过构建理论框架从技术、组织和环境三个方面讨论了企业云采纳的影响因素，指出环境中权力的分布、关键资源的可用性和稀缺性以及组织之间的联系都会影响企业对云计算的采纳。[3]

如前所述，基于 RDT 的信息系统采纳的影响因素研究中存在以下问题：现有绝大多数研究还停留于探究资源的稀缺性对信息系统采纳的影响，未来可以研究文化、亚文化和组织文化等对组织采纳信息系统会产生怎样的影响，因为激进或保守的文化、亚文化和组织文化理应会影响组织是否采纳信息系统。

8.2.3 基于 RDT 的信息共享的影响因素研究

组织间共享信息有助于组织快速、灵活地根据对方的信息调整自身的战略以及运营管理，同时可以提高组织合作的效益。组织的信息技术能力、组织间相互信任、组织间关系类型等因素都会影响组织间的信息共享，因此有关组织信息共享的影响因素研究显得十分重要。

在组织的信息技术能力影响因素方面，Xiao 等指出供应商的信息技术能力会影响买卖双方的信息共享[4]；Klein 等进一步抽样调查了 366 名采购商和供应商的客户经理，构建结构方程模型，发现采购商对供应商的资源依赖性、采购商信息技术定制以及双方的互相信任都会促进买方和供应商之间的信息共享。[5]在组织间相互信任的影响因素

---

[1] Teng J T C, Cheon M J, Grover V. Decisions to outsource information systems functions: Testing a strategy-theoretic discrepancy model[J]. *Decision Sciences*, 2010, 26(1): 75-103.

[2] Najaftorkaman M, Ghapanchi A H, Talaei-Khoei A, et al. A taxonomy of antecedents to user adoption of health information systems: A synthesis of thirty years of research[J]. *Journal of the Association for Information Science & Technology*, 2015, 66(3): 576-598.

[3] Gupta S, Saini A K. Cloud Adoption: Linking Business Needs with System Measures[J]. *Global Journal of Enterprise Information System*, 2017, 9(2): 42-49.

[4] Xiao J, Xie K, Hu Q. Inter-firm IT governance in power-imbalanced buyer–supplier dyads: Exploring how it works and why it lasts[J]. *European Journal of Information Systems*, 2013, 22(5): 512-528.

[5] Klein R, Rai A. Interfirm strategic information flows in logistics supply chain relationships[J]. *MIS Quarterly*, 2009, 33(4): 735-762.

方面，Taiwen 等分析了中国 206 家制造业企业的两阶段调查数据，发现制造企业对供应商的信任会正向调节绿色供应商合作对信息共享的影响。[1] 在组织间关系类型的影响因素方面，Kim 等利用偏最小二乘法分析了通过电话、电子邮件和面对面会议方式获得的汽车制造、造船和电子制造三个行业中 132 对制造商和供应商的相关数据，发现供应商的独特性、制造商的议价能力都会影响组织间的联合依赖，从而增强交易信息共享；[2] 林润辉等则实证分析了 A 股重污染行业中 268 家民营企业的数据，发现政治关联为政府与企业的资源信息交换提供了通道。[3]

随着国内文化信息资源共享工程的不断完善，一些学者关注了文化资源的信息共享问题。张绍丽等指出，教育大数据信息平台可以促进个人及组织对教育大数据的信息共享。[4] 王淼等提出社会力量和政府的指导体系都会影响公共文化机构之间的共享共建、资源互补。[5] Fu 等分析了 410 个非政府组织网站，发现在数字媒体环境中社交媒体组织资源的数量、知名度以及粉丝数都会影响网站的超链接效果。[6]

由前述可知，基于 RDT 的信息共享影响因素研究中存在以下问题：虽然 Willette 提出目前存在交换联盟和集成联盟两种形式的信息共享[7]，然而现有研究主要集中于集成联盟，对交换联盟的研究较少。未来可以探究组织间权力的失衡会如何影响交换联盟，以及如何迅速匹配组织间可交换的资源以形成交换联盟。

此外，还有学者以 RDT 为基础研究了组织的信息技术治理等问题。Rao 等调查了 19 个国家不同行业的 54 个设有子公司的母公司，运用典型相关分析法研究了跨国母公司和子公司之间信息系统的管理，发现子公司对母公司的资源依赖程度越高，就越能促使母公司制定统一的信息系统标准。[8] Chatterjee 等对收入超过 5000 万美元且是组

---

[1] Taiwen F, Yisa J, Dehui X. The dual-process between green supplier collaboration and firm performance: A behavioral perspective[J]. *Journal of Cleaner Production*, 2020, 260: 1-17. https://doi.org/10.1016/j.jclepro.2020.121073.

[2] Kim K K, Ryoo S Y, Lee H. Environmental uncertainty and interorganizational information sharing: Accommodating manufacturer and supplier perspectives[J]. *Information Development*, 2015, 25(4): 507-513.

[3] 林润辉, 谢宗晓, 李娅, 等. 政治关联、政府补助与环境信息披露——资源依赖理论视角[J]. 公共管理学报, 2015, 12(2): 30-41.

[4] 张绍丽, 郑晓齐, 张辉. 基于资源共享的教育大数据信息平台构建及机制研究[J]. 现代情报, 2017, 37(12): 90-95.

[5] 王淼, 孙红蕾, 郑建明. 公共数字文化：概念解析与研究进展[J]. 现代情报, 2017, 37(7): 172-177.

[6] Fu J S, Shumate M. News media, social media, and hyperlink networks: An examination of integrated media effects[J]. *The Information Society*, 2017, (2): 1-17.

[7] Willette W W. Capturing the longitudinal dynamics of customer-supplier relationships: An empirical examination of the roles of IT, transaction economics and social exchange[D]. Arlington: The University of Texas at Arlington, 2006: 81-89.

[8] Rao M T, Brown C V, Perkins W C. Host country resource availability and information system control mechanisms in multinational corporations: An empirical test of resource dependence theory[J]. *Journal of Management Information Systems*, 2007, 23(4): 11-28.

织间信息系统活跃用户的美国制造公司进行了在线调查，运用偏最小二乘法分析，发现组织资源不足所造成的外部依赖，会导致组织间业务的集成；资源的技术不确定性以及资源的可替代性，会对组织间信息系统治理产生负面影响，而资源的临界性则会对组织间信息系统的治理产生正面影响。⊖ Tsou 等也采用偏最小二乘法分析了中国台湾地区 393 家金融公司和 280 家信息服务公司的相关数据，发现企业间通过资源共享获得的共同发展能力对促进电子服务创新实践中的知识、技术集成机制整合具有十分重要的影响。⊖

8.3 结论与展望

通过文献综述发现，关于资源依赖理论在信息系统领域中的应用涌现出一定的研究成果，这些成果主要集中在"RDT 在信息技术对组织影响的应用研究""基于 RDT 的信息系统采纳的影响因素研究"和"基于 RDT 的信息共享的影响因素研究"这三个方面。

现有研究仍存在以下缺陷：①研究样本大都局限于制造业，对服务业的研究较少，而目前信息技术在服务业中的应用十分广泛；②关于信息技术是否有利于组织间的长期合作存在争议，一些学者认为组织的信息技术资源有助于维持组织间的长期合作关系，而一些学者却认为信息技术资源阻碍了组织间长期合作关系的发展；③目前大多数研究只是进行横向截面研究，尚未发现有学者探究随着时间的变化，信息技术对组织绩效的影响会发生什么样的变化；④缺少比较不同文化对组织采纳信息系统产生的影响有何不同的研究。

值得指出的是，该领域现阶段存在的不足也为未来研究提供了方向，今后 RDT 在信息系统领域应用的相关研究应注意以下几点。

（1）由于服务业将在国民经济中占主导地位，且其需要依赖信息技术来提高效率，未来可以探究信息技术对政府、教育机构等服务组织的影响。

（2）对现有研究中关于信息技术是否有利于组织间长期合作这一尚未达成一致的问题做进一步的探索，探究分歧存在的原因，并将其归纳为更具普遍性的结论。

（3）在分析信息技术对组织绩效的影响时，可以跟进组织的衍化过程，以探究信

⊖ Chatterjee D, Ravichandran T. Governance of interorganizational information systems: A resource dependence perspective[J]. *Information Systems Research*, 2013, 24(2): 261-278.

⊖ Tsou H T, Chen J S. The influence of interfirm codevelopment competency on e-service innovation[J]. *Information& Management*, 2012, 49(3-4): 177-189.

息技术对组织绩效的影响是否会随着时间的变化而有所不同。

（4）在进行基于 RDT 的信息系统采纳的影响因素研究时，可以探究亚文化和组织文化等文化的差异性会对组织采纳信息系统产生怎样的不同影响。

（5）现有研究将 RDT 与交易成本理论、代理理论、资源基础理论、知识基础理论等多种理论相结合对信息领域的相关问题进行了探究，与其他理论的结合使得 RDT 能够充分发挥其优势并被应用于更加广泛的领域，未来可进一步将 RDT 与其他理论结合，从而不断拓展其应用范围，如结合 RDT 与资源整合理论来探究组织间的合作模式。

CHAPTER 9 ○ 第 9 章

理性行为理论
及其在信息系统研究领域的应用与展望

　　Fishbein 和 Ajzen 于 1975 年提出了理性行为理论（Theory of Reasoned Action，TRA），其核心思想是：人是理性的，个体的实际行为在某种程度上是由使用意愿决定的，而使用意愿又是由个体对该行为的态度和主观规范决定的。该理论阐述了基于认知信息的态度的形成过程以及态度、意向和行为的关系，为预测和解释人们的行为提供了一种可行的方法。

　　作为研究人类认知行为最基础且最有影响的理论之一，TRA 被广泛应用于多个学科多种用户行为的预测，如教育学、医学、心理学、经济学、公共科学、体育科学、信息科学等。为了帮助学界把握 TRA 的研究与应用现状，有学者撰写了一些综述文章，主要集中在三个方面：①对 TRA 基本原理、应用现状及拓展研究的梳理。Fishbein 早在 1980 年就使用大量篇幅介绍了 TRA 的基本原理、应用范围以及该理论对后续行为研究的启示⊖；于丹等回顾了 TRA 的来源及其基本概念，然后从理论深化、

⊖ Fishbein M. A theory of reasoned action: Some applications and implications[J]. *Nebraska Symposium on Motivation*, 1980, 27: 65-116.

适用性拓展和模型拓展三个角度系统梳理了 TRA 的拓展研究，其研究的对象既包括一般社会行为（如体育活动、环保行为等），也包括消费行为[①]。② TRA 在特定领域应用研究的梳理。罗江等总结归纳了应用 TRA 研究消费者行为的文献，这些行为范围广泛，包括快餐消费、房屋买卖、矿泉水购买等，并在此基础上剖析了 TRA 及其拓展模型中各个变量之间的关系。[②] ③ TRA 中某个变量应用研究的梳理。Julia 等使用文献计量和元分析的方法研究了 TRA 中行为态度这一变量在 IS 领域的应用情况[③]；Schepers 等则使用元分析的方法探寻了 TRA 的另一个重要变量——主观规范在技术接受中的应用[④]。

在信息系统领域，用户对信息系统和信息技术的采纳行为、对网络平台或移动 App 的使用与持续使用行为、用户的在线购买行为等，都是学界和业界关注的重要问题。而这些行为的预测与解释，都离不开 TRA 及其拓展模型。因此，TRA 在信息系统领域的应用研究受到了学界的广泛关注，涌现出一些有价值的研究成果。然而，现有的综述研究多集中于对 TRA 理论基本原理和拓展研究的梳理，对整个 TRA 理论在特定领域应用研究的梳理较少，鲜见聚焦于 TRA 在信息系统研究领域应用的综述类成果。为帮助学界把握 TRA 在信息系统领域应用的研究进展，本研究在介绍 TRA 的起源和演变之后，重点梳理 TRA 在信息系统领域的应用现状，并在此基础上总结现有研究存在的不足之处以及未来研究的方向。

9.1 TRA 的起源与演变

9.1.1 TRA 的起源

自 20 世纪 50 年代，学界涌现出了大量探寻态度与行为之间关系的研究，并形成了一系列与态度行为相关的理论，如学习理论[⑤]、平衡理论[⑥]、归因理论[⑦]等，但这些研究在态度与行为之间的关系上却存在分歧。为了提供一个连贯的、系统的适用

---

① 于丹, 董大海, 刘瑞明, 等. 理性行为理论及其拓展研究的现状与展望 [J]. 心理科学进展, 2008, 16(5): 796-802.
② 罗江, 迟英庆. 基于理性行为理论的消费者行为研究综述 [J]. 商业经济研究, 2016, (6): 34-37.
③ Julia K, Andreas E. The attitude cube—A three-dimensional model of situational factors in IS adoption and their impact on the attitude–behavior relationship[J]. *Information & Management*, 2015, 52(6): 611-627.
④ Schepers J, Wetzels M. A meta-analysis of the technology acceptance model: Investigating subjective norm and moderation effects[J]. *Information & Management*, 2007, 44(1): 90-103.
⑤ Hull C L. Essentials of Behavior[M]. New Haven: Yale University Press, 1951: 1-200.
⑥ Heider F. Attitudes and cognitive organization[J]. *Journal of Psychology*, 1946, 21: 107-112.
⑦ Kelley H H. Attribution in Social Interaction[M]. New York, NJ: General Learning Press, 1971: 1-168.

于多个领域的行为预测和解释框架，Fishbein 和 Ajzen 于 *Belief, Attitude, Intention, Behavior: An Introduction to Theory and Research* 一书中对上述研究成果进行了综述，从概念变量、理论的类型和操作变量三个方面比较分析了先前的态度行为相关理论。他们认为信念、态度、意向和行为是四个独立的、需要区分的变量，但在过去的研究中却经常被混淆使用，且学者对这些变量之间关系的假设和分析也较为混乱，从而导致该领域的研究结果存在一些不一致之处。因此 Fishbein 和 Ajzen 重新区分并定义了信念、态度、意向和行为的定义，系统分析了它们的测量技术与方法、形成的过程以及彼此之间的关系，正式提出了 TRA，并构建了由信念因素、行为态度、主观规范（Subjective Norm）、使用意愿（Behavior Intention）和实际行为构成的概念框架（见图 9-1）。其中，信念因素包含"行为信念和结果评价"以及"规范信念和依从动机"两大方面——行为信念是个体对采取某行为可能产生的结果的预期，结果评价则指个体对结果的价值评定；规范信念指个体感知的对其重要的他人或团体对其行动的期望，依从动机指的则是个体对他人或团体对其提出的建议的遵从程度。行为态度是指个体所感知的关于某一行为的结果以及对该结果进行评价的函数，简言之就是个体对某一行为积极或消极的评价或感受。主观规范指的是个体感知到的其周边环境为其带来的压力的大小，是个体的规范信念和个体服从规范信念的倾向的函数。使用意愿则是个体愿意从事某一行为的强度。实际行为是个体在各种内外部刺激影响下产生的活动[1][2]。

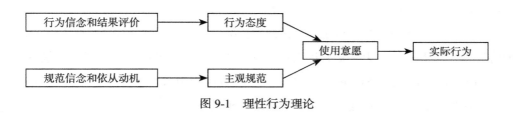

图 9-1 理性行为理论

TRA 的重要意义在于它阐明了两个基本原理：①行为态度与主观规范是其他变量对使用意愿产生影响的中间变量；②使用意愿是行为态度与主观规范对个体实际行为产生影响的中间变量。其优点在于简洁明了地阐释了信念、态度、意向和行为之间的关系，可以成功地预测多个领域的用户行为[3]，适用性较强，是研究认知行为最基础、最具影响力的理论之一。然而，该理论还存在以下缺点：首先，TRA 假设人都是理性的，

---

[1] Fishbein M, Ajzen I. Belief, attitude, intention, behavior: An introduction to theory and research[M]. Reading, MA : Addision-Wesley, 1975: 302.

[2] Ajzen I, Fishbein M. Understanding attitudes and predicting social behavior[M]. Englewood Cliffs, NJ: Prentice-Hall, 1980: 290.

[3] Fitzmaurice J. Incorporating consumers' motivations into the theory of reasoned action[J]. *Psychology & Marketing*, 2005, 22 (11): 911-929.

认为行为的发生是基于个人意志力的控制，但在现实生活中个人对行为的意志控制程度往往会受到时间、金钱、信息和能力等诸多因素的影响，因此对那些不完全由个人意志控制的，需要特定技能、资源等才能进行的行为而言，该理论并不能很好地发挥其预测能力。[1][2]其次，TRA 中的信念因素（行为信念、规范信念）是一个笼统的概念，因此应用到具体的领域时需要根据情况进行细分，难免会导致重复劳动且使理论的应用比较烦琐。最后，TRA 忽略了个体的差异、所处的情境等因素对个体行为的影响。

9.1.2 TRA 的演变

为了弥补 TRA 的上述缺陷，学者们纷纷在 TRA 的基础上尝试对其进行修正、更新、完善与拓展，以期提高 TRA 的预测性能和适用范围。[3]总的来说，TRA 的演化主要体现在 "TRA 适用性的拓展" "TRA 的理论深化" 和 "TRA 与其他理论模型的整合" 三个方面。

（1）TRA 适用性的拓展。如前所述，现实情况中人并不是完全理性的，其行为往往会受到时间、金钱、信息和能力等非意志控制因素的影响，而 TRA 对于这类行为的预测准确性较低。为了使 TRA 适用于这类不受意志控制或者较为复杂的行为，Ajzen 在 TRA 的基础上增加了新的行为预测变量——感知行为控制，形成了著名的计划行为理论（Theory of Planned Behavior，TPB）。

（2）TRA 的理论深化。这主要包括两种情况：其一是对模型自身变量的深入研究，如将行为信念因素细分为感知有用性和感知易用性，在此基础上形成了技术接受模型（Technology Acceptance Model，TAM）；其二是在模型中适当地纳入新的变量，如行为习惯、促进因素，尤其是性别、年龄、情境等调节变量，探究个体差异和情境因素对行为的影响。

（3）TRA 与其他理论模型的整合。除了 TRA，学界还有很多常用的技术接受理论及模型，这些理论模型的预测准确性、解释力度以及侧重点都存在差别。因此，很多学者会在比较分析不同理论模型优劣的基础上优化整合出一个联合模型并对其进行实证检验。早在 2003 年，Venkatesh 等就对比分析了 TRA、TAM、TPB、动机理论等八

---

[1] Fishbein M, Susan M. Noncognitive effects on attitude formation and change: Fact or artifact?[J]. *Journal of Consumer Psychology*, 1995, 4(2): 181-202.

[2] Conner M, Armitage C J. Extending the theory of planned behavior: A review and avenues for further research[J]. *Journal of Applied Social Psychology*, 1998, 28(15): 1430-1464.

[3] 于丹，董大海，刘瑞明，等. 理性行为理论及其拓展研究的现状与展望 [J]. 心理科学进展，2008, 16(5): 796-802.

种主要的技术接受理论，然后在上述理论的基础上构建了一个联合信息安全政策模型，并对该模型进行了实证检验。⊖无独有偶，Moody 等最新的研究也采取了类似的研究步骤，首先回顾并比较了先前信息安全行为领域常用的 11 种理论，包括 TRA、健康信念模型、计划行为理论、人际行为理论等，然后在上述理论的基础上构建了一个联合信息安全政策模型，并对该模型进行了实证检验。⊖

9.2 TRA 在信息系统研究领域的应用进展

9.2.1 TRA 在信息系统采纳研究方面的应用

1. TRA 在企业内部信息系统采纳研究方面的应用

随着信息技术的发展与更新，企业从最初的纸质办公逐渐转为电子办公，所涉及的信息系统、信息技术也逐渐多样化、现代化。基于此，探究企业内部人员对这些信息系统、信息技术等的采纳意愿和使用行为，是信息系统领域长期以来的重要研究课题，也是 TRA 在信息系统领域应用的主要阵地之一。企业内部人员主要可以分为管理层和员工两大类别，由于角色和岗位的不同，管理层和员工对企业相关信息系统、信息技术的采纳和使用方面的侧重点与具体表现可能也有所差异，因此该主题的研究主要集中在"企业管理者对信息系统/信息技术采纳的研究"和"企业员工对信息系统/信息技术采纳的研究"两个方面。

（1）企业管理者对信息系统/信息技术采纳的研究

一个企业的发展前景很大程度上取决于管理层的决策，而合格的管理层往往是创新者和改革者。因此，企业管理层对新的信息技术和信息系统的采纳，不仅包括个人的使用，更体现为管理层对这些新技术、新系统在企业内部的促进、推动中所发挥的作用。基于此，有学者使用 TRA 理论对企业管理者在企业信息技术和信息系统等的采纳和普及中的行为进行了预测与解释。Wu 探寻了企业高管对业务流程重组中 IT 的推广行为，他们使用 TRA 探究了企业高管对业务流程重组技术的初始采纳和行为，并基

⊖ Venkatesh V, Morris M G, Davis G B, et al. User acceptance of information technology: Toward a unified view[J]. *MIS Quarterly*, 2003, 27(3): 425-478.
⊖ Moody G D, Siponen M, Pahnila S. Toward a unified model of information security policy compliance[J]. *MIS Quarterly*, 2018, 42(1): 285.

于研究结果为高管的消极行为提出补救措施并对其进行评估[1]；Cynthia 等则探寻了小型企业高管的态度、主观规范对他们在企业内部使用并推广 IT 的意愿的影响[2]。

（2）企业员工对信息系统/信息技术采纳的研究

信息系统和信息技术在企业内部是否得到有效的实施和运营，最大程度发挥其功用，主要取决于企业内部的员工是否会普遍使用这些系统和技术，因此需要探寻企业员工对信息系统和信息技术的采纳和使用行为。企业涉及的信息系统多种多样，学者应用 TRA 从不同视角探究了员工对不同信息系统的采纳意愿及行为，如员工对业务流程重组系统[3]、供应链管理系统[4]、专家系统[5]等的采纳行为。在员工对信息技术的采纳研究中，Karahanna 等对员工采纳 Windows 技术前后的行为信念等进行了跨时期的比较分析[6]；Mumtaz 等也在比较分析 TRA、TAM、TPB、创新扩散理论的基础上，整合构建了一个新的概念模型，用于探寻企业内部员工对 IT 创新技术的采纳[7]。除了员工对信息系统/信息技术的采纳意愿，还有学者聚焦于员工对新信息技术采纳的后续行为，并在 TRA 的基本框架中纳入了工作环境和性别，深入探寻了这两个因素对员工后期采纳与使用信息技术的影响。[8]此外，还有学者前往企业进行了现场调查，使用 TRA 专门探究了员工对企业信息安全政策的接受和采纳意愿。研究表明，员工对待信息安全政策的态度、员工自身的规范性信念对他们遵循信息安全政策的意愿具有显著影响，而遵循意愿又会影响员工的实际遵循行为。[9]

除了对企业内部信息系统及技术的采纳的探寻，有学者还基于行为态度理论、无

---

[1] Wu I L. Understanding senior management's behavior in promoting the strategic role of IT in process reengineering: Use of the theory of reasoned action[J]. *Information & Management*, 2003, 41(1): 1-11.
[2] Cynthia K R, David A H, Peter P M. Understanding IT adoption decisions in small business: Integrating current theories[J]. *Information & Management*, 2003, 40(4): 269-285.
[3] Bagchi S, Kanungo S, Dasgupta S. Modeling use of enterprise resource planning systems: A path analytic study[J]. *European Journal of Information Systems*, 2003, 12(2): 142-158.
[4] Ho S C, Wang W Y C, Pauleen D J, et al. Perspectives on the performance of supply chain systems: The effects of attitude and assimilation[J]. *International Journal of Information Technology & Decision Making*, 2011, 10(4): 635-658.
[5] Jeffrey K L, Ahmed A S. User acceptance of expert systems: A test of the theory of reasoned action[J]. *Journal of Engineering and Technology Management Jet-M*, 1997, 14(2): 147-173.
[6] Karahanna E, Straub D W, Chervany N L. Information technology adoption across time: A cross-sectional comparison of pre-adoption and post-adoption beliefs[J]. *MIS Quarterly*, 1999, 23(2): 183-213.
[7] Mumtaz A H, Steve C, Stephen S. A conceptual model for the process of IT innovation adoption in organizations[J]. *Journal of Engineering and Technology Management*, 2012, 29(3): 358-390.
[8] Ahuja M K, Thatcher J B. Moving beyond intentions and toward the theory of trying: Effects of work environment and gender on post-adoption information technology use[J]. *MIS Quarterly*, 2005, 29(3): 427-459.
[9] Siponen M, Mahmood M A, Pahnila S. Employees' adherence to information security policies: An exploratory field study[J]. *Information & Management*, 2014, 51(2): 217-224.

干预变量的因果理论以及 TRA 构建了三个研究模型，以探寻企业外包合作伙伴关系质量的影响因素，并通过这一实证研究对比了这三个模型的效果，发现不同模型得出的模型拟合和路径检验的效果不同，其中最为理想的为第一个模型。[1]

通过文献梳理可以发现，该主题的研究主要呈现出以下特征：①该主题是 TRA 在信息系统领域的早期应用阵地，也就是说，TRA 最先应用于信息系统领域之时的主要目的是解决企业内部信息系统的采纳意愿和行为的相关问题，这主要得益于企业使用信息系统/信息技术是大势所趋，且企业内部的数据比较容易获取。②该主题研究的一个重要特点在于研究的行为周期特别完整，具体来说，不同于其他主题多以用户的使用意愿为研究终点，这一主题的研究大都会深入到用户后续的实际行为，因此对 TRA 的运用最为完整，对整个行为周期的研究也最为深入，这主要是因为在企业内部收集数据并进行长期的实地调研相对较为容易。

2. TRA 在健康医疗信息系统采纳研究方面的应用

随着生活水平的提高，现代人对健康和养生越来越关注，健康信息行为研究已经成为用户信息行为领域的一个重要分支，健康医疗类的信息系统成为人们所关注的一种重要的信息系统。基于此，一些学者使用 TRA 探究了用户对健康医疗类信息系统/技术/服务的采纳意愿及行为。早在 2002 年，Chau 等就从 TRA 中选取了行为态度、主观规范和使用意愿三个主要变量，分析了医疗专家采纳远程诊断技术的意愿及其影响因素。[2] Hung 等以 TRA 为基本框架，将行为信念细分为感知有用性和感知信任，作为行为态度的前置变量，并在此基础上探寻了护士对健康医疗信息技术及系统的使用态度和主观规范对其使用意愿的影响。[3] Zhang 等以用户对健康系统的采纳为例，在 TRA 基础框架中纳入了性别这一调节变量，探寻了性别在行为态度对采纳意向的影响中的调节作用，以及性别在主观规范对采纳意向的影响中的调节作用。[4] 随着移动网络和移动技术的发展，还有学者基于 TRA 探究了医院员工对健康创新智能手机的使用态度与使用意愿之间的关系。[5]

---

[1] Lee J N, Kim Y G. Understanding outsourcing partnership: A comparison of three theoretical perspectives[J]. *IEEE Transactions on Engineering Management*, 2005, 52(1): 43-58.

[2] Chau P Y K, Hu P J H. Investigating healthcare professionals' decisions to accept telemedicine technology: An empirical test of competing theories[J]. *Information & Management*, 2002, 39(4): 297-311.

[3] Hung S Y, Tsai J C A, Chuang C C. Investigating primary health care nurses' intention to use information technology: An empirical study in China Taiwan[J]. *Decision Support Systems*, 2014, 57: 331-342.

[4] Zhang X F, Guo X T, Lai K H, et al. Understanding gender differences in m-Health adoption: A modified theory of reasoned action model[J]. *Telemedicine Journal and E-Health*, 2016, 20(1): 39-46.

[5] Moon B C, Chang H J. Technology acceptance and adoption of innovative smartphone uses among hospital employees[J]. *Healthcare Information Research*, 2014, 20(4): 304-312.

除了健康医疗信息系统，TRA 在其他常见的信息系统的采纳方面也有应用。例如，Shih 等使用 TRA 与两个版本的 TPB 模型来预测和解释用户对网上银行的使用意愿，通过问卷获取了 425 位受访者的数据，基于结构方程模型分析的结果比较了这两个理论在预测网上银行系统采纳中的绩效，数据分析结果表明 TRA 和 TPB 在该环境中都得到了支持且均有较好的数据拟合度。[①] 还有学者基于 TRA 及其拓展模型，探究了用户对数字图书馆的采纳意愿。[②] 然而，与 TRA 在企业内部信息系统采纳研究方面的应用不同，该主题的研究多聚焦于使用意愿而非后续的持续使用意愿和实际行为，因此所探寻的行为周期不够完善。

9.2.2　TRA 在网络平台及信息服务使用研究方面的应用

1. TRA 在电商平台及服务的使用及购买研究方面的应用

电子商务是以信息网络技术为手段，以商品交换为中心的一种商务活动，是传统商务活动各个环节的电子化、网络化和信息化。由于网络的开放性与普及型，电子商务突破了时间、空间的限制，其涉及的商品、服务和技术丰富多样，涵盖了很多行业和领域，因此 TRA 在电商服务使用方面的应用研究较为丰富。

（1）电子商务平台及服务使用意愿的研究

在电子商务发展初期，探寻用户对电子商务这一新兴商务服务的使用意愿可以促进电子商务的普及与发展，因此有学者率先利用 TRA 探寻了早期用户对电子商务服务使用意愿的影响因素，主要研究了用户对电子商务的采纳信念、态度和主观规范对他们使用电子商务服务意愿的影响。[③][④] 还有学者把 TRA 中的行为信念细分为感知易用性和感知有用性，并结合信任理论探究了用户对电子商务的使用意愿。[⑤] 随着电子商务的发展日趋成熟，学者开始从对整个电子商务服务的研究转移到对电子商务中具体的

---

① Shih Y Y, Fang K T. The use of a decomposed theory of planned behavior to study Internet banking in China Taiwan[J]. *Internet Research*, 2004, 14(3): 213-223.

② 孟猛，朱庆华. 数字图书馆信息质量、系统质量与服务质量整合研究 [J]. 现代情报, 2017, 37(8): 3-11.

③ Pavlou P A. Consumer acceptance of electronic commerce: Integrating trust and risk with the technology acceptance model[J]. *International Journal of Electronic Commerce*, 2003, 7(3): 101-134.

④ Bhattacherjee A. Acceptance of e-commerce services: The case of electronic brokerages[J]. *IEEE Transactions on Systems, Man, and Cybernetics - Part A: Systems and Humans*, 2000, 30(4): 411-420.

⑤ John B, Mark A F, Mark A S, et al. Clarifying the integration of trust and TAM in e-commerce environments: Implications for systems design and management[J]. *IEEE Transactions on Engineering Management*, 2010, 57(3): 380-392.

某种或某类服务的探寻。例如，Dinev 等以电子商务中的在线广告服务为研究对象，以 TRA 为基本框架，研究了电子商务中在线广告服务所存在的主要问题以及影响用户点击意愿的因素。① 又如，Komiak 等专注于电子商务推荐代理服务，他们基于 TRA，从理论上阐释并实证验证了感知个性化与熟悉程度这两个因素是如何影响用户对电子商务推荐代理的认知信任和情感信任的，继而探寻了认知信任和情感信任是如何影响用户对该推荐代理的使用意愿的。② 近些年，随着移动网络和各种支付技术的兴起，电子商务逐渐迈入了一个新的发展阶段。在这种环境下，有学者与时俱进，以新电子商务环境中的支付系统为研究焦点，运用 TRA 探究了新电商环境下用户对在线支付服务和系统的使用行为。③ 此外，与那些只探寻电商服务使用意愿的研究不同，有学者以 TRA 为基本框架，将行为信念细分为信任和感知有用性，对电子商务服务的使用行为及其影响因素进行了长期的纵向研究，考虑到了用户意愿及行为的演变。④

（2）在线购物意愿的研究

电子商务虽然在交易渠道、交易形式和过程等方面有别于传统商务，但本质上仍是一种商贸活动，其最终目标是实现消费者的购买行为，促使消费者通过电商系统开展在线购物行为。基于此，很多学者使用 TRA 探寻了消费者在线购买商品的意愿。Shih 从 TRA 中抽取了态度和意愿这两大变量，重点探寻了用户对在线购物的态度与用户在线购物意愿之间的关系。⑤ Hsu 等将 TRA 的行为信念具化为信任，并进一步细分了四种类型的信任，探寻用户信任对用户在线购物的态度和意愿的影响，并通过在 TRA 基本模型中加入不同类型的信任对其进行了拓展。⑥ Barkhi 等也在 TRA 的基础上为用户在虚拟商店中的在线购物意愿构建了一个影响因素模型。⑦ 此外，还有学者对具

---

① Dinev T, Hu Q, Yayla A. Is there an on-line advertisers' dilemma? A study of click fraud in the pay-per-click model[J]. *International Journal of Electronic Commerce*, 2008, 13(2): 29-59.
② Komiak S Y X, Benbasat I. The effects of personalization and familiarity on trust and adoption of recommendation agents[J]. *MIS Quarterly*, 2006, 30(4): 941-960.
③ Francisco L C, Francisco M L, Juan S F. Payment systems in new electronic environments: Consumer behavior in payment systems via SMS[J]. *International Journal of Information Technology & Decision Making*, 2015, 14(2): 421-449.
④ Mou J, Shin D H, Cohen J. Understanding trust and perceived usefulness in the consumer acceptance of an e-service: A longitudinal investigation[J]. *Behaviour & Information Technology*, 2017, 36(2): 125-139.
⑤ Shih H P. An empirical study on predicting user acceptance of e-shopping on the Web[J]. *Information & Management*, 2004, 41(3): 351-368.
⑥ Hsu M H, Chuang L W, Hsu C S. Understanding online shopping intention: The roles of four types of trust and their antecedents[J]. *Internet Research*, 2014, 24(3): 332-352.
⑦ Barkhi R, Belanger F, Hicks J. A model of the determinants of purchasing from virtual stores[J]. *Journal of Organizational Computing and Electronic Commerce*, 2008, 18(3): 177-196.

体的商品买卖行为展开了研究。例如，Conyette聚焦于在线旅游预订系统，基于TRA挖掘了影响用户在线预订旅游产品和服务的主要因素[1]；Lin等重点关注了产品的在线拍卖行为，运用TRA探寻了驱动用户进行在线拍卖的意愿的外在动机和内在动机[2]。

由前述可知，该主题的研究成果较为丰富，但不难发现TRA在该研究主题的应用多集中于发展较为成熟的传统电子商务服务和系统，鲜及近几年新兴的移动电子商务和社会化电子商务环境中的应用。究其原因，一方面可能在于移动环境和社会化环境具有较为鲜明的特色，其中的研究多与时俱进地引入一些较新的社交理论、传播理论等；另一方面可能在于TRA是一种经典的基石理论，后续很多常用的理论都是在其基础上拓展而得的，在上述研究环境中，学者可以直接使用拓展后的TRA理论和模型，如TAM、UTAUT等。该主题研究的另一个特征在于，与TRA在企业内部信息系统采纳方面的应用研究相比，该主题研究的行为周期不够完整，其研究多以使用意愿为研究终点，较少探寻实际的行为，这可能是因为获取网络用户的数据并对其进行长期观察的难度较大。

2. TRA在社会化平台及服务使用研究方面的应用

社交网络和社会化媒体的发展与普及，促使各种社交网站和社会化平台层出不穷，社会化服务也逐渐成为一种重要的网络信息服务。探寻哪些因素可以影响用户对社会化信息系统及服务的使用意愿，可以帮助系统开发商和运营商有的放矢地优化其系统，吸引更多的用户，产生更多的流量。因此，用户对社会化平台及服务的使用是学界关注的一个重要研究课题。多位学者将TRA用于该课题的研究。例如，Yap等以TRA为基本框架，在此基础上整合功能、社交和心理方面的因素，探寻了这些因素对用户使用社交网络服务意愿的影响。[3]除了对使用意愿的探寻，还有学者将研究重点放在用户对社交网站的持续使用意愿上，基于TRA，融合隐私限制、个人经验等调节变量，并将行为信念细化为信任，探寻了用户持续使用社交网站意愿的影响因素，对TRA进行了拓展。[4]

---

[1] Conyette M. Modeling factors that influencing online travel booking[C]// 2011 Proceedings of the International Conference on E-business. New York: Institute of Electrical and Electronics Engineers, 2011: 205-210.

[2] Lin C Y, Tu C C, Fang K. Extrinsic versus intrinsic motivations on electronic auction[C]// Proceedings of 10th International Conference on Advanced Communication Technology (Vol. 3). New York: Institute of Electrical and Electronics Engineers, 2008: 2000-2004.

[3] Yap S F, Gaur S S. Integrating functional, social, and psychological determinants to explain online social networking usage[J]. *Behaviour & Information Technology*, 2016, 35(3): 166-183.

[4] Lankton N K, McKnight D H, Thatcher J B. The moderating effects of privacy restrictiveness and experience on trusting beliefs and habit: An empirical test of intention to continue using a social networking website[J]. *IEEE Transactions on Engineering Management*, 2012, 59(4): 654-664.

除了社会化服务，还有学者聚焦于其他新兴信息服务的使用。例如，Rondan-Cataluna 等以用户对移动互联网服务的使用意愿为研究对象，按照时间顺序完整系统地梳理了自 20 世纪 70 年代以来的一些主要的技术接受理论和模型的演变，主要包括 TRA、TAM、TAM1、TAM2、TAM3、UTAUT、UTAUT2，并使用 PLS 和 WarpPLS 对上述理论进行了验证，结果表明 UTAUT2 比其他理论模型具有更好的解释力度，且与传统的线性方法相比，所有模型均在使用非线性方法分析时具有更好的解释力。[一]又如，Shia 等研究了学生对新兴的云计算服务的使用意愿，他们通过网络问卷收取学生数据，测试、比较并使用了服务质量、自我效能、动机模型、TAM、TRA/TPB 和创新扩散理论这六种理论和模型探寻了学生使用云计算意愿的影响因素，不仅比较了上述理论和模型的优劣，最终还基于上述理论构建了一个联合模型。[二]

社会化服务、移动信息服务、云计算服务等是近些年迅速发展起来的较为新颖的信息服务，TRA 在这些新兴的环境中的应用明显少于在发展较为成熟的传统电商领域的应用，因此后续应加大 TRA 在这些新兴信息服务领域的应用力度。此外，在研究方法上，与在电商领域的应用相类似，学者多是通过调查问卷来获取用户数据。随着信息技术的发展，后续可以结合实验室实验与其他的数据获取和处理技术，尽可能全面地获取用户的真实数据。

9.2.3 TRA 在用户信息披露和共享研究方面的应用

1. 用户信息披露意愿及行为的研究

在 Web2.0 时代，各种电子商务平台、社交网站和社会化媒体层出不穷。这些平台服务商和运营商一方面要求用户提供一些个人信息方可使用这些平台的服务，另一方面则希望用户可以主动披露更多的隐私信息。然而，近年来越发严重的隐私安全问题使得用户在进行网络活动尤其是网上购物时不愿意披露个人信息或披露虚假的个人信息[三]，这不仅影响了平台服务商和运营商对用户个人信息的获取，也影响了用户的体验，毕竟只有商家掌握准确的用户信息才可以提供有针对性的服务。因此，在网络环境中隐私问题愈加突出的情况下，学界开始使用 TRA 对用户主动披露个人信息的意愿和行

[一] Rondan-Cataluna F J, Arenas-Gaitan J, Ramirez-Correa P E. A comparison of the different versions of popular technology acceptance models: A non-linear perspective[J]. *Kybernetes*, 2015, 44(5): 788-805.

[二] Shiau W L, Patrick Y K C. Understanding behavioral intention to use a cloud computing classroom: A multiple model comparison approach[J]. *Information & Management*, 2016, 53(3): 355-365.

[三] 刘百灵, 夏惠敏, 李延晖. 移动购物用户信息披露意愿影响因素的实证研究——基于公平理论和理性行为理论视角 [J]. 情报理论与实践, 2017, (5): 87-93.

为展开了研究。有学者将 TRA 的行为信念细分为信任和隐私这两个变量，然后分析了信任和隐私对消费者主动披露信息的态度的影响，以及信息披露态度对信息披露意愿的影响，最终探究了信息披露意愿和实际信息披露行为之间的关系；研究结果表明，消费者的信息披露意愿和实际信息披露行为之间具有很强的正向联系。[一]还有学者在 TRA 的基础上，加入了情境和个体特征这两个调节变量，探寻了在 TRA 基础框架中，情境和个体特征对用户在线披露个人隐私信息意愿的调节作用。[二]此外，郭宇等还从行为态度、主观规范等方面分析了用户在进行移动学习时披露隐私信息的使用意愿。[三]

2. 用户信息/知识共享意愿及行为的研究

在早期的信息系统领域，无论是信息共享还是知识共享都主要指组织内部信息和知识的共享。例如，知识共享是指员工彼此之间相互交流知识，使知识由个人的经验扩散到组织的层面；信息共享则是指在信息标准化和规范化的基础上，按照法律法规，依据信息系统的技术和传输技术，信息或信息产品在不同层次、不同部门信息系统间实现交流与共享的活动。因此很多学者都运用 TRA 探寻了组织内部信息/知识共享意愿及行为的影响因素。有学者选取 TRA 中的行为信念、行为态度和使用意愿三个主要变量，研究了影响组织内部员工信息共享意愿的主要因素[四]；有学者基于 TRA 探寻了组织中个体知识共享意愿的内部和外部驱动力[五][六]；还有学者聚焦于信息系统领域的专业人员，从组织行为学的视角，基于 TRA，融入激励因素，探究了信息系统员工知识共享的意愿[七]。

然而，互联网和信息技术的不断更新，尤其是社交网络与社交媒体的出现和普及，使信息/知识共享发生了明显的变化。一方面，在对组织知识共享行为的研究中，有学

[一] Zimmer J C, Arsal R, Al-Marzouq M, et al. Knowing your customers: Using a reciprocal relationship to enhance voluntary information disclosure[J]. *Decision Support Systems*, 2010, 48(2): 395-406.

[二] Bansal G, Zahedi F M, Gefen D. Do context and personality matter? Trust and privacy concerns in disclosing private information online[J]. *Information & Management*, 2016, 53(1): 1-21.

[三] 郭宇，段其姗，王晞巍. 移动学习用户隐私信息披露行为实证研究 [J]. 现代情报，2018, 38(4): 98-105.

[四] Kolekofski K E, Heminger A R. Beliefs and attitudes affecting intentions to share information in an organizational setting[J]. *Information & Management*, 2003, 40(6): 521-532.

[五] Bock G W, Zmud R W, Kim Y G. Behavioral intention formation in knowledge sharing: Examining the roles of extrinsic motivators, social-psychological forces, and organizational climate[J]. *MIS Quarterly*, 2005, 29(1): 87-111.

[六] Lin H F. Effects of extrinsic and intrinsic motivation on employee knowledge sharing intentions[J]. *Journal of Information Science*, 2007, 33(2): 135-149.

[七] Teh P L, Yong C C. Knowledge sharing in IS personnel: Organizational behavior's perspective[J]. *Journal of Computer Information Systems*, 2011, 51(4): 11-21.

者已经开始探寻社交环境下企业管理者的知识共享行为[1]；另一方面，信息共享和知识共享已经不再局限于企业内部，各种虚拟社区、问答论坛、社交网站都已成为用户共享信息和知识的主要场所。因此，学界开始关注上述媒介中的用户知识共享意愿和行为。有学者使用 TRA 挖掘了影响虚拟社区用户进行知识共享的因素[2][3]；有学者以博客和微博为研究对象，运用 TRA 分析了用户通过博客和博客进行信息转发与知识共享的动机[4]，以及影响用户使用博客的因素[5]。

由上述分析可以看出，在信息系统领域，与应用 TRA 探寻用户信息披露意愿及行为的研究相比，用户信息/知识共享意愿及行为的研究成果较为丰富，且其研究重点已经从最初的组织内部管理者与员工的信息/知识共享意愿和行为，逐渐转移过渡到了组织外部即社交网络中用户的信息/知识共享意愿和行为的研究。然而在现有研究中，多数研究成果仍以信息/知识共享意愿为研究重点，对实际信息/知识共享行为的研究仍居少数。

9.2.4 TRA 在信息系统开发、评价研究方面的应用

通过对现有文献的归纳可以发现，在研究采纳意愿和行为影响因素的基础上提出系统优化的研究较多，但专门将 TRA 用于信息系统迭代开发和评价等环节的研究还较为少见。因此，与其他研究主题相比，这一主题的研究成果数量较少。Woon 等认为应用程序安全开发（即将安全要求作为应用程序开发周期的一部分，简称 SDA）可以有效减少电子商务应用程序中的安全漏洞，因此使用 TRA 调查了信息系统专业人员贯彻应用程序安全开发的意向及其影响因素，结果表明产品有用性和职业有用性可以正向影响行为态度，人际关系可以正向影响主观规范，行为态度和主观规范则可以正向影响信息系统专业人员贯彻应用程序安全开发的意向。该研究结果可以帮助提高应用程

---

[1] Chow W S, Chan L S. Social network, social trust and shared goals in organizational knowledge sharing[J]. *Information & Management*, 2008, 45(7): 458-465.

[2] Gang K W, Ravichandran T. Exploring the determinants of knowledge exchange in virtual communities[J]. *IEEE Transactions on Engineering Management*, 2015, 62(1): 89-99.

[3] 黄顺铭. 虚拟社区里的知识分享：基于两个竞争性计划行为理论模型的分析 [J]. 新闻与传播研究，2018, (6): 52-76.

[4] 陈姝，窦永香，张青杰. 基于理性行为理论的微博用户转发行为影响因素研究 [J]. 情报杂志，2017, 36(11): 147-152.

[5] Hsu C L, Lin J C C. Acceptance of blog usage: The roles of technology acceptance, social influence and knowledge sharing motivation[J]. *Information & Management*, 2008, 45(1): 65-74.

序安全开发的实践和贯彻情况，从而协助电子商务应用程序的安全开发。[1]除了在信息系统开发环节的应用，还有学者将 TRA 用于信息系统的评价环节。例如，Loiacono 等认为消费者对网站的感知对其在该网站的行为具有较大的影响，但是学界没有一个统一的标准帮助消费者衡量网站的质量，因此他们融合 TRA 和 TAM，通过文献调研和访谈，最终开发出一个 12 维度的 WebQual 量表，用于帮助消费者对其使用的网站进行质量评估。[2]此外，还有学者使用 TRA 分析了用户对中国知名社会化信息系统——微信公众号的满意度及其影响因素，为后续社会化信息系统的评价提供参考。[3]

相较于其他研究主题，本主题的研究成果明显较少。学者多基于挖掘出的用户意愿及行为的影响因素为信息系统提出优化措施，但很少将 TRA 专门用于信息系统的设计、开发、评价等环节的研究，未来应加大这一主题的研究力度。

9.3 结论与展望

通过文献综述可以发现，信息系统领域已经涌现出一批将 TRA 作为理论基础的研究成果，主要集中于 TRA 在信息系统采纳研究方面的应用，TRA 在网络平台及信息服务使用研究方面的应用，TRA 在用户信息披露和共享研究方面的应用，TRA 在信息系统开发、评价研究方面的应用四个方面。

现有研究仍存在一些不足之处，主要包括：①对 TRA 的应用不够完整，对行为周期的研究不够全面；受用户数据的限制，除了企业内部信息系统的采纳行为研究，多数研究仍将使用意愿作为研究的终点，真正验证实际行为的研究较少。②现有研究使用的多是某个时间段内的截面数据，长期的纵向研究较少，忽视了用户意愿和行为随时间推移的变化。③多数研究仅依靠调查问卷进行数据收集，以用户自报告数据为主，数据比较主观且质量难以把控。④学者多使用线性方法对数据进行处理和分析，而有研究表明，常用的技术接受理论和模型在使用非线性方法时具有更强的解释力度，因此数据分析方法的选取仍有待考量。⑤由于 TRA 是一种诞生较早的基础理论，因此在新兴网络环境和技术中（移动智能系统和技术、社会化商务系统等）的应用仍较少。

---

[1] Woon I M Y, Kankanhalli A. Investigation of IS professionals' intention to practise secure development of applications[J]. *International Journal of Human-Computer Studies*, 2007, 65(1): 29-41.

[2] Loiacono E T, Watson R T, Goodhue D L. WebQual: An instrument for consumer evaluation of Web sites[J]. *International Journal of Electronic Commerce*, 2007, 11(3): 51-87.

[3] Tian M, Xu G H. Exploring the determinants of users' satisfaction of Wechat official accounts[C]// Proceedings of 2017 3rd International Conference on Information Management. New York: Institute of Electrical and Electronics Engineers, 2017: 362-366.

⑥与提出信息系统和服务的改进和优化方针相比，鲜见将TRA专门用于信息系统设计、迭代开发、评价等环节的研究。⑦虽然学者在TRA的基础上提出了很多新的模型，并进行了一定程度的比较分析，但对各种模型优劣的比较没有统一的定论，且使用不同理论模型所得到的路径检验结果也存在分歧。⑧对行为信念进行细分的研究较多，对规范信念进行细分的因素较少，且纳入模型中的调节变量也较为单一。

为弥补现阶段研究的不足，后续将TRA应用于信息系统领域的研究应注意以下几点：①重视对用户使用意愿之后的实际行为的探究，尽可能完善研究的行为周期。②重视用户意向及行为随时间推移而发生的动态变化，可考虑通过长期的纵向研究来持续追踪用户的行为。③结合实验室实验、准实验等方法，借助脑电、眼动等仪器，提高获取的用户数据的准确度，并提高研究结果在现实中的解释效果。④重视情境在信息系统和技术采纳中扮演的重要角色，探索并选择最适合该研究情境和研究问题的数据分析方法，提高理论模型的解释力。⑤进一步细分规范信念，丰富调节变量，紧跟信息技术的更新与发展，探寻TRA在新兴信息系统及技术中的适用之处。⑥利用TRA探寻在信息系统迭代开发的具体环节中开发人员和用户的感知及行为，使信息系统设计符合用户的需求，保障信息系统的质量。⑦学者基于TRA拓展出了很多新的理论和模型，需要继续对不同研究情境和问题中的常用理论之间的优劣及差异进行深入的理论与实证分析，并尽可能上升到一个规律性的结论。

第 10 章 ○ CHAPTER 10

计划行为理论
及其在信息系统研究领域的应用与展望

计划行为理论（Theory of Planned Behavior，TPB）是 Ajzen 在理性行为理论（TRA）的基础上提出的，其核心思想是：人的行为并非百分百出于自愿，而是处于控制之中，个体的实际行为除了受使用意愿的影响之外，还受到感知行为控制的影响，而行为态度、主观规范和感知行为控制是决定用户使用意愿的三个主要变量，且这三个主要变量之间也会相互影响。该理论是对 TRA 的扩充与发展，提升了模型对个体行为的预测能力和解释力度。

作为预测和解释人类行为的重要理论之一，TPB 被广泛应用于管理学、教育学、心理学、信息科学、经济学等多个领域。为了帮助学界把握 TPB 的研究与应用现状，学界已经涌现出一些关于 TPB 的综述类文章，主要集中在三个方面：①对 TPB 的提出、内涵、发展过程等的总结与述评。段文婷等对 TPB 进行了全面的阐述，并指出了该理论存在的问题及未来的研究方向[⊖]；闫岩介绍了 TPB 的形成历史、理论内涵、深化发展及实际应用，并评述了该理论的局限性[⊜]。②对 TPB 在某一个领域应用的总结与述评。

⊖ 段文婷，江光荣. 计划行为理论述评 [J]. 心理科学进展，2008, (2): 315-320.
⊜ 闫岩. 计划行为理论的产生、发展和评述 [J]. 国际新闻界，2014, (7): 113-129.

刘泽文等聚焦于求职行为的研究，梳理了 TPB 在求职行为研究领域中的应用，在此基础上评估了 TPB 对求职行为的预测力，并指出该理论在求职行为研究领域中未来应用的改进方向[一]；王昶等综述了 TPB 在国内旅游研究领域的应用情况，并展望了该理论在旅游研究中的应用前景和注意事项[二]；还有学者专门归纳了 TPB 在企业信息安全政策遵循规范情境中的应用现状[三]。③对 TPB 中特定变量之间关系的总结与述评。例如，Julia 等指出，在 IS 采纳模型中，行为态度作为内生变量的预测能力在某些情况下被证明是强的，在其他情况下则很弱；为了更好地理解这种不一致的态度—行为关系的普遍性，他们通过文献计量法对 1989～2014 年的 14 种主要 IS 期刊中的相关研究进行综述，发现有三种情境因素对 IS 领域的态度—行为关系产生积极影响，即自愿性、技术类型和采纳背景，这些因素构成了"态度立方体"，为研究人员后续评估态度—行为关系提供了概念性指导[四]。

除了上述研究领域，TPB 在信息系统领域也得到了广泛关注，常被用于预测、解释与信息系统、技术和服务相关的用户意愿及行为。然而，由文献综述可知，现有的综述类研究较多地探寻了 TPB 的基本内涵、演化及发展进程，对该理论在特定领域的应用研究以及该理论中特定变量间关系的梳理较少，还未见专门总结和梳理 TPB 在信息系统领域应用的综述类成果。基于此，本章在简要介绍 TPB 的起源和演变之后，将重点梳理并阐述该理论在信息系统领域的应用现状，并在此基础上归纳出当前信息系统领域 TPB 应用研究存在的不足和未来研究的方向，以帮助学界把握 TPB 在信息系统领域应用的研究进展。

10.1 TPB 的起源与演变

10.1.1 TPB 的起源

1975 年，Fishbein 和 Ajzen 提出了理性行为理论，指出使用意愿是决定行为的直

---

① 刘泽文，宋照礼，刘华山，等. 计划行为理论在求职领域的应用与评价（综述）[J]. 中国心理卫生杂志，2006, (2):118-120.

② 王昶，章锦河. 计划行为理论在国内旅游研究中的应用进展与启示 [J]. 山东师范大学学报（人文社会科学版），2017, (1):131-139.

③ Sommestad T, Hallberg J. A review of the theory of planned behaviour in the context of information security policy compliance[C]// Janczewski L J, Wolfe H B, Shenoi S. Proceedings of Security and Privacy Protection in Information Processing Systems. Cham, Switzerland: Springer, 2013, 405: 257-271.

④ Julia K, Andreas E. The attitude cube—A three-dimensional model of situational factors in IS adoption and their impact on the attitude–behavior relationship[J]. *Information & Management*, 2015, 52(6): 611-627.

接因素，且使用意愿受行为态度和主观规范的影响。[①] 该理论已经被广泛运用于预测和解释某种行为，得到了大量研究的支持。然而，后续研究发现，人并不是完全理性的，某些时候个体可能强烈地希望进行某种行为，却受限于某些非意志控制因素，故理性行为理论可能忽略了一个重要的变量，即感知行为控制（Perceived Behavioral Control，PBC）。为了提高对这类不完全受意志控制或者较复杂行为的预测精度和解释力度，1985 年 Ajzen 将感知行为控制纳入模型，在此之后不断修正，最终在 TRA 的基础上正式提出了计划行为理论[②]，构建了由行为信念、规范信念、控制信念、行为态度、主观规范、感知行为控制、使用意愿和实际行为共同构成的概念框架（见图 10-1）。其中，行为信念是个体对采取某行为可能产生的结果的预期；规范信念指个体感知的对其重要的他人或团体对其行动的期望；控制信念则是个体对完成某一行为所需的资源、机会或可能遇到的阻碍的认知；行为态度是个体对某一行为积极或消极的评价或感受；主观规范指的是个体感知到的其周边环境为其带来的压力的大小；感知行为控制主要指个体所感知的完成某一行为的难易程度，即执行该行为需要耗费资源的丰富程度，包括时间、金钱、个人技能等，其函数为控制信念与感知便利的乘积；使用意愿是个体愿意从事某一行为的强度；实际行为是个体在各种内外部刺激影响下产生的活动。

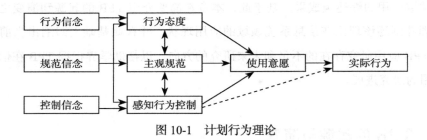

图 10-1 计划行为理论

TPB 对 TRA 的继承和拓展主要在于它强调了：①非个人意志完全控制的行为不仅受使用意愿的影响，还会受到 PBC 的影响；②准确的 PBC 反映了实际控制条件的状况，因此它可以直接预测实际行为发生的可能性，且预测的准确性依赖于 PBC 的真实程度；③行为态度、主观规范和 PBC 是决定个体使用意愿的三个主要变量，且对使用意愿产生正向影响；④行为态度、主观规范和 PBC 都会受到个体信念的影响，这些信念为上述三个变量奠定了认知和情绪基础。然而，该理论假设人类行为是理性的、深思熟虑的，其他研究却表明人类行为也可以是无意图的、不受控制的，因此对这些无

[①] Fishbein M, Ajzen I. Belief, attitude, intention, behavior: An introduction to theory and research[M]. Reading, MA: Addision-Wesley, 1975: 302.

[②] Ajzen I. The theory of planned behavior[J]. *Organizational Behavior and Human Decision Processes*. 1991, 50(2): 179-211.

意识行为而言，该理论可能无法较好地发挥功效。[1]与此同时，TPB 中的某些变量，如 PBC、三种信念因素等都较为笼统，因此在用于具体研究领域时应进行细分；且与 TRA 类似，TPB 也忽略了个体、情境等差异对行为产生的影响。

10.1.2 TPB 的演变

自 TPB 提出以来，学界一直不断对其进行修正、拓展与完善，以期克服其局限性，进一步提高其对个体行为的预测和解释力度。总的来说，TPB 的演化主要体现在"模型的分解与深化"和"模型的拓展与整合"两个方面。

（1）模型的分解与深化，即选取模型中特定的变量及关系，对这些变量进行深入研究，如对 PBC 进行细分，对行为信念、规范信念及控制信念等信念因素进行具化，形成分解的 TPB 模型（Decomposed TPB），将其应用于具体行为的预测与解释，并对比分析完整的 TPB 和分解的 TPB 在不同情境的不同行为预测中的绩效。例如，Shih 等就采用完整 TPB 和分解 TPB 对我国台湾地区网上银行用户的采纳意愿及行为展开了深入研究。[2]

（2）模型的拓展与整合，主要体现在两个方面：一是在模型中纳入新的变量，尤其是人格特征、年龄、性别等调节变量，以探究不同个体在行为方面的差异，并加强"使用意愿—实际行为"之间关系的稳定性；二是将 TPB 与其他常用的技术接受理论模型进行对比分析并整合，以充分发挥各模型的优势。例如，Moody 等就比较分析了 TPB、TRA、健康信念模型、人际行为理论等信息安全领域常用的 11 种理论模型，并将之整合构建为一个联合信息安全政策模型。[3]

10.2 TPB 在信息系统研究中的应用进展

10.2.1 TPB 在信息系统、技术及服务采纳研究方面的应用

1. TPB 在健康医疗信息系统、技术及服务采纳研究方面的应用

随着物质条件的丰富和生活水平的提高，人们对身体健康愈加重视，健康信息行

---

[1] 杰弗里 A 迈尔斯. 管理与组织研究必读的 40 个理论 [M]. 徐世勇, 李超平, 等译. 北京：北京大学出版社，2017: 171-177.

[2] Shih Y Y, Fang K T. The use of a decomposed theory of planned behavior to study Internet banking in China Taiwan[J]. *Internet Research*, 2004, 14(3): 213-223.

[3] Moody G D, Siponen M, Pahnila S. Toward a unified model of information security policy compliance[J]. MIS Quarterly, 2018, 42(1): 285.

为已为学界广泛关注，健康医疗信息系统也日渐成为一种重要的信息系统。基于此，学界涌现出了一批基于 TPB 探寻用户对健康医疗信息系统、技术及服务采纳意愿及行为的研究成果。

一方面，有学者将研究对象聚焦于健康医疗领域的从业人员和专家，探寻这类人群对健康医疗信息系统、技术及服务的采纳意愿及影响因素。例如，Yi 等整合 TAM（技术接受模型）、TPB 和 IDT（创新扩散理论）构建了一个联合模型，研究医疗保健专业人员对健康医疗信息技术及个人数字助理（Personal Digital Assistant，PDA）的使用意愿及其主要影响因素，结果表明 PBC 和主观规范均可影响医疗人员的使用意愿。[1] Hsieh 认为电子病历交换系统（EMR）可提高临床质量并降低医疗成本，因此将机构信任、感知风险与分解的 TPB 模型进行整合，提出了一个理论模型来预测医生使用 EMR 的意愿；研究表明，行为态度、主观规范、PBC、机构信任和感知风险对医生使用 EMR 的意愿具有较大影响，且整合后模型的预测效果更好[2]。Chau 在其关于医疗领域专业人员对远程医疗技术接受意愿方面的研究中则指出，TAM 比 TPB 更适用于检验医疗领域个体专业人员对远程医疗技术的接受程度。[3]

另一方面，有学者聚焦于那些对健康医疗信息较为关注的普通用户，探究这类人群对健康医疗信息系统、技术及服务的采纳意愿。其中，中老年群体是备受关注的重点对象。Heart 等基于 TPB 探寻了影响老年人使用健康信息通信技术意愿的因素，发现 TPB 仅得到部分支持，只有 PBC 才会显著影响老年人对健康信息通信技术的使用意愿。[4] Deng 等的研究并未得出一致的结论，他们基于价值态度行为模型、TPB 和四种老龄化特征构建了一个研究模型，以预测中老年人对移动医疗服务的使用意愿。研究显示行为态度和 PBC 对两类人群的使用意愿均具有正向影响，而主观规范对两类人群的使用意愿均无显著影响。[5]还有学者跳出老年群体本身，基于 TPB 探究了成年子女为年迈父母使用在线健康信息系统的意愿及影响因素。研究表明，行为态度、主观规范、PBC 和风险是预测使用意愿的主要因子。[6]

---

[1] Yi Y M, Jackson D J, Park S J, et al. Understanding information technology acceptance by individual professionals: Toward an integrative view[J]. *Information & Management*, 2006, 43(3): 350-363.

[2] Hsieh P J. Physicians' acceptance of electronic medical records exchange: An extension of the decomposed TPB model with institutional trust and perceived risk[J]. *International Journal of Medical Informatics*, 2015, 84(1): 1-14.

[3] Chau P Y K, Hu P J H. Investigating healthcare professionals' decisions to accept telemedicine technology: An empirical test of competing theories[J]. *Information & Management*, 2002, 39(4): 297-311.

[4] Heart T, Kalderon E. Older adults: Are they ready to adopt health-related ICT?[J]. *International Journal of Medical Informatics*, 2013, 82(4): 209-231.

[5] Deng Z H, Mo X T, Liu S. Comparison of the middle-aged and older users' adoption of mobile health services in China[J]. *International Journal of Medical Informatics*, 2014, 83(3): 210-224.

[6] Bao Y K, Hoque R, Wang S Y. Investigating the determinants of Chinese adult children's intention to use online health information for their aged parents[J]. *International Journal of Medical Informatics*, 2017, 102: 12-20.

2. TPB 在电子商务信息系统、技术和服务采纳研究方面的应用

电子商务即买卖双方通过互联网进行各种商贸活动，实现消费者的网上购物，商家之间的网上交易以及在线支付等商务活动、交易活动、金融活动和其他综合服务活动。由此可见，电子商务的范畴非常广泛，涵盖了多种商品、多类服务、多个行业和领域，是 TPB 在信息系统研究中的主要应用领域之一。

电子商务信息系统是当前最为常见的一类信息系统，很多学者基于 TPB 探究了用户对不同电子商务信息系统和服务的采纳意愿及其动因。[1]作为电子商务最常见的模式之一，B2C 电子商务信息系统及服务受到学界较多的关注，学者以 TPB 为理论框架，探讨了用户对 B2C 电子商务系统和服务的采纳意愿。研究指出，TPB 在解释 B2C 电子商务系统和服务采纳方面非常有效，其中，主观规范和行为态度是较为重要的预测因素，而 PBC 的影响最小，甚至不显著。[2][3]除了 B2C 系统及服务，还有学者聚焦于特定用户对特定领域电商信息系统的采纳意愿及影响因素，如医疗电子商务采购系统、在线旅游信息系统、在线金融信息系统等。Jackson 等通过 IDT、TPB 以及二者的整合模型，研究了医院管理员使用电子商务采购系统意愿的主要驱动因素，并强调综合视角的整合模型可以获得单一理论驱动模型无法获得的独特见解。[4]Lin 等使用分解的 TPB，结合 TAM，挖掘了影响用户使用在线旅游信息系统、服务及产品的主要因素。[5]Lee 整合 TPB、TAM、感知风险理论和感知利益，构建了一个理论模型来解释用户使用网上银行的意愿，并挖掘了对其产生影响的积极因素和消极因素[6]。类似地，他还基于 TPB 和 TAM 探究了股票投资者对在线交易的使用意愿，结果表明，PBC 和行为态度可以直接正向影响股票投资者意愿，而主观规范的影响并不显著。[7]此外，随着社交

---

[1] Pavlou P A, Fygenson M. Understanding and predicting electronic commerce adoption: An extension of the theory of planned behavior[J]. *MIS Quarterly*, 2006, 30(1): 115-143.

[2] Bhattacherjee A. Acceptance of E-Commerce services: The case of electronic brokerages[J]. *IEEE Transactions on Systems, Man, and Cybernetics-Part A: Systems And Humans*, 2000, 30(4): 411-420.

[3] Angel H C, Ignacio R del B. The influence of the commercial features of the Internet on the adoption of e-commerce by consumers[J]. *Electronic Commerce Research and Applications*, 2010, 9(6): 562-575.

[4] Jackson D J, Yi Y M, Park S J. An empirical test of three mediation models for the relationship between personal innovativeness and user acceptance of technology[J]. *Information & Management*, 2013, 50(4): 154-161.

[5] Lin W B, Wang M K, Hwang K P. The combined model of influencing online consumer behavior[J]. *Expert Systems with Applications*, 2010, 37(4): 3236-3247.

[6] Lee M C. Factors influencing the adoption of internet banking: An integration of TAM and TPB with perceived risk and perceived benefit[J]. *Electronic Commerce Research and Applications*, 2009, 8(3): 130-141.

[7] Lee M C. Predicting and explaining the adoption of online trading: An empirical study in China Taiwan[J]. *Decision Support Systems*, 2009, 47(2): 133-142.

网络、无线技术的发展和移动智能设备的普及，社会化电商和移动商务已经成为电子商务未来发展的重要趋势，社会化电商和移动电商系统及服务的采纳也因此引起了学界的重视——近年来已经有学者基于 TPB 探究了用户对社会化电商和移动商务系统及服务的使用及持续使用意愿。[1][2]

对于消费者来说，在线购物是其使用电子商务信息系统的主要目的；对于商家和平台运营商来说，促使更多用户购买是其获利的主要渠道，因此在线购物意愿及其影响因素一直是学界和业界关注的焦点。有学者基于 TPB 开发了一个预测和解释消费者网上购物意愿及行为的研究模型并对其进行了实证检验，发现主观规范、行为态度对在线购买意愿具有重要影响，而 PBC 和购买意愿则显著影响了在线购物行为。[3]有学者将 TPB 与 TAM、TRA 等其他经典的技术接受理论模型相结合，来探究影响用户在线购物意愿的主要因素[4]，并检验了不同模型的准确性，结果表明，对 TPB 中的信念因素进行细分可以提高模型预测的准确性，且分解的 TPB 是一种改进了的预测消费者在线购物意愿的方法。[5]此外，有些研究还对用户群体进行了细分，探究了不同用户群体在在线购物意愿及行为方面的差异。例如，Wu 将用户划分为时尚独立的用户集群、友好和善的用户集群、保护意识较强的用户集群这三类，并使用 TPB 来预测他们在网络书店的购买意愿和行为。研究发现，对于上述三类用户群体，主观规范均可影响其购买意愿，且购买意愿可以直接影响实际行为，而 PBC 可以影响后两类用户群体的购买意愿，行为态度则只对第一类用户群体的购买意愿产生影响。[6]除了对特定用户群体的研究，还有学者聚焦于特定的产品类型，如基于 TPB 探究了用户在线购买有机食品的意愿及行为。[7]

---

[1] 刘百灵，杨世龙，李延晖. 隐私偏好设置与隐私反馈对移动商务用户行为意愿影响及交互作用的实证研究 [J]. 中国管理科学，2018, (8): 164-178.

[2] Hung S Y, Yu A P I, Chiu Y C. Investigating the factors influencing small online vendors' intention to continue engaging in social commerce[J]. Journal of Organizational Computing and Electronic Commerce, 2018, 28(1): 9-30.

[3] Moez L, Mohamed K, Anissa F. What makes consumers buy from Internet? A longitudinal study of online shopping[J]. IEEE Transactions on Systems, Man, and Cybernetics-Part A: Systems And Humans, 2000, 30(4): 421-432.

[4] Lu C S, Lai K H, Cheng T C E. Application of structural equation modeling to evaluate the intention of shippers to use Internet services in liner shipping[J]. European Journal of Operational Research, 2007, 180(2): 845-867.

[5] Lin H F. Predicting consumer intentions to shop online: An empirical test of competing theories[J]. Electronic Commerce Research and Applications, 2007, 6(4): 433-442.

[6] Wu S I. A comparison of the behavior of different customer clusters towards Internet bookstores[J]. Information & Management, 2006, 43(8): 986-1001.

[7] Liang R D. Enthusiastically consuming organic food: An analysis of the online organic food purchasing behaviors of consumers with different food-related lifestyles[J]. Internet Research, 2014, 24(5): 587-607.

3. TPB 在电子政务信息系统、技术及服务采纳研究方面的应用

信息技术和信息系统可以帮助政府节约成本，因此基于信息技术和系统的电子政务已经成为政府重要的办公渠道。探寻民众对电子政务信息系统、技术和服务的使用意愿及其影响因素，可以帮助政府更好地规划和实施电子政务服务，节约办公成本，提高办公效率。这是学界应该关注的重要课题，但与其他类型的信息系统相比研究较少。有学者整合 TPB、TAM、IDT 等理论，探究了中东地区用户对电子政务系统及服务的采纳意愿。[1]还有学者以电子政务中的个人所得税申报服务为研究重点，整合 TAM 和 TPB 提出了研究框架，并将 TPB 中的 PBC 细分为自我效能、资源促进因素和技术促进因素，在此基础上探究了影响纳税人采用特定纳税方法（人工或电子税务申报）意愿的主要因素。研究表明，对于电子税务申报意愿而言，主观规范、自我效能、资源促进和技术促进因素都具有显著影响；对于人工税务申报意愿而言，仅主观规范和自我效能的影响显著。[2]

4. TPB 在"新"信息技术采纳研究方面的应用

云技术、AI 技术等是近些年迅猛发展的"新"信息技术。新信息技术自诞生到被广泛采纳，是一个循序渐进的过程，那么用户对这些新技术的态度和采纳意愿如何，哪些因素可以促进或阻碍用户对这些新技术的采纳，都是需要关注的重点课题。在信息系统发展早期，相关研究多集中于企业内部，学者多基于 TPB 及相关理论模型，纳入年龄、性别等调节变量，探究企业内部人员对新信息技术的采纳意愿和行为，如小型企业高管对网络 IT 的采纳意愿[3]，个体员工对新信息技术的接受意愿[4]，企业员工对 IM（即时通信）的使用意愿[5]等，并对不同模型的适应性和预测力进行了比较分析。随着互联网的普及与信息技术的快速更新，对新信息技术采纳的研究也不再局限于企业内部，而是拓展到普通用户。Ho 等就将 TPB 用于探究普通用户对新技术——云技术

---

[1] Ahmed A, Bernd S, Mary P. Developing an instrument for e-public services' acceptance using confirmatory factor analysis: Middle East context[J]. *Journal of Organizational and End User Computing*, 2012, 24(3): 18-44.

[2] Fu J R, Farn C K, Chao W P. Acceptance of electronic tax filing: A study of taxpayer intentions[J]. *Information & Management*, 2006, 43(1): 109-126.

[3] Cynthia K R, David A H, Peter P M Jr. Understanding it adoption decisions in small business: Integrating current theories[J]. *Information & Management*, 2003, 40(4): 269-285.

[4] Michael G M, Viswanath V, Phillip L A. Gender and age differences in employee decisions about new technology: An extension to the theory of planned behavior[J]. *IEEE Transactions on Engineering Management*, 2005, 52(1): 69-84.

[5] Toa P L, Liao C C, Chiang J C. An empirical investigation of the factors affecting the adoption of Instant Messaging in organizations[J]. *Computer Standards & Interfaces*, 2008, 30(3): 148-156.

的采纳意愿，发现主观规范可以直接影响用户对云技术的信任意愿，从而影响其对云技术的采纳，而 PBC 虽对信任意愿无直接影响，但可以通过感知风险产生间接影响。㊀类似地，Shia 等、Gary 等也都基于 TPB 探寻了用户对新兴的云计算技术及服务的使用意愿及其驱动因素。㊁㊂此外，随着 AI 技术、物联网技术和智能家居系统的兴起，学界也开始关注用户对 AI、物联网和智能家居技术的采纳意愿。㊃有学者整合了 TPB、TRA 和 TAM 这三种理论模型，从多元的角度来解释老年人对智能家居的采纳意愿及行为，结果表明，上述三种模型在预测老年人对智能家居系统的采纳方面都是有效的，却都没考虑到环境中一些特定的因素。㊄

5. TPB 在数据、信息、知识服务采纳研究方面的应用

信息化水平的提高、社交网络的普及和知识经济的兴起促使信息服务业成为一种新的支柱产业。数据/信息/知识服务类平台层出不穷，为用户提供各种知识服务。这种服务模式为何会取得成功？用户为何愿意使用这些服务？如何提高服务质量，促进用户的采纳和持续使用意愿？为了解决上述问题，信息系统领域的学者同样将 TPB 用于探究用户对当前数据/信息/知识服务的采纳意愿及行为。一方面，随着时代的发展，传统信息服务提供商——图书情报机构通过互联网为用户提供了丰富多样的信息服务，如移动信息服务、个性化信息推荐服务等，因此受到了学界的关注。㊅㊆㊇除了图情机构，互联网信息服务商所提供的信息服务也引起了学者的注意。有学者整合了 TPB 与期望确认模型来预测用户对移动数据服务的持续使用行为，研究发现主观规范和 PBC 可以显著影响用户对移动数据服务的持续使用意愿。㊈有学者从 TPB 中选取了

㊀ Ho S M, Mónica O V, Booth C. Trust or consequences? Causal effects of perceived risk and subjective norms on cloud technology adoption[J]. *Computers & Security*, 2017, 70: 581-595.

㊁ Shiau W L, Patrick Y K C. Understanding behavioral intention to use a cloud computing classroom: A multiple model comparison approach[J]. *Information & Management*, 2016, 53(3): 355-365.

㊂ Gary G, Rebman C M, Hyun K S. An identification of factors motivating individuals' use of cloud-based services[J]. *Journal of Computer Information Systems*, 2018, 58(1): 19-29.

㊃ Yang H, Lee H, Zo H J. User acceptance of smart home services: An extension of theory of planned behavior[J]. *Industrial Management & Data Systems*, 2017, 117(1): 68-69.

㊄ Debajyoti P, Tuul T, Suree F, et al. Smart homes and quality of life for the elderly: Perspective of competing models[J]. *IEEE Access*, 2018, 6: 8109-8122.

㊅ 沈思, 王晓文, 崔旭. 基于计划行为理论的高校图书馆移动信息服务质量评价[J]. 现代情报, 2016, 36(2): 70-73.

㊆ 黄怡菲, 杨兰蓉. 移动图书馆用户采纳模型及实证研究[J]. 现代情报, 2013, 33(11): 172-177.

㊇ 段尧清, 刘宇明, 蔡诗茜, 等. 数字图书馆个性化推荐用户信息采纳行为影响研究——信息采纳意向的中介效应[J]. 现代情报, 2019, 39(2):85-93.

㊈ Byoungsoo K. An empirical investigation of mobile data service continuance: Incorporating the theory of planned behavior into the expectation–confirmation model[J]. *Expert Systems with Applications*, 2010, 37(10): 7033-7039.

主观规范、PBC、使用意愿及实际行为四个变量，来预测用户对社交网站内容的付费订阅行为。研究结果表明，主观规范和 PBC 显著影响了用户的付费订阅意愿，而付费订阅意愿与实际行为之间则存在着显著正相关关系。[1]除此之外，社交网络和移动网络的发展使信息转发和知识共享变得更加便捷与常见，在这种情况下，不同群体的知识共享行为受到了学界的关注。[2]其中，对研究较多、具有代表性的一类群体即科研人员，学者纷纷使用 TPB 探寻其通过不同渠道进行数据、文献、知识共享的意愿、行为及影响因素。[3][4][5]此外，还有学者分别基于 TRA 和 TPB 探寻了影响医生知识共享的主要因素，研究证明 TPB 与实际数据的拟合程度较好，在解释医生知识共享意愿方面要优于 TRA，且主观规范的影响最强，其次是行为态度，而 PBC 的影响程度最低。[6]

综上可知，TPB 在信息系统、信息技术和信息服务采纳方面的应用研究非常丰富，且具有如下特征：①从探究的信息系统和服务的类型来看，TPB 在该主题的应用多集中于电子商务、健康医疗信息系统和服务，对其他类型信息系统和服务采纳意愿及行为的研究相对较少，如电子政务、游戏娱乐及社会化信息系统等。②从研究情境来看，该主题现有研究多聚焦于传统互联网环境中的较为成熟的信息系统和服务，对移动互联环境中信息系统、应用和服务的探究较少，但近几年呈现出增长的态势，是该领域未来研究的重要方向。造成①和②的原因可能在于，一方面学者在研究移动环境中的信息系统或其他类型的信息系统时，结合环境和系统特色采用了一些新的理论模型，但事实上 TPB 同样适用于对娱乐类信息系统等采纳意愿的研究[7]；另一方面，现阶段学者可能会直接使用拓展后的 TPB 理论，如 TAM、UTAUT 等，而非原始的 TPB 模型。③关于新信息技术采纳意愿及行为的研究，已经随着互联网和信息服务的普及，从组织内部拓展到了普通用户，且近年来兴起的云技术、AI 技术、物联网技术等的采纳意

---

[1] Horng S M, Lee Y Y, Wu C L. A study of the paying behavior for subscribing social network sites[J]. *Computer Communications*, 2016, 73: 282-290.

[2] Zhao L, Detlor B, Connelly C E. Sharing knowledge in social Q&A sites: The unintended consequences of extrinsic motivation[J]. *Journal of Management Information Systems*, 2016, 33(1): 70-100.

[3] Youngseek K. Fostering scientists' data sharing behaviors via data repositories, journal supplements, and personal communication methods[J]. *Information Processing and Management*, 2017, 53(4): 871-885.

[4] Youngseek K. An empirical study of biological scientists' article sharing through ResearchGate: Examining attitudinal, normative, and control beliefs[J]. *ASLIB Journal of Information Management*, 2018, 70(5): 458-480.

[5] Youngseek K, Seungahn N. Internet researchers' data sharing behaviors: An integration of data reuse experience, attitudinal beliefs, social norms, and resource factors[J]. *Online Information Review*, 2018, 42(1): 1124-142.

[6] Seewon R, Seung H H, Ingoo H. Knowledge sharing behavior of physicians in hospitals[J]. *Expert Systems with Applications*, 2003, 25(1): 113-122.

[7] Turel O. Untangling the complex role of guilt in rational decisions to discontinue the use of a hedonic information system[J]. *European Journal of Information Systems*, 2016, 25(5): 432-447.

愿和行为已经引起了学者的关注。④该主题很多研究并未将 TPB 作为唯一的理论基础，而是与其他理论模型相结合，并对不同模型的效果进行比较分析，但未得出一个统一的结论。⑤受网络用户行为持续追踪和客观行为数据收集难度较大的限制，TPB 在该主题的应用仍多以使用意愿为研究终点，较少深入到用户的实际行为和持续采纳行为。⑥TPB 在该主题的应用研究仍主要通过调查问卷收集用户数据，随着大数据技术的发展和实验条件的优化，后续可以结合数据驱动方法、大数据处理技术、实验室实验等手段，获取用户行为的客观数据，提高研究结果对实践的解释力度。

10.2.2　TPB 在在线学习意愿及行为研究方面的应用

随着互联网的发展、信息技术的更新以及知识经济的兴起，传统的教育和学习模式受到了巨大的冲击。通过互联网教育平台和学习社区进行远程视频授课，实现学习资料共享，不仅可以突破时间、空间的限制，还可以帮助更多用户进行互动交流与知识共享，具有线下学习无可比拟的优势。可以说，在线学习已经成为网络时代较为重要的一种全新学习方式，受到了学界的广泛关注。用户对在线学习的态度、使用意愿、使用行为及其影响因素，是信息系统领域与教育领域学者共同关注的重要研究课题，也是 TPB 应用的主要阵地之一。值得指出的是，随着 5G 时代的来临和移动智能设备的普及，在线学习不再局限于传统的互联网络，而是拓展到移动互联网中——只需一个可以接入网络的移动设备，人们就能实现掌上学习，与传统互联环境中的在线学习相比具有更高的便捷性。基于此，根据网络环境的不同，该主题的研究主要集中在"传统互联环境中在线学习意愿及行为的研究"和"移动互联环境中在线学习意愿及行为的研究"两个方面。

1. 传统互联环境中在线学习意愿及行为的研究

在线学习突破时空限制的优越性，使其已经成为普通大众获取知识的一种重要渠道。学者纷纷对在线学习意愿、行为及影响因素展开了研究。有学者将社会认同和社会关系这两个变量纳入 TPB，构建了一个拓展模型，用于预测用户的在线学习意愿，研究发现用户态度、PBC、主观规范和社会关系可以显著正向影响在线学习意愿。[⊖]还有学者结合 TPB 和社会认知理论，从认知—动机—控制的角度探究了用户在线学习意愿的驱动因素，研究显示 PBC 既可以直接影响在线学习意愿，又可以通过行为态度产生

⊖ Chu T H, Chen Y Y. With good we become good: Understanding e-learning adoption by theory of planned behavior and group influences[J]. Computers & Education, 2016, 92-93: 37-52.

间接影响。①学生群体是进行在线学习的主力军，故而成为学界研究的重要对象。有学者整合 TPB、自我决定等理论，预测并解释了中国高校学生对 MOOC 的采纳意愿，研究指出行为态度和 PBC 可以正向影响采纳意愿，而主观规范却未产生显著影响。②③有学者使用多模型比较方法，整合了动机模型（MM）、TAM、IDT、TPB 等六个著名的理论，探寻其对大学生使用云计算教室意愿的预测和解释力度。所得结果表明，上述理论模型都有足够的解释力，其中方差解释力度最大的是 MM，其次是 TAM 和 IDT，再次是 TPB，而联合模型则更为全面地揭示了影响大学生云计算课堂使用意愿的因素。④还有学者关注了文化背景对大学生在线学习意愿的影响，将 TPB 用于探究集体主义文化中大学生在线学习的意愿及行为；且区别于传统的将行为态度、主观规范和 PBC 视为并行关系的研究，证明了主观规范可以调节行为态度和 PBC 对大学生在线学习行为的影响。⑤除了学生群体，教师群体在网络教育和学习中也扮演着重要的角色。基于此，学者同样探究了教师群体对在线学习技术和服务的采纳意愿及行为。例如，Pynoo 等使用 C-TAM-TPB 模型预测了教师对在线教育门户的使用意愿，发现行为态度、主观规范和 PBC 都可以影响教师的使用意愿，但其影响的显著性水平取决于具体的用户类型。⑥Sadaf 则基于 TPB 探究了职前教师使用 Web2.0 辅助教学的意愿及影响因素。⑦

值得指出的是，除了对在线学习使用意愿的探究，还有学者整合 TPB、TAM、ECM、沉浸理论等多种理论模型，研究了用户对在线学习的持续使用意愿及其影响因素，研究结果表明行为态度、主观规范和 PBC 均可直接正向影响用户对在线学习的持续使用意愿。⑧

---

① Shih H P. Using a cognition-motivation-control view to assess the adoption intention for Web-based learning[J]. *Computers & Education*, 2008, 50(1): 327-337.
② Zhou M M. Chinese university students' acceptance of MOOCs: A self-determination perspective[J]. *Computers & Education*, 2016, 92-93: 194-203.
③ Niu L G. Decision-making determinants of students participating in MOOCs: Merging the theory of planned behavior and self-regulated learning model[J]. *Computers & Education*, 2019, 134: 50-62.
④ Shiau W L, Chau P Y K. Understanding behavioral intention to use a cloud computing classroom: A multiple model comparison approach[J]. *Information & Management*, 2016, 53(3): 355-365.
⑤ Sukanlaya S, Yuan S, Siti A S. It's not only what I think but what they think! The moderating effect of social norms[J]. *Computers & Education*, 2014, 76: 182-189.
⑥ Pynoo B, Tondeur J, Braak van J, et al. Teachers' acceptance and use of an educational portal[J]. *Computers & Education*, 2012, 58(4): 1308-1317.
⑦ Sadaf A, Newby T J, Peggy A E. Exploring pre-service teachers' beliefs about using Web 2.0 technologies in K-12 classroom[J]. *Computers & Education*, 2012, 59(3): 937-945.
⑧ Lee M C. Explaining and predicting users' continuance intention toward e-learning: An extension of the expectation–confirmation model[J]. *Computers & Education*, 2010, 54(4): 506-516.

2. 移动互联环境中在线学习意愿及行为的研究

随着移动互联网和移动通信技术的发展，在线学习不再局限于传统的互联环境，开始向移动社交学习转变。如何促进用户移动学习的意愿，日渐成为在线学习研究领域学者关注的重要课题。有学者基于 TPB 构建起结构方程模型，挖掘了影响学生对移动学习采纳意愿的重要因素[1]；还有学者基于 TPB 解释了大学生对高等教育移动学习的采纳意愿[2]。

通过文献回顾可以发现，该主题研究呈现出以下特征：①总体来说，该主题的研究成果较为丰富，是 TPB 在信息系统领域的主要应用阵地之一；然而，与传统互联环境中在线学习意愿及行为的研究数量相比，学界对近年兴起的移动学习意愿及行为的研究仍较少，后续应加大将 TPB 用于移动学习意愿和行为的研究力度。②该主题研究多聚焦于在线学习使用意愿，而忽略了后续的持续使用意愿及实际使用行为，因此探究的行为周期不够完整，对 TPB 的应用也不够完善，这可能是因为现有研究多通过调查问卷、访谈等收集用户的自报告主观数据，对用户客观数据的收集较难操作。

10.2.3 TPB 在信息安全/隐私/伦理研究方面的应用

信息系统和技术为人们生活带来便利的同时，也伴随着一些隐患，如个人或组织的信息安全和信息隐私问题等。为了保护信息安全，维护信息隐私，国家和组织日渐重视信息安全、隐私、伦理道德方面规章制度和防护策略的制定，要求个人遵循并执行相关的规章策略。然而，并不是所有人都会执行这些策略，强迫个人遵守可能会触发不良行为，因此有必要挖掘哪些因素可以促进个人对这些规章策略的遵循与采纳。[3] 该主题的研究最初仍聚焦于组织内部员工对信息安全伦理相关政策的遵循意愿及行为。早在 2004 年，Leonard 等就整合 TPB、TRA 以及伦理决策模型，构建了一个 IT 伦理行为模型来探究员工对 IT 伦理政策的遵循意愿，指出组织可以对 IT 专业人员和管理人员进行培训，并制定一些遏制信息滥用行为的措施。[4] 移动互联网的发展和移动设备的

---

[1] Valencia A, González G, Castañeda M. Structural equation model for studying the mobile-learning acceptance[J]. *IEEE Latin America Transactions*, 2016, 14(4): 1988-1992.

[2] Cheon J, Lee S, Steven M, et al. Crooks An investigation of mobile learning readiness in higher education based on the theory of planned behavior[J]. *Computers & Education*, 2012, 59(3): 1054-1064.

[3] Burcu B, Hasan C, Izak B. Information security policy compliance: An empirical study of rationality-based beliefs and information security awareness[J]. *MIS Quarterly*, 2010, 34(3): 523-548.

[4] Leonard L N K, Cronan T P, Kreie J. What influences IT ethical behavior intentions-Planned behavior, reasoned action, perceived importance, or individual characteristics?[J]. *Information & Management*, 2004, 42(1): 143-158.

普及使得上述信息安全、隐私方面的问题进一步加剧。当个人在工作环境中使用自己的移动设备时，组织信息的安全是无法保障的，那么组织应如何确保个人在移动设备上执行适当的信息保护行为呢？有学者基于 TPB 开发了一个移动信息保护模型，以探讨个人在移动设备上主动披露信息的意愿及其影响因素，从而帮助组织保护其重要信息不被泄露，保障其信息系统的安全性。[1]

与此同时，互联网、社交网络、无线技术等的发展同样使得信息安全和隐私问题不再只是企业和组织关注的问题，普通的信息系统用户同样注重个人信息安全和隐私，且这种重视程度在近些年与日俱增。一些学者已经基于 TPB 探究了人们对信息技术安全策略、信息系统安全策略的遵循意愿、行为及其动因。[2][3] 还有学者专注于某一人群，探寻特定人群遇到的信息安全和隐私问题，并试图找出可行的解决方案。例如，Rajaba 和 Eydgahi 使用 TPB 探寻了高学历人群对信息安全策略的遵循意愿和行为[4]；Moafa 等则指出，人们在使用社交媒体时可能会受到网络骚扰的负面影响，这种影响可能会导致人们停止使用社交媒体，基于此，他们整合 UTAUT、TPB 等理论探究了导致学生陷入网络骚扰的因素[5]，从而帮助主管部门和决策者制定反网络骚扰的策略。

由前述可知，随着日常生活中互联网和信息系统的渗透，人们对个人信息安全和隐私问题的重视程度与日俱增，该主题的研究重点已经不再局限于最初的组织内部员工对信息安全伦理相关政策的遵循意愿及行为，而是逐渐转移过渡到了组织外部普通信息系统用户对信息安全策略、隐私保护策略、信息伦理政策等的遵循意愿及行为，且大部分研究仍仅关注遵循意愿，鲜见对实际遵循行为的研究成果。

10.3 结论与展望

通过文献回顾和梳理可知，信息系统领域已经涌现出一些基于 TPB 的研究成果，主要集中在"TPB 在信息系统、技术及服务采纳研究方面的应用""TPB 在在线学习意

---

[1] France B, Robert E C. Dealing with digital traces: Understanding protective behaviors on mobile devices[J]. *Journal of Strategic Information Systems*, 2019, 28(1): 34-49.

[2] France B, Stéphane C, Kathryn E. Determinants of early conformance with information security policies[J]. *Information & Management*, 2017, 54(7): 887-901.

[3] Princely I. Understanding information systems security policy compliance: An integration of the theory of planned behavior and the protection motivation theory[J]. *Computers & Security*, 2012, 31(1): 83-95.

[4] Rajaba M, Eydgahi A. Evaluating the explanatory power of theoretical frameworks on intention to comply with information security policies in higher education[J]. *Computers & Security*, 2019, 80: 211-223.

[5] Moafa F A, Ahmad K, Al-Rahmi W M, et al. Develop a model to measure the ethical effects of students through social media use[J]. *IEEE Access*, 2018, 6: 56685-56699.

愿及行为研究方面的应用"和"TPB 在信息安全/隐私/伦理研究方面的应用"三个方面。

现有研究仍存在一些不足之处,主要包括:①个体的使用意愿及实际行为不是恒定不变的,会随时间推移而改变,因此需要纵向的历史的研究,而现有研究多聚焦于某个时间点或时间段,忽视了用户意向和行为随时间推移的变化。②由于反映用户实际行为的数据不易获取,当前大部分研究仍以用户的使用意愿为研究的落脚点,真正延伸到用户实际行为的研究仍较少。③访谈、调查问卷等用户自报告数据收集方法仍是该领域研究的主流方法,与更客观的数据收集和测量方法相比,其收集到的数据质量参差不齐且带有较强烈的主观色彩,有时可能无法精确反映出用户的真实想法。④现有研究对 TPB 中某些变量的理解及细分并未达成一致,尤其是感知行为控制,有学者认为感知行为控制与自我效能之间存在交叉,可以互换;其他学者却认为感知行为控制应被理解成为两个独立且相关的构念,即自我效能与可控性,由此可见后续应对感知行为控制这一变量做进一步的研究。⑤现有研究对 TPB 的预测和解释力度、TPB 中变量之间的关系及关系强度等,仍存在一些分歧。例如,TPB 对某些行为具有较强的解释力度,却无法较好地预测其他一些行为;且在某些研究中,特定变量之间具有较强的关系,而在另一些研究中变量之间的关系强度却不显著,这可能是由所研究的行为类型、行为边界、研究情境、文化背景、社会环境等因素的差异造成的,后续需要对这些因素进行深入探讨。⑥将 TPB 与其他理论模型进行对比分析并整合的研究较多,但对于不同理论模型的优劣仍未形成统一结论。⑦TPB 在新兴网络环境和技术中的应用仍处于探索和起步阶段,且与对电子商务、健康医疗信息系统和服务的研究相比,将 TPB 用于其他类型信息系统和服务采纳的研究仍较少。

为弥补当前研究的不足,后续信息系统领域中应用 TPB 的研究应注意以下几点:①关注个体使用意愿及行为随时间推移而发生的变化,对用户行为进行持续追踪与监测,开展长期的、纵向的、历史的研究。②个体的使用意愿可能是临机的,且其在调查中呈现出的使用意愿可能是虚假的,即个体的使用意愿有时候并不能反映其实际行为,因此需要加大对个体实际行为的研究力度,开展覆盖整个行为周期的研究。③灵活运用数据驱动的研究方法,结合实验、准实验,借助眼动仪、脑电仪等先进科学设备,获取更为客观的用户行为数据,规避传统自报告数据的不足,提高研究结果对实际行为的解释力度。④重视信息系统和技术采纳中情境所发挥的作用,检验个体使用意愿因情境因素而变化的程度,从而挖掘出情境因素对个体后续行为的影响。⑤进一步细化研究粒度,一方面要细分特定变量,如感知行为控制和信念变量等,并根据研究问题及情境纳入合适的调节变量,探讨文化、社会和个体差异对行为、规范及感知控制的影响，进一步提高 TPB 的预测和解释能力；另一方面，要加大对特定用户群体、特定行为、特定信息系统／技术／行为等的研究力度，促使研究更具针对性、专指性。⑥研究表明，TPB 在某些行为的预测中具有较高的准确性，但在其他一些行为的预测中表现欠佳，后续应深入探讨 TPB 不能预测及解释的行为的边界和类型，并挖掘其原因。⑦当前研究中仍存在一些不一致的研究结果，如不同理论模型在预测同种行为中的优劣排序，后续需要进一步探讨导致这种不一致的原因，总结出规律性的结论。⑧将 TPB 应用于更多类型、更多情境中信息系统／技术／服务方面的研究，拓展 TPB 的适用场景和范围。

第 11 章 。 CHAPTER 11

社会临场感理论
及其在信息系统研究领域的应用与展望

1976年,肖特(Short)等创建了社会临场感理论(Social Presence Theory)。[⊖]该理论阐述了社会临场感的概念以及如何通过社会临场感增强人们在线交互时的真实感。具体来说,在基于媒介的沟通与交互过程中,媒介通常依赖多种语言和非语言线索传递信息,传递更多线索的媒介会引发更高水平的社会临场感,能够让沟通者产生更强烈的对他人的感知,从而获得与面对面沟通时相近程度的真实感。

随着互联网技术的发展,人们在在线学习、在线游戏、电子商务等在线活动中越来越追求身临其境的感觉,而对社会临场感的合理把握和使用能够通过缩短沟通双方的社会距离来增强人们在在线活动中对他人的感知,社会临场感理论由此得到了广泛应用。为帮助学界把握该理论的应用现状,有学者对国内外相关研究成果进行了述评:腾艳杨阐述了社会临场感的起源与发展,重点论述了远程教育领域内社会临场感的定

⊖ Short J, Williams E, Christie B. The social psychology of telecommunications[M]. London: John Wiley & Sons, 1976: 1-100.

义、内在属性和影响因素[1]；戴鑫等梳理了通信、远程教育、人机互动和营销四个领域内社会临场感理论的起源发展、量表演变、研究主题、代表学者等内容，在对四个领域进行比较评述的基础上，重点关注前三者对营销研究的借鉴[2]。虽然社会临场感理论在信息系统领域中的应用已取得不少成果，但在文献调研过程中尚未发现该方面的研究述评，为此，本章拟在简要介绍社会临场感理论及其应用之后，对国内外信息系统领域中基于该理论的相关研究成果进行述评。

11.1 社会临场感理论及其应用的演化

11.1.1 社会临场感理论的起源与演化

肖特等提出的社会临场感理论认为，社会临场感是媒介的固有属性，不同的媒介具有各自稳定水平的社会临场感，人们会根据沟通任务的特性来选择社会临场感水平与之匹配的媒介，以达到沟通的最好效果。该理论观点倾向于认为媒介属性这一技术因素决定了社会临场感的感知，而不考虑存在于媒介两端的沟通双方交互过程中的社会因素。

后续有学者通过实验研究对肖特等的理论观点提出了质疑。Gunawardena 等经实验证实，社会临场感是参与者在基于媒介的交互过程中产生的对他人的心理感知，如参与者可以通过使用表情符号来表达缺失的非语言线索，从而增强社会情感体验，提高社会临场感。[3]Ijsselsteijn 等在一项实验中也发现，被试的社会临场感会随时间发生改变，其原因是被试感知到的刺激材料信息程度的提升，而不是媒介的变化。[4]Walther 则证明，在时间足够的情况下，基于计算机媒介的沟通交互中，沟通双方能够形成与面对面沟通时相同程度的亲密感，而这种亲密感又会影响社会临场感的感知。[5]上述学者的实验结果均证实，除媒介属性这一技术因素外，表情符号、互动、沟通技巧等交互过程中的社会因素也会对社会临场感产生影响，且社会因素的影响起到了更为关键

---

[1] 腾艳杨. 社会临场感研究综述 [J]. 现代教育技术，2013, 23(3): 64-70.
[2] 戴鑫，卢虹. 社会临场感在多领域的发展及营销研究借鉴 [J]. 管理学报，2015, 12(8): 1172-1183.
[3] Charlotte N. Gunawardena, Frank J. Zittle. Social presence as a predictor of satisfaction within a computer-mediated conferencing environment[J]. *American Journal of Distance Education*, 1997, 11(3): 8-26.
[4] Ijsselsteijn W, De Ridder H, Hamberg R, et al. Perceived depth and the feeling of presence in 3DTV[J]. Displays, 1998, 18(4): 207-214.
[5] Walther J B. Relational aspects of computer-mediated communication: Experimental observations over time[J]. *Organization Science*, 1995, 6(2): 186-203.

的作用。

如前所述，肖特等最初提出的社会临场感理论认为，社会临场感仅由技术因素决定，后经多位学者的实验研究发现，除技术因素外，一些社会因素也会对其产生影响。因此，在该理论的研究与应用中，一般需要同时考虑技术因素与社会因素对社会临场感的综合影响。

11.1.2　社会临场感理论的主要应用领域

社会临场感理论自创建以来，已被广泛应用于通信、远程教育、人机交互、电子商务等多个领域，研究者因其研究领域、研究视角、研究主题的不同而对该理论有着多元化的认识。

该理论首先被应用于通信领域内的相关研究。肖特等将社会临场感划分为社交力、敏感度、温馨度和个人性四个维度，并在一项关于电话和电话会议影响员工绩效的研究中，检验了面对面、闭路电视和音频这三种媒介的社会临场感差异，发现面对面通信具有最高程度的社会临场感，其次是闭路电视，最低的是音频。[1] 该结果表明，面对面通信由于传递了最多的社会线索而被认为是一种人性化、社会化、热情、敏感的媒介，具有较高水平的社会临场感，而其他媒介由于缺乏如表情、手势和肢体动作等的非语言线索，降低了沟通者在交互中的社会临场感。

20世纪90年代，社会临场感理论被应用于远程教育领域的研究，研究者对在线学习情境中社会临场感的概念、构成，及其对学习绩效、学习激励的作用进行了深入探究。Gunawardena等将在线学习社区中的社会临场感定义为参与者在基于媒介的交互过程中形成的心理感知，并在此基础上探究了计算机会议环境中，社会临场感对学习满意度的影响。结果表明，在社会临场感、学生对平等参与的感知和教学技能这三个因素中，社会临场感对学习满意度的影响最大。[2] Tu则将远程教育中的社会临场感划分为社会情境、在线通信、交互性、私密性和私密性感觉这五个维度，并通过对邮件、公告栏、实时讨论这三种基于文本的CMC（Computer-Mediated Communication，CMC）方式进行实验研究，发现社会临场感和私密性显著相关。[3]

---

[1] Short J, Williams E, Christie B. The social psychology of telecommunications[M]. London: John Wiley & Sons, 1976: 1-100.

[2] Charlotte N. Gunawardena, Frank J. Zittle. Social presence as a predictor of satisfaction within a computer-mediated conferencing environment[J]. American Journal of Distance Education, 1997, 11(3): 8-26.

[3] Tu C H. The relationship between social presence and online privacy[J]. Internet & Higher Education, 2002, 5(4): 293-318.

2000 年左右，社会临场感理论逐渐被应用于人机交互领域，相关研究包括社会临场感对使用者易用性感知、有用性感知、享乐感知的影响，以及其通过这些感知对用户使用意愿的影响。Heerink 等通过研究老年人与机器猫之间的互动发现，社会临场感会通过影响老年人的享乐感知对使用意愿产生影响，并最终影响实际使用。

2000 年后，社会临场感理论也被应用于用户购买意图、用户持续使用、用户忠诚、技术接受、网站设计等电子商务领域内的相关研究。Cyr 等从用户对网站的社交性、敏感性、个人化程度的感知这三个维度出发，分析了社会临场感对用户忠诚的直接和间接影响。

11.2 社会临场感理论在信息系统研究领域的应用进展

11.2.1 社会临场感的影响因素研究

对社会临场感影响因素的研究和探讨能够为有效地提高社会临场感提供实践指导，从而更好地将该理论应用于不同的场景和领域，为此一些学者从多个角度进行了探索。

交互性被认为是影响社会临场感的一个重要因素。Kim 等通过对韩国某高校学生进行调查发现，参与者间的交互性积极地影响对社会临场感的感知。Fortin 等通过在实验中对九种不同交互性和生动性组合（3*3）下的网络广告进行研究，发现广告内容的交互性对社会临场感的影响在其中等水平时达到最大，不随交互性水平的进一步上升而变大，呈现出收益递减效应，而生动性的影响则随着其低、中、高水平的上升保持稳定的增长。

与人类特性有关的线索也会对社会临场感产生影响。Kumar 等经实验发现，亚马逊音乐网站上的推荐和用户评论，能够通过建立网站与访问者间的心理连接而提高网

---

① Heerink M, Ben K, Evers V, et al. The influence of social presence on acceptance of a companion robot by older people[J]. *Journal of Physical Agents*, 2008, 2(2): 33-40.
② Cyr D, Hassanein K, Head M, et al. The role of social presence in establishing loyalty in e-service environment[J]. *Interacting with Computers*, 2007,19(1): 43-56.
③ Kim J, Kwon Y, Cho D. Investigating factors that influence social presence and learning outcomes in distance higher education[J]. *Computers & Education*, 2011, 57(2): 1512-1520.
④ Fortin D R, Dholakia R R. Interactivity and vividness effects on social presence and involvement with a web-based advertisement[J]. *Journal of Business Research*, 2005, 58(3): 387-396.
⑤ Reeves B, Nass C I. The media equation: How people treat computers, television, and new media like real people and places[M]. Cambridge: Cambridge University Press, 1996: 444-446.

站的社会临场感。Han等则对社交网站中社会临场感的影响因素进行了研究，将社会临场感定义为用户感知到Twitter传达了一种人类接触、社交、温暖和敏感的感觉的程度，并提出社交网站的即时性特征（如即时反馈）和亲密性特征（如隐私感和回复）会对社会临场感产生影响。除此之外，学者们提出能够促进社会临场感的网站特征还有个性化问候、富有感情的文字和人类图像、人类的视频等。

此外，Yoo等比较了媒介（音频会议 vs. 视频会议）和群体凝聚力（刚成立小组 vs. 有工作历史的小组）对社会临场感的不同影响，结果表明两者都对社会临场感产生了影响，但群体凝聚力的影响更大。Kim等发现，使用媒介的技巧会影响通信的质量和学生的学习体验，对同步聊天、异步讨论、视频音频流等学习工具的有效利用和整合能够弥补真实接触的缺失，从而积极地影响学生对社会临场感的感知。

由前述可知，除媒介属性外，交互性、人类特性等多种社会因素也会对社会临场感的感知产生影响，且其影响有时比技术因素更加重要。因此，在应用该理论解决各领域内相关问题时，可以从改善社会因素的角度出发来提高社会临场感（特别是在媒介的选择被限制时）。此外，社会临场感影响因素的多样性以及此类实验较低的外部效度，使得不同研究因实验设置的不同可能得出不同的结论，未来可在更加具体的情境下对人口统计特征（文化、性别、年龄等）、任务特性、交互方式等多种社会因素对社会临场感的影响进行深入、全面的探究。

11.2.2　社会临场感对学习绩效的影响研究

时代的快速发展使知识更新日益加快，越来越多的人开始意识到终身学习的必要性。在线学习能够克服时间与空间的限制，比传统的面对面教学更加便捷且更具成本

---

① Kumar N, Benbasat I. Research note: The influence of recommendations and consumer reviews on evaluations of websites[J]. *Information Systems Research*, 2006, 17(4): 425-439.

② Han S, Min J, Lee H. Antecedents of social presence and gratification of social connection needs in SNS[J]. *International Journal of Information Management*, 2015, 35(4): 459-471.

③ Gefen D, Straub D. Managing user trust in B2C e-services[J]. *E-Service Journal*, 2003, 2(2): 7-24.

④ Hassanein K, Head M. The impact of infusing social presence in the Web interface: An investigation across product types[J]. *International Journal of Electronic Commerce*, 2006, 10(2): 31-55.

⑤ Kumar N, Benbasat I. Research note: The influence of recommendations and consumer reviews on evaluations of websites[J]. *Information Systems Research*, 2006, 17(4): 425-439.

⑥ Yoo Y, Alavi M. Media and group cohesion: Relative influences on social presence, task participation, and group consensus[J]. *MIS Quarterly*, 2001, 25(3): 371-390.

⑦ Kim J, Kwon Y, Cho D. Investigating factors that influence social presence and learning outcomes in distance higher education[J]. *Computers & Education*, 2011, 57(2): 1512-1520.

效益，已成为一种重要的学习方式。同时，随着研究者们逐渐认识到社会临场感能有效地消除学习者的孤独感并缩短师生间的心理距离，关于如何利用社会临场感来激发学生的学习动机、提高其学习绩效已成为在线学习中的重要研究问题。

关于社会临场感与学习绩效间关系的研究，学者们得到了不同的结果。有学者发现社会临场感与学习绩效间并不存在显著关系：Rau等将学习绩效定义为学生的学习成绩，并探究了短信服务、邮件、网络论坛这三种通信方式对学生的学习动力、学习压力和学习绩效的影响，发现短信服务因其非正式和应用广泛的特性而被认为具有较高的社会临场感，在不引发学生压力的情况下能有效地增进教学过程中老师与学生间的联系，但使用不同的通信方式对学习绩效没有显著影响。[1]也有学者发现社会临场感会对学习绩效产生影响：Richardson等在研究中将学习绩效定义为在线学习者对学习过程和知识获取的感知，强调学习者的认知发展，并发现学习者的社会临场感与感知到的学习活动有很高的相关性[2]；吴祥恩等用学习者在教学过程中各项活动的指标表现来评估学习绩效，并通过实证研究发现社会临场感能够显著预测在线课程的学习效果[3]；Yamada则探究了同步计算机媒介通信环境下，视频会议、电话会议、有图像的文本交谈、纯文本交谈这四种具有不同社会临场感水平的系统对学习绩效的影响，并得到如下结果：文本交流在文法精确性上具有优势，在形式和沟通技能上对学习更有效；图像信息使参与者间的交流更加自然并对自身行为进行修正，能够获得更好的学习绩效。[4]

学者们在关于社会临场感与学习满意度间关系的研究结果上也存在分歧。Kim等经调查研究发现，媒介整合和讲师的授课质量是学习满意度的重要预测因子，但社会临场感不能显著预测学习满意度。[5]Bulu则发现，在3D虚拟世界中，社会临场感、地点存在（place presence）、共同存在（co-presence）三者都会影响学习满意度，且社会临场感影响的程度最大。[6]Richardson等对相关文献进行了元分析，并得到如下结果：社

---

[1] Rau P L P, Wu L M, Wu L M. Using mobile communication technology in high school education: Motivation, pressure, and learning performance[J]. *Computers & Education*, 2008, 50(1): 1-22.

[2] Richardson J, Swan K. Examining social presence in online courses in relation to students' perceived learning and satisfaction[J]. Journal of Asynchronous Learning Network, 2003, 7(1): 68-88.

[3] 吴祥恩，陈晓慧，吴靖. 论临场感对在线学习效果的影响[J]. 现代远距离教育，2017, (2): 24-30.

[4] Yamada M. The role of social presence in learner-centered communicative language learning using synchronous computer-mediated communication: Experimental study[J]. *Computers & Education*, 2009, 52(4): 820-833.

[5] Kim J, Kwon Y, Cho D. Investigating factors that influence social presence and learning outcomes in distance higher education[J]. *Computers & Education*, 2011, 57(2): 1512-1520.

[6] Bulu S T. Place presence, social presence, co-presence, and satisfaction in virtual worlds[J]. *Computers & Education*, 2012, 58(1): 154-161.

会临场感与满意度之间存在正相关关系，且课程长度、学科领域、测量量表这三者能够调节社会临场感与满意度间关系的强度。[1]

也有学者通过引入探究社区框架（community of inquiry framework），进一步对社会临场感在在线学习中的应用进行了研究。探究社区框架最初由 Garrison 等于 2000 年提出，其三大核心维度是教学存在（teaching presence）、认知存在（cognitive presence）和社会临场感（social presence，在该框架中多被称为社会存在）。[2]Garrison 等经研究发现：教学存在通过形成一种信任、开放交流、组间凝聚的氛围来建立社会存在，而社会存在作为一种中介因素，为教学过程提供了环境。[3]该研究证明探究社区框架是理解三种存在间复杂因果关系的有用的理论框架，也是将社会临场感理论应用于在线学习的有力工具。在该框架的发展过程中，也有学者对其提出了质疑：Rourke 等通过对48 篇引用该框架的报告进行回顾，发现该框架与学习结果没有明确的联系[4]；Shea 等则通过实证研究证明，学习者与指导者在学习过程中通常表现出不同的行为、动机和策略，而探究社区框架并没有将两者的角色进行区分，无法充分解释有效的学习行为，应在其基础上增加学习存在（learning presence）这一维度[5]。

由以上分析可知，当前关于社会临场感与学习绩效、学习满意度间关系的研究结果还存在分歧。在学习绩效的研究中，不同的学者对学习绩效进行了不同的定义和测量：有学者用学习成绩来衡量学习绩效，此种方式较为客观但比较单一，且考试成绩有时会受到很多不确定因素的影响而难以准确表达学习绩效；也有学者将学习绩效定义为认知发展，这样的测量方式相对全面但较为主观，测量结果会受到学习者主观认识的限制。未来应进一步探究对学习绩效的不同评价是否为导致分歧的原因，以及是否存在其他原因能够解释尚未达成一致的研究结果。而在探究社区框架的研究中，针对学者提出的该框架与学习结果没有明确联系这一质疑，未来可以进一步探究该框架对学习过程和学习结果的预测能力，并对该框架是否能被扩展到不同人群（在职人员、大学生、初高中生）和不同学科环境进行验证。

---

[1] Richardson J C, Maeda Y, L J, et al. Social presence in relation to students' satisfaction and learning in the online environment: A meta-analysis[J]. *Computers in Human Behavior*, 2017, 71: 402-417.

[2] Garrison D R, Anderson T, Archer W. Critical inquiry in a text-based environment: Computer conferencing in higher education[J]. *Internet & Higher Education*, 1999, 2(2): 87-105.

[3] Garrison D R, Cleveland-Innes M, Fung T S. Exploring causal relationships among teaching, cognitive and social presence: Student perceptions of the community of inquiry framework[J]. *Internet & Higher Education*, 2010, 13(1): 31-36.

[4] Rourke L, Kanuka H. Learning in communities of inquiry: A review of the literature.[J]. *Journal of Distance Education*, 2009, 23(1): 19-48.

[5] Shea P, Hayes S, Smith S U, et al. Learning presence: Additional research on a new conceptual element within the Community of Inquiry framework[J]. *Internet & Higher Education*, 2012, 15(2): 89-95.

11.2.3 社会临场感在系统设计中的应用研究

社会临场感在系统设计过程中起着重要的作用,有较高水平社会临场感的系统或网站能为用户提供更好的使用体验。

有学者对社会临场感在界面设计中的应用进行了研究。Qiu 等在产品推荐代理界面设计的研究中,通过对两个自变量(界面设计中是否有人形化身,推荐结果的输出形式:文本、合成语音、真人语音)的六种组合进行实验发现,当产品推荐代理使用人形化身和人类声音与用户沟通时,会显著地影响用户对社会临场感的感知,从而提高用户的信任感、愉悦感,最终提高用户使用代理作为决策辅助的意向。[1]Hess 等研究则证明推荐代理的外向型个性和生动性也会影响社会临场感,并因此增强用户信任。[2]

也有学者对社会临场感在网站设计中的应用进行了研究。Cyr 等在一项关于网站上人的形象这一元素设计的研究中发现,有面部特征的人的形象能促进用户感知到网站更具吸引力、温暖感、社会临场感,而更高层次的吸引力和社会临场感能够产生信任。[3]Zhu 等则对协作在线购物(消费者与一位或多位远程购物伙伴同时在一家在线商店购物)网站上的两个设计特征——导航支持和通信支持进行了探究,研究结果表明,共享导航和语音聊天能够显著提高协作购物者对社会临场感的感知,并改善协作双方的协调绩效。[4]

由以上分析可知,在系统设计中,设计者可以通过加入与人类特性有关的线索,使得用户与系统的交互更加社会化,进而提高用户的社会临场感,增强用户对系统的信任。在现有研究中,还存在以下有待改进之处:①虽然学生是使用网络进行通信和交易的主要群体,用学生作为样本进行此类研究是正确且具有代表性的,但考虑到不同群体具有不同特性,未来的研究可用具有不同人口统计特征(年龄、性别、学历、文化、计算机经验)的群体样本验证相关研究结果。②目前关于移动设备的界面特征如何通过社会临场感对用户感知和体验产生影响的研究还相对较少,移动界面与电脑界面在屏幕大小、界面布局、交互方式等多个方面均存在差别,且移动界面因其便携的特

---

[1] Qiu L, Benbasat I. Evaluating anthropomorphic product recommendation agents: A social relationship perspective to designing information systems[J]. *Journal of Management Information Systems*, 2009, 25(4): 145-182.

[2] Hess T J, Fuller M A, Campbell D E. Designing interfaces with social presence: Using vividness and extraversion to create social recommendation agents[J]. *Journal of the Association for Information Systems*, 2009, 10(12): 889-919.

[3] Cyr D, Head M, Larios H, et al. Exploring human images in website design: A Multi-method approach[J]. *MIS Quarterly*, 2009, 33(3): 539-566.

[4] Zhu L, Benbasat I, Jiang Z. Let's shop online together: An empirical investigation of collaborative online shopping support[J]. *Information Systems Research*, 2010, 21(4): 872-891.

点正逐渐成为人们使用网络的主流方式,因此,未来可对此方面进行深入研究。

11.2.4 社会临场感对群体行为的影响研究

1. 社会临场感对在线交互与协作的影响研究

社会临场感是影响在线交互与协作的一个重要因素。An 等比较了不同程度的导师干预(是否回答学生问题,是否要求学生回答其他同学的问题)对异步在线讨论过程中学生交互的影响。结果表明,当导师进行了最小限度的干预时,学生们能更加自由地发表其观点和看法,从而表现出较多的社会临场感线索和较高的交互效率。[①]Xie 等则通过实验研究发现,同伴间的交互不总是产生积极的情绪和情感,也可能引发冲突等负面情绪。在一个学习社区中,角色转换和身份认同的不协调可能会增加冲突存在,在此过程中,学生的身份协商起到了重要的作用,而社会临场感能够使身份协商过程中的紧张关系正常化,从而帮助化解交互过程中的冲突。[②]Murphy 建立起一个关于协作的概念框架:在该框架中,协作始于交互,在产生协作的第一个过程中,社会临场感增强了组间凝聚,使参与者意识到他人的存在并将其与小组形式联系起来,从而丰富了交互行为,为后续成员间的协作打下良好基础。[③]

由前述可知,社会临场感能够缩小参与者间的心理距离,从而丰富在线交互和协作过程,并缓解交互过程中的冲突,提高交互与协作的效率。

2. 社会临场感对群体决策的影响研究

多位学者对如何利用社会临场感提高决策质量进行了探究。Miranda 等从社会建构视角出发,对会议环境、会议中信息共享的广度和深度、决策质量这三者间的关系进行探究,在面对面交流的基础上增加电子媒介通信会对信息共享的广度产生积极影响,并最终影响决策质量。[④]Lowry 等则对决策过程中的信任进行了探究,指出管理者可以通过选择能够提升社会临场感的协同软件来改善分布和文化多样性团队中的信任,并

---

① An H, Shin S, Lim K. The effects of different instructor facilitation approaches on students' interactions during asynchronous online discussions[J]. *Computers & Education*, 2009, 53(3): 749-760.
② Xie K, Lu L, Cheng S L, et al. The interactions between facilitator identity, conflictual presence, and social presence in peer-moderated online collaborative learning[J]. *Distance Education*, 2017, 38(2): 1-15.
③ Murphy E. Recognising and promoting collaboration in an online asynchronous discussion[J]. *British Journal of Educational Technology*, 2004, 35(4): 421-431.
④ Miranda S M, Saunders C S. The social construction of meaning: An alternative perspective on information sharing[J]. *Information Systems Research*, 2003, 14(1): 87-106.

最终改善团队决策质量。[1]

也有学者利用社会临场感对群体决策中的群体极化和多数影响进行了研究。Sia 等指出，群体极化（group polarization）现象是指群体讨论后人们思维的极端化倾向，从积极的一面看，群体极化能促进群体意见一致，提高群体内聚力和群体行为的一致性；从消极的一面看，它会使错误的判断和决定更趋激化、极端。研究结果表明，CMC 环境中，匿名以及视觉线索的缺失会降低社会临场感，减少人们在评估和沟通过程中的焦虑，鼓励他们贡献更多新颖的观点，从而提高群体极化的程度。[2]该研究结果对决策制定者有重要的借鉴意义，他们可以根据所需要的群体极化水平选择与之匹配的媒介。Zhang 等则对群体决策中的多数影响（majority influence）现象进行了研究——多数影响是社会影响的主要形式，是一个解决冲突以达成一致的过程，在这个过程中，那些偏离的群体成员最终依从群体中多数人的观点。研究结果表明，CMC 环境中，声音和面部表情等非语言线索的缺失降低了社会临场感和一致性压力，从而减少了多数影响。[3]

从以上分析可得出如下结论：①对社会临场感的合理把握能够提高决策质量；②在交互与决策过程中，较高程度的社会临场感会增加对群体成员的社会压力和规范性影响，因此意见交换的程度通常与社会临场感程度成反比，而在 CMC 环境中，成员仅仅用文字线索来交换意见，规范性影响较低，减少了成员的沟通焦虑和一致性压力，从而促使其生成更多不受约束的言论；③人们趋向于利用基于媒介的交互来解决不同类型的群体任务，在此过程中，应根据任务特性选择合适的媒介并制定与之匹配的交互设置和交互规则，以达到最佳的交互和决策效果。截至目前，未发现有文献对群体交互过程中产生的社会临场感随时间的变化进行研究，考虑到群体在其形成、发展和成熟等不同生命周期阶段具有不同特性，未来可以探索社会临场感在群体形成的整个生命周期内对交互的影响。

11.2.5 社会临场感对用户意向与行为的影响研究

1. 社会临场感对用户意向的影响研究

用户意向是用户行为的重要预测因素，为此相关学者利用社会临场感对不同的用

---

[1] Lowry P B, Zhang D, Zhou L, et al. Effects of culture, social presence, and group composition on trust in technology-supported decision-making groups[J]. Information Systems Journal, 2010, 20(3): 297-315.

[2] Sia C L, Tan B C Y, Wei K K. Group polarization and computer-mediated communication: Effects of communication cues, social presence, and anonymity[J]. Information Systems Research, 2002, 13(1): 70-90.

[3] Zhang D, Lowry P B, Zhou L, et al. The impact of individualism-collectivism, social presence, and group diversity on group decision making under majority influence[J]. Journal of Management Information Systems, 2007, 23(4): 53-80.

户意向进行了研究。

关于用户的购买意向，Pavlou 等发现，在线交换关系中的不确定性对购买意向有消极影响，但信任、网站信息量、产品特征诊断、社会临场感这四个因素能够减轻不确定性。其中，社会临场感能够缩短买卖双方间的社会距离，让买方相信在线交换关系与传统的面对面人际关系相似，从而减轻不确定性，增强其购买意向。[1]Gefen 等强调了信任在电子商务中的重要性，提出了信任的四个维度：诚信、可预测性、能力、善行，并发现社会临场感会影响诚信、可预测性和善行这三个维度，而诚信和可预测性是购买意向的前因变量。[2]Hajli 等则提出信任对社会化商务平台更加重要，他们通过对 Facebook 用户的调查发现，对社交网站的信任能够改善信息搜寻，提高用户对平台的熟悉度和社会临场感，从而增强其购买意向。[3]也有学者对虚拟世界中用户购买虚拟产品的意向进行了研究。在虚拟世界中用户可以用虚拟化身（能够代表他们的电子形象）的形式居住、社交或进行一些虚拟产品和服务的买卖活动，Animesh 等通过对游戏"第二人生"（Second Life）的使用者进行网络调查发现，社交性虚拟世界中的人口密度和人口稳定性会对社会临场感产生积极影响，从而影响虚拟产品购买意向。[4]Jin 等则对游戏魔兽世界的玩家进行了调查，结果表明，交互性和社交性这两个因素会通过社会临场感对用户购买虚拟产品的意向产生影响。[5]

关于用户的参与意向，Zhang 等研究表明，社会化商务中，感知交互性、感知个性化、感知社交性等技术特征会对客户的虚拟体验（社会支持、社会临场感、心流）产生影响，从而影响他们的参与意向。[6]Kruikemeier 等研究了政治家如何利用 Twitter 交流对公民的政治参与意向产生影响，结果表明交互性的交流方式产生了较强的社会临场感和感知专业性，从而积极地影响了政治参与意向[7]。

---

[1] Pavlou P A, Liang H, Xue Y. Understanding and mitigating uncertainty in online exchange relationships: A principal–agent perspective[J]. *MIS Quarterly*, 2007, 31(1): 105-136.

[2] Gefen D, Straub D W. Consumer trust in B2C e-Commerce and the importance of social presence: Experiments in e-Products and e-Services[J]. *Omega*, 2004, 32(6): 407-424.

[3] Hajli N, Sims J, Zadeh A H, et al. A social commerce investigation of the role of trust in a social networking site on purchase intentions[J]. *Journal of Business Research*, 2017, 71(1): 133-141.

[4] Animesh A, Pinsonneault A, Yang S B, et al. An odyssey into virtual worlds: Exploring the impacts of technological and spatial environments on intention to purchase virtual products[J]. *MIS Quarterly*, 2011, 35(3): 789-810.

[5] Jin W, Sun Y, Wang N, et al. Why users purchase virtual products in MMORPG? An integrative perspective of social presence and user engagement[J]. *Internet Research*, 2017, 27(2): 408-427.

[6] Zhang H, Gupta S, Gupta S, et al. What motivates customers to participate in social commerce? The impact of technological environments and virtual customer experiences[J]. *Information & Management*, 2014, 51(8): 1017-1030.

[7] Kruikemeier S, Noort G V, Vliegenthart R, et al. The relationship between online campaigning and political involvement[J]. *Online Information Review*, 2016, 40(5): 673-694.

关于用户其他类型的使用意愿，Lee 等对社交网络服务上的音乐分享意向进行探究并发现，交互性会影响社会认同、社会临场感和感知易用性，而这三者最终会对音乐分享意向产生影响。[1]Lim 等将社会临场感理论和理性行为理论相结合，通过实验研究发现，一个组织的对话式转发与独白式推文相比，能引起更高程度的社会临场感，并因此引发用户更强的主观规范和对行为的赞成态度，从而使其有更强烈的意向采取组织所提倡的行为。[2]喻昕等构建了在线购物环境中商品信息呈现与消费者使用意愿间关系的理论模型，该模型以可视性、交互性形式呈现的信息会引发消费者的社会临场感，并通过愉悦感和信任感对消费者的推荐意愿产生影响。[3]

综上，社会临场感被发现会对用户意向产生积极影响。同时，多位学者强调了信任在形成用户意向时的重要作用，但关于信任与社会临场感间影响关系的研究尚未得出明确结论：Gefen 等发现社会临场感会影响信任；Hajli 等则提出对社交网站的信任能够提高用户的社会临场感，因此未来还需对信任与社会临场感间是否相互影响或存在其他形式的影响关系进行探究与明确。此外，用户意向也许不能完全代表实际的用户行为，未来可对实际的用户行为做进一步探究。

2. 社会临场感对用户黏性的影响研究

用户黏性是指用户由于信任或良性体验而形成的对品牌或产品的依赖感和再消费期望值。如何提高用户黏性已成为研究者们关注的重要问题。

在用户持续使用的研究方面，Lin 等指出意识和联系是社会临场感的两个层次：意识指用户通过使用社交网站来搜寻想得到的信息，对促进人际关系和维持友谊很重要，而联系是指在持续的社会关系中保持联系的感觉，这两者通过用户满意度和归属感的中介作用，对用户持续使用意愿产生了积极的影响。[4]Han 等借助使用与满足理论（Uses and Gratification Theory）进行研究发现，由社交网站产生的社会临场感积极地影响着社交需求的满足，并因此影响用户的持续使用意愿。[5]Cheikh 等通过对 Facebook

---

[1] Lee D, Park J Y, Kim J, et al. Understanding music sharing behaviour on social network services[J]. *Online Information Review*, 2011, 35(5): 716-733.

[2] Lim Y S, Lee-Won R J. When retweets persuade: The persuasive effects of dialogic retweeting and the role of social presence in organizations' Twitter-based communication[J]. *Telematics and Informatics*, 2017, 34(5): 422-433.

[3] 喻昕，许正良，郭雯君. 在线商户商品信息呈现对消费者行为意愿影响的研究：基于社会临场感理论的模型构建 [J]. 情报理论与实践，2017, 40(10): 80-84.

[4] Lin H, Fan W, Chau P Y K. Determinants of users' continuance of social networking sites: A self-regulation perspective[J]. *Information & Management*, 2014, 51(5): 595-603.

[5] Han S, Min J, Lee H. Antecedents of social presence and gratification of social connection needs in SNS[J]. *International Journal of Information Management*, 2015, 35(4): 459-471.

用户进行在线调查发现，社交网站的反馈功能会对社会临场感产生影响，而社会临场感、态度和感知有用性则会影响用户持续使用该网站的意向。[1]也有学者将社会临场感理论与社会资本理论结合，探究在线游戏社区中玩家的持续使用意愿，研究中将社会临场感定义为用户对互相之间联系的感知，并认为社区意识是社会临场感的一个重要维度，最终发现，关系网络融合和相互依赖能够积极地影响社区意识和关系转换成本，从而引发玩家的持续使用意愿[2]。

而在用户再使用与再购买的研究方面，Li 等运用相似吸引理论（Similarity-Attraction Theory）就用户对虚拟健康咨询服务的再使用进行了探究，结果表明，当智能咨询系统与用户的沟通风格相一致时，可以更好地吸引用户，加强交互过程中用户对参与感、信息量、透明度、享受度和可信度的感知，从而对社会临场感和再次使用意愿产生影响。[3]Ou 等研究发现，对即时消息、消息框、反馈系统等 CMC 工具的有效使用提高了买家对交互和社会临场感的感知，从而建立了其与卖家的快速关系和信任，最终对买家的再购买意向和实际的再购买行为产生积极的影响。[4]

由上述可知，社会临场感的提高会对用户持续使用、用户再使用与再购买产生积极的影响，能够增强用户对产品或品牌的黏性。此外，不同文化的群体可能在对社会临场感的感知和需求程度上存在差异，未来可进一步探究文化差异对实验结果的调节作用。

3. 社会临场感对用户采纳的影响研究

用户是否接受并使用某种技术、产品或服务是研究者和生产商普遍关注的重要问题，多位学者运用社会临场感对用户采纳进行了研究。

关于用户对产品的采纳，Karahanna 等将社会临场感理论、社会影响理论（Social Influence Theory）、理性行为理论（Theory of Reasoned Action）等社会心理学理论与技术接受模型结合，对员工使用公司电子邮件系统的情况进行调查，发现媒介易用性、

---

[1] Cheikh-Ammar M, Barki H. The influence of social presence, social exchange and feedback features on SNS continuous Use: The Facebook context[J]. *Journal of Organizational & End User Computing*, 2016, 28(2): 33-52.

[2] Tseng F C, Huang H C, Teng C I. How do online game communities retain gamers? Social presence and social capital perspectives[J]. *Journal of Computer-mediated Communication*, 2015, 20(6): 601-614.

[3] Li M, Mao J. Hedonic or utilitarian? Exploring the impact of communication style alignment on user's perception of virtual health advisory services[J]. *International Journal of Information Management*, 2015, 35(2): 229-243.

[4] Ou C X, Pavlou P A, Davison R M. Swift Guanxi in online marketplaces: The role of computer-mediated communication technologies[J]. *Social Science Electronic Publishing*, 2014, 38(1): 209-230.

管理者社会影响程度、社会临场感感知这三者影响了用户对邮件系统有用性的感知，从而影响了其对邮件系统的接受和使用。[1]Shin 则构造了一个关于三维电视（3DTV）接受和使用的预测模型，发现社会临场感、心流、感知有用性和感知愉悦这四者都会对意向产生影响，从而影响使用；其中，社会临场感作为中心因素，以显著的程度直接或间接地影响了与使用有关的其他因素（态度、感知有用性、感知愉悦、心流、意向），在采纳和持续使用的整个过程中扮演着重要的角色。[2]

关于用户对技术和服务的采纳研究，Brown 等提出一个协同技术的接受和使用模型，该模型将协同方面的研究（包括社会临场感理论、渠道扩张理论、任务关闭理论）和技术接受方面的研究（技术接受和使用的统一理论）进行了整合，结果表明，社会临场感是一种技术特性，能够积极地影响绩效期望和努力期望，从而影响使用该协同技术的意向，并最终对使用行为产生影响。[3]也有学者研究了用户对智能互动服务的接受，结果表明，服务过程中社会临场感的感知能够帮助建立双方的信任，减少用户控制的需要，从而积极地影响用户对服务的接受态度和行为反应。[4]

由前述可知，社会临场感在用户采纳过程中扮演着重要的角色，能够积极地影响用户对某产品、技术或服务的接受和使用。其中，多位学者将社会临场感理论和技术接受模型相结合的研究方法，与单独使用技术接受模型相比，能更好地从心理学和社会学视角对用户采纳的前因进行探究。

4. 社会临场感对用户评估的影响研究

用户对产品或服务的评估及其表现出来的态度会对用户后续的意向与行为产生影响，是一种重要的用户反馈。Sameh 等认为社会临场感与享乐、信任、易用性、有用性等因素构成了用户对产品或服务的评估信念，探究了在线购物环境中用户对自动化购物助手的个性相似性感知（Perceived Personality Similarity，PPS）与决策过程相似性感知（Perceived Decision Process Similarity，PDPS）对评估信念的作用，结果表明，

---

[1] Karahanna E, Straub D W. The psychological origins of perceived usefulness and ease-of-use[J]. *Information & Management*, 1999, 35(4): 237-250.

[2] Shin D. 3DTV as a social platform for communication and interaction[J]. *Information Technology & People*, 2012, 25(1): 55-80.

[3] Brown S, Dennis A, Venkatesh V. Predicting collaboration technology use: Integrating technology adoption and collaboration research[J]. *Journal of Management Information Systems*, 2010, 27(2): 9-54.

[4] Wünderlich N V, Wangenheim F, Bitner M J. High tech and high touch a framework for understanding user attitudes and behaviors related to smart interactive services[J]. *Journal of Service Research*, 2015, 16(16): 3-20.

PDPS 是这些评估信念的前因，它通过影响评估信念最终对用户的评估产生了影响。[①] Hassanein 等则探究了购买服饰和耳机这两种不同类型的产品时，社会临场感对用户态度的影响。研究发现，社会临场感会通过感知有用性、信任、愉悦对用户的态度产生影响，但这种影响只在购买服饰等体验型产品时起作用，购买耳机等搜索型产品时，更高水平的社会临场感对消费者的态度并没有造成积极的影响。[②]

综上，社会临场感会对用户评估产生作用，且这种作用会受到产品类型的影响。用户在购买不同类型的产品时可能对社会临场感的程度有不同要求，然而截至目前，很少有研究考察产品类别对社会临场感作用的影响，或者只用了一种产品分类方案，只研究每一类别下的一种代表产品，适用性有限。

11.3 结论与展望

通过对文献的回顾和梳理，我们发现信息系统领域关于社会临场感的研究主要集中在"社会临场感的影响因素""社会临场感对学习绩效的影响""社会临场感在系统设计中的应用""社会临场感对群体行为的影响""社会临场感对用户意图与行为的影响"这五个方面。

现有研究主要存在以下不足之处：①关于社会临场感与学习绩效、用户满意度、信任间关系的研究还未得出一致结论；②由于调查方法的限制，对社会临场感的测量多借助问卷调查等主观报告法，测量方式略显主观和单一；③在关于群体间交互的研究中，群体在其形成、发展和成熟等不同时期具有不同特性，但目前尚未发现有学者对不同时期内社会临场感对群体交互产生的影响进行比较研究；④鲜有研究考察产品类别对社会临场感作用的影响，对产品类别进行探究的研究也只使用一种产品分类方案，且只研究每一类别下的一种代表产品。

上述不足为未来的研究提供了方向，今后关于社会临场感的应用与研究应在改进不足的基础上，进一步探索新兴技术在新的环境中可能会对社会临场感产生的影响，并考虑将该理论拓展应用至新的领域和场景。

（1）针对上述不足，未来的研究应注意以下问题。①对现有研究中尚未达成一致的问题做进一步的探索，探究分歧存在的原因，并将其归纳为更具普遍性的结论。

[①] Al-Natour S, Benbasat I, Cenfetelli R T. The adoption of online shopping assistants: Perceived similarity as an antecedent to evaluative beliefs[J]. *Journal of the Association for Information Systems*, 2011, 12(5): 347-374.

[②] Hassanein K, Head M. The impact of infusing social presence in the Web interface: An investigation across product types[J]. *International Journal of Electronic Commerce*, 2006, 10(2): 31-55.

②眼动追踪是心理学研究的一项重要技术，它能够通过记录被试的注视轨迹来反映被试的信息处理过程，从而帮助研究者把握被试的心理动态。未来可以通过眼动追踪、心理测量等更为客观的测量方式对先前主观报告方式下的测量结果进行验证。③在探究群体间交互时，可以跟进群体形成的整个生命周期，考察社会临场感对成员间交互及决策的影响是否会随时间发生变化。④进一步对人口统计特征（年龄、性别、学历、文化、计算机经验等）、产品类型、文化差异、任务特性、交互方式等可能会调节社会临场感的影响作用的因素进行深入、全面的探究。⑤用户意向不能完全代表实际的用户行为，未来可对用户行为进行进一步的验证。

（2）数字现实技术（VR、AR、MR）等新兴技术的出现为社会临场感赋予了新的生命。增强现实、混合现实、虚拟现实等数字现实技术被认为具有革新人们生活的巨大潜力，它们通过计算机生成实时动态的模拟环境，为使用者营造逼真的沉浸式体验，目前已获得全社会的广泛关注。数字现实技术通过创造强烈的社会临场感来增强用户在模拟环境中视觉、听觉、触觉等多种知觉的真实感，以及用户与模拟环境内物体间交互的真实感，给人们带来身临其境的感觉。未来的研究可对如下内容进行进一步的探索：①由某种数字现实设备所创造的社会临场感是不是固定不变的，其是否会受到除设备本身以外其他因素的影响；②数字现实技术能否通过引发社会临场感被应用于通信、在线学习、电子商务等领域，社会临场感的提高能否带来更好的应用效果。

（3）除通信、在线学习、电子商务等社会临场感理论已被广泛应用的领域，未来可进一步探索该理论能够被应用的新领域和场景。①目前对社会临场感的应用多集中在非移动端，而移动界面与电脑界面在屏幕大小、界面布局、交互方式等多个方面均存在差别，因此未来可进一步探究移动设备的界面特征如何通过社会临场感对用户感知和体验产生影响。②社会临场感在与数字现实技术等新兴技术相结合后，能否被拓展应用至医疗、军事、旅游等不同的领域和场景。③现有研究将社会临场感理论和使用与满足理论、技术接受模型、理性行为理论、社会影响理论、社会资本理论等多种理论相结合，使社会临场感理论能够充分发挥其优势并被应用于更加广泛的领域，未来可进一步将社会临场感理论与其他理论结合，从而不断拓展其应用范围，如与创新扩散理论的结合可使社会临场感理论被应用于传播效果方面的研究。

第 12 章 CHAPTER 12

控制错觉理论
及其在信息系统研究领域的应用与展望

哈佛大学埃伦·J. 兰格教授（Ellen J. Langer）于 1975 年在《人格与社会心理学杂志》（*Journal of Personality & Social Psychology*）第 2 期上发表的"控制错觉理论"（The illusion of control）一文中，首次正式提出了控制错觉理论（Illusion of Control Theory）。[⊖] 其核心思想是：在完成一件事情的过程中，情境因素（如熟悉、竞争、选择等）或者个体因素（如控制欲等）会使人们高估自己的控制能力，从而导致较低的风险认知或者对成功概率的预期高于真实概率。

由于在工作、学习、生活等各种活动中存在控制错觉现象，所以自控制错觉理论提出以来，学界不仅一直非常重视探寻控制错觉的产生机制，也广泛应用控制错觉理论研究控制错觉对人们行为的影响。为了把握控制错觉理论应用的现状，有些学者撰写了一些综述。这些综述主要可以分为两类：①控制错觉理论的研究综述。马锦飞从启发式偏差、控制启发、控制动机和控制策略等四个方面阐述了学界对于控制错觉现

⊖ Langer E J. The illusion of control[J]. *Journal of Personality & Social Psychology*, 1975, 32(2): 311-328.

象的解释，并指出了四种解释之间的异同。[①]刘云美则梳理了控制错觉理论的相关研究文献，不仅分析了控制错觉理论相关研究文献的研究方法，还分析了控制错觉的产生原因、影响因素以及控制错觉对个体的影响等。[②]②控制错觉影响因素的元分析研究。Pression 等研究了 1996 年以前引用兰格最早提出控制错觉理论一文的 29 篇文献，用元分析方法计算了控制错觉影响因素（如选择程度、参与程度、外在激励等 11 个因素）的效应量，发现所有因素的效应量大小均为正；在元分析研究过程中，作者还发现虽然许多研究使用了"控制错觉"这一概念，但是事实上并没有测量个体的控制程度，只是测量了个体对控制程度的判断，这显然混淆了控制错觉和判断错觉。[③]Stefan 等运用元分析方法研究了 1996～2010 年中应用控制错觉理论的 20 篇文献，结果表明相关影响因素（如性别、强化频率、文化等 21 个因素）的效应量均为正，其中强化频率和预期刺激顺序（sequence of the expected stimuli）的效应量最大，并且这两个因素会使个体误以为自己的行为与结果之间具有联系，这为控制启发理论解释控制错觉现象提供了有力的支持。[④]

信息系统领域也广泛存在着控制错觉现象，目前已有学者关注了信息系统领域的控制错觉现象，并撰写了一些相关研究文献。然而，在文献调研过程中未见有关的研究述评文献。为此，本章拟在简要介绍控制错觉理论演化之后，评述控制错觉理论在信息系统研究中的应用现状，并指出在信息系统领域中可以应用控制错觉理论的潜在研究方向。

12.1 控制错觉理论的起源与演化

12.1.1 控制错觉理论的起源

最初有关控制错觉现象的研究是在博彩游戏的情景下开展的，兰格设计了六种不同的博彩实验，并将竞争、选择、熟悉和参与等情境因素引入随机情境中，发现当被试受到上述情境因素的影响时，即使中奖概率是随机的，他们往往也会高估手中号码中奖的可能性。由此，兰格在博彩实验中证实了控制错觉现象的存在，进而提出了控

[①] 马锦飞. 控制幻觉的理论述评 [J]. 校园心理，2012, 10(6): 396-398.
[②] 刘云美. 控制错觉研究综述 [J]. 盐城师范学院学报（人文社会科学版），2016, 36(1): 46-51.
[③] Presson P K, Benassi V A. Illusion of control: A meta-analytic review[J]. *Journal of Social Behavior & Personality*, 1996, 11(3): 493-510.
[④] Stefan S, David D. Recent developments in the experimental investigation of the illusion of control: A meta-analytic review[J]. *Journal of Applied Social Psychology*, 2013, 43(2): 377-386.

制错觉这一理论。

12.1.2 控制错觉理论的演化

控制错觉理论主要沿着以下两个方向演化：一是将控制错觉理论的应用情境从不可控情境拓展到部分可控情境；二是对控制错觉现象产生机理的研究越来越深入。

1. 控制错觉理论的应用情境从不可控情境拓展到可控情境

兰格研究了在不可控情境中参与、竞争、选择和熟悉等因素对控制错觉的影响，发现这些因素会导致个体高估自己的控制能力，误认为其能够对不可控情境施加影响，从而产生控制错觉。Alloy 等又专门研究了在不可控情境中强化频率对控制错觉的影响，发现强化频率越高，个体越容易产生控制错觉。例如，在一项由研究人员而不是由实验对象控制灯泡变亮的重复实验中，发现与灯泡变亮概率为 25% 的实验对象相比，灯泡变亮概率为 75% 的实验对象更倾向于相信灯泡变亮是由于他们按动开关所导致的。Friedland 等则研究了不可控情境中个体压力对控制错觉的影响，他们通过操纵个体压力大小将 50 名实验对象随机分为高压力组和低压力组，发现压力越大，个体越容易高估自己的控制能力，如在一项预测掷骰子点数的实验中，高压力组的个体更倾向于相信自己能成功预测骰子的点数。

Thompson 等将控制错觉理论的应用情境从不可控情境拓展到可控情境，他比较了在不可控情境和可控情境中强化频率对个体控制错觉的影响，发现强化频率在这两种情境中都会造成控制错觉现象。此后，Gino 等在研究不可控情境和可控情境中个体控制能力对控制错觉的影响时发现，当个体无法施加控制或施加的控制力较弱时，个体容易高估自己的控制力。当个体能够施加较高的控制时，个体反而会低估自己的控制力。如在一项通过点击电脑屏幕中的按钮使得屏幕出现蓝色圆圈的实验中，实际上无法控制蓝色圆圈出现的实验对象会高估自己的控制力，而可以施加一定控制的实验

---

① ② Langer E J. The illusion of control[J]. *Journal of Personality & Social Psychology*, 1975, 32(2): 311-328.
③ Alloy L B, Abramson L Y. Judgment of contingency in depressed and nondepressed students: Sadder but wiser?[J]. *Journal of Experimental Psychology*, 1979, 108(4): 441-485.
④ Friedland N, Keinan G, Regev Y. Controlling the uncontrollable: Effects of stress on illusory perceptions of controllability[J]. *Journal of Personality & Social Psychology*, 1992, 63(6):923-931.
⑤ Thompson S C, Nierman A, Schlehofer M M. How do we judge personal control? Unconfounding contingency and reinforcement in control judgments[J]. *Basic & Applied Social Psychology*, 2007, 29(1): 75-84.

对象反而低估自己的控制力。[一]

值得指出的是，现实世界可以划分为可控情境和不可控情境，并且多数情况是可控情境，不可控情境相对较少。然而，现有研究主要是基于不可控情境的，因此有必要加强在可控情境下控制错觉的相关研究。

2. 对控制错觉现象产生机理的研究越来越深入

兰格最先从情境混淆的角度解释了控制错觉产生的原因，她在不可控的机会情境中引入了参与、竞争、选择和熟悉等可控情境中的技能因素，研究了这些因素对控制错觉的影响，发现上述因素会导致个体把不可控情境误当成可控情境，从而高估自己的控制能力，如当个体以自己熟悉的数字（生日等）作为购买彩票的数字，便会高估自己获奖的概率。[二]此外，Wortman 在不可控情境中研究个体对结果的预知这一可控情境因素对控制错觉的影响，发现当个体能够预知自己的选择会带来哪些结果时，个体便会高估自己的控制能力，如当实验对象知道每种玻璃球的颜色所对应的奖品时，他们往往认为可以选中自己偏爱的奖品所对应的玻璃球。[三]

也有一些学者先后研究了控制欲、外在激励、情绪、文化等因素与控制错觉的关系。Burger 等在赌博实验中通过操控实验对象的控制欲大小来研究控制欲对控制错觉的影响，发现控制欲较强的个体容易高估自己取胜的概率。[四]Burger 等的后续研究发现，当存在外在激励时，控制欲较强的个体更容易产生控制错觉，如在赌博实验中，当实验对象可以获得等同于赌注的真实奖金时（即存在外在激励），高控制欲组更倾向于相信自己可以在该实验中获胜。[五]Alloy 等招募学生完成三项控制灯泡亮灭的实验来研究个体消极情绪对控制错觉的影响，发现相较于情绪消极的个体，情绪不消极的个体更容易相信自己可以通过按动开关而使灯泡变亮。[六]Yamaguchi 等通过比较美国学生和日本学生在不可控情境中的控制错觉现象研究了文化对控制错觉的影响，发现日本学生倾向于相信集体比个体具有更高的控制能力，美国学生则呈现出相反的倾向。[七]

[一] Gino F, Sharek Z, Moore D A. Keeping the illusion of control under control: Ceilings, floors, and imperfect calibration[J]. *Organizational Behavior & Human Decision Processes*, 2011, 114(2): 104-114.

[二] Langer E J. The illusion of control[J]. *Journal of Personality & Social Psychology*, 1975, 32(2): 311-328.

[三] Wortman C B. Some determinants of perceived control[J]. *Journal of Personality & Social Psychology*, 1975, 31(2): 282-294.

[四] Burger J M, Cooper H M. The desirability of control[J]. *Motivation & Emotion*, 1979, 3(4): 381-393.

[五] Burger J M, Schnerring D A. The effects of desire for control and extrinsic rewards on the illusion of control and gambling[J]. *Motivation & Emotion*, 1982, 6(4): 329-335.

[六] Alloy L B, Abramson L Y. Judgment of contingency in depressed and nondepressed students: Sadder but wiser? [J]. *Journal of Experimental Psychology*, 1979, 108(4): 441-485.

[七] Yamaguchi S, Gelfand M, Ohashi M M, et al. The cultural psychology of control-illusions of personal versus collective control in the United States and Japan[J]. *Journal of Cross-Cultural Psychology*, 2005, 36(6): 750-761.

Thompson 等不仅提出了控制启发理论（该理论认为，如果个体想要取得某个结果，同时又相信自身行为与取得的结果之间存在关联，那么个体就会高估自己的控制能力），并且通过实验用该理论解释了控制错觉的产生机理。如在由研究人员而不是实验对象控制电脑屏幕切换的实验中，发现由于实验对象试图通过空格键控制电脑屏幕切换，并且由于实验对象相信他们按空格键可以控制电脑屏幕切换，实验对象就会误认为是他们按空格键控制了电脑屏幕切换。[1]Langens 则研究了个体调节定向对控制错觉的影响，结果发现：当个体处于促进定向时，因为会更关注积极的行为后果，往往会高估自己的控制力；当个体处于预防定向时，则因为更关注避免消极的行为后果，往往不会高估自己的控制力[2]；调节定向这一解释进一步完善了有关个体差异对控制错觉影响的研究，为控制错觉的产生机理提供了另一种解释的视角。

此外，Fast 等将实验对象分为高权力组（实验对象对他人影响较大）和低权力（他人对实验对象影响较大），发现相较于低权力组，高权力组更相信自己可以成功预测骰子的点数。[3]

12.2 控制错觉理论在信息系统研究中的应用进展

12.2.1 控制错觉的影响因素及其产生机理研究

1. 决策支持技术引发的控制错觉问题研究

Kottemann 等最早研究了决策支持系统（Decision Support System，DSS）中的控制错觉现象，他们通过一项降低种植总成本的生产调度任务研究了决策支持技术中假设分析功能对控制错觉的影响，发现使用假设分析进行决策的研究对象对决策成果有更高的预期。[4]此后，Davis 等又通过两个生产计划实验研究了假设分析对控制错觉的影响，结果表明：尽管假设分析对决策好坏并无重大影响，但几乎所有研究对象都认为使用假设分析所做出的决策优于其独立做出的决策，进一步证实了 DSS 中的假设分析

---

[1] Thompson S C, Nierman A, Schlehofer M M. How do we judge personal control? Unconfounding contingency and reinforcement in control judgments[J]. *Basic & Applied Social Psychology*, 2007, 29(1):75-84.
[2] Langens T A. Regulatory focus and illusions of control[J]. *Personality and Social Psychology Bulletin*, 2007, 33(2): 226-237.
[3] Fast N J, Gruenfeld D H, Sivanathan N, et al. Illusory control: A generative force behind power's far-reaching effects[J]. *Psychological Science*, 2009, 20(4): 502-508.
[4] Kottemann J E, Davis F D, Remus W E. Computer-Assisted decision making: Performance, beliefs, and the illusion of control[J]. *Organizational Behavior & Human Decision Processes*, 1994, 57(1): 26-37.

功能会引发用户的控制错觉。[①]Forgionne 则认为缺乏全面和一致的 DSS 评估模型是假设分析功能引发控制错觉的原因，这引起了学界关于 DSS 效用的分歧，因此他提出了一个评估 DSS 效用的多标准评估模型。[②]

此外，Kahai 等研究了橙汁装瓶商的 DSS 使用率、DSS 熟悉度与控制错觉的关系，发现橙汁装瓶商的 DSS 使用率、DSS 熟悉度越高，他们越相信其决策会产生更多的利润。[③]Chen 等设计了一项模拟股票投资的对照试验，研究了系统为用户提供的选择程度、现有用户之间的竞争程度以及用户对系统熟悉程度与控制错觉现象的关联，发现只有选择程度引发了用户的控制错觉，如当用户可以自主选择投资哪种股票时，其通常会认为该股票价值会上涨。[④]

除了研究控制错觉理论在 DSS 中的应用之外，Dudezert 等通过访谈法获取了公司中的 HR（人力资源）经理以及其他雇员有关知识地图（Knowledge Map，Kmap）的看法，并收集了 HR 经理在发布会等公开场合发表的相关观点，对这些数据进行分析以研究 Kmap 的控制错觉问题，发现不仅公司的雇员误认为 Kmap 能帮助 HR 经理掌握自己的技能水平等相关情况，HR 经理也误认为 Kmap 能够真实反映雇员的技能水平等相关情况，进而辅助他们做出正确的决策，如雇员的晋升等。[⑤]

2. 风险分析对控制错觉的影响研究

Drummond 研究了决策过程中风险分析对控制错觉现象的影响，他通过访谈法采访了伦敦证券交易所金牛座项目（8000 万英镑的 IT 投资）的负责人和参与者，收集从项目前期到最终决策制定过程中上述人员对该项目的评估、决策依据等，分析了该项目失败的原因。研究表明，基于风险分析和其他管理技术做出的决策非但不能减少不确定性，反而会使决策成员高估自己对决策项目的掌握程度。[⑥]

---

① Davis F D, Kottemann J E. User perceptions of decision support effectiveness: Two production planning experiments[J]. *Decision Sciences*, 2010, 25(1): 57-76.

② Forgionne G A. An AHP model of DSS effectiveness[J]. *European Journal of Information Systems*, 1999, 8(2): 95-106.

③ Kahai S S, Solieri S A, Felo A J. Active involvement, familiarity, framing, and the illusion of control during decision support system use[J]. *Decision Support Systems*, 1998, 23(2): 133-148.

④ Chen C W, Koufaris M. The impact of decision support system features on user overconfidence and risky behavior[J]. *European Journal of Information Systems*, 2015, 24(6): 607-623.

⑤ Dudezert A, Leidner D E. Illusions of control and social domination strategies in knowledge mapping system use[J]. *European Journal of Information Systems*, 2011, 20(5): 574-588.

⑥ Drummond H. The politics of risk: Trials and tribulations of the Taurus project[J]. *Journal of Information Technology*, 1996, 11(4): 347-357.

3. 风险识别对控制错觉的影响研究

Jørgensen 研究了风险识别工作是否会导致软件开发者产生控制错觉。他设计了四组有关软件开发的对比实验，发现如果软件开发人员越详尽地考虑到开发过程中可能出现的问题，对这些问题讨论的时间越充足，那么这些开发人员会高估该软件成功开发的概率，并且对完成开发所需时间的估计也过短。[1]

由前述可知，目前文献主要集中于研究决策支持技术、决策过程中的风险分析与风险识别等方面对控制错觉的影响。决策支持技术引发的控制错觉问题的研究主要集中于探究 DSS 的功能和特征对用户控制错觉的影响，并且相关文献所采用的研究方法以实验室实验法为主。研究人员通过设计实验以模拟决策支持系统的真实使用场景，招募学生等群体担任决策制定人员，完成相应的决策目标，这与真实的决策情境存在一定的差异，所获得的结论难以保证具有良好的外部有效性。此外，现有文献主要关注哪些因素会造成控制错觉现象，未能运用控制错觉的形成机制深入地研究产生控制错觉的内在机理，如学者发现风险识别会导致决策人员高估决策结果，但没有解释为何风险识别会导致这一现象；并且，虽然发现了引发控制错觉的因素，但未能针对这些因素提出减弱控制错觉形成的具体措施。

12.2.2 控制错觉现象及其影响研究

Houghton 等比较了团体决策和个体决策中控制错觉对决策成员风险识别的影响，结果表明：不论是团体决策还是个体决策，控制错觉都会相同程度地降低决策成员的风险识别，团体决策并不能提高决策成员的风险识别。[2]Lee 等研究了在线拍卖和团购情境中控制错觉对顾客价格公平感知（price fairness perception）的影响，发现顾客在参与商品定价的过程中会认为自己可以控制成交价格，这会使他们认为该成交价格是公平的，同时提高购买的意向。[3]张辉等研究了顾客参与对控制错觉的影响以及控制错觉与顾客满意度的关系，他们设计了顾客制作蛋糕和选购电脑这两项实验，研究发现：顾客较高的参与程度（如顾客自行挑选蛋糕的颜色、形状、食材等，或者顾客自己搜寻电脑信息）会导致顾客产生控制错觉，而控制错觉会导致顾客对商品质量等产生较高的

---

[1] Jørgensen M. Identification of more risks can lead to increased over-optimism of and over-confidence in software development effort estimates[J]. *Information & Software Technology*, 2010, 52(5): 506-516.

[2] Houghton S M, Simon M, Aquino K, et al. No safety in numbers: Persistence of biases and their effects on team risk perception and team decision making[J]. *Group & Organization Management*, 2000, 25(4): 325-353.

[3] Lee S, Illia A, Lawson-Body A. Perceived price fairness of dynamic pricing[J]. *Industrial Management & Data Systems*, 2011, 111(4): 531-550.

预期，而商品实际情况与顾客预期的不一致会降低顾客满意度。[1]

上述研究成果表明，控制错觉理论在信息系统领域中的应用不再局限于研究某些因素对控制错觉的影响，而开始关注控制错觉对其他方面的影响，如风险识别、顾客价格公平感知以及顾客满意度等。未来研究可以针对控制错觉所造成的影响制定相应的治理措施，如针对控制错觉的消极影响方面，可以研究如何减弱控制错觉对个体风险识别的影响以提高决策的正确性；针对积极影响方面，可以利用控制错觉对消费者满意度的影响以提高其购物率或试用率等。

12.3 结论与展望

通过文献综述发现，控制错觉理论在信息系统研究领域的应用主要集中于控制错觉的影响因素及其产生机理研究以及控制错觉现象及其影响研究两个方面。

控制错觉理论在信息系统研究中的应用主要存在以下问题：①现有文献主要研究了控制错觉的影响因素，但是未能深入剖析控制错觉的产生机理；②现有研究着重分析了控制错觉所引发的消极影响，但是较少关注如何消除控制错觉的消极影响以及如何发挥控制错觉的积极作用；③在研究方法上，目前主要以实验室实验法为主，但不论是研究对象还是决策环境都与真实情境存在一定的差异，这势必会减弱研究结论的效度。

关于控制错觉理论在信息系统研究中的应用，未来需要注意以下三个问题：①可以借鉴心理学有关控制错觉产生机理的相关研究，深入分析信息系统领域中控制错觉产生的内在逻辑，以帮助人们正确理解信息系统领域的控制错觉现象。②控制错觉往往会使人们高估自己的控制能力，多数情况下这种错觉会带来消极影响，因此理应在深入理解控制错觉产生机理的基础上加强如何减弱控制错觉所带来的消极影响的研究；同时，如何有效利用控制错觉的积极作用也是值得关注的研究领域，如在系统设计中通过引入游戏化设计来提升用户的感知系统易用性等。③在研究方法上，可以将实验室实验法和现场实验法结合起来使用，以使研究更能反映现实情况，研究结论更具应用价值。

在信息系统研究中，我们认为控制错觉理论具有广阔应用前景、值得学界关注的领域主要有：①人机交互相关领域。在人机交互领域，是否存在控制错觉现象？若存在，控制错觉会产生怎样的影响、哪些因素会引发控制错觉以及这些因素为何会引发

---

[1] 张辉，汪涛，刘洪深. 顾客参与了为何仍不满意——顾客参与过程中控制错觉与顾客满意的关系研究[J]. 南开管理评论，2011, 14(5):153-160.

控制错觉？针对控制错觉产生的不同影响，应该采取哪些措施减弱控制错觉造成的消极影响？在人机交互设计中，如何通过利用导航系统、帮助系统、游戏化设计等增强用户感知易用性，发挥控制错觉的积极作用？②社会化媒体营销相关领域。社会化媒体营销依赖于一方（传播者）向另一方（接收者）传递相关产品或服务的信息，在此过程中，双方的社会关系距离是否会引发控制错觉现象？若会引发，社会关系距离对控制错觉的影响程度如何？控制错觉对社会化媒体营销会有哪些消极影响以及如何减弱甚至消除这些消极影响？③互联网金融相关领域。在互联网金融领域，是否存在着控制错觉现象？互联网金融论坛中的在线评论、上市公司的公告信息、行业研究报告等是否会引发投资者的控制错觉？这些信息对投资者的影响是怎样的？④电子商务平台相关领域。在诸如淘宝、京东这样的电子商务平台上，是否存在着控制错觉现象？电子商务平台上的正面、负面评论，分别会对消费者的产品购买决策产生怎样的影响，会不会导致消费者做出错误的购买决策？卖家提供更多的产品相关信息（如全面的产品参数、完整的功能介绍等），会不会使消费者高估对产品的了解程度，从而提高购买率？不同的产品信息对消费者控制错觉的影响程度是怎样的？哪些产品信息对电子商务平台来说是不可或缺的？

CHAPTER 13 第 13 章

D&M 信息系统成功模型：
信息系统净收益、影响因素及设计与优化

D&M 信息系统成功模型（DeLone and McLean Model of IS Success，D&M 模型）由 DeLone 与 McLean 在 1992 年提出，该模型展示了信息系统的基础结构，阐述了信息质量、系统质量、系统使用、用户满意、个人影响和组织影响等要素之间的关系，并研究了它们如何对信息系统成功产生影响。该模型从因果关系的角度来理解信息系统成功实施的过程，为评估信息系统成功提供了一种可行的方法。

D&M 模型被广泛运用于与信息系统相关的各类研究中，尤其是在评价信息系统成功、探索信息系统影响因素等方面，已经通过大量实证研究证明了自身的有效性与有用性，在系统设计与开发这类实践上也体现出一定的实用价值。程慧平等针对国内对 D&M 模型的应用现状进行了述评[⊖]，但目前鲜有从外文文献入手探讨模型应用的研究。为了弥补这一缺失，本章主要从权威外文数据库中数量众多的相关文献中选取部分较有代表性的加以讨论，以期综合国内外文献，一览 D&M 模型在不同环境下的应用状

⊖ 程慧平，金玲. 国内 D&M 信息系统成功模型研究现状述评 [J]. 图书馆，2018, (5):93-100.

况，并就现有文献中存在的不足对该模型今后实践与理论研究中值得拓展的方向做出展望。

13.1 D&M 信息系统成功模型的演化

在信息系统研究领域，如何衡量信息系统的成功一直是研究者关注的焦点。王长林等将国外研究信息系统成功的文献归为信息系统成功模型形成、模型改进并应用于传统信息系统领域、模型应用从传统信息系统领域转向电子商务领域三个阶段，并认为：自初始 D&M 模型提出以来，后续对信息系统成功的评价大多以该模型为基础进行改进。[一]王文韬等则聚焦于 D&M 模型这一具有代表性的经典模型，就其不断完善、更新的过程进行了整理与讨论。[二]信息系统成功模型的发展历程从初始 D&M 模型开始，经过 Seddon 模型，再到更新的 D&M 模型，一直在不断完善，并得到后续研究者们的实证检验。鉴于王长林等、王文韬等的文献已经较为完整地介绍了上述各类模型的结构，本章将从他们较少涉及的部分入手，简要地回顾 D&M 模型的演化历程，并讨论各阶段模型的价值与不足。

13.1.1 初始 D&M 模型

初始 D&M 模型是最早提出的、得到广泛认可与应用的信息系统成功模型。DeLone 与 McLean 在系统地分析了从 1981 年至 1987 年间的上百篇研究文献后提出，信息系统成功是一个过程的概念，具有时间和因果关系，并据此提出包括六个变量的理论模型，如图 13-1 所示。

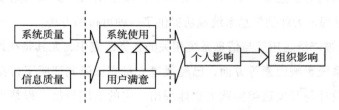

图 13-1 初始 D&M 信息系统成功模型

[一] 王长林，陆振华，冯玉强. 国外评价信息系统成功研究述评 [J]. 哈尔滨工业大学学报（社会科学版），2010, 12(6): 68-73.

[二] 王文韬，谢阳群，谢笑. 关于 D&M 信息系统成功模型演化和进展的研究 [J]. 情报理论与实践，2014, 37(6): 73-76.

初始 D&M 模型包括信息质量、系统质量、系统使用、用户满意、个人影响和组织影响六个主要变量。信息质量和系统质量共同影响系统使用和用户满意，系统使用和用户满意不仅相互影响，还直接对个人产生影响，进而影响组织。该模型针对信息系统成功提供了更加全面的视角与理解，用更容易理解也更加连贯的整体结构将内容丰富的信息系统研究体系组织起来，为当时信息系统研究中一些经常相互矛盾的结果提供了替代性的解释。⊖ 然而，尽管这一模型在信息系统成功领域的贡献不容小视，但作为建立在当时的时代背景下的初始模型，其必然存在着诸多不足，无论是用以反映系统特性的变量、对系统用户使用行为的定义，还是对系统收益尤其是组织绩效的测量，都有待在模型的实际应用与更进一步的理论研究中加以完善。尽管如此，不可否认的是，初始 D&M 模型为此后的信息系统研究奠定了坚实的理论基础，并提供了基本的思考框架。

13.1.2　Seddon 的信息系统成功模型

Seddon 指出，初始 D&M 模型试图将过程性和因果性的解释变量在模型中结合起来，这往往会导致许多潜在的混淆，使模型的价值降低。因此，他提出并证明了一种如图 13-2 所示的改进模型。

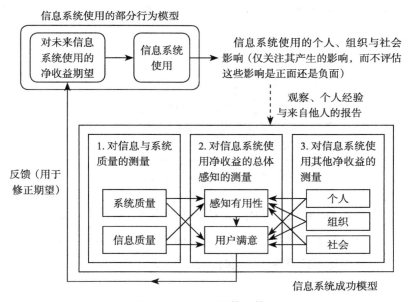

图 13-2　Seddon 的修正模型

⊖ Delone W H, Mclean E R. Information systems success: The quest for the dependent variable[J]. *Information Systems Research*, 1992, 3(1): 60-95.

Seddon 提出的改进模型的思路可以概括为：系统质量和信息质量直接对感知有用性和用户满意产生影响，感知有用性是用户满意的决定因素，而用户满意会促使用户产生对未来系统使用与未来使用信息系统能够带来的净收益的期望，这种期望将增加系统的使用。进一步地，信息系统的成功将给个人、组织和整个社会都带来净收益。

相较于初始 D&M 模型，Seddon 的改进模型的优点主要有以下三点：第一，在重新定义的模型中，对系统的使用可以造成多种结果，而关于系统对某些利益相关者"富裕"的贡献的价值判断，才是研究者最终试图衡量的要素或是达到的目的。第二，感知有用性被作为度量信息系统成功的一个要素被纳入新的改进模型中。许多学者的研究提出，感知有用性是对未来信息系统使用的一个重要预测因素，因此，感知有用性作为模型变量的添加被认为是对信息系统成功模型的一种增强。第三，新模型中从感知到期望的反馈循环体现了学习的重要性。⊖

13.1.3 更新后的 D&M 信息系统成功模型

在初始 D&M 模型提出十年之后，由于信息系统对企业和社会的影响的巨大变化以及信息系统研究上的进展，DeLone 与 McLean 于 2003 年又对初始模型进行了改进与完善，在十年间相关研究的基础上，提出了更新后的 D&M 模型。更新后的 D&M 模型如图 13-3 所示，其改进主要有三点：变量的增加、变量定义的完善与深入讨论以及原有变量的整合。

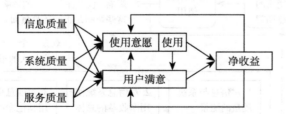

图 13-3 更新后的 D&M 信息系统成功模型

这一建立在初始 D&M 模型基础上的改进主要在于"程度"而非"类别"（即本质）层面，服务质量这一要素的增加，以及由分离的个人影响与组织影响到净收益的整合，使改进后的模型在保持了其简约性的同时，更能适应日益发展的电子商务环境。⊖

⊖ Seddon P B. A respecification and extension of the DeLone and McLean Model of IS Success[J]. *Information Systems Research*, 1997, 8(3): 240-253.

⊖ Delone W H, Mclean E R. The DeLone and McLean Model of Information Systems Success: A ten-year update[J]. *Journal of Management Information Systems*, 2003, 19(4): 9-30.

DeLone 与 McLean 也指出，在今后的研究中，应该继续考虑和测试模型各变量之间相互依存的关系。并且，尽管信息系统成功是多维的且具有偶然性，但研究者们仍应尝试着减少用于测量信息系统成功的措施，并在可能的情况下采用现有的、经过验证的措施，从而使研究结果更具可比性与实证上的有效性。

此外，更新后的 D&M 模型只是针对信息系统成功提供了一个较为全面的思考框架，在实际的研究环境下，对信息系统成功的评价和测量都需要在此模型的基础上因地制宜地具体选择研究变量。

13.2 D&M 信息系统成功模型的应用述评

13.2.1 D&M 信息系统成功模型中的净收益研究

净收益是 D&M 模型中用来代表信息系统对其相关对象的影响的变量，能够最为直观地体现一个信息系统的价值，尤其是在经过修正的 D&M 模型中，净收益几乎涉及了信息系统的所有对象。

尽管在许多情境下，净收益都被认为是 D&M 模型中不可或缺的一部分，但在随互联网发展而兴起的电子商务领域中，它的重要性似乎在降低。在电子商务环境下，尤其是探究影响信息系统成功因素的研究中，净收益由于测度手段与意义上的缺乏而被忽略的情况并不少见。Bock 等在从知识共享的角度就组织层面来探讨影响知识库系统的因素时，认为 D&M 模型中的净收益可能受到许多外部因素的影响，并且先前已有文献指出将组织绩效的变化归因于知识管理系统是十分困难的，因此剔除了净收益这一变量，而以系统使用作为评判系统成功的主要标准。[1]Chen 等同样受到前人研究的影响与启发，在研究文化对电子商务网站成功的影响时提出，在电子商务的背景下，用户满意度可以作为系统净收益的替代，以减少 D&M 模型中变量内涵重合的问题，从而以用户满意度与用户对网站的态度代替净收益来体现电子商务网站的成功。[2]在其他实践环境中也不乏类似案例，Lee 等在移动银行语境下进行的影响因素探索也与许多聚焦于用户满意度的研究一样，忽略了净收益这一变量，从而将模型简化为包括信息系

---

[1] Bock G W, Suh A, Shin K S, et al. The factors affecting success of knowledge-based systems at the organizational level[J]. *Data Processor for Better Business Education*, 2009, 50(2): 95-105.

[2] Chen J V, Rungruengsamrit D, Rajkumar T M, et al. Success of electronic commerce websites: A comparative study in two countries[J]. *Information & Management*, 2013, 50(6): 344-355.

统质量维度、信任与满意度的理论模型。[一]Mun 等在探讨影响数字多媒体广播使用意愿的因素时，由于其着重于考量系统用户行为，也未考虑净收益这一变量，而将使用意愿作为模型的终点。[二]

这些研究因为各种原因而选择了从模型中将净收益变量删除，这让人不得不重新审视该变量在 D&M 模型实践研究中的价值与意义。然而，考虑到该模型主要被用于理解信息系统结构并评估其成功与否，无论是什么样的改良模型，都应该具有能够反映信息系统收益、影响或是成果的变量。结合以上去除了净收益变量的研究可以发现，它们大多采用某些适合语境的变量作为净收益的替代以体现或是评判信息系统的成功与否。由此可以做出猜想，D&M 模型在现实环境中的应用并不是不再需要净收益，而是需要更加具体、更加合理地对这一变量做出贴合实践的阐释。

为了将净收益这一宽泛的概念应用于实践，有些研究集中于对其内涵的探讨。Son 等将净收益具体描述为感知净收益，调查了项目管理信息系统的质量及计算机自我效能对感知净收益的影响。[三]Lee 等则根据 ASP-PMIS（基于应用服务提供商的项目信息系统）这一语境，将净收益具体区分为对建筑管理效率的影响与对建筑管理有效性的影响，通过实证检验的结果证实了项目管理信息系统在建筑中的成功模型的有效性，可以将其作为评估、定位、比较 PMIS 成功的基础。[四]而从用户视角切入，陈晓春等从公民采纳电子政务后的心理和行为两个角度解释了电子政务系统中的净收益概念，揭示了公民采纳电子政务带来的社会效益。[五]

除了对净收益这一抽象变量内涵的解释，采用哪些指标来对其加以测度，如何更加合理地评估净收益，这些更加细致的问题也值得探讨研究。Prybutok 等参考了美国国家质量奖（MBNQA）中设计的领导力评价标准以及 D&M 模型的框架，开发了一个理论模型以考察电子政务背景下领导力与 IT 质量对净收益的影响，评估了电子政务措施的净收益。通过探讨新模型中净收益所受到的影响，作者对如何实现电子政务提出了自己的见解，为其他组织或系统的自我评估提供了可供参考的评估方案，并为电子

[一] Lee K C, Chung N. Understanding factors affecting trust in and satisfaction with mobile banking in Korea: A modified DeLone and McLean's model perspective[J]. *Interacting with Computers*, 2009, 21(5): 385-392.

[二] Mun H J, Yun H, Kim E A, et al. Research on factors influencing intention to use DMB using extended IS success model[J]. *Information Technology & Management*, 2010, 11(3): 143-155.

[三] Son H, Hwang N, Kim C, et al. Construction professionals' perceived benefits of PMIS: The effects of PMIS quality and computer self-efficacy[J]. *KSCE Journal of Civil Engineering*, 2016, 20(2): 564-570.

[四] Lee S K, Yu J H. Success model of project management information system in construction[J]. *Automation in Construction*, 2012, 25(25): 82-93.

[五] 陈晓春，赵珊珊，赵钊，等. 基于 D&M 和 TAM 模型的电子政务公民采纳研究 [J]. 情报杂志，2016, 35(12): 133-138.

政务背景下的决策者制定措施提供了参考。[一] Scott 等则缩小了研究视野，专注于净收益这一变量本身，开发并验证了一个基于公共价值理论的较为全面的净收益构念，就其测度提出了一种可行的方案，这事实上是对电子政务系统净收益衡量标准或者说测度方法的一种探讨。[二]

综上所述，在今后的研究中，有必要重新审视并讨论净收益这一变量在当今环境下的内涵、价值与测度方式，以便更加合理地将 D&M 模型运用于实践，更加有效地在现实环境中评估信息系统。

13.2.2 影响信息系统成功的因素

大量关于 D&M 模型应用的文献都将重点放在现实环境下对信息系统成功的探索上，这些研究往往从探究影响信息系统成功的因素入手，使用经过改编以适应语境的 D&M 模型对信息系统结构、变量之间的相互关系加以讨论。此类研究不仅涉及的领域广泛，囊括了电子商务网站、企业管理系统、电子政务系统、医疗系统等实践环境，更涉及与信息系统相关的多种变量。虽然对这些变量具体的描述和定义各不相同，但从变量内涵上看，大致可分为质量因素、用户因素与环境因素三大类：对质量因素的研究有相当一部分集中于探讨多元质量因素的组成，也有的重在讨论服务质量与安全质量对系统成功的影响；影响系统成功的用户因素主要包括用户阻力、用户感知、用户特征、用户信任、用户使用等；环境因素则更加丰富且复杂，本书选取的文献主要涉及了社会因素、主观规范、公司背景、组织背景、网站情境、IT 基础设施状况、替代品状况、文化要素。鉴于实践环境的复杂性，在未来的研究中一定还会有更多影响信息系统成功的因素被列入此类。表 13-1 中具体描述了涉及文献的研究内容，可为深入了解这三大类影响因素的内容与特点提供参考。

D&M 模型的应用在变量选择与增减上都具有较高的灵活性，正是这一优点使其能够适应复杂的现实环境下各类信息系统的需要，尤其是在探索影响信息系统成功的因素这一研究领域，D&M 模型的有效性已通过大量实证研究得以证明。

[一] Prybutok V R, Zhang X, Ryan S D. Evaluating leadership, IT quality, and net benefits in an e-government environment[J]. *Information & Management*, 2008, 45(3): 143-152.

[二] Scott M, Delone W, Golden W. Measuring e-government success: A public value approach[J]. *European Journal of Information Systems*, 2016, 25(3): 187-208.

表 13-1 使用 D&M 模型探索信息系统成功的影响因素

影响因素	影响因素的具体描述		文献来源	文献主要内容
质量因素	多元质量因素		Hsu 等[1]	探讨了 ERP 系统中的多元质量因素如何从用户的角度影响 ERP 实施后的系统成功
			Koo 等[2]	将包含信念（belief）、愿望（desire）和意图（intention）三种基本成分的 BDI 理论与 D&M 模型结合，探讨了包括播客系统质量、内容质量与实时连接服务质量因素对系统用户政治参与意愿的影响
			Lee 等[3]	从网站的信息质量、服务质量、系统质量与供应商特征质量人手，确定了每个质量因素在选择偏好网站时体现出的不同相对重要性
			Negahban 等[4]	参照 D&M 模型的结构，从管理者的角度考察了影响移动客户关系（Mobile Customer Relationship Management, mCRM）系统成功的质量因素
			Bock 等[5]	以传统质量、系统质量更新描述系统质量，从而构造出一相对完整的影响知识库系统（KBS）成功模型
			Khayun 等[6]	强调出质量与系统可感知性，还考虑了信任对其产生的影响，从活跃用户的角度丰富并完善了影响电子消费税系统成功的因素
	服务质量	服务质量	Hsu 等[7]	在探讨 ERP 系统不同质量因素的影响时，重点讨论了服务质量体现的作用
		在线金融服务质量	Roy 等[8]	参考了 Grönroos（1984）的服务质量模型，开发了用于测度在线金融服务质量（OFSQ）的多维度、多项目量表，以探讨 OFSQ 对系统成功的影响
		远程医疗服务质量	Lerouge 等[9]	聚焦于远程医疗服务中质量因素的作用，在关键任务系统部署的背景下确定质量因素的结构，建立起一个评估远程医疗服务使用质量的社会技术框架
	安全质量	安全要素	Jagannathan 等[10]	将在网上银行语境下十分重要的安全因素融入 D&M 模型，探索了影响网上银行系统成功的因素，填补了发展中国家对从客户端视角做出的系统成功研究的空白
		可感知的安全性与隐私性	Susanto 等[11]	使用承诺—信任理论拓展了 D&M 模型，提出了一个用于审查网上银行系统的理论模型，其中可感知到的安全性与承诺会对用户满意度产生影响，进而影响网上银行用户的忠诚
用户因素	用户阻力	医生阻力	Choi 等[12]	将未来自医生的阻力作为一项社会技术措施，分析其对药物利用评价系统的影响
		移动医疗焦虑	Jen 等[13]	引入移动医疗焦虑这一变量，建立了用于评估健康风险提示和监测（HRRS）系统成功的理论模型，研究了其对用户满意度及用户有用性的影响
		用户抵制	张亚军 等[14]	本研究以信息系统终端用户为研究对象，探讨用户抵制对信息系统成功实施的影响机制，重点分析了任务冲突和关系冲突在其中的中介效应
	用户感知	感知可靠性	Lai 等[15]	在企业应用程序的语境下选择并定义了"感知可靠性"这一概念，其代表着系统提供的功能和服务是否可以被用户合理地依赖，据此探讨员工感知可靠性对企业应用程序成功的影响
		用户感知	Rana 等[16]	从印度市民的角度对在线公众申诉系统（OPGRS）的成功加以评估，重点讨论了质量因素、用户感知与用户行为之间的联系

分类	子分类		作者	描述
用户因素	用户感知	用户感知	陈晓萍等①	从系统输出和用户感知两个层面来探究影响公民对电子政务系统采纳的因素,并使用规范来表达用户感知因素的内涵
		心理距离	原薇等⑱	将心理学研究中"心理距离"的概念引入D&M模型的结构,以反映用户在使用移动新闻客户端时对内容与需求匹配程度的主观感受,从而探索影响客户端使用的因素
	用户特征	用户特征	Hung等⑲	使用由用户经验、用户态度、用户受训练情况构成的用户特征在内的多个变量,探讨了影响国家医疗卫生服务信息系统(NHSS)成功的因素
		人口状况	Stefanovic等⑳	以政府雇员的视角展开研究,将人口状况加入D&M模型,丰富了衡量系统成功的指标,构建了一个符合实际需要的电子政务系统成功的测量模型
		用户角色	Wang等㉑	从用户角色差异的角度入手,对读者和作者群体进行了比较研究,以探讨社会影响力、博客平台质量与使用意愿之间的关系
		自我效能	武海东㉒	在D&M模型的基础上,以自我效能反映用户的自我调节机制与对自身能力的判断,并讨论了其对数字资源统一检索系统使用情况的影响
	用户信任		Wang, Lu㉓	在D&M模型的基础上,结合系统特性、产品复杂性、技术与网站的信任等因素建立了一个用于评估网站成功的理论模型
			Teo等㉔	在D&M模型的基础上,引入对政府、技术与网站的信任三个变量,以说明信任对电子政务系统成功的影响
			Chen等㉕	以菲律宾网上报税系统为研究对象,依据信任理论,从D&M模型的视角审查了信任对信息系统成功的影响
			Susanto等㉖	作者使用承诺-信任理论拓展了D&M模型,提出了一个用于审查网上银行系统成功的理论模型
	用户使用		Chen㉗	在D&M模型的基础上,研究了用户对系统的使用结果与系统使用效果与他们的整体工作联系起来
环境因素	社会因素		Lin㉘	采纳了D&M模型的结构,从包括技术与社会在内的综合角度考察影响虚拟社区成功的因素
	主观规范		武海东㉙	在D&M模型的结构上,将主观规范作为一种社会影响力来动机以影响用户行为,从而讨论其对数字资源统一检索系统使用情况的影响
	公司背景		Zhang等㉚	从四个具有不同背景项目均实施了ERP的公司收集数据,改编了D&M模型以讨论在不同环境下,各变量对ERP实施成功的影响程度,以加深对ERP在中国的成功实施的理解
	组织背景		Hung等㉛	以顶级管理支持与便利条件两个具体条件作为影响国家医疗卫生服务信息系统(NHSS)成功的因素,从多维的角度对影响国家医疗卫生服务信息系统成功时导致的潜在差异
	网站情境		Schaupp等㉜	在电子商务与在线社区两种情境下,通过比较研究的方式探讨了网站情境差异下评估网站成功的因素进行了探讨

(续)

影响因素	影响因素的具体描述	文献来源	文献主要内容
环境因素	IT 基础设施状况	Borena 等①	将 IT 基础设施作为影响信息系统成功的变量纳入 D&M 模型中，并使用一个宽带接入受限的案例，说明信息技术基础设施在银行系统成功中的作用
	替代品状况	Keramati 等②	使用网络分析法扩展了 D&M 模型，添加了替代品这一变量，对两个招聘网站进行了比较研究，影响招聘网站成功的各变量的相对重要性
	文化要素	Chen 等③	作者通过对中国台湾地区与泰国网站的电子商务网站成功与比较研究并加入人文化维度来考察其调节作用两种方式，探讨了文化要素对于电子商务网站成功的影响
		Chen 等④	引入了国家认同的概念与霍夫斯泰德感知文化维度，使用比较研究的方法，讨论了文化因素对系统成功的调节作用
		Susanto 等⑤	以比较的方式探讨了发达国家（韩国）与发展中国家（印度尼西亚）在网上银行使用方面存在的差异，从而理解文化要素对网上银行系统成功的影响
		Tam 等⑥	将霍尔提出的高低语境及单一时间—多元时间感知两个跨文化维度作为 D&M 模型的调节因素

① Hsu P F, Yen H J R, Chung J C. Assessing ERP post-implementation success at the individual level: Revisiting the role of service quality[J]. *Information & Management*, 2015, 52(8): 925-942.
② Koo C, Chung N, Dan J K. How do social media transform politics? The role of a podcast, 'Naneun Ggomsuda' in South Korea[J]. *Information Development*, 2014, 31(5): 421-434.
③ Lee Y, Kozar K A. Investigating the effect of website quality on e-business success: An analytic hierarchy process (AHP) approach[J]. *Decision Support Systems*, 2006, 42(3): 1383-1401.
④ Negahban A, Dan J K, Kim C. Unleashing the power of mCRM: Investigating antecedents of mobile CRM values from Managers' viewpoint[J]. *International Journal of Humanâ computer Interaction*, 2016, 32(10): 747-764.
⑤ Bock G W, Suh A, Shin K S, et al. The factors affecting success of knowledge-based systems at the organizational level[J]. *Data Processor for Better Business Education*, 2009, 50(2): 95-105.
⑥ Khayun V, Ractham P, Firpo D. Assessing e-excise success with Delone and McLean's Model[J]. *Data Processor for Better Business Education*, 2015, 52(3): 31-40.

⑦ Hsu P F, Yen H J R, Chung J C. Assessing ERP post-implementation success at the individual level: Revisiting the role of service quality[J]. Information & Management, 2015, 52(8): 925-942.

⑧ Roy S K, Balaji M S. Measurement and validation of online financial service quality (OFSQ)[J]. Marketing Intelligence & Planning, 2015(7): 1004-1026.

⑨ Lerouge C, Hevner A R, Collins R W. It's more than just use: An exploration of telemedicine use quality[J]. Decision Support Systems, 2007, 43(4): 1287-1304.

⑩ Jagannathan V, Balasubramanian S, Natarajan T, et al. A modified approach for information systems success in the context of internet banking using structural equation modelling with R: An empirical study from India[J]. International Journal of E-Business Research (IJEBR), 2016, 12(3): 26-43.

⑪ Susanto A, Lee H, Zo H, et al. Factors affecting internet banking success: A comparative investigation between Indonesia and South Korea[J]. Journal of Global Information Management, 2013, 21(2): 72-95.

⑫ Choi J S, Yun S H, Kim D, et al. Impact of doctors' resistance on success of drug utilization review system[J]. Healthcare Informatics Research, 2014, 20(2): 99-108.

⑬ Jen W Y, Chao C C. Measuring mobile patient safety information system success: An empirical study[J]. International Journal of Medical Informatics, 2008, 77(10): 689-697.

⑭ 张亚军, 陈江涛, 张军伟, 等. 用户抵制与信息系统成功实施的关系研究[J]. 管理学报, 2016, 13(11): 1681-1689.

⑮ Lai J Y, Yang C C. Effects of employees' perceived dependability on success of enterprise applications in e-business[J]. Industrial Marketing Management, 2009, 38(3): 263-274.

⑯ Rana N P, Dwivedi Y K, Williams M D, et al. Investigating success of an e-government initiative: Validation of an integrated IS success model[J]. Information Systems Frontiers, 2015, 17(1): 127-142.

⑰ 陈晓春, 赵珊珊, 赵钊, 等. 基于 D&M 和 TAM 模型的电子政务公民采纳研究[J]. 情报杂志, 2016, 35(12): 133-138.

⑱ 原馨, 杨海娟, 移动新闻客户端用户持续使用意愿影响因素实证研究[J]. 信息资源管理学报, 2017, (3): 56-65.

⑲ Hung W H, Chang L M, Lee M H. Factors influencing the success of national healthcare services information systems: An empirical study in China Taiwan[J]. Journal of Global Information Management, 2012, 20(3): 84-108.

⑳ Stefanovic D, Marjanovic U, Culibrk D, et al. Assessing the success of e-government systems[J]. Information & Management, 2016, 53(6): 717-726.

㉑ Wang S, Lin J C. The effect of social influence on bloggers' usage intention[J]. Online Information Review, 2013, 27(1): 785-804.

㉒ 武海东. 基于信息系统成功模型的数字资源统一检索系统评价[J]. 情报杂志, 2013, 32(4): 177-182.

㉓ WeiTsong Wang, ChiaCheng Lu. Determinants of success for online insurance web sites: The contributions from system characteristics, product complexity, and trust[J]. Journal of Organizational Computing & Electronic Commerce, 2014, 24(1): 1-35.

㉔ Teo T, Srivastava S, Jiang L. Trust and electronic government success: An empirical study[J]. Journal of Management Information Systems, 2008, 25(3): 99-132.

㉕ Chen J V, Jubilado R J M, Capistrano E P S, et al. Factors affecting online tax filing: An application of the IS Success Model and Trust Theory[J]. Computers in Human Behavior, 2015, 43: 251-262.

㉖ Susanto A, Lee H, Zo H, et al. Factors affecting internet banking success: A comparative investigation between Indonesia and South Korea[J]. Journal of Global Information Management, 2013, 21(2): 72-95.

㉗ Chen H J. Linking employees' e-learning system use to their overall job outcomes: An empirical study based on the IS success model[J]. Computers & Education, 2010, 55(4): 1628-1639.

㉘ Lin H F. Determinants of successful virtual communities: Contributions from system characteristics and social factors[J]. Information & Management, 2008, 45(8): 522-527.

㉙ 武海东. 基于信息系统成功模型的数字资源统一检索系统评价[J]. 情报杂志, 2013, 32（4）: 177-182.

㉚ Zhang Z, Lee M K O, Huang P, et al. A framework of ERP systems implementation success in China: An empirical study[J]. International Journal of Production Economics, 2005, 98(1): 56-80.

㉛ Hung W H, Chang L M, Lee M H. Factors influencing the success of national healthcare services information systems: An empirical study in China Taiwan[J]. Journal of Global Information Management, 2012, 20(3): 84-108.

㉜ Schaupp L C, Bã©Langer F, Fan W. Examining the success of websites beyond e-commerce: An extension of the IS Success Model[J]. Data Processor for Better Business Education, 2009, 49(4): 42-52.

㉝ Borena B, Negash S. IT infrastructure role in the success of a banking system: The case of limited broadband access[J]. Information Technology for Development, 2015(2): 1-14.

㉞ Keramati A, Salehi M. Website success comparison in the context of e-recruitment: An analytic network process (ANP) approach[J]. Applied Soft Computing Journal, 2013, 13(1): 173-180.

㉟ Chen J V, Rungruengsamrit D, Rajkumar T M, et al. Success of electronic commerce websites: A comparative study in two countries[J]. Information & Management, 2013, 50(6): 344-355.

㊱ Chen J V, Yen D C, Pornpriphet W, et al. E-commerce web site loyalty: A cross cultural comparison[J]. Information Systems Frontiers, 2015, 17(6): 1283-1299.

㊲ Susanto A, Lee H, Zo H, et al. Factors affecting internet banking success: A comparative investigation between Indonesia and South Korea[J]. Journal of Global Information Management, 2013, 21(2): 72-95.

㊳ Tam C, Oliveira T. Understanding mobile banking individual performance: The DeLone & McLean model and the moderating effects of individual culture[J]. Internet Research, 2017, 27(3): 538-562.

13.2.3 D&M 信息系统成功模型在用户相关问题研究中的应用

在运用 D&M 模型对信息系统进行研究的文献中，有相当数量的研究将重点放在系统用户的身上，从用户感知、用户行为、用户收益等角度探讨了信息系统及其成功对用户产生的影响，或是分析了这种影响发生的机制或诱因。

1. 用户满意与信任问题研究

用户满意作为从初始 D&M 模型一直保留下来的重要变量，是指对使用信息系统输出结果的回应，即用户在使用信息系统之后的感受。Dwivedi 等在射频识别（RFID）系统的背景下对 D&M 模型加以调整和修改，研究了图书馆环境下用户满意度受到的影响。[一] 在 D&M 模型的相关研究中，用户满意不仅作为被影响因素出现，也被当作影响系统成功的重要因素加以讨论。刘小锋等就结合 D&M 模型和技术匹配模型，在验证了移动图书馆服务的效率和有效性的同时，重点探讨了读者满意度对使用移动图书馆的影响。[二]

在针对信息系统用户进行的相关研究中，信任问题常常与用户满意被同时提起，不仅着重考察其影响因素，还从关联性的角度对二者加以审视与研究。Lee 等从移动银行的背景出发改进了 D&M 模型，使用结构方程模型分析了来自一些移动银行客户的问卷调查数据，结果显示，系统质量与信息质量对客户的满意有显著影响，界面设计质量则没有；同时，作者也在这一语境下研究了用户信任问题，不仅将信任作为影响客户满意的一个重要因素，也通过实证研究得出了信任受系统与信息质量影响，与界面设计质量无关的结论。[三] 类似地，Weerakkody 等以英国公民使用的电子政务系统为研究对象，从影响因素的角度对其系统用户的信任与满意程度进行了评估，证明了质量因素不仅影响用户满意，对信任也有显著影响。但是，新引入的成本这一变量虽然对用户满意有所影响，却与用户的信任无关。[四]

当然，用户信任在信息系统成功模型中也可作为一个独立的影响因素予以研究，

[一] Dwivedi Y K, Kapoor K K, Williams M D, et al. RFID systems in libraries: An empirical examination of factors affecting system use and user satisfaction[J]. *International Journal of Information Management*, 2013, 33(2): 367-377.

[二] 刘小锋，张伶，刘春洁. 读者满意度对使用移动图书馆的影响研究——基于 D&M 和 TTF 成功模型视角 [J]. 情报科学，2017, 35(5): 81-88.

[三] Lee K C, Chung N. Understanding factors affecting trust in and satisfaction with mobile banking in Korea: A modified DeLone and McLean's Model perspective[J]. *Interacting with Computers*, 2009, 21(5): 385-392.

[四] Weerakkody V, Irani Z, Lee H, et al. Are U.K. citizens satisfied with e-government services? Identifying and testing antecedents of satisfaction[J]. *Journal of Information Systems Management*, 2016, 33(4): 331-343.

这在电子政务领域尤其常见，在上文中也有涉及。Teo 等将信任作为信息系统各质量因素的前因，考察信任在电子政务成功中的作用。[1]Chen 等也依据信任理论，从 D&M 模型的视角审查了信任对菲律宾网上报税系统成功的影响。[2]

Alzahrani 等在批判性、系统性地回顾了前人关于公民对电子政务的信任的研究文献的基础上，将公民信任行为的过程与结果抽象化，从而确定了影响电子政务信任的要素，并进一步探讨了电子政务系统的采用问题。[3]据此可以看出，信任还能用于对后续的用户行为进行解释。Nulhusna 等在 D&M 模型的基础上加入信任要素，从持续使用意愿及网络口碑的角度出发，研究了影响电子政务系统的公众参与的要素。[4]而用户满意也可扮演类似的角色，如 Chen 等将信任和客户满意作为中介因素来解释电子商务网站的用户忠诚度，为进一步研究不同文化背景下的用户忠诚度差异打下了基础。[5]

用户满意和信任这两个变量不仅在评价信息系统成功方面得到了广泛使用，也在很大程度上影响着用户决定是否继续使用该信息系统，可以说是用户行为发生前的一种铺垫。因此，探究信息系统中有哪些因素会对用户的满意与信任产生影响，可以为更好地理解用户行为打下基础。

2. 用户的使用意愿与使用行为研究

在与信息系统相关的研究中，用户使用或者说对系统的采用行为是十分常见且重要的问题，在各种实践环境下都可见到此类研究：Hsu 等在车载 GPS 导航系统的背景下研究了采用行为，从信息系统要素以及相关群体影响的角度拓展了 D&M 模型，探讨了影响系统采用的因素[6]。谢佳琳等则聚焦于图书馆标注系统的质量，引入用户后悔与满意两个因素，研究了这些因素对以用户标注意愿为表征的高校图书馆用户标注行为

---

[1] Teo T, Srivastava S, Jiang L. Trust and electronic government success: An empirical study[J]. *Journal of Management Information Systems*, 2008, 25(3): 99-132.

[2] Chen J V, Jubilado R J M, Capistrano E P S, et al. Factors affecting online tax filing: An application of the IS Success Model and Trust Theory[J]. *Computers in Human Behavior*, 2015, 43: 251-262.

[3] Alzahrani L, Al-Karaghouli W, Weerakkody V. Analysing the critical factors influencing trust in e-government adoption from citizens' perspective: A systematic review and a conceptual framework[J]. *International Business Review*, 2017, (26): 164-175.

[4] Nulhusna R, Sandhyaduhita P, Hidayanto A N, et al. The relation of e-government quality on public trust and its impact towards public participation[J]. *Transforming Government People Process & Policy*, 2017, 11(3): 393-418.

[5] Chen J V, Yen D C, Pornpriphet W, et al. E-commerce web site loyalty: A cross cultural comparison[J]. *Information Systems Frontiers*, 2015, 17(6): 1283-1299.

[6] Hsu C L, Lin C C. A study of the adoption behaviour for In-Car GPS navigation systems.[J]. *International Journal of Mobile Communications*, 2010, 8(6): 603-624.

的影响。① 以数字对象标识符系统为研究对象，Park 等探究了影响该系统采用的因素，运用分组研究的方法，证实了数字内容供应者之间的联合努力能够成为信息质量与系统采用之间的调节变量。② Halawi 等则基于 D&M 模型，提出并检验了一个用于测量知识型组织中知识管理系统（KMS）成功的模型，研究了 KMS 的使用程度是否依其系统质量、知识质量和服务质量的不同而体现出差异。③ 而从行为预测的角度出发，Wang 和 Lu 以在线保险网站为对象，在 D&M 模型的基础上建立了一个用于预测消费者在线购买行为的理论模型。④

多种研究方法的结合可以使研究结果更具现实意义与说服力。Salahuddin 等通过系统的文献回顾确定了健康信息技术安全使用的前因，结合病人安全系统工程计划模型的工作系统与流程，将 D&M 模型作为一种分类的参考对其进行分类，从而探讨影响健康信息安全技术使用的因素。⑤ 而 Koo 等则将 BDI 理论与 D&M 模型结合，遵从"信念/感知—期望—意向—行动"的过程，探讨了用户的政治参与行为是如何被播客的质量因素所影响的。⑥ Vatanasakdakul 等在 D&M 模型的基础上借鉴了"技术—组织—环境"框架的要素，提出一个综合的研究模型以探讨影响 IT 治理框架在澳大利亚的采用及其成功的因素。⑦

学者对使用意愿的研究则往往不限于对影响因素的探索，还从全局和整体的视角出发，对这些因素通过何种路径影响到使用意愿进行了讨论。王文韬等结合虚拟健康社区特性，通过共计十个假设研究了该情境下用户使用意愿受到的影响。⑧ Mun 等同样考虑了实践环境的特点，在 D&M 模型中加入源于数字多媒体广播独特特征的新要素，以探讨影响数字多媒体广播使用意愿的因素及其产生影响的路径。结果表明：在内容

---

① 谢佳琳，张晋朝. 高校图书馆用户标注行为研究——以信息系统成功模型为视角[J]. 图书馆论坛，2014，（11）：87-93.
② Park S, Zo H, Ciganek A P, et al. Examining success factors in the adoption of digital object identifier systems[J]. *Electronic Commerce Research & Applications*, 2011, 10(6): 626-636.
③ Halawi L A, Mccarthy R V, Aronson J E. An empirical investigation of knowledge management systems success[J]. *Data Processor for Better Business Education*, 2007, 48(2): 121-135.
④ WeiTsong Wang, ChiaCheng Lu. Determinants of success for online insurance web sites: The contributions from system characteristics, product complexity, and trust[J]. *Journal of Organizational Computing & Electronic Commerce*, 2014, 24(1): 1-35.
⑤ Salahuddin L, Ismail Z. Classification of antecedents towards safety use of health information technology: A systematic review[J]. *International Journal of Medical Informatics*, 2015, 84(11): 877-891.
⑥ Koo C, Chung N, Dan J K. How do social media transform politics? The role of a podcast, 'Naneun Ggomsuda' in South Korea[J]. *Information Development*, 2014, 31(5): 421-434.
⑦ Vatanasakdakul S, Aoun C, Chen Y. Chasing success: An empirical model for IT governance frameworks adoption in Australia[J]. *Science Technology & Society*, 2017, 22(2): 182-211.
⑧ 王文韬，李晶，张帅，等. 信息系统成功视角下虚拟健康社区用户使用意愿研究[J]. 现代情报，2018，38(2): 29-35.

质量、系统质量、享受程度、普遍存在性与时间压力中,只有内容质量与享受程度直接对使用意愿产生影响,其余因素都只能通过用户满意这一中介,间接地影响到使用意愿。○Wang 等则着重探讨了社会影响力、博客平台质量与使用意愿之间的关系,其中,社会影响力对用户使用意愿的影响可以通过两种渠道而发生:直接影响和以博客平台质量为中介的间接影响。○

尽管在互联网环境下,有相当数量的研究由于各种原因舍弃了净收益而将用户使用作为信息系统的最终结果,但不可否认的是,在某些情境下,用户使用与使用意愿也仍然承担着发挥中介效应的任务。在 Hou 使用商业智能系统考察用户满意对于系统使用与个人绩效的影响时,便证实了用户使用在用户满意与个人绩效之间扮演着中介变量的角色○。

3. 用户的持续使用意愿与持续使用行为研究

Hsu 等为了考察在线团购中影响用户回购意向的因素,通过整合有关信任理论的文献,提出了一个结构与 D&M 模型稍有不同的理论模型,从网站与卖家两个角度对在线团购中用户回购意向的前因加以探讨。○而在杨菲等对国内外电子政务服务持续使用的研究现状进行的综述中,也能够见到一些使用 D&M 模型探讨用户持续使用问题的案例。○此外,在与用户忠诚度相关的研究中,学者往往会将用户的持续使用视为用户忠诚的一种体现,如张星等就利用 D&M 模型,从社会支持的角度研究了以长期使用承诺为代表的在线健康社区中的用户忠诚度问题○。

持续使用意愿相较于作为 D&M 模型变量而出现的使用与使用意愿,更加注重用户行为的延伸性与可持续性,因此,在对持续使用意愿加以讨论时,先前各类研究中鲜有涉及的使用时间成了一个十分重要的因素。Yang 等在大规模开放在线课程的背景

○ Mun H J, Yun H, Kim E A, et al. Research on factors influencing intention to use DMB using extended IS success model[J]. *Information Technology & Management*, 2010, 11(3): 143-155.

○ Wang S, Lin J C. The effect of social influence on bloggers' usage intention[J]. *Online Information Review*, 2013, 27(1): 785–804.

○ Hou C K. Examining the effect of user satisfaction on system usage and individual performance with business intelligence systems: An empirical study of China Taiwan's electronics industry[J]. *International Journal of Information Management*, 2012, 32(6): 560-573.

○ Hsu M H, Chang C M, Chu K K, et al. Determinants of repurchase intention in online group-buying: The perspectives of DeLone & McLean IS success model and trust[J]. *Computers in Human Behavior*, 2014, 36: 234-245.

○ 杨菲,高洁. 电子政务信息服务公众持续使用研究综述 [J]. 现代情报, 2014, 34(8): 170-176.

○ 张星,陈星,夏火松,等. 在线健康社区中用户忠诚度的影响因素研究:从信息系统成功与社会支持的角度 [J]. 情报科学, 2016, 34(3): 133-138.

下，不仅明确了持续使用意愿受到包括系统、课程与服务质量的影响，还在直接与间接的两种情况下分别考察了性别、年龄、教育背景与使用时间的作用。[1]

在以 D&M 模型为基本框架的前提下，期望确认理论在研究用户的持续使用意愿上得到了广泛的运用：Chung 等结合期望确认模型来描述一个完整的旅游决策过程，衡量了目的地网站的质量与游客的持续使用意愿之间的关系，以及对目的地游览意愿的后续影响，通过实证证明目的地网站的质量对潜在旅游者的持续使用意愿的影响是显著且积极的。[2]类似地，Budiardjo 等在期望确认理论的基础上探讨了知识管理系统的质量对用户持续使用意愿与推荐行为的影响，结果表明，用户的持续使用一方面是 KMS 质量因素及用户满意等要素的结果，也是导致推荐行为的前因之一。[3]

在此基础上，一些学者尝试着加入更多相关理论，以拓展并完善 D&M 模型在研究用户持续使用意愿上的应用模式。刘玲利等结合技术接受模型、D&M 模型和期望差异模型，对影响土地市场管理电子政务网站用户接受和持续性使用意愿的因素进行验证和探讨。[4]而 Cheng 也使用相同的理论探讨了数字图书馆环境下影响用户持续使用意愿的因素。[5]Cheng 还提出了一种基于期望确认模型（ECM）、沉浸理论与 D&M 模型的混合模型，以考察在影响护士对混合在线学习系统的持续使用意愿的因素，从外部与内部动机的角度全面解释了质量因素是如何通过确认、满意度等一系列中介变量对持续使用意愿产生影响的。[6]类似地，在移动阅读服务的语境下，杨根福在分析移动阅读特点的基础上，基于期望确认理论与 D&M 模型研究了用户的持续使用问题。[7]据此可见，期望确认理论在持续使用的研究中具有较高的使用频率，李琪等在移动团购背景下，从 ECM 与 D&M 模型的角度分别入手，比较了二者在用户使用意愿研究上的解释

---

[1] Yang M, Shao Z, Liu Q, et al. Understanding the quality factors that influence the continuance intention of students toward participation in MOOCs[J]. *Educational Technology Research & Development*, 2017, 65(5): 1195-1214.

[2] Chung N, Lee H, Lee S J, et al. The influence of tourism website on tourists' behavior to determine destination selection: A case study of creative economy in Korea[J]. *Technological Forecasting & Social Change*, 2015, 96(2): 130-143.

[3] Budiardjo E K, Pamenan G, Hidayanto A N, et al. The impact of knowledge management system quality on the usage continuity and recommendation intention[J]. *Knowledge Management and E-Learning*, 2017, 9(2): 200-224.

[4] 刘玲利, 王冰, 朱多刚. 土地市场管理电子政务网站用户初始接受与持续使用行为研究 [J]. 现代情报, 2013, 33(4): 172-177.

[5] Cheng Y M. Why do users intend to continue using the digital library? An integrated perspective[J]. *Aslib Journal of Information Management*, 2014, 66(6): 640-662.

[6] Cheng Y M. Extending the expectation-confirmation model with quality and flow to explore nurses' continued blended e-learning intention[J]. *Information Technology & People*, 2014, 27(3): 230-258.

[7] 杨根福. 移动阅读用户满意度与持续使用意愿影响因素研究——以内容聚合类 App 为例 [J]. 现代情报, 2015, 35(3): 57-63.

力度，加深了对这两种理论模型的理解。此外，原薇等参考社会心理学研究中的"心理距离"概念，在 D&M 模型的基础上探讨了移动新闻客户端用户的持续使用意愿会受到哪些因素的影响。

4. 用户的个人绩效相关问题研究

个人绩效是信息系统中与用户有关的一个重要问题，它既是用户行为的结果，又在一定程度上对用户的再次使用或是持续使用行为产生一定的影响；而且，作为对信息系统对用户影响的一种概括，必然与前文提及的用户满意、用户行为等要素均紧密相关。为了在实践环境中考察影响个人绩效的因素，Tam 等结合 D&M 模型与任务技术匹配模型，从 TTF（Task-Technology Fit，任务技术适配模型）视角理解移动银行的采用对个人绩效产生的影响。实证研究的结果显示，用户使用和满意度是个人绩效的重要影响因素；与此同时，尽管 TTF 并未体现出对个人绩效的显著影响，它的调节作用却是显著的。由于信息系统中用户行为会受到包括文化背景在内的各种复杂外界因素的影响与干扰，Tam 等将霍尔的文化维度引入 D&M 模型的结构中，采用其提出的高低语境及单一时间—多元时间感知这两个跨文化维度作为 D&M 模型的调节因素，在用户使用与用户满意度对个人绩效产生影响的环节发挥其调节作用。通过这种方式可以了解到文化在采用之后的阶段对移动银行个人绩效影响的重要性，这对解释吸引潜在采用者及其使用行为提供了有价值的参考。

在从用户角度出发对信息系统成功的研究中，个人绩效常被作为个体用户在信息系统中净收益的代表。由此，Hou 为了考察商业智能系统中用户满意度对个人绩效的直接与间接影响，参考了 D&M 模型中对净收益的解释来确定其理论模型中个人绩效的定义及测度方式。与此不同的是，Marjanovic 等将使用者绩效这一构念作为系统使用与净收益之间的中介变量而添加到新模型中，从系统用户的角度显示了系统使用是通

---

① 李琪，李欣，殷猛. 移动团购的持续使用意愿研究——ECM 与 IS 成功理论的比较与整合研究 [J]. 现代情报，2018, 38(2): 53-61.

② 原薇，杨海娟，移动新闻客户端用户持续使用意愿影响因素实证研究 [J]. 信息资源管理学报，2017, (3): 56-65.

③ Tam C, Oliveira T. Understanding the impact of m-banking on individual performance: DeLone & McLean and TTF perspective[J]. Computers in Human Behavior, 2016, 61: 233-244.

④ Tam C, Oliveira T. Understanding mobile banking individual performance: The DeLone & McLean model and the moderating effects of individual culture[J]. Internet Research, 2017, 27(3): 538-562.

⑤ Hou C K. Examining the effect of user satisfaction on system usage and individual performance with business intelligence systems: An empirical study of Taiwan's electronics industry[J]. International Journal of Information Management, 2012, 32(6): 560-573.

过使用者绩效这一变量对净收益产生影响，并从雇员角度评估了一个公司中在线学习系统的成功。[1]

13.2.4　D&M 信息系统成功模型在系统设计与优化上的应用

对于 D&M 模型的应用在迄今为止的文献中已有了相当的规模，很大一部分研究通过参考 D&M 模型的思路、结构或借鉴其变量，提出改进模型以适应实际需求并对此加以证明，此类研究往往更加注重从实证检验的角度对 D&M 模型的合理性给出解释。然而，从实际应用的层面来看，也有一些研究以某种指向性明确的目标为指导，将 D&M 模型的结构和思路应用在诸如系统设计与优化、方案开发一类的实践之中。

从现有信息系统出发，将 D&M 模型用于评估其结构，并在此基础上提出今后的改进方案是最为常见的应用方式。Urbach 等为了更好地理解员工门户网站的成功，基于 D&M 模型讨论了过程支持质量与协作质量对网站成功的影响，从而为今后网站的改进与完善提供了具有理论基础的建议。[2]类似地，Chen 等结合技术接受模型，针对在防灾减灾方案设计时所使用的虚拟现实系统，以实证检验展示了该系统各质量维度、认知、情感与行为之间的相关关系，为今后防灾方案的制定与工作的开展提供参考，以适应防灾减灾教育的需要。[3]Ulhas 等则转换了研究视角，从软件开发人员的角度出发，参考了协作信息系统（CIS），在组织内部这一级别上，从服务特征、团队合作特征与项目成功特征三个层次探索软件开发项目的影响因素，最终确定了 CIS 服务特征对团队特征与软件开发项目成功的影响，使研究结果更能适应信息系统升级与更新的需要。[4]

然而，由于 D&M 模型在评估系统方面具有事后性的特点，即其评估结果是根据现存系统的现时使用状况得出的，上述方法在系统改进方面显得更加实用，却往往无法满足从零开始的系统设计与开发的需要。但是，即使无法通过实证检验来对有效性与合理性提供证明，D&M 模型作为一个经过大量检验与确认的经典模型，仍然可以在

---

[1] Marjanovic U, Delić M, Lalic B. Developing a model to assess the success of e-learning systems: Evidence from a manufacturing company in transitional economy[J]. *Information Systems and e-Business Management*, 2016, 14(2): 1-20.

[2] Urbach N, Smolnik S, Riempp G. An empirical investigation of employee portal success[J]. *Journal of Strategic Information Systems*, 2010, 19(3): 184-206.

[3] Chen C Y, Shih B Y, Yu S H. Disaster prevention and reduction for exploring teachers' technology acceptance using a virtual reality system and partial least squares techniques[J]. *Natural Hazards*, 2012, 62(3): 1217-1231.

[4] Ulhas K R, Lai J Y, Wang J. Impacts of collaborative IS on software development project success in Indian software firms: A service perspective[J]. *Information Systems and e-Business Management*, 2016, 14(2): 315-336.

系统设计与开发上为相关人士提供思路与结构方面的参考或是启发。Chiu 等为了研究并改进云书架背景下移动电子书的发展，利用 D&M 模型开发了一个云书架，探讨了一些关于使用意愿与用户满意的问题。[一]Chang 等则参考了 D&M 模型的结构设计了一个可以由移动设备操作的在线农产品导航系统，使用定性的方法分析了这一系统不同于其他信息系统的特点，详述了在某种技术及理论的基础上进行系统设计与开发的流程，这为类似的研究提供了参考。[二]

由上述讨论可见，D&M 模型尽管在现有系统的改进上已经逐渐形成了一种以评估为基础的应用模式，但在新系统设计与开发方面仍然存在着较大的空白。仅仅为系统设计提供思路或是启示显然是不够的，以类似预实验的方式对信息系统的设计方案加以检验，或是利用 D&M 模型的结构模拟用户使用流程等都是较为直接的应用方式，如能更加深入而透彻地理解 D&M 模型，一定会有更加丰富的图景将其融入信息系统领域的应用当中，以充分发挥其潜力与价值。

13.3 结论与展望

通过文献综述可见，D&M 模型作为信息系统研究领域中的基础理论，在理论的拓展与完善、在信息系统相关实践上的应用都已经有了相当数量且模式较为成熟的研究。

探索影响信息系统成功因素的研究占据了主要地位，这也正是 D&M 模型最基础、最直观的运用模式，并且，此类研究也进一步从实际情境的角度证实了该模型在评估系统成功上的有效性。也有研究者改变视角，从用户角度对 D&M 模型加以改编并利用，将其作为研究信息系统用户在用户行为、收益等方面的工具。除此以外，在系统设计、方案开发等实践方面的应用最能够体现该模型的实用价值，虽然由于实践环境的复杂性、不可控性等因素，使得模型的实际应用存在着诸多困难，现有的研究中也有着诸多不足，但它仍然可以为今后的研究提供值得参考的经验教训，并证实了 D&M 模型确实能在应用方面发挥出相当的可行性与实用性。

然而，现有的研究中还存在以下几个方面的不足。

首先，随着以互联网发展为主要特征的时代背景的变化，原有的 D&M 模型的结

[一] Chiu P S, Chao I, Kao C C, et al. Implementation and evaluation of mobile e-books in a cloud bookcase using the information system success model[J]. *Library Hi Tech*, 2016, 34(2): 207-223.

[二] Chang C.L., Hsiao W. On-line Agricultural Products Navigation System on the Google Earth[J]. *Agricultural Economics*, 2017, 63(9): 400-410.

构已经在实际应用中表现出了无法与实践环境契合的现象，尤其是净收益这一变量，在电子商务的环境下往往由于其缺乏测量手段且缺乏测量与考虑的意义而被忽略。根据一些学者的研究，在电子商务的背景下，用户满意度可以作为系统净收益的替代，以减少 D&M 模型中变量内涵重合的问题。这就引起了关于 D&M 模型结构是否亟待修正或加以改进的思考。但是，由于该模型在诸如电子政务、社交、医疗等领域中都有较为广泛的应用，且在许多案例中保留了净收益变量，或是用更加具体的含义对其加以解释，因此武断地将净收益从模型中剔除显然是不合适的，这也是日后关于 D&M 模型的研究中需要解决的重要问题之一。

其次，从前文对现有文献的综述可以发现，大量文献集中于将 D&M 模型用于对现有信息系统的检验与评价，但在如何据此对未来系统开发加以改进或是设计新系统上却少有提案，总体而言，在具有较强实践意义的系统设计与开发方面的文献仍嫌不足。

最后，D&M 模型提供了一种从整体角度审视信息系统的方法，最主要地被运用在对现有信息系统的评估上，然而，着眼于单一信息系统的研究往往会使研究者的视角受到局限，难以从差异化的角度探索对信息系统产生影响的因素。

为了进一步完善并丰富与 D&M 模型相关的理论与实践研究，今后的研究可以从以下几个方面进行拓展。

首先，从 D&M 模型的演化过程中可以发现，它随着时代背景的变化已经经历过数次结构上的调整与改进，这就说明该模型并非僵化而一成不变的。电子商务环境下净收益这一变量的价值降低，显然是 D&M 模型在时代背景下进一步发展的一种信号，以此为契机，对于模型中变量与模型结构的商榷与修正正是今后研究中十分重要且必要的方向。

其次，D&M 模型在评估信息系统成功方面具有事后性的特点，即其必须将一个已经存在的信息系统作为研究对象。照此思路，D&M 模型在诸如系统设计与开放方面的实践将主要通过对预设方案的检验与改进得以实现。此外，通过探索符合语境的一些现有系统，并从中提取影响程度高的要素作为新系统设计与开发的参考，也是 D&M 模型值得考虑的一种实践应用方式。

最后，D&M 模型使研究者能够通过数学方法与工具分析讨论该模型各维度之间的相互关系与作用路径，以这种形式将一个具体的信息系统抽象化，这就为不同背景下具有相似结构的信息系统之间的横向比较提供了可能。在分别评估各系统的成功状况并分析其内部结构的基础上，还能够对不同系统的同类项进行直观的对比与讨论，从而比较分析彼此的异同，进而探讨对信息系统成功产生影响的外部因素。比较研究的方法在探讨影响信息系统成功因素的研究中已经得到了一些应用，但往往局限于某一特定要素的差异，在整体与全局视角上有所欠缺。

综上所述，D&M 模型是信息系统研究领域中一个重要、基础且具有可观潜力与发展前景的理论模型，无论是对模型本身的验证与改良，还是将利用其得到的分析结果用于指导信息系统实践，都能够体现该模型的重要性。此外，D&M 模型的演化也说明其具有与时俱进、不断发展完善的潜力，但这需要通过研究者们的不断努力与尝试才有可能实现，从而在信息系统领域的学术研究与实践中充分发挥其作用与影响。

CHAPTER 14 ○ 第 14 章

民族志决策树理论
及其在信息系统研究领域的应用与展望

民族志决策树理论，又称民族志决策树建模（Ethnographic Decision Tree modeling，EDTM），于20世纪80年代由美国学者 Christina H. Gladwin 提出。[1] 该理论的核心思想是：个体行为的产生取决于其所属群体特定的行为决策逻辑，可以通过对群体决策过程的民族志研究与决策树建模，理解和预测个体及其群体为什么会做出某个特定的行为。[2]

EDTM 理论最早在生产领域进行实践，解决农民在自己的土地上种植何种作物[3]、渔民选择哪个捕鱼地点[4]以及家庭日常工作如何分配[5]等实际需求。随着民族志方法能

---

[1] Gladwin C H. Contributions of decision-tree methodology to a farming systems program[J]. *Human Organization*, 1983, 42(2): 146-157.

[2] Beck K A. Ethnographic decision tree modeling: A research method for counseling psychology[J]. *Journal of Counseling Psychology*, 2005, 52(2): 243-249.

[3] Gladwin C H. A view of the plan Puebla: An application of hierarchical decision models[J]. *American Journal of Agricultural Economics*, 1976, 58(5): 881-887.

[4] Gatewood J. Deciding where to fish: The skipper's dilemma in southeast Alaskan salmon seining[J]. *Coastal Zone Management Journal*, 1983, 10(4): 347-367.

[5] Mukhopadhyay C. Testing a decision process model of the sexual division of labor in the family[J]. *Human Organization*, 1984, 43(3): 227-242.

提供更丰富的数据[一]以及揭示背景和细节[二]等优点被广泛挖掘，EDTM 逐渐被更多的领域（如医学、社会学和经济学等）采用，研究吸毒者为什么会共享注射针头[三]、临床医生为什么会转诊病人[四]、美国民众是否会回收易拉罐[五]、沙漠环境下人们会购买何种食品[六]等问题。

在信息系统领域，虽然国内外研究者基于 EDTM 进行了相关实践探索，但是研究数量较少，且没有针对理论的系统性综述类文献。因此，为了帮助学界正确有效地使用该理论，本章拟按照图 14-1 所示的内容框架，梳理和分析 EDTM 在信息系统研究中的应用现状，厘清现有研究取得的成果、存在的不足，并指出值得关注的研究方向。

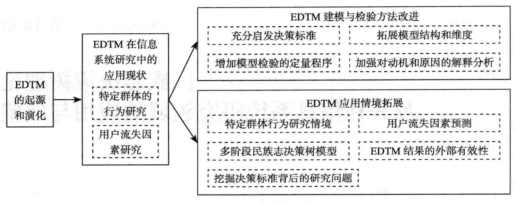

图 14-1 章节内容框架

14.1 EDTM 的起源和演化

14.1.1 EDTM 的起源

20 世纪以来，民族志方法被社会科学研究者广泛采用，用于研究和预测群体行为，

[一] Hobbs K, Klare D. User driven design: Using ethnographic techniques to plan student study space[J]. *Technical Services Quarterly*, 2010, 27(4): 347-363.

[二] Radford M L. Approach or avoidance? The role of nonverbal communication in the academic library user's decision to initiate a reference encounter[J]. *Library Trends*, 1998, 46(4): 699-717.

[三] Johnson J, Williams M L. A preliminary ethnographic decision tree model of injection drug users' (IDUs) needle sharing[J]. *International Journal of the Addictions*, 1993, 28(10): 997-1014.

[四] Breslin F C, Gladwin C H, Borsoi D, et al. Defacto client-treatment matching: How clinicians make referrals to outpatient treatments for substance use[J]. *Evaluation & Program Planning*, 2000, 23(3): 281-291.

[五] Ryan G W, Bernard H R. Testing an ethnographic decision tree model on a national sample: Recycling beverage cans[J]. *Human Organization*, 2006, 65(1): 103-114.

[六] Zachary D A, Palmer A M, Beckham S W, et al. A framework for understanding grocery purchasing in a low-income urban environment[J]. *Qualitative Health Research*, 2013, 23(5): 665-678.

在诸如农业生产、购物和地区经济发展等决策情境中都展现了较高的预测准确性。

Gladwin 总结他人研究成果和自身民族志研究经验，发现大多数决策都可以被视为"做或不做"的二分问题，与决策树的二叉特征相似，于是提出 EDTM 思想。他首先明确了 EDTM 的基本前提假设——决策者自身是他们如何做出决策的专家。决策者独有的决策逻辑属于其所在文化情境的"主位"（emic）范畴，是从文化承担者（即决策者）本身得出的意义单位，与研究者的"客位"（etic）认识相比，更符合对真实情境中的决策行为的描述。[1]研究者如想了解他们的决策逻辑，可以借助民族志方法，从"本土"（native）即圈内人的角度了解决策者行为，最大限度地消除先入为主的假设甚至偏见，尽力"再现"决策者的真实决策过程。[2]

Gladwin 从两个方面入手，构建了 EDTM 的基本内涵。一方面，他认为应该严格遵循民族志研究的循环过程，通过访谈、观察和记录等方式发现、接近并调查特定群体的真实想法与观点，不断循环发现并分析可能的决策选择，引导出决策逻辑。[3]另一方面，借鉴 Lancaster 的新消费者理论[4]和 Tversky 的逐步消除理论[5]，Gladwin 将决策拆分为具有多个决策标准（多表现为属性、约束条件等）的"做或不做"选项，认为决策活动是对选项所含的各个决策标准的排列和比较过程。在此过程中，因为人类信息加工能力的局限性，决策者通常会分解选项，首先选择某一决策标准进行比较和排序，按照做或不做的二分原则依次考虑各个决策标准，最后一般会接受最先通过所有决策标准的选项，否则就离开该决策过程而采取其他策略。

为了形象地说明决策过程，Gladwin 进一步结合二叉树，将其可视化，即将每个决策标准放置在层次树状模型的节点，通过多条路径串联不同的决策标准并到达特定的结果。[6]如此一来，决策过程就被表示为遵循"如果……就……"（if-then）规则的层次树状模型[7]，可以进一步检验，也便于计算机编程。

---

[1] Gladwin C H. Ethnographic decision tree modeling[M]. Newbury Park, California: Sage Publications, 1989: 1-10.
[2] Gladwin C H, Peterson J S, Mwale A C. The quality of science in participatory research: A case study from eastern zambia[J]. World Development, 2002, 30(4): 523-543.
[3] 黄奇，覃鹤. 民族志决策树方法应用研究——以政府网站链接动机研究为例[J]. 情报理论与实践，2016, 39(10): 45-51.
[4] Lancaster K J. A new approach to Consumer Theory[J]. Journal of Political Economy, 1976, 74(2): 132-157.
[5] Tversky A. Elimination by aspects: A theory of choice[J]. Psychological Review, 1972, 79(4): 281-299.
[6] Gladwin C H. A model of farmers' decisions to adopt the recommendations of plan Puebla[D]. Stanford, California: Stanford University, 1977.
[7] Morgenroth W M. A method for understanding price determinants[J]. Journal of Marketing Research, 1964, 1(3): 17-26.

14.1.2 EDTM 的演化

结合民族志研究思想和社会科学提倡的实证检验思想，Gladwin 一开始就将 EDTM 的本质定位为一种两阶段的研究理论方法论，包含以发现为导向的模型构建阶段和以定量验证为目的的模型检验阶段（如图 14-2 所示）。在 Gladwin 提供了开发民族志决策树模型的基本步骤和注意事项后，在几十年的理论演化和应用中，国内外研究者精炼并归纳了使用 EDTM 的基本流程。

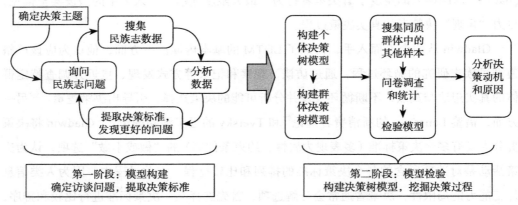

图 14-2　EDTM 的基本思想[①][②]

[①] Gladwin C H. Ethnographic decision tree modeling[M]. Newbury Park, California: Sage Publications, 1989: 5-15.
[②] Mwangi B J, Brown I. A decision model of Kenyan SMEs' consumer choice behavior in relation to registration for a mobile banking service: A contextual perspective[J]. *Information Technology for Development*, 2015, 21(2): 229-252.

（1）确定要建立决策树模型的行为选择，寻找方便的受访者群体。在明确具体决策问题的同时，确定该决策的可选项（如"在自己的土地上种植玉米还是土豆"或"使用博客还是停用博客"），据此选择代表性样本（一般为 20~30 人），以捕捉不同个体的决策原因和约束条件的变化。

（2）迭代进行民族志访谈和参与式观察等循环发现过程[⊖]，进一步阐述并搜集同一群体中不同个体表现的决策标准，同时尝试观察并记录不同决策者的背景信息。重复对比决策者之间的不同，直到决策标准被正确地指定。

（3）利用上述信息构建个体决策树模型与群体决策树模型。分析得到的数据，发现决策标准和受访者报告的行为之间的模式（即个体决策树模型），使用直接的组合方法或间接的修剪方法将其规范化为群体决策树模型。

[⊖] Spradley J. The ethnographic interview[M]. New York, NJ: Holt, Rinehart, & Wilson, 1979: 10-100.

（4）搜集来自相同群体的独立新样本检验模型。将群体决策树中的每个决策标准转化为正式的结构化问卷中的问题，统计模型预测率（总成功数除以样本总数），通过重新确定、添加或更改标准或路径的顺序等方法修正模型，使其预测率达到 85%。

14.2　EDTM 在信息系统研究中的应用现状

EDTM 为学界提供了深入理解群体决策过程、兼具预测力和描述性的框架^①，其采用的参与式民族志方法有效避免了自顶向下的开发方法的缺陷；其模型模拟了"圈内人"做选择时的决策逻辑，而非来自对资料和文献的推演，增加了结果的真实性及解释力^②。鉴于这些优点，信息系统领域研究者基于 EDTM 进行了相关探索，主要成果集中在"特定群体行为研究"和"用户流失因素研究"两个方面。

14.2.1　EDTM 在特定群体行为研究中的应用

学生样本因其易获得、低成本、同质性明显^③等特征，成为群体性行为研究的良好样本，在社会科学研究中备受青睐。一些研究者通过 EDTM，对学生的各类行为决策进行深入了解。Andergassen 等^④、徐孝娟等^⑤关注大学生对博客的使用，各自以社交博客和学术博客为情境进行民族志决策树建模，发现大学生用户开始使用和停止使用博客的原因存在明显差异。Chang 等再现了大学生是否玩大型多人在线角色扮演游戏的决策过程^①，认为心情不好和成绩较差分别是大学生玩与不玩游戏的主要原因，并在民族志决策树的基础上，引入本体的概念和形式概念分析（FCA），更进一步展现决策者得到决策标准的逻辑推理过程。

其他研究则关注群体对信息通信技术（ICT）的使用以及 ICT 在社会与经济发展中

---

① Chang C, Fang K. The priority of decision criteria why do college students play MMORPGs or not: By ontology-based ethnographic decision tree model[J]. *Journal of Information Processing & Management*, 2013, 4(2): 53-59.
② 徐孝娟，赵宇翔，孙霄凌，等. 开放式访谈设计中民族志决策树模型的应用及改进[J]. 图书情报工作，2013, 57(22): 103-110.
③ Ford J B. Cost vs credibility: The student sample trap in business research[J]. *European Business Review*, 2016, 28(6): 652-656.
④ Andergassen M, Behringer R, Finlay J, et al. Weblogs in higher education: Why do students (not) Blog?[J]. *Electronic Journal of E-Learning*, 2009, 7(3): 203-214.
⑤ 徐孝娟，赵宇翔，朱庆华. 民族志决策树方法在学术博客用户行为中的研究——以科学网博客为例[J]. 现代图书情报技术，2014, (1): 79-86.

的作用。例如，Mwangi 等的研究回答了肯尼亚的中小企业用户如何做出是否注册移动银行服务的决策㊀。与此类似，Bailey 等开发民族志决策树模型，解释社区成员决定使用远程电视中心来进行创业活动的决策过程，也为 ICT 的积极影响提供了支持。㊁ Davenport 等则关注信息技术弱势群体，构建决策树模型探讨老年人对智能技术的需求决策，了解老年人对智能技术的认识。㊂在这些用户使用行为的 EDTM 应用中，所得到的民族志决策树模型也可以为服务的供应商提供关于其目标消费者的重要知识和情报，便于卖方和市场从"圈内人"角度理解用户诉求。㊃

除上述情境外，黄奇和覃鹤利用民族志决策树对行为因素、动机和过程的考量，挖掘政府网站链接建立方面的专业知识。㊄

学界尽管利用 EDTM 进行了多类特定群体的行为研究，但现有研究存在两方面问题：EDTM 是对决策关键考量因素的描述性指标展示，虽然有概率统计等检验程序，但仍存在一定主观性，除 Chang 等基于本体思想增加了对决策标准的形式概念分析外㊅，鲜有研究者采取二次检验提高决策树模型结果的信度和效度；此外，虽然部分研究采取扎根理论㊆、主题分析㊇等方法挖掘行为动机，但在模型结果讨论时对这些动机和原因及其相关关系的解释不足，关于人们会按照模型路径行动、决策标准如何被选择㊈等问题需要深入探讨。

㊀ Mwangi B J, Brown I. A decision model of Kenyan SMEs' consumer choice behavior in relation to registration for a mobile banking service: A contextual perspective[J]. *Information Technology for Development*, 2015, 21(2): 229-252.

㊁ Bailey A, Ngwenyama O. Toward entrepreneurial behavior in underserved communities: An ethnographic decision tree model of telecenter usage[J]. *Information Technology for Development*, 2013, 19(3): 230-248.

㊂ Davenport R D, Mann W, Lutz B. How older adults make decisions regarding smart technology: An ethnographic approach[J]. *Assistive Technology*, 2012, 24(3): 168-181.

㊃ Jacko J, Sears A. The human-computer interaction handbook: Fundamentals, evolving technologies and emerging applications[M]. New Jersey: Lawrence Erlbaum Associates, 2003: 1279-1291.

㊄ 黄奇，覃鹤. 民族志决策树方法应用研究——以政府网站链接动机研究为例[J]. 情报理论与实践，2016, 39(10): 45-51.

㊅ Chang C, Fang K. The priority of decision criteria why do college students play MMORPGs or not: By ontology-based ethnographic decision tree model[J]. *Journal of Information Processing & Management*, 2013, 4(2): 53-59.

㊆ 徐孝娟，赵宇翔，孙霄凌，等. 开放式访谈设计中民族志决策树模型的应用及改进[J]. 图书情报工作，2013, 57(22): 103-110.

㊇ Bailey A, Ngwenyama O. Toward entrepreneurial behavior in underserved communities: An ethnographic decision tree model of telecenter usage[J]. *Information Technology for Development*, 2013, 19(3): 230-248.

㊈ Murray-Prior R. Modelling farmer behaviour: A personal construct theory interpretation of hierarchical decision models[J]. *Agricultural Systems*, 1998, 57(4): 541-556.

14.2.2 EDTM 在用户流失因素研究中的应用

厘清平台或网站的用户流失因素，是国内信息系统领域对 EDTM 应用的新兴趣点。徐孝娟等关注社交网络的用户数量及活跃程度的大规模衰退，建立基于 S-O-R 理论的民族志决策树模型，试图挖掘用户不再使用开心网的决策过程，根据民族志访谈抽取并分析社交网站用户流失要素。[一]与此类似，郭顺利等聚焦于高校图书馆微信公众平台的用户流失现象，以民族志决策树结合解释结构方程的研究方法，指出用户流失因素之间存在层级和作用关系。[二]此外，Andergassen 等[三]和徐孝娟等[四]关于大学生停止使用博客的决策树模型也反映了博客的用户流失现象。

基于 EDTM 的用户流失预测模型关注停用行为的动机和原因，允许"圈外人"尤其是服务提供商从中学习，采取针对性措施减少用户流失。然而，上述一些研究并未在建模前期进行充分的民族志工作，未见实地调查、焦点小组、文化背景调查和现场笔记等丰富的民族志方法的综合使用，多利用访谈和观察引出决策标准，有可能存在访谈内容不充分且决策标准启发效率不高等问题。此外，除徐孝娟等认识到 EDTM 过于关注"如果……就……"顺序逻辑、忽视平行衍生逻辑的问题外[五]，多数研究未涉及对模型结构和维度的讨论及改进，现存民族志决策树模型结果可能无法充分反映现实复杂决策。

14.3 EDTM 在信息系统研究中的发展展望

文献综述发现，EDTM 目前在信息系统研究中的应用成果主要集中在特定群体行为研究和用户流失因素研究两个方面。然而，现有研究还存在一些不足，主要表现为两个方面：①应用 EDTM 的不恰当性。在模型创建阶段，许多研究缺乏充分的民族志研究循环，对原因或动机的挖掘和解释不充分，导致得到的决策树模型略显单薄，对

[一] 徐孝娟，赵宇翔，朱庆华，等. 社交网站中用户流失要素的理论探讨及实证分析 [J]. 信息系统学报，2013, (2): 83-97.

[二] 郭顺利，张向先，相甍甍. 高校图书馆微信公众平台用户流失行为模型及其影响因素分析 [J]. 图书情报工作，2017, 61(2): 57-66.

[三] Andergassen M, Behringer R, Finlay J, et al. Weblogs in higher education: Why do students (not) Blog?[J]. *Electronic Journal of E-Learning*, 2009, 7(3): 203-214.

[四] 徐孝娟，赵宇翔，朱庆华. 民族志决策树方法在学术博客用户行为中的研究——以科学网博客为例 [J]. 现代图书情报技术，2014, (1): 79-86.

[五] 徐孝娟，赵宇翔，孙霄凌，等. 开放式访谈设计中民族志决策树模型的应用及改进 [J]. 图书情报工作，2013, 57(22): 103-110.

现实决策的解释力存疑；在模型检验阶段，现有研究多囿于理论原生方法论框架，仅采用概率统计检验，有必要增加定量方法二次检验模型结果，进一步加强模型的信度和效度。②研究情境的匮乏。除特定群体行为研究和用户流失因素研究外，EDTM 在其他应用情境的潜力暂未体现。

综合 EDTM 在信息系统研究中的相关进展、应用思路和现有的局限性，未来研究有必要关注 EDTM 建模与检验方法改进以及 EDTM 应用情境拓展两个主要方向。

14.3.1 改进建模与检验方法

1. 充分启发决策标准

在建模阶段，半结构化的民族志访谈是启发决策标准的常用方法。[1][2]为了发挥访谈作用、提高决策标准的启发效率，未来可以考虑以下两个方向：①重视历史信息和决策的启发作用。过去经历会影响现在决策，在最近或突出情况下做出的决定在记忆中更易获得[3]，因此在访谈受阻时可以提醒受访者回顾历史决策以为启发，同时也可以保证在获取信息时所有受访者都得到了相同的线索和启示[4]。②融合社会学和心理学方法，提高访谈质量。此方法在其他领域的 EDTM 应用中被广泛使用，如对访谈中后期及整个民族志观察的详细记录，可以补充深入分析所需的细节构念，辅助后续的结果讨论工作；通过主题分析法[5]迭代阅读数据，深入分析文本语义的细微差别，清晰确定决策标准之间的相关关系；使用个人构念心理学和凯莉方格法[6]，也可以帮助减少研究者主观偏见，进行有效的构念启发。组合使用上述方法，有助于在模型构建阶段丰富决策标准，提高其客观性。

2. 拓展模型结构和维度

扎根理论具有自下而上的架构和时刻对理论保持高度敏感性的特征，可以有效补

---

[1] Spradley J. The ethnographic interview[M]. New York, NJ: Holt, Rinehart, & Wilson, 1979: 2-50.
[2] Charmaz K. Constructing grounded theory: A practical guide through qualitative analysis[M]. London: Sage, 2006: 10-20.
[3] Breslin F C, Gladwin C H, Borsoi D, et al. Defacto client-treatment matching: How clinicians make referrals to outpatient treatments for substance use[J]. *Evaluation & Program Planning*, 2000, 23(3): 281-291.
[4] Ryan G W, Bernard H R. Testing an ethnographic decision tree model on a national sample: Recycling beverage cans[J]. *Human Organization*, 2006, 65(1): 103-114.
[5] Graneheim U H, Lundman B. Qualitative content analysis in nursing research: Concepts, procedures and measures to achieve trustworthiness[J]. *Nurse Education Today*, 2004, 24(2): 105-112.
[6] Kelly G A. The psychology of personal constructs[M]. New York, NJ: Norton, 1955: 5-50.

充民族志决策树模型的平行逻辑，避免模型过于主观。[一]具体而言，模型构建阶段中需要发现的不仅是关于决策过程的模型，还有关于决策的"开放式访谈问题的模型"，即在"如果……就……"分层递进逻辑的基础上，加入扎根理论中平行的衍生逻辑关系，不断循环，在深入获取构念属性的同时补充完善相关的条目，使得构建的模型更加客观。

另一方面，未来研究也可以从决策者主体出发，建立符合其社交身份的角色模型[二]。这主要是因为社交关系在个体实际决策过程中发挥着重要作用[三]，表现为个体在做决定时通常会考虑他人的相关情况[四]。不同的决策逻辑和决策结果形成了不同的社交角色结构[五]，根据社会学符号互动理论，个体越经常地扮演特定社会角色，对该角色的承诺越多，角色属性就越有可能被整合和转化为个体的实际行为[六]。这样的角色模型不仅可以用来预测某类决策者行为，也可以针对特定角色进行精准定位的决策干预。

3. 增加模型检验的定量程序

鲜有信息系统研究讨论如何最大程度地消除 EDTM 的主观性。结合其他领域的应用思路，未来研究可以借鉴以下两类二次检验方案：①统计关于决策信息的定量数据，辅助预测决策结果[七]。例如，在大学生是否使用社交网站的研究中，收集并分析用户使用频率、好友数量、被点赞量和被评论数等数据，可以在询问决策者实际选择之前，做出社交联结较多、较强的用户可能与社交联结少而弱的用户有不同决策路径的合理预测。②对问卷数据进行回归分析，比对概率统计结果。Gladwin 在后期的研究中认为，概率统计和有序逻辑回归等定量方法能够测量决策树模型中重要选择因子的统计意义，并判断决策标准中的任何变量是否与决策的真实原因显著相关。[八]使用回归分析进一步

[一] 徐孝娟, 赵宇翔, 孙霄凌, 等. 开放式访谈设计中民族志决策树模型的应用及改进[J]. 图书情报工作, 2013, 57(22): 103-110.

[二][五] Johnson J, Williams M L. A preliminary ethnographic decision tree model of injection drug users' (IDUs) needle sharing[J]. *International Journal of the Addictions*, 1993, 28(10): 997-1014.

[三] Chang C, Fang K. The priority of decision criteria why do college students play MMORPGs or not: By ontology-based ethnographic decision tree model[J]. *Journal of Information Processing & Management*, 2013, 4(2): 53-59.

[四] Mukhopadhyay C. Testing a decision process model of the sexual division of labor in the family[J]. *Human Organization*, 1984, 43(3): 227-242.

[六] Hendler H I, Stephens R C. The addict odyssey: From experimentation to addiction[J]. *International Journal of the Addictions*, 1977, 12(1): 25-42.

[七] Gladwin C H. Ethnographic decision tree modeling[M]. Newbury Park, California: Sage Publications, 1989: 40-50.

[八] Gladwin C H, Peterson J S, Mwale A C. The quality of science in participatory research: A case study from eastern Zambia[J]. *World Development*, 2002, 30(4): 523-543.

验证民族志决策树结果，研究者可以在控制其他变量的同时专注于感兴趣的变量，挖掘决策标准之间可能的相关关系。

4. 加强对动机和原因的解释和分析

Ryan 等建议在 EDTM 的基本步骤之外，通过记录受访者自述的行为描述和响应来解释决策动机和原因，以帮助分析和解释决策树模型结果。[1]类似地，也可以考虑在访谈结束后，简要记录在该决策情境下与受访者相关的任何背景信息或事件，为基于问题构建的决策树模型提供额外的验证性信息。[2]除了补充访谈记录和背景，未来信息系统研究者还可以通过结合认知科学的相关理论或方法论，加强对模型结果的分析和论证，如 Murray-Prior 认为个人构念理论对动机、学习和行为的论证比较接近现实情况，能补充解释民族志决策树模型中各路径的选择，提高模型的可描述性[3]；Zachary 等则基于 EDTM 的食品购买决策行为研究，建议结合情境认知理论，从决策者视角的行为、环境与个体之间的作用以及环境影响决策过程的角度，展开更具说服力的论证[4]。

14.3.2 拓展应用情境

决策者的决策标准和决策过程是 EDTM 的核心内容。为了保障决策标准的通过、决策过程的顺畅，EDTM 适用的研究问题多是含义明确、形式简单的二分项[5]，一定程度上限制了该理论在信息系统研究中的应用范围。

尽管如此，EDTM 关注特定群体所使用的具体决策标准，为研究者了解群体认知过程提供了可行的切入点；民族志访谈和参与式观察为研究结果提供了充分的解释力；再现"圈内人"的决策脉络模型为政策制定者的定位干预提供了充分的情报。EDTM 可以成为探索信息系统用户群体决策行为的良好工具。因此，为了挖掘该理论的应用潜力、拓展应用情境，未来信息系统研究可以考虑以下几个方面。

---

[1] Ryan G W, Bernard H R. Testing an ethnographic decision tree model on a national sample: Recycling beverage cans[J]. *Human Organization*, 2006, 65(1): 103-114.

[2] Bailey A, Ngwenyama O. Toward entrepreneurial behavior in underserved communities: An ethnographic decision tree model of tele center usage[J]. *Information Technology for Development*, 2013, 19(3): 230-248.

[3] Murray-Prior R. Modelling farmer behaviour: A personal construct theory interpretation of hierarchical decision models[J]. *Agricultural Systems*, 1998, 57(4): 541-556.

[4] Zachary D A, Palmer A M, Beckham S W, et al. A framework for understanding grocery purchasing in a low-income urban environment[J]. *Qualitative Health Research*, 2013, 23(5): 665-678.

[5] Gladwin C H. Ethnographic decision tree modeling[M]. Newbury Park, California: Sage Publications, 1989: 1-10.

（1）拓宽特定群体行为研究情境。在 Banker 等总结的信息系统几大领域[1]中，EDTM 大有可为。例如，在人机交互领域，因为 EDTM 充分"复制"人脑思维过程的特性，有助于研究系统设计问题，使其更契合用户需求，最大限度提高交互效率；在信息系统组织与战略领域，EDTM 可以帮助梳理决策脉络，为管理所涉及群体和组织行为提供理论解释；在信息技术经济领域为用户消费、用户参与等问题提供理论入口。

（2）发展用户流失因素预测。面对互联网时代的行业竞争，分析用户流失的影响因素，最大程度地减少流失客户是现有网络平台亟待解决的问题，运用 EDTM 预测用户流失极具现实意义。EDTM 可以挖掘与行为过程相关的内生和外生决策标准[2]，通过分析其中的行为驱动原因和约束条件，服务提供商和政策制定者可以深入了解用户对平台使用、服务和功能的真实想法，寻找平台改进的突破口，从而为用户提供更有针对性的服务，切实缓解用户流失趋势。

（3）开发多阶段民族志决策树模型。用户行为在互联网时代呈现更加复杂的趋势，解释行为动机的纵向、持续性机理已为学界所重视。EDTM 有望通过两阶段决策树模型为用户持续性行为提供相关解释——是否开始做某事的决策模型和是否决定继续做某事的决策模型。[3]两阶段（甚至多阶段）模型可以通过比较决策过程和决策标准的异同性，为复杂用户行为提供连贯的知识解释。

（4）拓展 EDTM 结果的外部有效性。研究群体的转换和扩大可能影响预测的准确性，在一些社会科学研究中，EDTM 结果的外部有效性颇受关注。例如，Gladwin 等对比了美国加利福尼亚州和全美的汽车购买决策，发现决策标准的整体共性较大，部分决策标准存在程度差异[4]；Ryan 等明确表示美国民众是否会回收易拉罐的模型可以进行内部和外部有效性的检验，并认为全国性的代表性样本提供了对模型的有力检验，可以衡量本地样本反映某一特定行为的国家文明的程度[5]。由此可见，未来信息系统研究可以通过扩大样本容量、拓展相似研究情境等，进一步探讨 EDTM 结果的外部有效性。

除了在广度上丰富 EDTM 的应用情境，研究者还可以深度挖掘决策标准背后的研

---

[1] Banker R D, Kauffman R J. The evolution of research on information systems: A fiftieth-year survey of the literature in management science[J]. *Management Science*, 2004, 50(3): 281-298.

[2] Mwangi B J, Brown I. A decision model of Kenyan SMEs' consumer choice behavior in relation to registration for a mobile banking service: A contextual perspective[J]. *Information Technology for Development*, 2015, 21(2): 229-252.

[3] Gladwin C H. Ethnographic decision tree modeling[M]. Newbury Park, California: Sage Publications, 1989: 58-65.

[4] Gladwin C H, Murtaugh M. Test of a hierarchical model of auto choice on data from the national transportation survey[J]. *Human Organization*, 1984, 43(3): 217-226.

[5] Ryan G W, Bernard H R. Testing an ethnographic decision tree model on a national sample: Recycling beverage cans[J]. *Human Organization*, 2006, 65(1): 103-114.

究问题。一些研究误将关键决策标准作为关键成功因素[1][2]，但是单一的决策标准不是导致某个决策结果的充分或必要条件，决策标准必须经过路径整合、遍历整个决策过程，才能描述和解释关键的决策原因。[3]认识到这一问题，Mwangi 等[4]、郭顺利等[5]分别通过描述性统计和解释解构模型来进一步分析和挖掘决策标准，提高了对决策问题的认识和理解程度。这意味着，研究者可以将 EDTM 研究作为行为研究的探索性步骤，利用访谈记录和模型结果为发展基于实证研究的命题提供支撑[6]，发展有关决策行为的命题或假设。

14.4 结语

本章对 EDTM 及其在信息系统研究中的应用现状进行了梳理，发现成果集中在特定群体行为研究和用户流失因素研究两个方面，现有问题主要表现为应用 EDTM 的不恰当性和研究情境的匮乏，建议未来研究考虑 EDTM 建模与检验方法改进以及 EDTM 应用情境拓展两个主要方向。

---

[1] Andergassen M, Behringer R, Finlay J, et al. Weblogs in higher education: Why do students (not) Blog?[J]. *Electronic Journal of E-Learning*, 2009, 7(3): 203-214.

[2] 徐孝娟，赵宇翔，朱庆华，等. 社交网站中用户流失要素的理论探讨及实证分析 [J]. 信息系统学报，2013, (2): 83-97.

[3] Woodside A G, Baxter R. Achieving accuracy, generalization-to-contexts, and complexity in theories of Business-to-Business decision processes[J]. *Industrial Marketing Management*, 2013, 42(3): 382-393.

[4] Mwangi B J, Brown I. A decision model of Kenyan SMEs' consumer choice behavior in relation to registration for a mobile banking service: A contextual perspective[J]. *Information Technology for Development*, 2015, 21(2): 229-252.

[5] 郭顺利，张向先，相甍甍. 高校图书馆微信公众平台用户流失行为模型及其影响因素分析 [J]. 图书情报工作，2017(2): 57-66.

[6] Davenport R D, Mann W, Lutz B. How older adults make decisions regarding smart technology: An ethnographic approach[J]. *Assistive Technology*, 2012, 24(3): 168-181.

CHAPTER 15 ○ 第 15 章

媒介丰富度理论
及其在信息系统研究领域的应用与展望

　　20世纪80年代初，随着计算机通信技术的发展，沟通媒介开始呈现多样化的趋势。从传统的纸质信件到电话传真，再到以电子通信技术为基础的媒介，人们的沟通因此获得了极大的便利。同时，在面对不同的工作任务和更多的媒介渠道时，如何使用媒介，怎样的媒介能促进组织沟通，媒介选择在何种程度上影响组织决策，相关问题层出不穷。为了解释这些问题，1983年，美国的两位组织理论学家理查德·L.达夫特（Richard L. Daft）和罗伯特·H.伦格尔（Robert H. Lengel）首次正式提出了媒介丰富度理论(Media Richness Theory)。该理论最初是用来描述和评估组织内部的沟通媒介，但由于沟通和媒介本身涉及了信息的传递、交换以及用户的信息需求、行为，因此也广泛运用于信息系统（information system）及其相关领域的研究中。媒介丰富度的核心思想是：不同媒介根据其信息的承载量划分丰富度的高低，媒介丰富度与任务复杂性的契合程度决定了用户的沟通效果。

　　为了帮助学界把握信息系统研究应用媒介丰富度理论的现状，有必要评述该领域的应用成果。然而，在文献调研中，笔者仅发现2009年的一篇会议文献对媒介丰富度理论的相关研究进行了综述。该文献在介绍了媒介丰富度理论之后，从实证研究和拓展研究两个方面对文献进行了综述。该文献所引用的部分文献虽与信息系统相关，但并不是专注媒介丰富度理论在信息系统领域应用的研究文献述评。加之自 2009 年以来，随着以社交媒体为代表的各种新兴媒介不断涌现并广为采用，在信息系统领域涌现出许多有价值的、有关应用媒介丰富度理论的研究成果。因此，为了帮助更多学者较为全面地了解媒介丰富度理论，也为了帮助更多学者了解媒介丰富度理论在信息系统研究领域应用的最新进展，本章拟在简要介绍媒介丰富度理论的基本内容及其发展之后，系统评述媒介丰富度理论在信息系统研究中的应用现状。

15.1 媒介丰富度理论的基本内容及其发展

15.1.1 媒介丰富度理论的基本内容

媒介丰富度理论的基本内容可分为四点：①给出了媒介丰富度的定义。媒介丰富度，又称信息丰富度，指媒介潜在的信息承载量；能够克服不同知识背景或者将不明确的问题阐述清楚，使得沟通双方能够获得一致共识的媒介被认为是丰富的，而需要长时间去理解或者提供信息量较少的沟通方式被认为是低丰富度媒介。②给出了判别媒介丰富度的四个维度。具体为反馈的及时性，即容许问题得到实时响应及做出修改的能力；多渠道沟通提示，如面对面接触、声音声调、身体姿势、数字、文字以及图像信息等；语言多样性，指能够被语言符号所传递的含义的范围；个人关注度，即当个人的感受和情绪沉浸在沟通过程中时，信息能被传递得更为完整。③明确提出了不确定度和模糊程度的概念。组织任务有两项基本的信息目的，即满足信息量的需求和减少模糊程度。④认为在组织管理中，任务复杂度和媒介丰富度的契合程度会影响组织内外部的沟通交流效果。高丰富度媒介有助于解决复杂的、高信息需求的、高模糊程度的任务，低丰富度媒介则适用于常规的、易于理解的任务。使用合适的丰富度可以降低沟通中的不确定性和模糊性，继而满足组织应对外界变化、协调内部事务和解决问题的需要，但二者如果不匹配，则会出现信息供给不足，无法支持决策或者信息

⊖ 李明辉，卢向华. 媒体丰富度理论的研究综述 [C]// 陈国清. 信息系统协会中国分会第三届学术年会论文集. 武汉：武汉大学出版社，2009：769-775.

过载、增加任务复杂度的情况。[1][2]

举例而言，根据媒介丰富度理论，沟通媒介可按丰富度从高到低分为以下五类：①面对面沟通；②电话；③个人书面文件，如信件、备忘录等；④正式书面文件，如公告、公文等；⑤数字文件，如电脑打印报表等。分类五阶图如图15-1所示。其中，面对面沟通能够使沟通双方获得及时反馈，传递多重线索（如肢体语言、面部表情和语音语调），个人化和多样性的自然语言使信息在传递的过程中能够不断地得到修正和加强，因此被认为是丰富度最高的媒介。电话媒介丰富度其次，因为电话沟通虽然可以得到及时反馈，但由于缺失了视觉线索，人们只能通过语言内容和声音信息来相互理解。正式书面文件媒介丰富度更低，其传递的信息仅限于纸面上的视觉线索，反馈速度也慢，而个人书面文件由于使用了自然语言，所以丰富度较之非个人化的公告、公文更高。数字文件呈现的则是简单的、量化的组织信息，它不包含自然语言，也无法给出视觉观察信息、及时反馈和个性化信息，所以被认为是丰富度最低的媒介。[1][2][3]

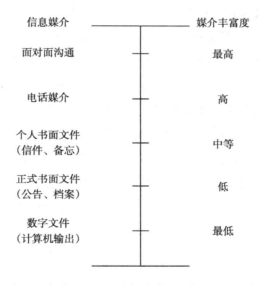

图 15-1 媒介丰富度分类五阶图

---

[1] Daft R L, Lengel R H. Information richness: A new approach to managerial behavior and organization design[J]. *Research in Organizational Behavior*, 1984, 6: 191-233.

[2] Daft R L, Lengel R H, Trevino L K. Message equivocality, media selection, and manager performance: Implications for information systems[J]. *MIS Quarterly*, 1987, 11(3): 355-366.

[3] Trevino L K, Daft R L, Lengel R H. Understanding managers' media choices: A symbolic interactionist perspective[M]// Fulk J, Steinfield C. Organizations and Communication Technology. Newbury Park, California: Sage Publications, 1990: 71-94.

15.1.2 媒介丰富度理论的发展

达夫特和伦格尔提出的媒介丰富度理论本质上是基于媒介特征的理性选择模式，说明人们在选择媒介时是依照媒介特征和任务内容进行匹配的。1990年，Trevino在研究中给出了新的媒介丰富度分级图表，该图表在电话和信件之间加入了当时新兴的沟通媒介——电子邮件。研究指出随着信息技术的发展，人们沟通交流的方式也日趋多元，沟通媒介的等级分类并非一成不变，而是可以按照媒介丰富度的内涵不断进化和完善。[1]然而在后续研究和实践中，媒介丰富度理论却遭受了一定质疑。Straub在1998年的一篇文章中指出，自1983年媒介丰富度理论提出起，在各种实证研究中支持该理论的文献数目是不支持的两倍[2]，因此有学者认为媒介丰富度理论只获得了中等程度的支持[3]，媒介选择问题尚未被媒介丰富度理论所完全解释。为了探究组织成员选择媒介时的其他影响因素，研究者们向媒介丰富度理论中不断添加新的变量来验证自己的观察和猜想，归纳而言主要涉及社会因素和个人/技术因素两个方面。

社会因素指的是社会环境对组织成员对媒介选择的影响，反映了他人的态度和象征性线索对组织成员的社会化压力。Lee的一项实证研究表明，电子邮件的丰富度并不是由媒介本身的属性决定，而是依据组织情景在不断的互动过程中产生的，与距离、自动化程度、社会化结构等因素都有关联[4]。还有一些研究表明，像是化解冲突和协商这种需要高人际互动的沟通行为，也会借助丰富度较低的媒介进行解决，因为人们在选择媒介时不仅会考虑媒介特征和任务本身，还有沟通距离、时间成本方面的限制、组织成员以及自身对该媒介的评价、同侪压力、过去的使用行为等[5][6]。这类研究普遍认为，无论决策制定还是媒介本身都已社会化并嵌入组织内部的设置中，所以沟通媒介

---

[1] Trevino L K, Daft R L, Lengel R H. Understanding managers' media choices: A symbolic interactionist perspective[M]]// Fulk J, Steinfield C. Organizations and Communication Technology. Newbury Park, California: Sage Publications, 1990: 71-94.

[2] Straub D, Karahanna E. Knowledge worker communications and recipient availability: Toward a task closure explanation of media choice[J]. *Organization Science*, 1998, 9(2): 160-175.

[3] Fulk J, Steinfield C W, Schmitz J, et al. A social information processing model of media use in organizations[J]. *Communication Research*, 1987, 14(5): 529-552.

[4] Lee A S. Electronic mail as a medium for rich communication: An empirical investigation using hermeneutic interpretation[J]. *MIS Quarterly*, 1994, 18(2): 143-157.

[5] Rice R, Love G. Electronic emotion: Socioemotional content in a computer-mediated communication network[J]. *Communication Research*, 1987, 14(14): 85-108.

[6] El-Shinnawy M, Markus M.L. The poverty of media richness theory: Explaining people's choice of electronic mail vs. voice mail[J]. *International Journal of Human-Computer Studies*, 1997, 46(4): 443-467.

的选择不能脱离组织环境来探讨。[1][2]

个人/技术因素更关注组织成员对新兴媒体的个人技巧、能力、偏好和信任程度。也就是说，媒介选择的态度和行为反映了成员的技术性技能和他们对技术本身和交互过程的个人观点。由于新媒介普遍具有易用性和高集成度，继而出现的媒介使用模式已经无法用媒介丰富度完全阐释。如有研究表明，管理者会更常使用特定的某种沟通媒介[3]，或者对不同任务类型习惯使用不同种类的沟通媒介[4]。又如，低丰富度的电子邮件也可以由于长期的使用而发展出更为高效的使用技巧和技术用途，继而扩展其原本的媒介丰富度，所以渠道扩张理论认为，媒介丰富度不是媒介本身的固有属性，而是在不断使用的过程中被拓展的。[5]因此一些学者提出将更多的理论（如社会临场感理论、任务闭合理论等）和影响因素（如感知媒介丰富度、媒介自然度、媒介偏好等）纳入的综合性的媒介选择模型来解释新媒体选择和使用问题。[6][7][8]

综上所述，媒介丰富度理论经历了曲折摸索的发展过程。传统媒介丰富度理论认为人的媒介选择和使用是一种理性行为，强调媒介和任务特征的客观性；而后续的理论拓展研究指出，人的媒介行为除了受客观因素的影响，还与社会化条件、个人偏好乃至使用媒介的技巧等有关，媒介丰富度的概念要依据具体情景和研究对象来探讨。虽然现有应用媒介丰富度理论的相关实证研究仍多使用它的原始概念，但在解释和分析特定问题时可借鉴上述观点，就研究的特殊性或局限性给出一定说明。

---

[1] Fulk J, Schmitz J, Steinfield C W. A social influence model of technology use[J]. *Communication Research*, 1991, 18(4): 487-523.

[2] Markus M L. Electronic mail as the medium of managerial choice[J]. *Organization Science*, 1994, 5(4): 502-527.

[3] Rice R E, Shook D E. Relationships of job categories and organizational levels to use of communication channels, including electronic mail: A meta-analysis and extension[J]. *Journal of Management Studies*, 1990, 27(2): 195–229.

[4] Markus M L, Robey D. Information technology and organizational change: Causal structure in theory and research[J]. *Management Science*, 1988, 34(5): 583-598.

[5] Carlson J R, Zmud R W. Channel expansion theory and the experiential nature of media richness perceptions[J]. *Academy of Management Journal*, 1999, 42(2): 153-170.

[6] Yoo Y, Alavi M. Media and group cohesion: Relative influences on social presence, task participation, and group consensus[J]. *MIS Quarterly*, 2001, 25(3):371-390.

[7] Webster J, Trevino L K. Rational and social theories as complementary explanations of communication media choices: Two policy-capturing studies[J]. *Academy of Management Journal*, 1995, 38(6): 1544-1572.

[8] Trevi, Klebe O L, Webster J, et al. Making connections: Complementary influences on communication media choices[J]. *Organization Science*, 2000, 1(2): 163-182.

15.2 媒介丰富度理论在信息系统研究领域的应用进展

15.2.1 媒介丰富度对表现绩效的影响研究

1. 媒介丰富度对虚拟团队沟通绩效的影响研究

媒介丰富度理论作为组织管理学中的研究理论，最广泛、最直接地运用于解决组织沟通相关问题。对于分散于不同时间、空间中的虚拟团队，不同媒介丰富度下在线沟通绩效的变化及其与传统面对面沟通绩效的比较都是学者们关注的问题。

传统媒介丰富度理论质疑了虚拟团队支持系统对于社会化信息传达和不确定性消除的效果，而一系列研究则试图证实虚拟团队支持系统的有用性。Chidambaram 的研究认为，虚拟团队使用计算机支持系统，可以给团队成员更多时间、交换更为充足的社会化信息，促进团队成员之间的关系连接；研究还指出，在虚拟团队建立之初，计算机支持系统可能会在一定程度上限制成员之间的交互，但这种限制会随时间逐渐减弱，最终呈现出对沟通绩效的积极影响。[1] Warkentin 等的研究也承认了虚拟团队沟通绩效的类似变化趋势，并指出通过培训组织成员的技巧性可以加强整个团队的绩效产出。[2] Tan 等比较了面对面沟通与 Second Life 3D 实景环境中虚拟团队沟通之间的信息交换效率，认为二者在传递有用信息的能力方面并无明显区别，使用虚拟环境进行团队交流的环境可以达到类似面对面交流的丰富度，且在虚拟环境中成员更容易达到任务闭合的状态。[3]

2. 媒介丰富度对产品研发合作产出绩效的影响研究

面对产品更短的生产周期和更高的质量要求，越来越多的企业考虑将传统的单一化产品研发模式转化为合作式、集成式的产品研发模式。如何利用信息系统加强成员间的知识交流和任务协作，最终提高产品研发合作的产出绩效便是其中的一项重要研究课题。

Banker 等调查了 71 家公司使用 CPC（协同产品商务）的情况，结果表明 CPC 的

---

[1] Chidambaram L. Relational development in computer-supported groups[J]. *MIS Quarterly*, 1996, 20(2): 143-165.
[2] Warkentin M, Beranek P M. Training to improve virtual team communication[J]. *Information Systems Journal*, 2010, 9(4): 271-289.
[3] Tan W K, Tan C H, Teo H H. Conveying information effectively in a virtual world: Insights from synthesized task closure and media richness[J]. *Journal of the American Society for Information Science & Technology*, 2012, 63(6): 1198–1212.

实施可以提升研发产品的质量，同时降低产品的研发周期和成本，有助于提升产品的研发产出绩效，因此研究者认为，在执行复杂、多方协作和高速信息交换的任务时，使用更高丰富度的媒介有利于传递难以理解或者技巧性的知识。[1]Tang 等研究发现，在进行研究型任务时，非正式和面对面的沟通模式可以提升 TMS（交互记忆系统）绩效，在进行开发型任务时，正式和电脑中介的沟通模式可以提升 TMS 绩效，这种根据任务类型而调整的沟通模式有助于研发团队产出绩效的提升。[2]Ganesan 等发现具有更高地理相邻性的公司会更倾向于使用面对面的方式进行沟通，但这种方式对提升产出绩效并没有显著影响，而使用电子邮件作为交流工具可以明显提升新产品的创新性和开发速率；研究认为在知识获取过程中，电子邮件沟通会比直接的面对面沟通发挥更大的作用，这可能是因为电子邮件这类沟通媒介具有更高的即时性，而产品开发者愿意为此牺牲掉部分媒介的丰富度。[3]

3. 媒介丰富度对在线学习绩效的影响研究

在线学习在数字环境中进行，并以对话和图文（如图片、说明、图表、视频和动画等）的形式传播知识信息。在线学习系统与其他信息系统的不同之处在于，在线学习者不仅是信息系统的用户，还是知识的接收者。信息系统的设计目的是使用户能够尽可能完全地捕捉到系统所提供的知识，因此计算机媒介交流被认为可以促进建构主义学习和个性化学习。[4][5]

（1）媒介丰富度对学习效果的影响研究

在线学习系统使用者的学习效果是考查该系统成功与否最重要的一个指标。Sun 等设计了不同媒介丰富度（纯文本、多媒体）的网络教学系统对学生进行实验，结果发现在学习内容较为困难时，使用视频、动画这种更具媒介丰富度的教学系统可以明显提升学生的学习效果，但在学习内容较为简单直白时，不同媒介丰富度的学习系统对学

---

[1] Banker R D, Bardhan I, Asdemir O. Understanding the impact of collaboration software on product design and development[J]. *INFORMS*, 2006, 17(4): 352-373.

[2] Tang F, Mu J, Thomas E. Who knows what in NPD teams: Communication context, mode, and task contingencies[J]. *Journal of Product Innovation Management*, 2015, 32(3): 404–423.

[3] Ganesan S, Malter A J, Rindfleisch A. Does distance still matter? Geographic proximity and new product development[J]. *Journal of Marketing*, 2005, 69(4): 44-60.

[4] Bures E M. Computer-supported collaborative learning and distance education[J]. *American Journal of Distance Education*, 1996, 10(2): 37-42.

[5] Muir-Herzig R G. Technology and its impact in the classroom[J]. *Computers & Education*, 2004, 42(2): 111-131.

生学习绩效的影响则没有显著区别。[○]Timmerman 运用元分析的方法比较了计算机辅助教学与传统指导型教学对大学生学习绩效的影响，发现高媒介丰富度的辅助教学系统会对学习效果产生积极影响，这种影响在社科课程或使用了音频渠道时表现得更为明显。[○]

（2）媒介丰富度对在线学习态度的影响研究

学习态度是指学习者对学习较为持久的肯定或否定的行为倾向或内部反应的准备状态。使用不同媒介呈现的知识在吸引力、表现力和易于接受程度上对于学习者各有不同，因此利用媒介丰富度理论进行的相关研究主要集中在学习者的专注度、积极性和压力感三个方面。

专注度指一个人专心于某一事物或活动时的心理状态，专注、沉浸的心理状态对于学习效果有积极正面的影响。Liu 等在研究在线学习系统相关问题时实验分析了使用不同媒介对学生沉浸程度的影响，结果表明使用高丰富度的在线学习系统可以促进学生更专注于学习任务。[○]但也有观点认为，由于高媒介丰富度的学习系统可能含有冗余信息，学习者会因为无关的信息而分散学习专注度。关于专注度问题的研究呈现出一种两面性的结果。

积极性又称积极主动性，从来源上讲它是指个体意愿与整体长远目标任务相统一的动机。Lan 等设置了高、低媒介丰富度的数字教学系统和传统纸笔指导等三种不同的教学环境对小学生进行写作指导，研究发现基于计算机的学习系统相比传统的教学方法可以激发学生更强的学习积极性，但不同丰富度的数字教学系统之间对学习态度的影响差异并不明显。[○]

压力感是指人在学习活动中所承受的精神负担。适度的压力可以提高学生的学习效率和专注程度，过高的压力感则会使学生感到焦虑、疲惫，从而影响学习效率。Rau 等在研究高中教育时引入移动通信技术所造成的影响时指出，电子邮件、短消息这类移动通信技术媒介丰富度低但及时性高，可以在课堂教学之外的教学辅导过程中激发学生的主动性，同时不增加其学习的压力感。[○]Lan 等在研究中也提出，更高媒介丰富

○ Sun P C, Cheng H K. The design of instructional multimedia in E-learning: A media richness theory-based approach[J]. *Computers & Education*, 2007, 49(3): 662-676.

○ Timmerman C E. Computer-assisted instruction, media richness, and college student performance[J]. *Communication Education*, 2006, 55(1): 73-104.

○ Liu S H, Liao H L, Pratt J A. Impact of media richness and flow on e-learning technology acceptance[J]. *Computers & Education*, 2009, 52(3): 599-607.

○ Lan Y F, Hung C L, Hsu H J. Effects of guided writing strategies on students' writing attitudes based on media richness theory[J]. *Turkish Online Journal of Educational Technology*, 2011, 10(4): 148-164.

○ Rau P L P, Gao Q, Wu L M. Using mobile communication technology in high school education: Motivation, pressure, and learning performance[J]. *Computers & Education*, 2008, 50(1): 1-22.

度的教学系统可以减少学生学习过程中的焦虑感，娱乐化和多媒体结合的教学方式也可以增进学生的愉悦体验，同时降低学习压力。[一]

由前述研究可知，媒介丰富度理论主要作为研究绩效问题的一种分类依据使用。大部分研究结果认为媒介丰富度的提升对表现绩效有积极影响，并建议在协作、研发和学习系统中适度提高媒介的丰富度水平。但也有部分结果表明，媒介丰富度对于表现绩效并非只产生单一的正向影响，即在适度提升媒介丰富度的条件下表现绩效显著提升，但过高的媒介丰富度反而会对绩效造成负面影响，对于媒介丰富度对表现绩效的动态影响仍待深入研究。

15.2.2 媒介丰富度对用户信任感及诚信行为的影响研究

1. 媒介丰富度对用户信任感的影响研究

鉴于网络的虚拟性和匿名性，消费者在网络购物时需要考虑更多的信任和风险因素，电子商务的规模和潜力被用户信任感大大限制。用户信任感和交互过程中的媒介承载的信息量与解决不确定性问题的能力相关，因此研究何种形式呈现信息以及媒介丰富度如何影响用户信任感对电子商务系统的成功有着重要意义。

Aljukhadar等将信任感分为虚拟代理信任（agent trust）和零售商信任（retailer trust）两个维度，分析结果证明在高媒介丰富度的环境下，媒介丰富度会通过影响虚拟代理信任的方式间接影响用户的感知风险和购买意愿；在低媒介丰富度的环境下则不存在虚拟代理信任，而是直接通过零售商信任影响后续变量。该研究首先证明了不同媒介丰富度影响电子商务中消费者购买意愿的不同路径，其次阐明了虚拟代理/零售商信任在媒介丰富度和用户购买意愿之间的调节作用。[二]还有研究者设置了实体商务、虚拟体验式商务和传统电子商务三种依次降低的媒介丰富度环境，并要求被试在这三种环境下分为两组进行信任博弈（一种研究信任感和利他偏好的博弈范式）。实验结果证明，虚拟体验式商务环境中的投资率和回报率均为最高，即该环境中沟通双方塑造的信任感和感知信任感最强。[三]

[一] Lan Y F, Sie Y S. Using RSS to support mobile learning based on media richness theory[J]. *Computers & Education*, 2010, 55(2): 723-732.

[二] Aljukhadar M, Senecal S, Ouellette D. Can the media richness of a privacy disclosure enhance outcome? A multifaceted view of trust in rich media environments[J]. *International Journal of Electronic Commerce*, 2010, 14(4): 103-126.

[三] Chesney T, Chuah S H, Dobele A, et al. Information richness and trust in V-commerce: Implications for services marketing[J]. *Journal of Services Marketing*, 2017, 31(3): 295-307.

2. 媒介丰富度对用户忠诚的影响研究

用户忠诚，指用户的一种长期承诺，既包括对卖方有利的态度，也包括一再光顾的行为。用户忠诚度的提高能使市场份额和盈利上涨，同时降低了获取客户的成本。[1]

Vickery 等的研究认为，媒介丰富度不仅通过营销关系绩效和满意度间接影响忠诚，更对用户忠诚度发挥直接作用，因为用户忠诚不仅仅得益于服务交付或营销关系绩效的满足，还有可能是合作商在一个有利的合作网络中通过"丰富的"链接提供了专门的隐性知识和竞争优势，高丰富度的媒介为客户沟通交流和供应网络的及时有效反馈提供了保障，从而进一步加强了用户忠诚。[2]也有学者探究了媒介丰富度的四个维度（反馈即时性、多渠道的线索提示、语言多样性和线索关注度）对即时通信系统用户忠诚度的影响，研究发现反馈及时性、多渠道线索提示和线索关注度分别通过提升功能价值、社会价值和自我表达价值促进了用户忠诚，而语言多样性对以上三项价值均有直接的积极影响。[3]该研究将新的媒体形式和媒介丰富度的内涵进行了有机融合，而非单纯套用媒介丰富度的定义对媒介进行简单分类，同时给予研究者一条利用媒介丰富度的不同维度和丰富内涵来研究用户心理路径的影响因素的新思路。

3. 媒介丰富度对网络欺骗及其侦测问题的影响研究

Hancock 在 2007 年创造了"数字骗局"（digital deception）一词，它被定义为在技术中介的信息中故意控制信息，从而在信息接收者中产生错误的信念"的一种行为。[4] George 等的研究指出，欺骗者、被欺骗者、他们的关系、传播媒介以及沟通的目的性都会影响欺骗行为的结果[5]，欺骗行为与非欺骗行为在信息线索呈现上的差异给予了媒介丰富度理论资以研究的平台。

Kahai 等在其合作研究中就曾提出，更丰富的媒介可以促进社会知觉，并且加强人们对欺骗行为和专业程度的感知能力，减少参与者的欺骗行为。[6]Logsdon 等也认为，

---

[1] Peter C V. Customer equity: Building and managing relationships as valuable assets[J]. *Long Range Planning*, 2002, 35(6): 657-661.

[2] Vickery S K, Droge C, Stank T P, et al. The performance implications of media richness in a business-to-business service environment: Direct versus indirect effects[J]. *Management Science*, 2004, 50(8): 1106-1119.

[3] Tseng F C, Cheng E, Li K, et al. How does media richness contribute to customer loyalty to mobile instant messaging?[J]. *Internet Research*, 2017, 27(3): 520-537.

[4] Hancock J T, Curry L E, Goorha Saurabh. On lying and being lied to: A linguistic analysis of deception in computer-mediated communication[J]. *Discourse Processes*, 2007, 45(1): 1-23.

[5] George J F, Carlson J R. Group support systems and deceptive communication[C]//Conf. on System Science. Hawaii International Conference on Systems Sciences. Washington, DC: IEEE Computer Society, 1999:1038.

[6] Kahai S S, Cooper R B. Exploring the core concepts of media richness theory: The impact of cue multiplicity and feedback immediacy on decision quality[J]. *Journal of Management Information Systems*, 2003, 20(1): 263-299.

在电子商务协作中，网络沟通的类型和沟通者之间的亲密程度一定程度上决定了不同丰富度媒介的选择，进而影响商业网络协作中欺骗行为的发生。[⊖]Carlson 等在 2004 年发表的一篇文章中详细探究了欺骗者与受骗者在选择沟通媒介上的倾向和影响因素，研究认为，无论是欺骗者还是受骗者都倾向于认为在更高水平的即时性媒体中，自己能更好地执行欺骗/侦测欺骗的任务，而在高交互丰富度媒介中，受骗者侦测欺骗行为的信心会加强。[⊜]

综上所述，商务洽谈和交易中不可避免的信息获取和反馈是媒介丰富度理论在信任感与欺骗行为问题中应用的前提条件。现有文献普遍认为，媒介丰富度的提高对于用户信任感、忠诚度的提升都有积极作用。用户欺骗和侦测行为在研究结果上呈现一种同向趋势，即媒介丰富度的提高可以增加沟通中的线索提供，提高人们侦测欺骗行为的能力，同时欺骗行为在高丰富度媒介中的发生也会减少。但文献也指出，人们在欺骗和受骗场景中对结果的预期存在"过度自信"的倾向。[⊜]因此，媒介丰富度对欺骗及侦测欺骗实际行为的影响还有待未来研究补充。

15.2.3 媒介丰富度理论在系统设计研究中的应用

1. 系统设计对用户决策与使用意愿的影响研究

信息系统中的内容信息不仅能使用户了解商品或者活动本身，也能在一定程度上为用户提供系统开发商的运营实力和技术水平的相关线索。优秀的系统设计能使用户在浏览、使用信息系统之后支持相关决策，并产生或者加强用户的使用意愿。

在产品展示方面，Lynch 等、Simon 等分别在他们的研究中发现，在多媒体环境中使用更高的媒介丰富度展示诸如珠宝首饰和电子产品等复杂的商品，可能会增加消费者的积极态度，从而提高他们的购买意愿。[⑭][⑮]然而，Suh 等在研究中指出，如果使用

⊖ Logsdon J M, Patterson K D W. Deception in business networks: Is it easier to lie online?[J]. *Journal of Business Ethics*, 2009, 90(4): 537-549.

⊜⊜ Carlson J R, George J F. Media appropriateness in the conduct and discovery of deceptive communication: The relative influence of richness and synchronicity[J]. *Group Decision & Negotiation*, 2004, 13(2): 191-210.

⑭ Lynch J G, Dan A. Wine online: Search costs affect competition on price, quality, and distribution[J]. *Marketing Science*, 2000, 19(1): 83-103.

⑮ Simon S J, Peppas S C. An examination of media richness theory in product Web site design: An empirical study[J]. *Info*, 2004, 6(4):270-281.

过高的媒介丰富度展示书籍等简单的商品，反而会增加消费者的决策时间。①

在界面风格设计方面，传统的在线零售网站普遍使用了界面/展示模式作为产品展示的风格界面。在这类网站中，所有产品按照一定顺序、相似版式进行展示，它假定用户对所有种类产品的信息需求、信息加工过程和购买动机都是一致的，往往忽略了不同的产品类型、价格、复杂程度和消费者介入度对交互行为的影响。Walia 等发现，外围线索、均衡线索和中心线索这三种不同模式和丰富度的主导界面在不同的消费者类型和商品类型中会不同程度地影响消费者的购买意愿；换言之，商品复杂程度、消费者介入度与系统界面媒介丰富度的契合可以提升消费者的购买意愿。②

在网络口碑呈现方面，Xu 等的实证研究指出，高媒介丰富度的网络评论可以提高对用户的有用性、可信度和说服力的感知，而这三点均能加强用户购买意愿。③然而，李嘉等的研究结果显示，"数字＋语言"和"数字＋语言＋视觉"环境相比"数字"环境下的网络评论更能提高用户的感知诊断性、系统满意度和决策信心，但数字＋语言和数字＋语言＋视觉环境二者相比却没有明显区别。④更高媒介丰富度的网络口碑不一定对购买决策有积极影响，不同媒介条件的网络口碑与消费者决策以及购买意愿的关系或许还受其他因素的调节。

在自我呈现方面，诸多学者应用媒介丰富度理论探究社交媒体中用户使用媒介工具的原因和影响因素。如 Lee 等认为，社交媒体中用户之所以会用表情包（stickers）代替短信进行沟通，是因为用户内在的自我表达和炫耀的需求，而这种行为主要受到图像设计的独特性、多样性和趣味性的影响；换言之，表情包的使用提高了用户沟通的媒介丰富度。⑤Liu 等也认为随着社交媒体分享技术的出现，社交媒体的符号化减轻了用户的信息理解难度，同时降低了其分享信息的决策门槛。⑥

---

① Suh K S. Impact of communication medium on task performance and satisfaction: An examination of media-richness theory[J]. *Information & Management*, 1999, 35(5): 295-312.
② Walia N, Srite M, Huddleston W. Eyeing the web interface: the influence of price, product, and personal involvement[J]. *Electronic Commerce Research*, 2016, 16(3):297-333.
③ Xu P, Chen L, Santhanam R. Will video be the next generation of e-commerce product reviews? Presentation format and the role of product type[J]. *Decision Support Systems*, 2015,73: 85-96.
④ 李嘉，张朋柱，刘璇．更丰富的媒介效果一定更好吗？网络口碑对购物决策的影响研究 [J]. 信息系统学报，2014, (1): 31-46.
⑤ Lee W H, Lin Y H. Online communication of visual information Stickers' functions of self-expression and conspicuousness[J]. *Online Information Review*, 2019, 44(1): 43-61.
⑥ Liu Y, Tan C H, Sutanto J. A media symbolism perspective on the choice of social sharing technologies[J]. *Electronic Commerce Research & Applications*, 2018, 29: 19-29.

2. 系统设计对用户体验的影响研究

用户体验指的是在使用信息系统的过程中建立起的一种纯主观感受。近些年来，计算机技术在移动和图形技术等方面取得的进展已经让人机交互技术渗透到人类活动的几乎所有领域，这导致系统的评价指标从单纯的工程可用性扩展到范围更丰富的用户体验。

Klein 检验了电子商务网站中远程呈现的应用，发现系统的控制感和高丰富度媒介可以达到更高的远程呈现水平，从而提升用户对网站的认知反应，获取更高的网站评估和真实感感知。[1] Jacob 等则探究了有无丰富的声音信息和 360° 鼠标全景控制的旅游网站对网站浏览体验的影响，结果显示更高的媒介丰富度可以提升用户对网站系统的积极评价。[2] 总体来说，媒介丰富度对于用户体验的正向影响在学界获得了较为一致的认同，在实践中，系统开发者也以呈现更丰富的媒体信息作为设计的目标之一。

由前述可知，在产品展现和网络口碑呈现方面，媒介丰富度与用户主观感受关系的研究成果不尽相同，内在的深层机制仍需进一步研究探讨；在系统设计对用户体验的影响研究中，系统媒介丰富度更倾向于施加一致的正向影响。总体而言，媒介丰富度在系统设计中的重要性获得了一致认可，但如何确定不同丰富度媒介在系统中的合理使用仍是一个较大的难题。究其原因，如今投入运用的信息系统并不是由单一媒介构成，而是多种媒介的叠加和混合使用，在研究中往往将作为实验对象的媒介进行了简化，虽然便于研究和分析，但与实际情况已有较大出入。如何在媒介混杂的情况下指明一条系统设计的合理路径，或许是未来研究者需要考虑的问题。

15.2.4 媒介丰富度理论在信息 / 沟通技术使用研究中的应用

1. 媒介丰富度对信息 / 沟通技术使用意愿与满意度的影响研究

随着智能手机的普及和无线网络的发展，以手机终端为载体的即时通信软件迅速占领市场，人与人之间互动、交流的方式产生了明显变化。曾经人们追求网络的匿名性[3]，现在他们则用网络与人社交、开拓交际圈，其中最主要的两类工具便是社交网站

---

[1] Klein L R. Creating virtual product experiences: The role of telepresence[J]. *Journal of Interactive Marketing*, 2003, 17(1): 41-55.

[2] Jacob C, Guéguen N. Media richness and internet exploration: The effects of sounds and navigation control on a website evaluation[J]. *Information Technology & Tourism*, 2010, 12(4): 345-350.

[3] Bargh J A, Mckenna K Y A, Fitzsimons G M. Can you see the real me? Activation and expression of the "true self" on the Internet[J]. *Journal of Social Issues*, 2002, 58(1): 33–48.

和即时通信。Chang 等研究了中国台湾地区博客的使用意愿的影响因素，结果显示，媒介丰富度不仅可以直接影响用户对博客的态度和使用意愿，还可通过提高用户的感知有用性，间接加强态度和使用意愿；作者明确指出，高媒介丰富度的博客内容可以消除信息的不确定度和模糊程度，从而提高内容信息的传播效率，因此在运营博客时应考虑适当提高内容的媒介丰富度。[一]文鹏和蔡瑞的研究则认为内容因素对微信用户的使用意愿具有显著正向影响作用，内容因素通过信息内容丰富度、表达方式丰富度和质量丰富度共同正向反映，这表明微信用户重视微信平台所提供的内容，并对其内涵、形式和质量来源都有一定要求。[二]

类似研究文献的出现可能与国内社交媒体用户的井喷式增长不无关系，在新的社交媒体出现时，这类研究一方面弥补了新趋势出现时定量研究的空白，另一方面也为社交媒体开发商提供了更多有关产品设计和发展方向的洞见。

2. 媒介丰富度理论在信息/沟通技术使用差异化研究中的应用

在当下精细化、定制化信息服务的趋势下，不同人群在信息/沟通技术选择和使用模式之间的差异是研究者关注的重点。目前相关学者主要从文化、人口、职位/技能差异三个方面进行探讨。

（1）媒介丰富度理论在信息/沟通技术使用文化差异研究中的应用

Daim 等调查了高科技公司中包括文化在内的五项因素对职员沟通阻碍的影响。该研究将文化差异定义为三个不同层面，即集体成员的职能纪律、公司的组织结构和集体成员的国籍或集体所在的国家，并认为不同团队、公司或是国籍的人群存在不同的心理机制和行为模式，这些差异直接造成了人群之间沟通交流的障碍。[三]Zakaria 进一步探究了跨文化协作中可能出现的沟通问题以及沟通行为模式的改变，他认为常用的电子邮件等 CMC 沟通方式作为低丰富度媒介，由于无法传递非语言信息并给出及时回复，可能会在一定程度上削弱跨文化交流者所要传递的信息线索，从而降低沟通效率；但此文中也提到，低丰富度媒介虽然会过滤一部分线索信息，但它们大都是文化特异性信息（如特殊的口音、语调、手势等），低丰富度媒介有助于滤除这部分差异信息，从而减少文化差异对沟通协作的不利影响；研究结果还发现，跨文化团队对媒介的选

[一] Chang Y S, Yang C Y. Why do we blog? From the perspectives of technology acceptance and media choice factors[J]. *Behaviour & Information Technology*, 2013, 32(4): 371-386.

[二] 文鹏，蔡瑞. 微信用户使用意愿影响因素研究 [J]. 情报杂志，2014. 33(6): 156-161.

[三] Daim T U, Ha A, Reutiman S, et al. Exploring the communication breakdown in global virtual teams[J]. *International Journal of Project Management*, 2017, 45(1): 69-84.

择呈现一种特殊的"转换"（switching）模式，其表现形式为在不同的决策过程和任务情景中，成员对沟通模式的选择会发生相应改变。[1]

（2）媒介丰富度理论在信息/沟通技术使用的人口差异研究中的应用

在性别方面，Savicki 和 Kelly 的研究探索了计算机中介交流中群体的性别构成对沟通模式及效果的影响。研究指出，女性更能克服文本形式的低丰富度所带来的局限，并通过自我披露、含"I"语句、群组聊天的方式获得更高的临场感；男性群组则更易忽略组织功能中的社会情绪的影响，更倾向于用集中性的独白方式来讨论问题，并且对 CMC 系统表现出更低的满意度。[2]Bryant 等的研究发现，在虚拟团队合作中，女性成员会较男性成员感知到更多的社会惰性，继而降低其对高丰富度媒介的使用。[3]

在年龄方面，由于新兴通信技术的延伸和扩展，多种全新的媒介方式正在进入不同年龄阶段人群的视野。以往的实证研究通常忽略了年龄差异对信息需求的影响。为了填补这一缺失，近年来越来越多的专家学者将目光投向老年人或者中年人等特定年龄群体，以期获得更多有针对性的行为和使用模式。Jung 等深入访谈了 46 位平均年龄在 80.4 岁的老人对于 Facebook 的使用和避免情况，结果各归纳出了六条老年人选择和不选择使用 Facebook 的原因，其中之一便是媒介丰富度的缺失。根据媒介丰富度理论，由于面对面的交流可以提供给老年人充分的非语言信息，因而他们更习惯于面对面这种高媒介丰富度的交流方式，社交媒体中充斥的低媒介丰富度的信息无法满足老年人对不确定度消除的需求，所以阻碍了他们对社交媒体的使用。[4]

（3）媒介丰富度理论在信息/沟通技术使用职位/技能差异研究中的应用

Hollingshead 等的研究表明，面对面沟通可以提供更多的、冗余的线索，能在智力型和协商型的任务中获得更好的表现；计算机沟通和面对面沟通在生成型任务或者决策型任务上的表现则没有明显区别。[5]进一步地，Hinds 等深入探究了不同职位人群对沟通媒介和模式的影响。研究者跟踪调查了一家通信公司 33 名技术部门员工和 55 名

---

[1] Zakaria N. Emergent patterns of switching behaviors and intercultural communication styles of global virtual teams during distributed decision making[J]. *Journal of International Management*, 2017, 23(4): 350-366.

[2] Savicki V, Kelley M. Computer mediated communication: Gender and group composition[J]. *Cyberpsychology & Behavior*, 2000, 3(5): 817-826.

[3] Bryant S M, Albring S M, Murthy U. The effects of reward structure, media richness and gender on virtual teams[J]. *International Journal of Accounting Information Systems*, 2009, 10(4): 190-213.

[4] Jung E H, Walden J, Johnson A C, et al. Social networking in the aging context: Why older adults use or avoid Facebook[J]. *Telematics & Informatics*, 2017, 34(7): 1071-1080.

[5] Hollingshead A B, Mcgrath J E, O'Connor K M. Group task performance and communication technology: A longitudinal study of computer-mediated versus face-to-face work groups[J]. *Small Group Research*, 1993, 24(3): 307-333.

管理部门员工两天内使用媒介的情况，分析指出技术岗位员工因为时常需要解决复杂的技术事项，因而更倾向于采用横向交流机制并使用电子邮件交流；而行政雇员则更倾向于使用等级化的交流机制以及语音邮箱交流，因为口头交谈能够传递更多的社会化信息。⊖

综上所述，虽然传统媒介丰富度理论认为媒介丰富度是媒介自身的固有属性，与外界因素无关，但是以上研究结果似乎表明，人的媒介选择并不单单受媒介丰富度和任务不确定度匹配程度的影响，还与人群本身的差异化因素密切相关。探究不同人群特征对媒介感知的不同有助于信息用户的细分和定向化服务，也与现今信息管理与服务精细化、定制化的趋势相吻合，注重小众人群的特定市场或许能为系统管理和研发带来新思路。然而，当前研究多集中在企业管理和社交媒体方面。开拓研究视角和研究领域，也许是媒介丰富度理论进一步扩展其理论框架和应用广度的方式之一。

15.3 结论与展望

通过文献综述发现，国内外已经涌现出一批使用媒介丰富度作为理论基础的研究成果，这些成果主要集中在媒介丰富度理论与表现绩效、用户信任感及诚信行为、系统设计以及信息/沟通技术使用相关研究四个方面。

然而，现有研究仍存在以下缺陷：①媒介丰富度理论在社会因素和个人/技术因素上的考量尚未完善，虽然已经有学者在媒介丰富度理论上提出了新的模型，但也仅在特定条件下成立，缺乏一种综合性、普遍性的媒介模型来解释媒介的选择和使用问题。②许多研究的理论部分将媒介丰富度理论中对不同媒介的分类及其分类依据作为重点，往往割裂了理论中最核心的观点，即合适的媒介丰富度与任务的不确定度决定着系统的成功。③媒介对表现绩效的研究多采用截面数据，鲜有文献关注人与媒介磨合的时间因素对绩效产出的影响。④针对用户信任感的研究多使用实验室实验法进行研究，被试的状态和信任感的产生状况可能与现实环境有较大差异。⑤媒介丰富度的提升对在线学习压力感、侦测欺骗行为、产品展示及网络口碑呈现等方面的影响均表现出一种对抗机制，何种水平的媒介丰富度能够产生最佳效果尚待深入研究。⑥现有文献多着重于单一媒介选择和影响研究，鲜有文献关注不同丰富度媒介混合使用的相关问题。⑦信息沟通技术的使用和满意度问题中对媒介因素的抽取过于绝对，未考虑其与安全、接受等因素之间存在的交互效应。⑧信息沟通技术使用的差异化研究只局限在跨文化、

⊖ Hinds P, Kiesler S. Communication across boundaries: Work, structure, and use of communication technologies in a large organization[J]. *Organization Science*, 1995, 6(4): 373-393.

人口、职业等基本的外在因素，且关注业务领域较为单一，仅限于组织管理及社交媒体领域。

值得指出的是，该领域现阶段存在的不足也为未来研究提供了方向，今后运用媒介丰富度理论作为理论基础的相关研究应注意以下几点：①媒介丰富度理论需考虑添加更多的变量作为媒介选择和效果的影响因素或与其他媒介理论进行融合，并不断依据现今媒介信息技术的发展诠释新的媒介渠道的使用效果，拓展原理论的应用面。②研究者应重新审视媒介丰富度理论的实际内涵，在提出假设或解释原理时不应仅仅将媒介丰富度视为单纯的一种媒介的分类或排序依据，更要重视媒介丰富度与任务不确定度、模糊程度匹配的核心观点，为用户群体的主观感知和选择行为做出更合理全面的诠释。③重视媒介与表现绩效之间的动态关系，研究者可考虑使用纵向研究的方法来持续追踪媒介用户的相关行为，以获得一定时段内各种因素对绩效产出的持续影响。④针对信任感的研究不仅需要关注在没有先前经验的情境下信任感的形成过程，还要研究在已有认知情况下其他因素对信任感的影响及其变化，如信任感的恢复和重建。⑤对于存在对抗机制或者混合结果的研究问题，边际条件的研究和两种效应的综合探究是实际应用的重点。⑥关注不同丰富度媒介的嵌套和混合效应，探究在多种媒介混合并用的情况下用户的选择和感知情况。⑦有关人口、文化等差异化因素的影响研究不应只局限于信息技术的使用问题，其他分类下的许多研究也提到，跨文化和性别因素很有可能是人们选择媒介和感知媒介内容的重要影响因素。许多已有文献可以据此拓宽研究领域，获得更多差异化的对比结果。

第 16 章 ◦ CHAPTER 16

手段目的链理论
在信息系统研究领域的应用与展望

手段目的链理论（Means-end Chain Theory，MEC 理论）通过用户的个人感知来解释产品或服务的手段与目的之间因果关系，该理论认为用户通常将产品或服务的属性视为手段，通过属性产生的利益来实现其最终目的。该理论早期主要应用于市场营销领域。为帮助学界了解其在该领域的研究进展，杨青红等从 MEC 理论的理论内容、构建过程和理论应用三个方面对 MEC 理论在市场营销领域的研究进行了综述。⊖ 然而，目前仅发现一篇有关 MEC 理论的研究综述，且存在以下不足：第一，信息技术的发展催生出一系列信息产品及服务，它们不同于传统市场下的产品，有更新速度快、数据驱动等独有的特性。同时，用户对产品及服务的认知是产品价值的一大体现，因此从用户认知角度研究信息产品及服务设计是信息系统领域中值得探讨的问题。而 MEC 理论的本质是将用户价值与产品及服务属性相联系，以期获得更优质的产品及服务，因此该理论适用于新环境下信息产品及服务设计的研究。虽然已有不少学者开始将 MEC

⊖ 杨青红，杨同宇. 手段-目的链理论应用 [J]. 商业时代，2013，(21)：35-37.

理论作为信息产品及服务设计的理论基础，但是目前仍没有 MEC 理论在信息产品及服务设计中应用的述评。第二，之前的综述更多的是对已有研究成果的综合和梳理，但是缺乏进一步的分析和评价。

为了全面了解国内外 MEC 理论在信息产品及服务设计中的最新研究动向，本章拟从信息产品及服务的概念设计、属性研究和质量研究三大方面对该理论在信息技术和产品设计中的研究现状进行深入分析，发现现有研究已经取得的成果和存在的不足，并据此提出该理论的应用领域展望。

16.1 MEC 理论的演化

MEC 理论起源于 Rokeach 关于价值的研究[1]，他认为价值是一种持久的信念，是比相反模式的行为或存在状态更具个体性或社会性的特殊模式[2]；他将价值定义为工具价值和终极价值，价值之间的相互关系称作价值体系，这些价值有助于获得最终状态。Rokeach 的价值体系研究对之后用户价值和用户行为联系的研究产生重大影响。1975 年，Young 等以发胶为例进行了利益链（benefit chain）分析，即将用户对产品属性所理解的情感性或心理性利益相联结，形成链状图。[3] 1977 年，Howard 以语义结构说明品牌的全盘意义，用层级结构分类方式呈现顾客眼中的品牌，并以终极价值和工具价值两项层级提出层级评估结构。[4] 同年，Vinson 等研究了用户价值在市场和用户行为中的作用，定义了用户价值 – 态度系统模型，认为价值是激发行为动机的核心谁知要素，其存在于互相联结的层级架构中，在此架构中最终价值（terminal values）由于最接近用户个人认知，因此位于最中心的位置，特定域价值（domain-specific values）位于中介位置，产品评估位于最边缘的位置。[5]

基于上述对价值及手段目的的研究，Gutman 在 1982 年首次提出包含属性、结果和价值三个层级的 MEC 理论模型。[6] 该模型认为，属性是客体或人们参与的活动特性，

---

[1] Rokeach M. Beliefs, attitudes, and values: A theory of organization and change[J]. *Revue Française De Sociologie*, 1968, 11(3):202-205.

[2] Rokeach M. The nature of human values[M]. New York, NJ: The Free Press, 1973:1-438.

[3] Young S, Feigin B. Using the benefit chain for improved strategy formulation[J]. *Journal of Marketing*, 1975, 39(3):72-74.

[4] Howard J A. Consumer behavior: Application of theory[M].New York: McGraw-Hill Book Company, 1977:325.

[5] Vinson, Donald E, Scott, et al. The role of personal values in marketing and consumer behavior[J]. *Journal of Marketing*, 1977, 41(2):44.

[6] Gutman J. A Means-End chain model based on consumer categorization processes[J]. *Journal of Marketing*, 1982, 46(2):60-72.

结果由物质的属性衍生而出，被定义为用户即将或之后采取的行为直接或间接积累的包括生理和心理的任何结果，实现的目的是个人的最终状态，最终令人满意的目的（诸如愉悦感、安全感、成就感等）即价值在指导选择时起核心作用。该模型尝试通过用户的个人感知来解释产品或服务选择如何提升期望的目的状态。

Olson 等在 Gutman 的基础上，将属性、结果和目的又进行了细分，从而形成了三层级下六个子层级的 MEC 理论模型（见表 16-1），进一步详细阐述了从具体属性层级到抽象价值层级的演化过程[⊖]。目前，研究多以 Gutman 的 MEC 理论模型为主，也有较多学者辅以 Olson 和 Reynolds 的研究对属性、结果和价值进行具体化探究。

表 16-1　Olson 和 Reynolds 的六层级手段目的链模型

属性	具体属性	外观、颜色、功能特性、形状及特征等
	抽象属性	由具体属性带来的产品高层次属性，是产品一切具体信息的总和
结果	功能结果	指用户使用某种产品带来的直接结果
	心理结果	指使用产品时所带来的社会以及心理上的效用
价值	工具价值	达成终极价值的过程
	终极价值	指通过消费产品所要达到的最终目标价值

随着 MEC 理论的发展与演化，越来越多的学者将其应用于实证研究中。早期该理论多应用于市场营销领域，用于探究用户价值和产品属性间的关系，从而更好地推广产品。信息技术的发展诞生了许多与信息系统相关的产品和服务，该理论也逐步被学者从传统产品引申至信息系统领域。

16.2　MEC 理论在信息系统研究领域的应用进展

16.2.1　MEC 理论在信息产品及服务设计研究中的应用

1. MEC 理论在信息产品及服务概念设计中的应用

MEC 理论适合在信息产品及服务设计中用于挖掘用户所需，构建概念设计模型，理由是其将产品或服务属性与用户价值相结合，能根据用户所需来设计产品或服务特性。Wang 等提出利用攀梯法挖掘用户的需求信息，并利用内容分析等方法将获取的数据构成矩阵关联汇总表（summary implication matrix，SIM）和阶层分级地图

⊖ Olson Jerry C, Reynolds Thomas J. Understanding consumers' cognitive structures: Implications for marketing strategy[M]// Percy L, Woodside A G. Advertising and Consumer Psychology. Lexington: Lexington Books, 1983: 77-90.

(hierarchical value maps，HVM)，用以构建用户需求的描述性模型，为多专业人员协作设计模型（multi-professional collaborative design model，MPCDM）提供用户需求挖掘和转化模块的产品概念设计方法；并以病患辅助吃饭系统为例，对提出的 MPCDM 模型进行了验证。㊀与其利用 MEC 理论获取用户价值用于产品概念设计模型，并辅以案例研究的方法相一致，Catja Prykop 等基于社区的四个构成要素，即成员实体、共同利益、共同互动空间和关系，结合移动渠道的具体特征（即位置感知、普遍性、识别性和即时性）提出了基于感知消费者价值的移动品牌社区设计流程；并以移动内容运营商为例，利用 MEC 理论获取社区特定的品牌价值，提出移动品牌社区设计任务的四步模型。㊁

目前，利用 MEC 进行信息产品及服务的概念设计的文献仅找到两篇，一方面可能是因为信息产品及服务的设计多来自企业，另一方面，仅靠理论支撑的概念设计可能不具备足够的说服力，但是，配合数据挖掘、数据分析等定量研究的 MEC 理论，对信息产品及服务的设计将具有较高的可适性。例如，通过数据挖掘获取用户信息，并利用诸如评论、销量等客观数据分析用户需求，可以削减用户访谈数据的主观性。

2. MEC 理论在信息产品及服务属性研究中的应用

产品或服务属性是 MEC 理论最基层的部分，通过对属性的探究，不仅能深入了解产品特点，而且能分析对用户影响更大的关键功能，有针对性地进行产品及服务的提升。信息产品及服务的属性研究通常采用 MEC 理论的普遍方法，即攀梯法结合 HVM 图，但在产品及服务属性的探究中更为严谨和详细。Lin 等通过软攀梯法探究了游戏的关键属性对学习结果和用户体验到的最终价值的影响，通过 HVM 图显示模拟的真实性和游戏内容的自创性是获取真实体验及培养想象力及创造力的关键因素，最终产生成就感。㊂Sun 等也采用攀梯法结合 HVM 图的方式，从教师的角度探究了成功的电子学习系统的关键属性为教学演示和学生学习管理，并针对两大功能提出包含电子教学大纲和电子白板功能的教学演示，以及包含在线论坛、在线点名、多线程讨论和作业管理的学生学习管理的电子学习系统将有助于培养教师的成就感、自我实现感、兴趣和

㊀ Wang C H, Chen R C C. A MPCDM-enabled product concept design via user involvement approach[J]. *Concurrent Engineering*, 2011, 19(1): 19-34.

㊁ Prykop C, Heitmann M. Designing mobile brand communities: Concept and empirical illustration[J]. *Journal of Organizational Computing and Electronic Commerce*, 2006, 16(3-4): 301-323.

㊂ Lin Y L, Lin H W. Learning results and terminal values from the players of SimCity and The Sims[J]. *Behavior and Information Technology*, 2017, 36(2): 209-222.

生活乐趣。[1]尽管这两篇研究不同于关注用户价值的文献，更加细致且有针对性地分析了服务的关键属性，但是仍使用了传统的攀梯法，对用户信息的挖掘不够彻底。未来的研究可以结合诸如扎根理论等方法深入探究用户所思，使得访谈更加深入和全面。

除了对信息产品及服务本身属性的研究，还有学者对信息产品及服务的运用场景属性进行了分析。Lai 等通过攀梯法对在线消费者就四个服务场景维度（即环境、设计、标识、交互）进行了深度访谈，最终确立了七个属性。具体来说，高质量的照片作为环境维度的显著属性，具有初始吸引力，将消费者从了解产品引导至对网站内容的点击；在设计维度，导航栏、分类和简洁的格局是重要属性；公司标志代表标识维度最突出的属性，它不仅有助于识别知名网站，还充当感知风险的决定因素；在交互维度，虽然价格信息是显著属性，能唤起用户的幸福感和信心，但是可能会淡化对网站成功的认知，相应地，确认邮件可能是作为网站成功的决定因素。环境或场景是 Gutman 在最初的 MEC 理论中关注的重要因素[2]，但在后续的研究中常常被忽略。这项研究打破了对电子服务场景属性研究的空白，对学者关注产品或服务属性之外的因素具有重要的借鉴意义。

3. MEC 理论在信息产品及服务质量研究中的应用

（1）MEC 理论在信息产品及服务质量理论模型研究中的应用

最早将手段目的链引入质量研究的是泽丝曼尔（Zeithaml），她指出质量的具体水平是顾客对产品或服务的内外属性进行感知的结果，这些结果会影响顾客对产品或服务价值的认知，继而影响用户的行为，这与 MEC 理论的内涵相契合，据此泽丝曼尔利用 MEC 理论提出了传统产品及服务质量的理论模型（见图 16-1）[3]。

随着信息技术的发展，传统的产品及服务逐渐被电子服务所取代，电子服务质量成为新的研究对象。帕拉苏拉曼（Parasuraman）等借鉴了之前泽丝曼尔对传统产品及服务质量的研究，将质量的前因、评价内容、结果分别与手段目的链中的属性、结果、价值相对应，构建了电子服务质量理论模型（见图 16-2）[4]。

---

[1] Sun P, Cheng H K, Finger G. Critical functionalities of a successful e-learning system—An analysis from instructors' cognitive structure toward system usage[J]. *Decision Support Systems*, 2009, 48(1): 293-302.

[2] Gutman J. A Means-End chain model based on consumer categorization processes[J]. *Journal of Marketing*, 1982, 46(2):60-72.

[3] Zeithaml V A. Consumer perceptions of price, quality, and value: A Means-End model and synthesis of evidence[J]. *Journal of Marketing*, 1988, 52(3):2-22.

[4] Parasuraman A, Zeithaml V A, Malhotra A. ES-QUAL: A multiple-item scale for assessing electronic service quality[J]. *Journal of service research*, 2005, 7(3): 213-233.

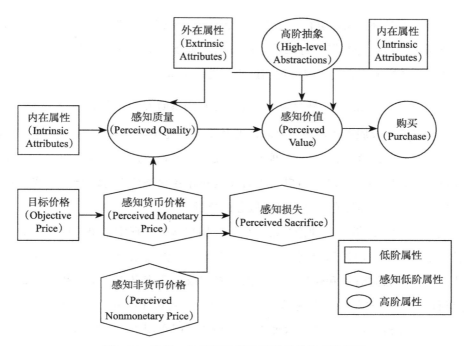

图 16-1 价格、质量及价值的手段目的链理论框架

资料来源：Zeithaml V A. Consumer perceptions of price, quality, and value: A Means-End model and synthesis of evidence[J]. *Journal of Marketing*, 1988, 52(3):2-22.

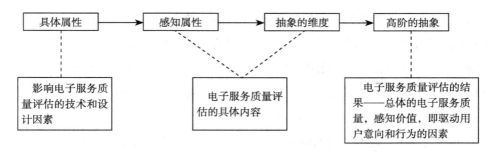

图 16-2 理解电子服务质量领域和结果的手段目的链理论框架

资料来源：Parasuraman A, Zeithaml V A, Malhotra A. ES-QUAL: A multiple-item scale for assessing electronic service quality[J]. *Journal of service research*, 2005, 7(3): 213-233.

虽然该模型为学者研究电子服务质量提供了理论指引，在学界有广泛的影响力，但也有学者对该模型进行了批判式的继承和发展。李雷、邹勇和杨怀珍认为帕拉苏拉曼等电子服务质量模型存在以下问题：第一，该模型仅将交互界面的技术属性视为电子服务质量的前因，未考虑无法虚拟化的线下环境因素，不够全面；第二，诸如品牌、价格、广告等电子服务的外部属性不应被排除在电子服务质量理论模型之外；第三，模型将以电子服务价值为代表的"高阶抽象"作为终端，没有考虑顾客的最终行为。因此，他们依据 MEC 理论，从电子服务内外属性、使用者特征、电子服务质量的评价内容、结果等方面对这一模型进行了拓展。⊖新模型主要完善了电子服务质量的前因，考虑了线下服务环境、外部属性等因素，但对电子服务质量缺少明确的定义，多样化的前因是否都为其影响因素仍需要通过实证研究进行确认。

（2）MEC 理论在信息产品及服务质量的影响因素研究中的应用

提升信息产品及服务的质量是互联网时代下各企业奋斗的目标，也是运用 MEC 理论进行用户分析的最终目的。MEC 理论是适用于研究信息产品及服务质量影响因素的有效理论之一，因为它可以将用户、产品甚至外界客观条件进行综合分析或比较，得出关键影响因素，从而提升信息产品及服务的质量。

Fu 等将手段目的链作为理论基础，分析了用户认知对搜索结果页所呈现的旅游网站信息质量的影响；通过问卷调查的方法获取用户关注的旅游网站的四种属性分别为目的地、价格、旅游时长和住宿条件，以此来获取自我满足感、乐趣和安全感；通过内容分析的方法对知名的旅游网站内容进行分析，获取了折扣、定制化服务、反馈、旅游方式、快速检索和会员机制六种属性，并针对用户调查中获取的四种属性进行拓展；通过对用户调查、用户搜索结果和旅游网站内容所形成的属性、结果和价值的比较发现，旅游网站提供了更多关于旅游套餐的属性信息，而较少提供旅行结果和用户价值满意度的信息；此外，搜索结果页所呈现的文本长度、关键属性内容等将影响用户的认知，最终影响旅游网站广告的质量。⊜不同于之前将用户和旅游网站内容所形成的 HVM 图进行比较，之后 Fu 等开始关注不同的外界环境对信息产品及服务质量的影响。他们对不同文化语境下的信用卡网站的广告文案所形成的 HVM 图进行比较，发现文化语境越高，网络广告设计的认知属性价值结构越复杂，因此，不同国家的网站设计应有所区别才能提升在线广告的投放效果。⊜

Fu 等利用 MEC 理论进行的研究不再局限于对产品本身或是受众的单一调查，而是将不同的客体和不同外界环境下的用户属性、结果和价值进行了比较，但是该研究领域仍然存在以下不足：第一，研究所获取的数据多为文本信息，在多媒体快速发展的今天，音频、图片和视频等多媒体信息值得关注；第二，研究主要关注了文化和个人对信息产品及服务质量的影响，考虑到的影响要素仍存在局限性，可以就社会、经济等多方面因素进行拓展；第三，研究仅涉及广告投放这一信息服务，由于不同类型

⊖ 李雷，邹勇，杨怀珍. 手段目的链视角下电子服务质量整合模型的构建与分析[J]. 现代情报，2016, 36(4): 8-13.

⊜ Lin C F, Liao Y H. Guiding the content of tourism web advertisements on a search engine results page[J]. Online Information Review, 2010, 34(2): 263-281.

⊜ Fu C S, Wu W Y. The means-end cognitions of web advertising: A cross-cultural comparison[J]. Online Information Review, 2010, 34(5): 686-703.

的信息产品及服务存在差异，将来可以拓展信息产品及服务的类型，以期寻求不同产品及服务质量影响因素间的差异性和关联性。

16.2.2 MEC 理论在信息系统用户感知与行为研究中的应用

1. MEC 理论在信息技术接受中的应用

信息技术的发展从方方面面改变了人们的生活，新技术与用户传统思维的碰撞形成了新的研究问题——技术接受。手段目的链理论适合研究用户技术接受，一方面，手段目的链最初即是从产品属性入手，结合用户价值，将主客观因素综合考量，用于用户选择各式各样产品的研究。另一方面，互联网和信息技术的发展带来的新产品、新服务为用户使用提出了新的挑战，它们不仅冲击了传统领域，使用户在传统产品和非传统产品间难以抉择，而且新产品的数量和种类也与日俱增。这些都为研究技术接受提供了空间。在某类新产品诞生之时，会有学者就其能否被用户接受以及何种因素影响用户接受为课题进行研究。如 Zhang 等利用结构方程模型进行了移动电子图书购买意愿的探索性研究，结果表明实用性价值和享乐型价值会影响购买意愿。⊖ 相对于技术接受，也有学者从相反的视角，即用户抵制使用的角度进行了研究。例如，Kuisma 等运用攀梯法对 30 名受访者进行了深度访谈，探究了用户拒绝使用电子银行的原因、与个人价值的关系以及这类用户的特征。研究表明，与服务、渠道、用户、交流相关的功能性和心理性障碍是用户拒绝使用电子银行的主要因素，但是未能更深层次地了解用户拒绝使用的原因。⊖

由上可知，现有文献虽开始关注用户对新技术的接受度，对用户是否接受产品或服务的原因进行了探讨，但这些文献仍存在一些缺陷。首先，这些文献仅研究了较少的新技术，对诸如人工智能等最新的技术缺少关注；其次，对于用户是否接受产品或服务的原因仍需做深入探讨；最后，研究停留在用户是否接受产品这一初期阶段，未能深入用户使用产品的过程，如未对使用产品的方式等做进一步探讨。

2. MEC 理论在用户目的和用户价值研究中的应用

手段目的链理论旨在满足用户的最终目的，因此研究用户目的是运用该理论探究

⊖ Zhang M, Zhu M, Liu X, et al. Why should I pay for e-books? An empirical study to investigate Chinese readers' purchase behavioural intention in the mobile era[J]. *The Electronic Library*, 2017, 35(3): 472-493.

⊖ Kuisma T, Laukkanen T, Hiltunen M. Mapping the reasons for resistance to Internet banking: A means-end approach[J]. *International Journal of Information Management*, 2007, 27(2): 75-85.

用户使用意愿中常见的研究问题。这些研究从用户最终需求入手，反观产品或服务属性能否最大程度实现用户目的。一些学者就探讨了不同领域中用户的目的[1][2]，并将该理论用于探究用户目的对用户感知的影响。例如，Matook 等探究了用户目标对用户感知信息系统实用价值的影响，研究表明目标抽象性和目标连接依赖性影响用户对信息系统实用价值的感知。[3]

手段目的链理论将用户价值作为用户的最终目的，强调以用户价值为导向，因此用户价值研究成为较为常见的研究方向。有学者探究了多渠道购物的用户价值[4]以及使用智能手机时用户所获取的价值[5]；有学者通过研究用户价值和价值间关系来探究移动技术在教育中的使用[6]；还有学者探究了商业模拟游戏中大学生的价值导向[7]等。此外，由于用户的感知价值和价值导向与用户行为动机有密切联系，有学者从"用户价值导向"探索了个人价值视角下用户从传统纸质媒体到数字阅读媒体转移的动机。[8]对用户价值的研究即是对手段目的链中最上层目的的研究，能帮助企业更好地认识用户所需，做出针对性措施。

目前，该领域的研究虽然涵盖了较多研究对象，但大都基于不同产品的用户价值进行探讨。不同产品和服务间存在差异，也存在一定的关联性，这就导致现有研究成果比较散乱，各研究成果之间无法有效进行联系。

3. MEC 理论在信息系统用户持续使用研究中的应用

随着用户对新技术的广泛接受和使用，以及新产品的不断出现，用户的持续使用问

---

[1] Jung Y, Kang H. User goals in social virtual worlds: A means-end chain approach[J]. *Computers in Human Behavior*, 2010, 26(2): 218-225.

[2] Jung Y, Pawlowski S D. Virtual goods, real goals: Exploring means-end goal structures of consumers in social virtual worlds[J]. *Information & Management*, 2014, 51(5): 520-531.

[3] Matook S, Van Der Heijden H. Goal abstraction, goal linkage dependency, and perceived utilitarian value of information systems: a mixed-method study[J]. *Journal of Organizational and End User Computing*, 2013, 25(2): 41-58.

[4] Hsiao C C, Ju Rebecca Yen H, Li E Y. Exploring consumer value of multi-channel shopping: A perspective of means-end theory[J]. *Internet research*, 2012, 22(3): 318-339.

[5] Jung Y. What a smartphone is to me: Understanding user values in using smartphones[J]. *Information Systems Journal*, 2014, 24(4): 299-321.

[6] Sheng H, Siau K, Nah F F H. Understanding the values of mobile technology in education: A value-focused thinking approach[J]. *ACM SIGMIS Database: The DATABASE for Advances in Information Systems*, 2010, 41(2): 25-44.

[7] Lin Y L, Tu Y Z. The values of college students in business simulation game: A means-end chain approach[J]. *Computers & Education*, 2012, 58(4): 1160-1170.

[8] 徐孝娟, 赵宇翔, 朱庆华. 从传统纸媒到数字媒介的用户阅读转移行为研究——基于 MEC 理论的探索[J]. 中国图书馆学报, 2016, 42（3）: 116-127.

题成为值得关注的研究方向。Chiu 等通过对 782 个 Yahoo!Kimo（雅虎奇摩）的用户进行调研，研究了功利主义价值、享乐价值和感知风险在 B2C 电子商务重购意向中的作用，结果表明功利主义价值和享乐价值与买家重复购买意愿呈正相关。同时，高层次的感知风险减少了功利主义价值，增加了享乐价值对重复购买意愿的影响。[①] Fang 等利用模糊集定性比较分析和结构方程模型研究了情感和认知因素如何影响电子商务中的重复购买，虽然假设不成立，但研究表明了情感和认知因素间复杂的替代与互补关系，以及用户重购意愿的复杂性。[②] Koo 通过对 353 位用户进行问卷调查，探究了用户对在线店铺忠诚度的根本原因，结果表明，成熟的社会、快乐和尊重生命这三个用户价值是潜在动机。[③] 对用户持续使用的研究主要集中于探究用户持续使用的情感和认知因素，这与手段目的链理论注重个人认知相一致。但是，目前的研究还较少，研究对象集中于电子商务，可以考虑将这些研究成果进行相应的整合，形成更加完善的理论结果。

总体来说，手段目的链适合用于用户使用意愿的研究，特别是用户价值的探寻。目前有较多学者已经利用该理论就技术接受、用户目的或用户价值、持续使用等进行了研究，取得了一定的研究成果，但是仍存在以下局限性。第一，研究的对象有限，且对新兴和热门的领域缺少关注。之前学者就手段目的链理论在信息系统领域中进行的研究多集中于电子服务或产品，如电子商务、在线学习、游戏、网上银行等。然而，传统技术的不断变革以及新技术的不断出现，为手段目的链理论的应用拓展了更多的研究对象，如人工智能、虚拟现实等。第二，不同领域研究结果间缺少一定的联系和总结，缺少综合性的研究结果。第三，研究多着眼于较为宏观的研究点，如用户的最终目的，对于用户使用过程中更为细致的行为和意向还需要更进一步的关注。

16.3 MEC 理论在信息系统研究领域的应用展望

16.3.1 MEC 理论在决策支持领域中的应用展望

Beged-Dov 早在 1967 年就提出，信息系统为更加有效的市场评估、长远计划和产

[①] Chiu C M, Wang E T G, Fang Y H, et al. Understanding customers' repeat purchase intentions in B2C e-commerce: The roles of utilitarian value, hedonic value and perceived risk[J]. *Information Systems Journal*, 2014, 24(1): 85-114.

[②] Fang J, George B, Shao Y, et al. Affective and cognitive factors influencing repeat buying in e-commerce[J]. *Electronic Commerce Research and Applications*, 2016, 19: 44-55.

[③] Koo D M. The fundamental reasons of e-consumers' loyalty to an online store[J]. *Electronic Commerce Research and Applications*, 2006, 5(2): 117-130.

量控制提供了基础[1]，当时学界便已经开始对决策支持系统的研究。随着科技进步、方法论的创新以及对理论发展和新设备的实证分析逐渐增加的期望，激励了一系列新课题的迅速开展，该领域的研究内容已经越来越靠近信息价值以及信息系统的经济效益[2]，从最初对系统的研究逐步发展为对用户信息的挖掘和对管理学知识的运用，这与MEC理论对用户价值的关注相符。此外，随着人工智能的发展，智能决策支持系统成为决策支持系统新的发展方向。智能决策支持系统利用人工智能和专家系统技术在定性分析与不确定推理上的优势，充分利用人类在问题解决中的经验和知识，这与MEC理论探讨人类认识产品的心理过程和经验相一致。[3]

因此，在决策支持领域应用MEC理论，可以为决策支持系统，特别是智能决策系统提供理论支持，更好地梳理用户零散的信息，感知用户价值，帮助管理者提出更多契合市场需求的战略，并提升信息产品及服务的质量。

16.3.2　MEC理论在人机交互领域中的应用展望

用户对系统所提供的海量信息的错误认知导致了"管理信息失真"，这使得学者们开始关注人机交互问题。该领域的一大研究方向是个人特征和认知风格研究，原因在于，虽然技术一直得以进步和发展，但是参与其中的用户、决策制定者和组织很难感受到潜在价值，因此用户的认知能力和信息处理能力与商业价值一样值得关注。Banker等也强调未来的人机交互研究需要结合心理学和认知科学的理论。[2]此外，Ramaprasad赞同在人机交互研究中结合认知理论的重要性的同时，也提出为信息系统设计提供具体的、具有可操作性的指引需要充分关注用户认知过程。[4]由于MEC理论从产品属性到用户价值层层递进，注重用户认知特别是认知过程，因此非常适合在人机交互领域进行应用。

---

[1] Beged-Dov A G, Summer C E. CRITIQUE of: An overview of management science and information systems[J]. *Management Science*, 1967, 13(12): 817-817.

[2] Rajiv D B, Robert J K. The evolution of research on information systems: A fiftieth-year survey of the literature in management science[J]. *Management Science*, 2004, 50(3): 281-298.

[3] 任明仑，杨善林，朱卫东. 智能决策支持系统：研究现状与挑战[J]. 系统工程学报，2002, 17(5): 430-440.

[4] Ramaprasad A. Cognitive process as a basis for MIS and DSS design[J]. *Management Science*, 1987, 33(2): 139-148.

在之前的研究中，该理论已被人机交互领域用于研究技术和用户价值间的联系[1][2]，但是对近年来热门的问题缺少一定的研究。第一，移动端的人机交互要求日益提升。移动技术的便利性使得智能手机、平板电脑等移动端设备得到广泛普及。此外，正因移动技术采用人与设备直接交互的方式，这对移动端的人机交互提出了更大的挑战。在交互设计领域，强调以用户为重，从以用户为中心的设计到参与式设计，都在力求对用户需求的满足。通过 MEC 理论可以探究用户的心理诉求，更好地提升交互效果。未来的研究可以将 MEC 理论运用至移动端交互的设计之中，将用户价值以更系统、更综合的方式与人机交互设计相结合，从而提升用户体验和交互技术。第二，虚拟现实的发展前景明朗。虚拟现实是一种可以创建和体验虚拟世界的计算机系统，它由计算机生成，通过视、听、触、嗅觉等作用于用户的交互式视景仿真。[3]该技术是目前人机交互的重要研究对象，且仍在飞速发展中，并有广阔的发展前景，对于产品及服务的概念设计与质量提升等问题仍有很大的研究空间。

16.3.3　MEC 理论在信息系统组织和战略管理中的应用展望

对信息系统组织和战略管理的研究最早开始于对系统、业务流程、战略业务单位和组织水平分析的重视，随后演化为对系统开发和使用中的用户参与、创新扩散、战略计划等的研究。其中，价值共创是近年来热门的研究课题，对企业组织管理和战略制定都开辟了新的方向。

价值共创指的是加强资源集成与一体化服务生态系统中不同参与者角色的过程和活动。在价值共创的过程中，不同的参与者角色和支持环境是两大要素。[4]在不同的参与者角色中，用户被看作极为重要的角色，也是重要资源的来源。Berthon 提出通过交互信息可被共享，知识可被生成[5]，因此，在支持环境中促进交互，充分挖掘用户的价值，是实现资源整合和创新的重要条件。与此同时，加强信息系统专家和用户的交流

---

[1] Abeele V V, Zaman B, De Grooff D. User experience laddering with preschoolers: Unveiling attributes and benefits of cuddly toy interfaces[J]. *Personal and Ubiquitous Computing*, 2012, 16(4): 451-465.

[2] Zaman B, Abeele V V. Laddering with young children in user experience evaluations: Theoretical groundings and a practical case[C]// Pares N, Oliver M. Proceedings of the 9th International Conference on Interaction Design and Children. New York, NJ: Association for Computing Machinery, 2010: 156-165.

[3] 汪成为. 灵境（虚拟现实）技术的理论、实现及应用[M]. 北京：清华大学出版社，1996: 1-570.

[4] Lusch R F, Nambisan S. Service Innovation: A Service-Dominant logic perspective[J]. *MIS Quarterly*, 2015, 39(1):155-175.

[5] Berthon P, John J. From entities to interfaces: Delineating value in customer-firm interactions[M]// Lusch R F, Vargo S L. The service-dominant logic of marketing: Dialog, debate and directions, New York: Routledge, 2006: 196-207.

及交互模式可以决定信息系统的成功使用和发展[1]，这也是信息系统领域中信息系统组织和战略管理的重要研究课题。MEC 理论与价值共创关注用户的理念相一致，因此可以从以下方面将两者进行联系。

首先，无论是协同设计、参与式设计还是定制生产，皆把用户放于首位，践行价值共创的理念。然而，对于如何获取用户的真实想法和需求仍处于探索阶段，MEC 理论可以为信息产品及服务设计提供系统化的理论支持和发展方向，将产品需求和用户价值结合，提升用户和产品或服务提供方间的交互水平。具体来说，产品或服务提供商可以通过自身的服务平台，如海尔 COSMOPlat 平台或另行搭建的论坛等与用户交互，以 MEC 理论层层递进的方式作为信息架构获取用户的想法。在这个服务平台上，用户、设计师、服务提供商等角色拥有共享的世界观，并遵循一定的规则和协议。[2] 然而，在实际情况中，从用户行为角度看，第一，用户在表达需求时，更多以表达产品属性和结果为主，但是对于价值共创和 MEC 理论而言，价值才是最顶层的要求。从以用户为中心的设计到参与式的设计，目的也是使产品和服务不仅满足用户所说的需求，更重要的是了解用户深层次的价值需求，创造出超乎用户想象的产品或服务。第二，很多用户不能把自身想法很好地通过文字描述出来，使工程师难以准确理解其想法。从资源整合看，开放平台的资源量不断扩充，信息常常被忽视，资源整合和挖掘的程度往往不如预期。因此，除了用户自身对价值的陈述，也可以采用语言学的知识挖掘用户价值。Mechelen 等就尝试研究了协同设计中，利用多模态符号学方法从设计属性中挖掘用户价值[3]，这不仅可以从用户对产品属性的描述中更有效地认识用户价值，一定程度上矫正用户对自我认知的偏差，而且可以弥补用户更倾向于对产品属性而非用户价值描述的现象。与此同时，组织需要借助信息技术不断提升资源整合和挖掘的能力，如检索性能、信息分类等。

此外，价值共创为用户参与产品创新提供了可能，这促进了产品和服务的不断升级改造，这对 MEC 理论而言也可能需要不断回溯，以满足信息产品及服务的迭代创新。换言之，MEC 理论可能不再是单向的链式结构，而成为环形的结构。具体来说，随着产品的不断升级，用户获得更多的结果，满足了新的价值需求；而随着竞争者的强势竞争、外界技术提升等因素，用户价值的提升可能带来新的产品属性或功能（见图 16-3）。

---

[1] Debrabander B, Edström A. Successful information system development projects[J]. *Management Science*, 1977, 24(2): 191-199.

[2] Lusch R F, Nambisan S. Service Innovation: A Service-Dominant logic perspective[J]. *MIS Quarterly*, 2015, 39(1):155-175.

[3] Van Mechelen M, Derboven J, Laenen A, et al. The GLID method: Moving from design features to underlying values in co-design[J]. *International Journal of Human-Computer Studies*, 2017, 97: 116-128.

图 16-3　MEC 理论模型在价值共创领域中的应用

最后，价值共创目前虽在运用中更关注用户角色，实现用户和产品或服务提供方间的价值共创，但价值共创更深层次的追求是不同角色的价值共同创造，因此，也可以考虑将 MEC 理论扩展至诸如供应商、设计师等不同角色间的价值共同获取，关注更多角色价值。

16.4　结论与展望

通过文献述评发现，国内外已经涌现出了一些在信息产品及服务设计中使用 MEC 理论的研究成果，不过存在一定的缺陷。为了弥补不足，未来 MEC 理论在信息产品及服务设计中的应用需要注意以下问题。

（1）部分研究仅采用单一的攀梯法和 HVM 图，导致研究结果受主观性影响较大。为提升研究效度，一方面，可以将其与数据挖掘等定量方法结合，利用客观数据挖掘用户认知，降低访谈所带来的主观性；另一方面，可以将其与扎根理论相结合，并辅以更多理论支持，以此来提升访谈的深度，提高结果的准确性。

（2）目前的研究对象主要集中于电子商务、游戏、在线教育等电子服务，未来的研究可以对前沿技术进行探讨，如人工智能和虚拟现实。此外，可以对信息系统领域的其他研究重点和前沿问题进行探讨，如人机交互中的设计科学研究、信息系统组织和战略管理中的价值共创问题。

（3）MEC 理论不仅适用于对产品和用户的研究，也适用于作为理论构建的基础。目前 MEC 理论在信息产品及服务设计中的应用里偏重实证类研究，利用 MEC 理论进行诸如质量理论模型等综合性理论框架的研究较少。综合性的理论研究可以为研究者提供研究框架和研究方向，因此，未来的研究一方面可以对现有针对不同对象的 MEC 理论研究结果进行归纳和整理，提出具有共性的综合性研究；另一方面可以将 MEC 理论用于研究诸如效果测度等综合性的理论问题。

（4）MEC 理论发展至今，应用领域逐渐扩展，但理论本身少有发展和突破，大多是对属性、结果和价值的扩展。然而，信息产品及服务设计与传统产品和服务设计有显著的差异，MEC 理论也需要结合其特性进行适当的改善。例如，不同于传统产品一至用户手中就较难改变的特点，信息技术所带来的新型产品或服务可以不断迭代与改变，产品或服务属性与用户个人价值间可能存在更加复杂的关系。

第 17 章。 CHAPTER 17

动机拥挤理论
及其在信息系统研究领域的应用与展望

1997年，弗雷（Frey）提出了动机拥挤理论（Motivation Crowding Theory）[①]。该理论阐述了外部动机与内部动机间的关系，其核心思想是：根据个体所感知到的外部动机控制性的强弱，个体的外部动机会削弱或强化其执行某项任务的内部动机。

人们通常认为获取金钱等外部动机能够有效推动个体行为，但多项实证研究的结果表明，外部动机也有可能通过挤出内部动机而带来一些负面影响。例如，有学者发现公共部门中的外部奖励反而降低了个体在工作中付出额外努力的意愿，而社交问答网站上的奖励会破坏帮助他人的愉悦这一内部动机对个体知识共享态度的影响。基于此，越来越多的学者开始关注外部动机可能产生的负面作用，并利用动机拥挤理论深入理解个体行为背后的内外部动机之间的作用关系，从而建立起有效的激励模型以推动个体行为，这一需求推动动机拥挤理论在多个领域的应用。为揭示动机拥挤

[①] Frey B S, Oberholzer-Gee F. The cost of price incentives: An empirical analysis of motivation crowding-out[J]. *American Economic Review*, 1997, 87(4): 746-755.

理论的应用现状，有学者对国内外的相关研究进行了述评：邓明雪对动机拥挤理论在教育教学、公共服务、公司管理等多个领域内的应用进行了简要列举，并重点关注该理论在网络购物领域中的研究与应用情况[1]；楼天阳等则比较了虚拟社区环境下已有研究在应用该理论时得到的不一致的结果，并指出这可能与社区提供的激励类型有关[2]。

尽管动机拥挤理论在信息系统领域中的应用已积累了一些成果，但文献调研过程中未见系统、全面地对该领域内理论应用情况进行述评的相关文献，且国内研究与应用动机拥挤理论的相关文献也相对有限，为此，本章拟在介绍该理论及其主要应用领域的基础上，对该理论在国内外信息系统领域内的应用情况进行述评。

17.1 动机拥挤理论及其重要应用领域

17.1.1 动机拥挤理论的起源与演化

动机拥挤理论的发展吸收与继承了其他学者的相关研究成果。在对动机的分类方面，动机拥挤理论吸收了 Deci 的自我决定理论（Self-Determination Theory）[3]，将个体的动机分为内部动机、外部动机和内化的外部动机三种类型。其中，内部动机是指出于某项行为本身所能带来的兴趣和乐趣而执行该行为的动机；外部动机是指为获得某种可与自我分离的外部奖励而执行行为的动机；内化的外部动机则通过内射（introjected regulation）和认同（identification）将外部动机转化为个体内部的动机，使其成为一种自我调节而非外部强加的行为（如声誉、互惠等）。在外部动机对内部动机的影响方面，动机拥挤理论吸收了认知评价理论（Cognitive Evaluation Theory）[4]的观点。该理论认为，奖励等外部干预有控制和通知两个作用：控制方面增强了个体所感知到的外部控制感和外部压力感，通知方面则增强了内部控制感，这两个方面通过支持或阻碍人们的心理需求来促进或削弱内部动机。

动机拥挤理论可以追溯到 Titmuss 关于金钱补偿的负面效应的观点，即金钱补偿

---

[1] 邓明雪. 不同奖励形式下消费者在线评价动机与评价意愿的关系 [D]. 上海：上海师范大学，2017:11.
[2] 楼天阳，范钧，吕筱萍，等. 虚拟社区激励政策对成员参与动机的影响：强化还是削弱 [J]. 营销科学学报，2014, 10(3): 99-112.
[3] Deci E L, Ryan R M. The general causality orientations scale: Self-determination in personality[J]. *Journal of Research in Personality*, 1985, 19(2): 109-134.
[4] Deci E L, Ryan R M. The "what" and "why" of goal pursuits: Human needs and the self-determination of behavior[J]. *Psychological Inquiry*, 2000, 11(4): 227-268.

往往会削弱个人的公民责任感，如为献血者提供金钱奖励会对他们的献血意愿产生负面影响[1]。在 Titmuss 的基础上，弗雷研究了金钱补偿对居民接受在其住处附近建立核废料储存库的意愿的影响，结果表明，起初有 50.8% 的受访者同意接受核废物储存库的设立，但在提出补偿后，接受程度下降至 24.6%。[2]据此，弗雷从社会心理学的角度出发，提出了一种关注外部动机对内部动机的削弱和强化作用的理论——动机拥挤理论。随着关于该理论的实证证据的增多，弗雷进一步提出了外部干预影响内部动机背后的两种心理过程[3]：首先是自我决定的受损，当个体意识到外部干预会降低他们的自主性（self-determination）时，他们会用外部控制来替代内部动机，因而控制点和决定权由个体内部转移到外部。其次是自尊受损，外界的干预会使行动者认为其参与和动机没有得到承认，其能力没有得到赏识，因此当外部提供奖励或命令要求进行某项活动时，具有内部动机的人被剥夺了显示自己兴趣和能力的机会，因而自尊心受损，会减少努力。根据这两种心理过程，弗雷提出了挤出效应和挤入效应出现的心理条件[4]：如果受影响的个体认为自己处于外部干预的控制中，外部干预就会挤占其内部动机，此时称发生了挤出效应（crowding-out effect），在这种情况下，自决和自尊都会被削弱，对此个体的反应是减少他们在控制活动中的内部动机；相反，如果个体认为外部干预是支持性的，外部干预就会挤入其内在动机，挤入效应（crowding-in effect）发生，在这种情况下，自尊会得到提升，个体会觉得他们有更多的行动自由和自决权。

动机拥挤现象中的挤出效应与通常情况下认为的金钱补偿等外部干预具有正向激励作用的观点相反，因此在学者中引起了广泛讨论。Wiersma[5]、Tang 等[6]对相关主题的文献进行了元分析，最后的结果证实了拥挤效应的存在，表明个体能够感知到的外部奖励会削弱其内部动机。但这一结果受到了 Cameron 等的质疑，他们对发表在 1971 年至 1991 年期间的研究进行了元分析，并得出结论，拥挤效应并不存在[7]。Deci 等在 Cameron 等的分析中发现了一些明显的缺陷和错误，如使用错误的对照组、对一些研

---

[1] Titmuss R M. The gift relationship[M]. London: Allen and Unwin, 1970: 1-100.

[2] Frey B S, Oberholzer G F. The cost of price incentives: An empirical analysis of motivation crowding-out[J]. *American Economic Review*, 1997, 87(4): 746-755.

[3][4] Frey B S, Reto J. Motivation Crowding Theory: A survey of empirical evidence[J]. *CESifo Working Paper*, 2000(1): 1-25.

[5] Wiersma U J. The effects of extrinsic rewards in intrinsic motivation: A meta-analysis[J]. *Journal of Occupational & Organizational Psychology*, 1992, 65(2): 101-114.

[6] Tang S H, Hall V C. The over-justification effect: A meta-analysis[J]. *Applied Cognitive Psychology*, 1995, 9(5): 365-404.

[7] Cameron J, Pierce W D. Reinforcement, Reward, and Intrinsic Motivation: A meta-analysis[J]. *Review of Educational Research*, 1994, 64(3): 363-423.

究进行了错误的分类以及安排了一些枯燥乏味的任务（参与者起初参与此类任务时就不具有内部动机，因此无法产生拥挤效应）。[○] 为了纠正这些错误，Deci 等进行了一项涵盖 97 篇文献的元分析，结果表明，有形奖励以一种非常重要和可靠的方式削弱了完成有趣任务时的内部动机，并且在以金钱补偿的方式提供有形奖励时，这种破坏作用尤其明显。[○]

17.1.2 动机拥挤理论的重要应用领域

除信息系统领域外，动机拥挤理论还被广泛应用于公共部门管理、环境保护、公司管理等领域的研究中，对这些重点应用领域的梳理有助于把握动机拥挤理论的内涵并将其更好地应用于信息系统领域。

在公共部门管理方面，Georgellis 等获取并分析了 1991 年至 2004 年期间的 BHPS（British Household Panel Survey，英国家庭分组调查）数据，发现公共部门的外部奖励会排挤内部动机，较高的预期收入和对外部工作特征的满意度会降低个人接受公共部门工作机会的倾向。[○]Weibel 等则对公共部门中绩效薪酬对绩效的影响进行了研究，结果表明，绩效薪酬对内部动机有很强的负面影响，降低了个体在工作中付出额外努力的意愿。[○]

在环境保护方面，Huang 等以中国上海 40 家大型酒店的商务客户为实验对象，考察了激励机制对绿色顾客行为的影响，最终发现现金折扣优惠并没有激励酒店客人选择重复使用床单或毛巾等绿色行为，证实了拥挤效应的存在。[○]Agrawal 等则设计了一个准实验对可持续发展项目中的动机拥挤现象进行了研究，结果显示，获得私人经济利益的村民在环境保护上更有可能从环境动机转变为经济动机，即物质激励会挤出村

○ Deci E L, Koestner R, Ryan R M. The undermining effect is a reality after all—Extrinsic rewards, task interest, and self-determination: Reply to Eisenberger, Pierce, and Cameron and Lepper, Henderlong, and Gingras[J]. *Psychological Bulletin*, 1999, 125(6): 692-700.

○ Deci E L, Koestner R, Ryan R M. A meta-analytic review of experiments examining the effects of extrinsic rewards on intrinsic motivation[J]. *Psychological Bulletin*, 1999, 125(6): 692-700.

○ Georgellis Y, Iossa E, Tabvuma V. Crowding out intrinsic motivation in the public sector[J]. *Journal of Public Administration Research & Theory*, 2011, 21(3): 473-493.

○ Weibel A, Rost K, Osterloh M. Pay for performance in the public sector-benefits and hidden costs[J]. *Journal of Public Administration Research and Theory: J-PART*, 2010, 20(2): 387-412.

○ Huang H C, Lin T H, Lai M C, et al. Environmental consciousness and green customer behavior: An examination of motivation crowding effect[J]. *International Journal of Hospitality Management*, 2014(40): 139-149.

民的内部动机。[①]

在公司管理方面，Barkma 对来自荷兰多家中型公司的 116 名经理进行了调查，结果表明，强烈的外部干预会挤出员工的内部动机，从而降低绩效。[②]Gneezy 等经实验发现，在执行同样任务的所有参与者中，获得可观报酬的组和未获得报酬的组表现得一样好，而获得小额报酬的组表现最差。[③]

17.2 动机拥挤理论在信息系统研究领域的应用进展

17.2.1 动机拥挤理论在在线社区采用中的应用研究

百度贴吧、豆瓣等不同的在线社区有利于个体间话题的交流、知识的共享，也能够增强企业与消费者之间的沟通并塑造品牌形象，因而越来越多的社区运营者增加了在线营销投入，希望通过报酬激励吸引更多个体的加入。但由于在线社区的采用与贡献通常依赖于个体的兴趣、获得认可等内部动机，报酬激励是否会产生挤出效应逐渐引起了研究者们的关注。因此，学者们利用动机拥挤理论对在线社区的采用进行了研究。

有学者通过设计实验考察了在线社区采用过程中的动机拥挤现象。Garnefeld 等在德国一个大型、公开问答社区中进行了情景实验，以探究货币激励和规范请求激励（一种公开声明的激励，鼓励人们追求共同目标或根据社区规范行事）在鼓励成员采用在线社区时的不同作用。结果表明，货币激励提高了所有类型社区成员的短期采用与参与意愿，但会降低积极成员的长期参与意愿，即这些奖励的隐性成本可能在长期内出现。[④]Fahey 等则通过实验探讨了在虚拟实践社区（virtual community of practice）中引入奖励的效果：在引入奖励之后，个体采用社区的主要动机从社区利益和道德义务转变为经济利益，这使追求奖励而不是参与社区并向社区提供有价值的信息成为许多人的优先事项。[⑤]

也有学者通过分析调查数据对在线社区采用过程中的动机拥挤现象进行了探究。

[①] Agrawal A, Chhatre A, Gerber E R. Motivational crowding in sustainable development interventions[J]. *American Political Science Review*, 2015, 109(3): 470-487.

[②] Barkma H. Do top managers work harder when they are monitored[J]. *Kyklos*, 2010, 48(1): 19-42.

[③] Gneezy U, Rustichini A. Pay enough or don't pay at all[J]. *Quarterly Journal of Economics*, 1999, 115(3): 791-810.

[④] Garnefeld I, Iseke A, Krebs A. Explicit incentives in online communities: Boon or bane[J]. *International Journal of Electronic Commerce*, 2012, 17(1): 11-38.

[⑤] Fahey R, Vasconcelos A C, Ellis D. The impact of rewards within communities of practice: A study of the SAP online global community[J]. *Knowledge Management Research & Practice*, 2007, 5(3): 186-198.

Becker 等探究了直接和间接的经济激励对规模有限的新社区采用的影响。调查结果显示，直接和间接的经济激励都有助于促进用户对在线社区的采用，而不会通过挤出效应改变用户的动机；值得注意的是，直接的经济激励措施吸引了新用户，但并没有增加使用。[1]Jeppesen 等采用基于 Web 的问卷调查对用户采纳在线社区的动机进行了研究，他们发现，用户采纳社区并在社区中进行创新贡献的动机与希望得到公司认可有关，但外部因素可能会排挤这种动机。[2]

由上述可知，多数学者基于实证研究证实了在线社区采用过程中动机拥挤现象的存在，但也有学者发现经济激励并未通过挤出效应改变用户的内部动机，该矛盾可能由如下原因导致：①多数研究仅仅以某一特定在线社区为研究案例，由于不同在线社区可能在成熟度、目标用户、社区主题、任务类型、激励方式等方面各不相同，因此会限制研究结论在其他社区的适用性。②在测量过程中通常以用户意向来代替实际的用户行为，在某些情况下用户意向不能完全代表用户最终的实际行为，因此所得到的结果可能会与实际有一定偏差。③外部动机对内部动机的影响是一个动态过程，但上述所有学者的分析都是基于问卷获取的横断面数据，因此不能很好地探索人们的动机在激励措施影响下的变化情况。

17.2.2 动机拥挤理论在口碑传播中的应用研究

网络口碑的传播一方面能够帮助消费者克服信息不对称，更好地做出购买决策，另一方面有助于商家或企业取得消费者的青睐与信任，从而提高销售量。基于此，关于何种激励方式能够有效推动消费者进行口碑传播，在此过程中外部动机是否会对内部动机产生影响等问题逐渐成为研究者们关注的焦点。因此，多位学者利用动机拥挤理论对此展开了研究。

多位学者利用动机拥挤理论对社交媒体环境下的口碑传播进行了研究。Rehnen 等通过实证研究发现，提供的奖励可能会削弱用户的自主性，从而对他们在社交媒体上进行口碑传播的意向产生负面影响。[3]Vilnai 等则结合自我报告和实验操作，对用户在社交网站上分享商业内容的动机进行了探究。研究结果揭示了自我报告与实验操作之

---

[1] Becker J U, Clement M, Schaedel U. The impact of network size and financial incentives on adoption and participation in new online communities[J]. *Journal of Media Economics*, 2010, 23(3): 165-179.

[2] Jeppesen L B, Frederiksen L. Why do users contribute to firm-hosted user communities? The case of computer-controlled music instruments[J]. *Organization Science*, 2006, 17(1): 45-63.

[3] Rehnen L M, Bartsch S, Kull M, et al. Exploring the impact of rewarded social media engagement in loyalty programs[J]. *Journal of Service Management*, 2017, 28(2): 305-328.

间的矛盾，前者表明内部动机占主导地位，后者则显示外部激励（金钱补偿）引发了更大的分享意愿。作者认为动机拥挤理论能够帮助解释此差距，他们提出，在挤出效应下，尽管用户最初可能出于内部动机在社交网站上分享电子商务内容，但金钱激励的出现削弱了他们的内部动机，使其逐渐转为外部动机。○

也有学者对在线反馈系统中的口碑传播进行了探究。邓明雪考察了在网购环境下，消费者在反馈系统中发表在线评价的影响因素。结果表明，当消费者的外部动机水平较高时，会对利他动机产生挤入效应，使利他动机正向预测消费者的在线评价意愿。◎ 崔金红等通过分析收集自 232 名被试的调查数据，识别出了消费者参与网络口碑传播的四个影响因素，分别是利他动机、产品涉入、自我提升和执行成本；其中，经济激励对利他动机、产品涉入和自我提升有显著的挤入效应。⑤

由以上分析可知，外部激励通常会对用户在社交媒体上进行口碑传播的内部动机产生挤出效应，而对在线反馈系统中进行口碑传播的内部动机产生挤入效应。目前，关于动机拥挤理论在口碑传播中的应用成果还很有限，有的学者用动机拥挤理论对未成立的假设或实验结果进行了解释，猜测动机拥挤现象的存在但未经实证研究的证实，未来应在此基础上展开进一步的探究。此外，消费者根据实际的体验会对某商品形成或好或坏的印象，从而在口碑传播中传达关于此商品的积极或消极的信息，在这两种口碑传播过程中，外部动机可能会对内部动机产生不同的作用，未来可对此进行深入研究。

17.2.3 动机拥挤理论在内容贡献中的应用研究

用户贡献内容的规模和范围在近年来得到大幅增长，这些项目主要依赖于志愿者贡献自己的时间、精力和技能以创造公共利益。如何应用动机拥挤理论来综合理解支持或抑制志愿者贡献意愿的影响因素成为学者们普遍关注的问题，多位学者利用动机拥挤理论对知识共享、在线项目参与、在线调查响应这三个方面展开了研究。

1. 动机拥挤理论在知识共享中的应用研究

关于组织内的知识共享，Bock 等利用问卷对来自 16 个行业的 154 名经理进行了

○ Vilnai Y I, Levina O. Motivating social sharing of e-business content: Intrinsic motivation, extrinsic motivation, or crowding-out effect[J]. Computers in Human Behavior, 2018, 79: 181-191.
◎ 邓明雪. 不同奖励形式下消费者在线评价动机与评价意愿的关系[D]. 上海: 上海师范大学, 2017: 33-36.
⑤ 崔金红, 汪凌韵. 在线反馈系统中消费者网络口碑传播动机的实证研究[J]. 现代图书情报技术, 2012(10): 55-60.

调查。他们发现，与普遍观点相反，外部奖励对个体的知识共享态度有负面影响。作者认为这可能是外部奖励和需要被激励的行为间不匹配，使得外部奖励对内部动机产生了负面影响，但也有可能是由于研究设计或样本中的组织采用了特定的外部奖励机制。○谢荷锋等也使用问卷对企业内从事高技术含量工作的知识型员工进行了调查，结果同样表明外部激励对内部动机存在挤出效应。○Wah 等则基于知识共享与社会资本的关系模型，发现薪酬、奖励等外部激励对知识共享行为有显著的积极影响。○

关于在线知识共享，楼天阳等以百度贴吧、豆瓣网、美丽说等在线社区的用户为调查对象，对外部激励是否会挤出用户内在的共享意愿进行了探究。结果显示，在在线社区环境下，货币式激励更多表现出对内部动机的挤出效应，而非货币激励则更多表现出挤入效应。○Zhao 等考察了社交问答网站上外部激励的隐性成本和非预期效果，发现虚拟组织奖励破坏了帮助他人的愉悦感对知识共享态度的影响，而互惠破坏了自我效能感对知识共享态度的影响。○

2. 动机拥挤理论在在线项目参与中的应用研究

在开源软件开发的研究中，Osterloh 等发现，个体在参与开源软件项目时的自主性比参与私人项目时更强，因此，如果个体认为自己处于控制之中，则自主性和自尊会受损，外部干预会挤出内部动机。○Roberts 等对 Apache 软件基金会下的三个主要 OSS（运营支撑系统）项目进行了调查，结果表明，开发人员的动机以复杂的方式联系在一起，其中，地位动机这一外部动机增强了内部动机。○

此外，Zwass 通过文献回顾识别了在电子商务网站上消费者从被动的价值接受者转

○ Bock G W, Zmud R W, Kim Y G, et al. Behavioral intention formation in knowledge sharing: Examining the roles of extrinsic motivators, social-psychological forces, and organizational climate[J]. *MIS Quarterly*, 2005, 29(1): 87-111.

○ 谢荷锋，刘超."拥挤"视角下的知识分享奖励制度的激励效应 [J]. 科学学研究，2011, 29(10): 1549-1556.

○ Wah C Y, Menkhoff T, Loh B, et al. Social capital and knowledge sharing in knowledge-based organizations: An empirical study[J]. *International Journal of Knowledge Management*, 2007, 3(1): 29-48.

○ 楼天阳，范钧，吕筱萍，等. 虚拟社区激励政策对成员参与动机的影响：强化还是削弱 [J]. 营销科学学报，2014, 10(3): 99-112.

○ Zhao L, Detlor B, Connelly C E. Sharing knowledge in social Q&A sites: The unintended consequences of extrinsic motivation[J]. *Journal of Management Information Systems*, 2016, 33(1): 70-100.

○ Osterloh M, Rota S G. Open source software development-just another case of collective invention[J]. *Research Policy*, 2007, 36(2): 157-171.

○ Roberts J A, Hann I H, Slaughter S A. Understanding the motivations, participation, and performance of open source software developers: A longitudinal study of the apache projects[J]. *Management Science*, 2006, 52(7): 984-999.

变为价值创造者的动机有：无私贡献的愿望、对任务的热情、人际关系构建、社区规范、物质奖励等。在此基础上，作者指出财务激励可能会削弱内部动机，未来应对外部激励的潜在负面影响展开深入研究。[1]Nov 等则研究了公民科学家在在线公民科学项目中所做贡献的数量和质量的影响因素，研究结果揭示了拥挤效应的存在：在三个不同的公民科学项目中，尽管任务的性质和项目管理机制存在很大差异，但声誉都增强了志愿者的内部动机。[2]

3. 动机拥挤理论在在线调查响应中的应用研究

Pedersen 等通过实证研究发现捐款激励（向被试承诺若参与调查，则调查小组将为公益事业捐款）导致了较低的调查响应率。对此，作者用动机拥挤理论来解释该现象：被调查者不赞成将参与调查与金钱捐赠联系起来，并认为这是一种控制性的策略，这种感觉可能会挤出他们响应调查的内部动机。[3]Sauermann 等也提出，如果薪酬等外部激励被解读为任务不可能有趣的信号，或导致参与者在成本效益分析时过度关注财务方面，则可能会削弱被调查者的内部动机。[4]

综上所述，动机拥挤理论在知识共享、在线项目参与、在线调查响应等内容贡献方面的应用已积累了一定的成果，但不同学者得到的研究结论并不一致。对此文鹏等指出，实验或调查过程中所选取样本人口统计特征的差异、量表设置问题、相关调节变量的遗漏等，可能是造成相关实证结果不一致的原因[5]，未来仍需对此进行深入探究，以明确动机拥挤现象发生的条件。同时，先前的研究表明，不同文化背景下个体的行为动机可能不同，个人主义者更有可能受到外部激励的影响，而集体主义者通常倾向于将他们的决策建立在内部因素的基础上，这可能会使外部动机对内部动机的影响也因文化的不同而不同[6]，未来的研究可以关注跨文化问题，通过更严格的研究设计比较不同文化背景下的结果。此外，已有研究通常仅仅关注所贡献内容的数量，而忽视了内容的质量或长度，未来的研究应将其考虑在内，考察外部动机对内部动机的挤出或

---

[1] Zwass V. Co-creation: Toward a taxonomy and an integrated research perspective[J]. *International Journal of Electronic Commerce*, 2010, 15(1): 11-48.

[2] Nov O, Arazy O, Anderson D. Scientists@Home: What drives the quantity and quality of online citizen science participation[J]. *PloS One*, 2014, 9(4): 1-11.

[3] Pedersen M J, Nielsen C V. Improving survey response rates in online panels: Effects of low-cost incentives and cost-free text appeal interventions[J]. *Social Science Computer Review*, 2016, 34(2): 229-243.

[4] Sauermann H, Roach M. Increasing web survey response rates in innovation research: An experimental study of static and dynamic contact design features[J]. *Research Policy*, 2013, 42(1): 273-286.

[5] 文鹏, 廖建桥. 国外知识共享动机研究述评[J]. 科学学与科学技术管理, 2008, (11): 92-96.

[6] Sun Y, Fang Y, Lim K H. Understanding sustained participation in transactional virtual communities[J]. *Decision Support Systems*, 2012, 53(1): 12-22.

挤入效应是否会对个体贡献内容的质量或长度产生影响,并在此基础上探究一种激励方案,使其能在增加贡献数量的同时提高所贡献内容的质量。

17.3 结论与展望

通过对已有文献的回顾和梳理发现,动机拥挤理论在信息系统领域内的应用已积累一定成果但相对有限,这些成果主要集中在"动机拥挤理论在在线社区采用中的应用""动机拥挤理论在口碑传播中的应用""动机拥挤理论在内容贡献中的应用"三个方面。

现有研究主要存在以下不足:①从总体上来说,动机拥挤理论在在线社区采用、内容贡献、口碑传播等信息系统领域的应用已积累一定成果,但不同学者就某些情境下是否存在动机拥挤效应,以及外部动机对内部动机产生了挤出效应还是挤入效应方面仍存在分歧。②在实验操作方面,在研究在线社区采用和在线项目参与时,受研究可操作性的限制,通常只会以某一特定在线社区或在线项目为研究对象,由于不同在线社区可能在成熟度、社区主题、激励方式等方面各不相同,而不同在线项目在任务类型、任务奖励、任务规则等方面存在差异,使得此类研究通常只具有较低的外部效度。此外,不同文化背景下的个体可能具有不同的行为动机,但在文献梳理过程中未见学者在实验操作中考虑个体文化背景可能会对结果造成的影响。③在研究数据的获取和测量方面,大部分学者采用调查问卷获取了关于被试的横断面数据,因而只能对假定的因果关系进行推断,无法准确测量个体的动机在激励措施影响下的变化情况。此外,由于测量方法的限制,在需要对个体实际行为进行测量时,学者通常以被试意向的测量结果来代替,在某些情况下个体意向不能完全代表个体最终的实际行为,因此所得到的结果可能会与实际有一定偏差。④在研究设计方面,鲜有研究考察知识共享过程中所共享的知识资产的类型可能会对动机拥挤现象产生的影响。此外,消费者根据实际的体验会在口碑传播中传达关于商品的积极或消极的信息,在这两种过程中外部动机可能会对内部动机产生不同的作用,但目前尚未发现有学者对两种不同的口碑传播进行区分并分别探究其中的动机拥挤现象。

针对上述不足,未来的研究可做出如下改进:①对结论存在分歧的研究文献进行元分析,探索分歧存在的原因以及动机拥挤现象发生的条件,并将其归纳为更具普遍性的结论。②针对实验操作方面,未来可以对在线社区或在线项目进行分类,研究不同类别的在线社区或在线项目中的动机拥挤现象,并对不同情境下的研究结果进行大规模的比较,将结论总结归纳为一般规律,增加研究结果的外部效度;同时,选择具有不同文化背景的被试为研究样本，比较跨文化背景下的结果，以扩展研究模型。③针对研究数据的获取和测量方面，建议通过获取纵向数据以探究外部动机对内部动机的拥挤作用在激励措施影响下发生的变化；同时，纵向数据的获取也有利于考察个体的动机和行为在其采用、参与社区的不同阶段的动态变化。在需要测量被试的实际行为时，未来可以通过设计情景实验来真实地考察被试最终的实际行为，也可以选取有真实经历的被试，让其对关键事件进行回忆，并用问卷或访谈获取关于其实际行为的数据。④针对研究设计方面，未来可以考虑进一步细分所共享知识的类型，研究在共享不同类型的知识资产时动机拥挤的情况，也可以进一步将网络口碑区分为正面口碑和负面口碑，并比较这两种口碑传播过程中的动机拥挤现象。⑤除在线社区采用、内容贡献、口碑传播外，动机拥挤理论在信息系统领域内还有广阔的应用空间。例如，可以将其应用于对用户接纳并采用在线商品、服务、技术、系统等的研究，对用户参与在线教育的研究，对用户购买意图的研究中等，未来可对此展开深入探索。

CHAPTER 18 ○ 第 18 章

集体行动理论
及其在信息系统研究领域的应用与展望

美国经济学家和社会学家曼瑟尔·奥尔森（Mancur Olson）于1965年出版的《集体行动的逻辑》（*The Logic of Collective Action*）一书中，正式提出了集体行动理论（Collective Action Theory）。⊖其核心思想是：若集体规模较大，并且集体内部不存在强制或激励等措施以促使个体为实现集体利益而行动，那么理性的个体会优先考虑自己的利益诉求，而不会将实现集体利益作为其主要目标。

集体行动理论揭示了集体利益与个体利益的冲突会导致集体行动困境。由于该困境广泛存在于企业、社会团体、社区等各种组织中，自集体行动理论提出以来，学界不仅对影响集体行动的因素进行了深入研究，而且不断完善了集体行动困境的解决机制。为了把握集体行动理论的应用现状，有学者撰写了一些综述，主要可分为两类：①集体行动理论的研究综述。冯巨章将有关集体行动的研究归类为理性选择理论、意识形态理论和社会资本理论三种流派，并从假设前提、搭便车行为、集体行动困境的

⊖ Olson M. The logic of collective action: Public goods and the theory of groups[M]. Cambridge, MA: Harvard University Press, 1965: 150.

解决措施等三个方面阐述了各个流派间的异同点；同时冯巨章指出，上述流派的研究方法均是静态的，而真实的集体行动多为动态的、多阶段的过程，这较大地限制了集体行动理论的发展。[一]此外，Udehn 从集体规模研究、博弈模型、动机假设等方面整理了 1965 年至 1990 年间应用集体行动理论的文献，发现奥尔森有关集体规模越大，个体净收益（individuals' net benefit）越小的假设是错误的，并且集体行动理论关于个体的利己假设是不充分的，因为个体既可以是利己的也可以是利他的，因此应采取混合动机假设以替代利己假设。[二]②集体行动理论研究模型的梳理。Oliver 将集体行动理论的研究模型归纳为三种类型：单一决策者模型、集体决策模型以及动态交互博弈模型，发现上述模型的研究重点由个体层面逐步转移至组织结构以及组织内部交互的层面。[三] Medina 则梳理了集体行动理论研究模型的演化过程，发现奥尔森所提的集体行动困境仅是单一均衡博弈模型下的结果，当使用多重均衡博弈模型研究时，集体成员有可能采取合作策略以共同实现集体利益；此外，基于有限理性假设的选择行为模型、最优反应均衡模型等的研究也发现集体内部大规模的协作是可以实现的。[四]

近年来随着信息系统的发展，信息系统领域中也出现了诸如信息系统合作开发过程中的成员合作意愿不足、在线社区中的成员共享知识的动力缺乏等集体行动困境，有学者从管理角度探究了造成上述困境的原因。此外，信息通信技术被认为是解决集体行动困境的有效手段[五]，有些学者从技术角度研究了信息通信技术在解决集体行动困境中所起到的作用。然而，在文献调研过程中，未在信息系统领域中发现有关集体行动理论的评述文献。为了帮助学界掌握集体行动理论在信息系统领域中的研究进展，本章拟在简要介绍集体行动理论的起源与演化之后，梳理集体行动理论在信息系统研究中的应用现状，并总结现有研究存在的不足以及该理论在信息系统领域中的潜在研究方向。

18.1　集体行动理论的起源及演化

18.1.1　集体行动理论的起源

以 Truman 为代表的集团理论学者认为具有共同利益的集体成员能够主动维护集

[一] 冯巨章. 西方集体行动理论的演化与进展 [J]. 财经问题研究，2006, (8): 24-29.
[二] Udehn L. Twenty-five years with the logic of collective action[J]. Acta Sociologica, 1993, 36(3): 239-261.
[三] Oliver P E. Formal models of collective action[J]. Annual Review of Sociology, 1993, 19(1): 271-300.
[四] Medina L F. The analytical foundations of collective action theory: A survey of some recent developments[J]. Annual Review of Political Science, 2013, 16(1): 259-283.
[五] Lupia A, Sin G. Which public goods are endangered? How evolving communication technologies affect the logic of collective action[J]. Public Choice, 2003, 117(3-4): 315-331.

体利益，自觉地将实现集体利益作为其主要目标[1]，但奥尔森发现现实中诸如不同政府部门间相互掣肘、工会内部成员不作为等现象层出不穷，这与集团理论的观点相左。为此，奥尔森基于理性人假设、个人主义方法论以及公共产品理论，提出了集体行动理论以阐释成员利益与集体利益之间存在的冲突。[2]该理论认为集体利益具有非排他性与非竞争性的特征，这导致集体利益的增加会无差别地为每位成员带来好处，而不论成员是否为其增加做出贡献，因此理性的成员倾向于在不付出成本的前提下享受集体利益增加所带来的好处，而缺乏主动实现集体利益的动力。同时，奥尔森提出了选择性激励（selective incentive）以解决上述冲突，他认为集体利益是一种普遍性激励，即集体利益的增加会被均等地给予所有成员，因此其激励作用是有限的，而选择性激励可以直接作用于单个成员，如对为集体利益做出贡献的成员提供物质奖励，对消极怠工的成员进行一定的惩处，这种不均等的激励能够提升成员实现集体利益的积极性。[3]

18.1.2 集体行动理论的演化

自集体行动理论问世以来，许多学者基于理论和实证研究对其进行了发展和完善。集体行动理论的演化主要包括三个方向：集体行动理论研究模型的发展、公共物品类型与集体行动关系的研究不断深入，以及集体行动困境的解决机制的完善。

1. 集体行动理论研究模型的不断发展

奥尔森所提出的集体行动理论是基于单一均衡博弈模型的研究结果，在该模型下，博弈各方只进行一次博弈，并且不用考虑博弈之后的情况，因此理性的博弈者通常会倾向于优先满足自己的利益。[4]随后，Axelrod 从集体行动过程的类型出发，指出奥尔森研究的集体行动过程是静态的、一次性博弈的，而真实的集体行动是动态的、重复博弈的，为此，应使用多重均衡博弈模型来研究集体行动。他邀请了一批博弈论专家进行了 600 局的模拟博弈（两两博弈），每局包含 200 个回合，实验结果表明：当博弈

---

[1] Truman D B. The governmental process: Political interests and public opinion[M]. New York: Greenwood Press, 1981: 22.
[2] 付刚. 奥尔森集体行动理论研究 [D]. 长春：吉林大学，2011：29.
[3] Olson M. The logic of collective action: Public goods and the theory of groups[M]. Cambridge, MA: Harvard University Press, 1965: 166.
[4] Olson M. The logic of collective action: Public goods and the theory of groups[M]. Cambridge, MA: Harvard University Press, 1965: 21.

过程是动态和重复的，实验对象会改变最初的利己选择，而更多地致力于实现彼此间的合作。[1]

此外，Finkel 等认为单一均衡博弈模型和多重均衡博弈模型是基于完全理性假设的，在该假设条件下，所有个体都能够采取利益最大化的决策方案。但 Finkel 等也认为真实情况中个体对决策环境的计算能力和认识能力是有限的，并且不同个体的能力是有差异的，为此，他们基于有限理性假设（bounded rationality）提出了选择行为模型，并利用该模型对联邦德国的政治运动进行了研究，发现该运动的参与者对自己影响力的估计存在很大差异，如相较于低学历、低收入人群，那些学历和经济水平较高的参与者往往会更相信自己能够在这场运动中发挥作用。[2]Sandell 等基于选择行为模型的有限理性假设和社会学的研究成果提出了网络分析模型，认为个体特定的社会关系背景会影响其决策。他们使用网络分析模型研究了瑞典禁酒运动的参与者，发现成员之间存在的社会选择性激励（social selective incentive）会影响他们制定决策，如当某成员选择参加禁酒运动时，同一社会网络中的其他成员也倾向于参加该运动。[3]

2. 公共物品类型与集体行动关系的研究不断深入

Chamberlin 在奥尔森的研究基础上，进一步探究了集体所提供的公共物品的类型与集体行动的关系。他对奥尔森关于集体规模越大，其所提供的公共物品数量越少的说法提出了质疑，发现当集体提供的物品为纯公共物品（pure public goods）时，该物品的供应量反而会随着集体规模的扩大而增加。[4]Marwell 等则认为，集体提供的公共物品可以分为零和型公共物品和非零和型公共物品，而奥尔森所研究的集体物品仅限于零和型公共物品；同时，他们发现当集体物品为民主、和平、法制等非零和型公共物品时，它们带给个体的利益不会因为集体人数的增加而减少，相反，集体人数的增加反而更有利于获得上述公共物品，因此集体规模的增长有利于集体行动的开展。[5]

---

[1] Axelrod R, Hamilton W D. The evolution of cooperation[J]. *Quarterly Review of Biology*, 1981, 79(2): 135-160.

[2] Finkel S E, Muller E N, Opp K D. Personal influence, collective rationality, and mass political action[J]. *American Political Science Review*, 1989, 83(3): 885-903.

[3] Sandell R, Charlotta S. Group size and the logic of collective action: A network analysis of a Swedish temperance movement 1896-1937[J]. *Rationality & Society*, 1998, 10(3): 327-345.

[4] Chamberlin J. Provision of collective goods as a function of group size[J]. *American Political Science Review*, 1974, 68(2): 707-716.

[5] Marwell G, Oliver P E. The critical mass in collective action: A micro-social theory[M]. Cambridge: Cambridge University Press, 1993: 188.

3. 集体行动困境的解决机制不断完善

为了解决集体行动困境，奥尔森提出了对为集体利益做贡献的成员提供物质奖励，对不作为或损害集体利益的成员实施物质惩罚这一选择性激励措施。[1]Fireman 等认为奥尔森所提出的选择性激励主要为经济利益方面的外部奖惩措施，而忽视了忠诚感、道德感以及成员间的友谊等内部选择性激励对集团成员的影响。[2]Oliver 则认为奥尔森的选择性激励措施在逻辑上自相矛盾，无法解决集体行动困境。Oliver 指出该措施的实施需要集体中的某些成员承担相应的成本，但由此增加的集体利益却由全体成员共享，而不会仅由承担成本的成员所享有，这与奥尔森的理性人假设相冲突。[3]此外，奥尔森提出了关系奖励（relational rewards）措施以解决集体行动困境，认为通过加强集体成员间的沟通，使其意识到或确信他们与其他集体成员间具有相互依赖关系，进而增强成员的集体感，以激励成员实现集体目标。如在一个土地开发交流论坛上，若开发人员、社区团体、研究人员以及环保组织等能充分沟通，则能更好地保证土地开发过程顺利进行。[4]

不同于上述学者从管理角度探究集体行动困境的解决措施，Lupia 等则从技术角度研究了信息通信技术在解决集体行动困境中所起的作用，他们发现信息通信技术能够通过降低信息交流成本以解决集体行动困境。[5]随后，Bimber 等发现信息通信技术可以通过增强组织成员间的联系以促使其开展集体行动。[6]

18.2 集体行动理论在信息系统研究领域的应用进展

18.2.1 集体行动理论在在线社区知识共享的影响因素研究中的应用

由于在线社区提供的知识具有公共产品的性质（非竞争性和非排他性），导致社区成员即使在不分享知识或提供服务的情况下仍能获取他人分享的知识，故当社区中缺

---

[1] Olson M. The logic of collective action: Public goods and the theory of groups[M]. Cambridge, MA: Harvard University Press, 1965: 166.

[2] Fireman B, Gamson W A. Utilitarian logic in the resource mobilization perspective[J]. *Dynamics of Social Movements*, 1979, 8-45.

[3] Oliver P E. Formal models of collective action[J]. *Annual Review of Sociology*, 1993, 19(1): 271-300.

[4] Olsson A R. Relational rewards and communicative planning: Understanding actor motivation[J]. *Planning Theory*, 2008, 8(3): 263-281.

[5] Lupia A, Sin G. Which public goods are endangered? How evolving communication technologies affect the logic of collective action[J]. *Public Choice*, 2003, 117(3-4): 315-331.

[6] Bimber B, Flanagin A J, Stohl C. Reconceptualizing collective action in the contemporary media environment[J]. *Communication Theory*, 2005, 15(4): 365-388.

乏鼓励成员共享知识的机制时，成员往往难以主动提供知识。[一]鉴于此，有学者基于集体行动理论探究了影响社区成员分享知识的因素，并试图提出相关的激励措施以解决在线社区中的知识共享困境。

有些学者研究了声誉对成员知识共享的影响。Wasko 等基于集体行动理论和公共物品理论对美国一个专业法律协会的在线社区中的 155 名成员进行了问卷调查，发现社区中的声誉提升机制能够促使那些想要提升个人声誉的成员更加主动地创造和分享公共知识，如在留言板上更积极地回复其他成员的提问，从而解决社区中法律知识供给不足的困境。[二]Spaeth 等则研究了 Freenet（俄罗斯科研和教育网络）上的开源软件项目的开发情况，发现在项目开发的过程中，那些有突出贡献的成员会获得良好的声誉，而良好的声誉又会增加其参与软件项目开发的动力。[三]

此外，Cheshire 等通过测量 2006 年 3 月至 2006 年 10 月 Mycroft 网站上的成员重复贡献率排名后发现，相较于那些未采取激励措施的网页，实施了激励措施的网页（表达对贡献者的感激、定期公布各成员之前所做的贡献以及各成员的贡献排名）中的成员会更加积极地为网页上发布的问题提供解决方法。[四]

综上所述，当前的研究均利用集体行动理论有关公共产品导致集体行动困境的论点以阐明在线社区中知识共享不足的原因。在探究影响成员共享知识的研究中，学者们主要分析了真实在线社区中成员的知识创造、共享等情况，以探究声誉、对分享者的感激等因素对成员共享知识的影响，其实验结论的内外部效度较高。此外，目前的研究均侧重于探究对已参与知识共享的成员进行相关的正向激励是否能够激励他们重复共享（如提高声誉等），但未研究对未共享者进行一定的惩罚是否能够促使其参与共享，如限制未共享者每天浏览他人共享知识的次数等。

18.2.2 集体行动理论在信息通信技术对组织开展集体行动的影响研究中的应用

组织的管理难度和组织利益的公共性造成了集体行动困境，而信息通信技术能够通过大幅度降低组织交流成本、增强组织成员间的社会网络联系来降低组织的管理难

[一] Monge P R, Fulk J, Kalman M E, et al. Production of collective action in alliance-based interorganizational communication and information systems[J]. *Organization Science*, 1998, 9(3): 411-433.

[二] Wasko M L, Teigland R, Faraj S. The provision of online public goods: Examining social structure in an electronic network of practice[J]. *Decision Support Systems*, 2009, 47(3): 254-265.

[三] Spaeth S, Haefliger S, Von Krogh G, et al. Communal resources in open source software development[J]. *Information Research*, 2008, 13(1): 985-985.

[四] Cheshire C, Antin J. The social psychological effects of feedback on the production of Internet information pools[J]. *Journal of Computer-Mediated Communication*, 2008, 13(3): 705–727.

度并且增进公共利益与私人利益的一致性，因此，不少学者基于集体行动理论探究了信息通信技术对组织开展集体行动的影响。[1]

有些学者发现了信息通信技术能够通过降低信息交流成本以促进组织集体行动的开展。Lupia等指出信息通信技术的使用降低了组织内部的信息交流成本和管理成本，使得规模较大的组织也能够具备规模较小的组织的管理优势，如组织对成员较低的监控成本、成员间较高的可见性（noticeability），减少了集体行动困境发生的可能性，这改变了集体行动理论所持有的集体规模越大越容易产生集体行动困境的观点。[2] 随后，Kavanaugh等基于集体行动理论对美国布莱克斯堡和蒙哥马利县社区中的100个家庭进行了分层随机抽样调查，分析访谈内容后发现，互联网的使用有助于降低社区成员间的沟通成本，使得成员能够迅速了解社区情况，通过加强社区对成员的动员能力以解决社区中存在的公共问题。[3] Hampton等则调查了加拿大多伦多地区一个名为Netville的联网社区后也发现，高速、始终在线的互联网接入以及社区成员在线讨论组的建立有利于动员社区居民更便利地讨论类似于道路铺设进度、绿化情况等问题，并且相较于非联网社区，信息通信技术增强了社区居民间的合作程度。[4]

此外，有学者探究了信息通信技术所导致的成员间联系的增强对组织开展集体行动的影响。Bimber等认为信息通信技术使组织成员之间的联系变得便捷，加强了成员彼此的社会联系，在一定程度上模糊了集体利益和私人利益的界限，这有利于提高成员参与集体行动的动力。[5] Kang等则基于社会资本理论和集体行动理论，研究了信息通信技术对企业成员间合作的影响。他们对5家韩国公司中325名研发人员进行了调查访问，发现信息通信技术的使用有利于增强员工间社会网络的紧密程度，从而激励他们分享相关的技术文档，合力解决研发过程中出现的问题等。[6]

由上述可知，当前研究发现信息通信技术通过降低组织管理难度以及增进成员间的社会关系促进了组织集体行动的开展。研究方法以访谈法为主，通过采访参与集体

---

[1] Olson M. The logic of collective action: Public goods and the theory of groups[M]. Cambridge, MA: Harvard University Press, 1965: 263-281.

[2] Lupia A, Sin G. Which public goods are endangered? How evolving communication technologies affect the logic of collective action[J]. *Public Choice*, 2003, 117(3-4): 315-331.

[3] Kavanaugh A L, Reese D D, Carroll J L, et al. Weak ties in networked communities[J]. *Information Society*, 2005, 21(2): 119-131.

[4] Hampton K, Wellman B. Neighboring in Netville: How the Internet supports community and social capital in a wired suburb.[J]. *City & Community*, 2010, 2(4): 277-311.

[5] Bimber B, Flanagin A J, Stohl C. Reconceptualizing collective action in the contemporary media environment[J]. *Communication Theory*, 2005, 15(4): 365-388.

[6] Kang M, Kim Y G, Bock G W. Identifying different antecedents for closed vs. open knowledge transfer[J]. *Journal of Information Science*, 2010, 36(5): 585-602.

行动的成员来定性分析信息通信技术在其中扮演的角色，但由于访谈法在一定程度上会受到研究人员与调查对象主观看法的影响，难以保证结论的有效性。未来研究可以利用客观数据以探究信息通信技术对集体行动的影响，如通过分析成员间在社交平台上的互动情况（点赞数、转发数等）以衡量他们社会关系的远近，设计情景式实验以比较信息通信技术的使用与否或使用程度高低对组织成员参与集体行动意愿的影响。

18.2.3 集体行动理论在组织间合作开发信息系统的影响因素研究中的应用

随着信息技术的发展，信息系统的开发越来越依赖于组织间的协作，而组织间开发信息系统的成功与否在很大程度上取决于各组织的合作程度高低。集体行动理论解释了影响组织间合作实现共同目标的因素，近年来多有学者利用该理论研究组织合作开发信息系统过程中产生集体行动困境的原因以及解决这一困境的相关措施。

Weiss 等基于奥尔森关于公共产品和集体行动的开创性工作，研究了 AT&T（美国电话电报公司）分拆后美国信息系统标准开发的进展后发现，由于信息系统的标准一经开发，任何组织都可以自由地使用该标准，而不管其是否为标准开发做出贡献，这就会造成某些组织缺乏为信息系统标准开发投入资源、精力的动力，降低组织间的合作程度。[1]Foray 则利用集体行动理论的研究框架探究了建立组织间信息系统开发联盟的相关条件，发现参与标准开发的组织数量过大会导致组织联盟难以有效监管各成员的贡献情况，而监管的缺失会出现有些组织的搭便车行为。此外，Foray 认为组织联盟应该采用俱乐部形式以克服搭便车行为，即保证联盟中各组织的兴趣相同且控制组织成员的数量，如联盟成员仅限于那些原本就存在合作伙伴网络的信息系统开发组织。[2]

随后，有学者研究了组织间的利益差异对其合作实现集体利益的影响。Markus 等基于集体行动理论对美国住宅抵押贷款行业垂直信息系统标准化项目的合作过程进行了探索性案例分析，通过分析各组织成员的访谈内容、相关会议的文档后发现，用户组织和 IT 供应商之间的不同利益关系加大了组织合作开发垂直信息系统（Vertical Information System，VIS）标准以及推广该标准的难度，如各抵押贷款保险公司的风险评估模型的差异会带来不同的业务需求。[3]Klein 等认为信息系统标准化过程中的集体

---

[1] Weiss M, Cargill C. Consortia in the standards development process[J]. *Journal of the American Society for Information Science*, 1992, 43(8): 559-565.

[2] Foray D. Users, standards and the economics of coalitions and committees[J]. *Information Economics and Policy*, 1994, 6(3-4): 269-293.

[3] Markus M L, Steinfield C W, Wigand R T, et al. Industry-wide information systems standardization as collective action: The case of the U.S. residential mortgage industry[J]. *MIS Quarterly*, 2006, 30(1): 439-465.

行动困境不仅存在于 Markus 等指出的标准开发阶段和标准推广阶段，也存在于组织间发起合作的阶段。他们对爱尔兰和澳大利亚两国医药供应链电子订货系统的发展进行了比较分析，发现医药批发商、连锁药店以及软件系统供应商之间的利益异质性会导致它们在上述三个阶段产生利益冲突，而利益冲突会导致它们更多地关心自己的利益能否实现，而忽视了电子订货系统开发所带来的整体效益。[①]

此外，Reuver 等研究了组织间不同的战略目标和相互依赖程度对其开展集体行动的影响。他们基于集体行动理论和平台理论建立了一个解释集体行动中止的理论模型，以研究荷兰三大银行与三家电信运营商合作开发电子商务平台所面临的挑战，通过采访上述企业中的相关成员后发现，银行与运营商不同的战略目标和利益、较低的相互依赖性导致了两者之间缺乏合作构建电子商务平台的动力。[②]Zhao 等提出了一个研究模型以探究影响组织联盟内部各成员开发电子商务标准动力的因素，在对 7 个电子商务协会中的 232 家公司进行在线调查后发现，公司的利益、公司可利用的资源数量、协会的协调管理能力决定了公司愿意为标准开发投入的资源大小，如当制定的标准有利于保险公司的利益时，保险公司会倾向于承担更大的预算开支。[③]

综上，由于组织合作开发的信息系统具备公共产品的性质，这加大了组织间合作的难度。当前研究从集体行动理论的视角出发探究了组织间不同的利益关系、依赖程度以及组织联盟的管理能力等因素对组织间合作的影响，但未能针对上述因素制定出具体措施以激励组织成员将信息系统的成功开发作为其主要目标。此外，目前的研究主要聚焦于各组织单次合作过程中的表现，而现实中的信息系统开发是一个长期合作的过程，因此未来可以探究在长期合作的过程中上述因素所造成的影响是否会发生变化以及其他影响组织合作的因素。

18.3 结论与展望

通过文献综述发现，集体行动理论在信息系统研究中的应用主要集中于信息通信技术对组织开展集体行动的影响、组织间合作开发信息系统的影响因素研究以及在线

[①] Klein S, Schellhammer S. Developing IOIS as collective action: A cross-country comparison in the health care sector[C]// Hawaii International Conference on System Sciences. Washington, DC: IEEE Computer Society, 2011: 1-10.

[②] Reuver M D, Verschuur E, Nikayin F, et al. Collective action for mobile payment platforms[J]. *Electronic Commerce Research & Applications*, 2015, 14(5): 331-344.

[③] Zhao K, Xia M, Shaw M J. What motivates firms to contribute to consortium-based e-business standardization?[J]. *Journal of Management Information Systems*, 2011, 28(2): 305-334.

社区知识共享的影响因素研究等三个方面。

现有研究存在以下不足之处：①现有文献的研究重点主要集中于信息系统领域中静态的、一次性的集体行动（信息系统单次开发过程中的成员表现），未能考察在动态、重复的集体行动中成员的表现情况。②研究了信息系统领域中影响组织开展集体行动的因素，但是未能系统地提出促进其共同行动的具体措施。③重点研究了正向激励措施对组织成员参与集体行动的影响（如声誉的提升对在线社区成员知识共享动力的影响），而未考虑惩罚措施对成员行为的影响。④在测量调查对象参与集体行动的意愿时，目前主要借助于访谈法等主观报告法，考虑到实验结果可能会受调查人员和调查对象主观色彩的影响，其有效性难以得到保证。

为弥补现阶段研究的缺陷，未来将集体行动理论应用于信息系统研究应注意以下四个问题：①研究在动态、重复的集体行动过程中哪些因素会造成集体行动困境，如研究在信息系统升级迭代的开发过程中影响成员集体行动的因素。②深入探究信息系统领域中影响集体行动的相关因素的内在逻辑，据此制定出具体措施以促使集体行动的开展。③探究惩罚措施是否能激励成员参与集体行动，如在知识共享社区中限制未共享者获取他人分享知识的次数。④在研究方法上，可以结合主观和客观的研究方法（如设计情境实验以模拟信息通信技术对成员开展集体行动的影响，设计相关指标以量化成员参与集体行动的意愿等），以使研究结果更贴近真实情况，研究结论更为严谨。

在信息系统研究中，未来值得关注的研究重点有：①网络舆情。近年来社交媒体平台上发生的网络暴力事件不断增加[1]，学者们可以借助当前有关信息通信技术对开展集体行动的影响的研究成果，探究导致网络暴力频发的原因、控制网络暴力的具体措施等。②企业联盟间知识共享。企业联盟间所共享的知识具有公共物品的特征，这种特征或许会导致企业联盟中的成员缺乏共享知识的动力，未来可以深入研究影响其知识共享的因素，并设计出适用于企业联盟间的合作机制以提高其知识共享的意愿。③电子商务网站中的消费者评论。消费者评论能够帮助消费者和商家更多地了解商品或服务的质量、口碑等相关情况，但现实中的消费者缺乏评论的动力，[2]学者们可以基于集体行动理论探究消费者评论动力不足的原因以及设计具体的奖惩措施来激励消费者参与评论。

---

[1] 李华君，曾留馨，滕姗姗. 网络暴力的发展研究：内涵类型、现状特征与治理对策——基于2012～2016年30起典型网络暴力事件分析 [J]. 情报杂志，2017，36（9）：143-149.

[2] Ward J C, Ostrom A L. Complaining to the masses: The role of protest framing in customer - created complaint web sites[J]. *Journal of Consumer Research*, 2006, 33(2): 220-230.

CHAPTER 19 ○ 第 19 章

自我效能理论
及其在信息系统研究领域的应用与展望

1977年,斯坦福大学著名心理学教授阿尔伯特·班杜拉(Albert Bandura)在《自我效能:关于行为变化的综合理论》一文中首次提出了"自我效能"(self-efficacy)这一概念。[⊖]在其后二十余年内,以他为首的一众心理学家对该理论进行了大量实证检验,最终将其完善为成熟的心理学理论。自我效能理论强调人的主观能动性,着重探讨人在不同的环境和任务中的认知与行为方式,对心理学、教育学、组织行为学、管理学以及信息系统学等领域的研究均产生了重要影响。自我效能理论的核心思想是:个体认知形成的对自我行为能力的预期和判断影响其行为的选择、投入努力的大小或者在特定任务中展现的能力大小。

针对自我效能理论的研究和应用价值,国内学者进行了大量综述研究,主要内容可分为以下两个方面:①介绍心理学中自我效能理论的形成、发展和新进展,以阐明理论内涵为主要目的。如张鼎昆等通过梳理自我效能理论的发展脉络,对自我效能产

⊖ Bandura A. Self-efficacy: Toward a unifying theory of behavioral change[J]. *Advances in Behaviour Research & Therapy*, 1977, 1(4): 139-161.

生的背景、理论框架、结构与测量、应用领域及未来趋势做了详细论述[1]；高申春侧重于从心理学史的角度考察自我效能理论的产生背景、基本内容及其历史意义[2]；姜飞月等聚焦于自我效能理论的拓展概念——集体效能，并对它的提出背景、基本内容和应用方向进行了总结[3]。②分析自我效能理论在除心理学外的研究领域的应用现状，以归纳领域内具体研究问题为主要目的，如教育学中成就归因、动机定向、自我效能与学业成绩之间的关系[4]，管理自我效能的结构与影响效果问题[5]，护理学中描述相关性和行为干预问题[6][7]等。

信息系统是由计算机硬件、网络和通信设备、计算机软件、信息资源、信息用户和规章制度组成的以处理信息流为目的的人机一体化系统，以之为主要研究对象的学科被称为信息系统（Information System，IS）学科。在该研究领域内，自我效能理论被广泛应用于解释个体在构成不同信息系统可能产生的主观感受和行为问题。然而，至今未见针对信息系统研究领域应用自我效能理论的综述性文献。鉴于此，为了帮助更多学者较为全面地了解自我效能理论及其在信息系统领域最新的应用进展，本章拟吸取前人综述文献之长，在详细介绍自我效能理论的基本内容及演化过程的同时，对自我效能理论在信息系统研究中的应用现状、研究局限和我国相关领域的研究者未来值得关注的方向进行系统性述评。

19.1 自我效能的内涵及其理论演化

19.1.1 自我效能的内涵

班杜拉将自我效能定义为"个体在完成特定任务和达成特定目标时，对自我能力的一种感知和信念"[8]，它同时也是"一种生成能力，综合认知社会、情绪及行为方面

---

[1] 张鼎昆，方俐洛，凌文辁. 自我效能感的理论及研究现状 [J]. 心理科学进展，1999, 17(1): 39-431.
[2] 高申春. 自我效能理论评述 [J]. 心理发展与教育，2000, 16(1):60-64.
[3] 姜飞月，郭本禹. 从个体效能到集体效能——班杜拉自我效能理论的新发展 [J]. 心理科学，2002, (1): 114-115.
[4] 张学民，林崇德，申继亮，等. 动机定向、成就归因、自我效能感与学业成就之间的关系研究综述 [J]. 教育科学研究，2007, (3):48-51.
[5] 凌赟慧. 管理自我效能感理论述评 [J]. 商业经济研究，2006, (16):46-47.
[6] 杨辉，宁卓慧. 自我效能理论在护理领域的研究进展 [J]. 护理研究，2008, 22(25):2260-2263.
[7] 蒋晓莲，薛咏红，汪国成. 自我效能研究进展 [J]. 护理研究，2004, 18(9):763-767.
[8] Bandura A. Self-efficacy mechanism in human agency[J]. *American Psychologist*, 1982, 37(2): 122-147.

的子技能，并能把它们组织起来，有效而综合地运用于多样目的"⊖。其基本内容可分为三点。

（1）从信息来源来看，个体自我效能的形成源于四类信息：直接经验、替代性经验、言语劝说、情绪及心理状态。四种效能信息常常综合对自我效能的形成产生影响，继而判断下一步行为的走向，同时制约个体的认知和思想。

（2）从作用机制来看，自我效能主要是通过认知过程、动机过程、情感过程与选择过程四种中介机制发挥对人类机能的调节作用，这些不同过程往往是协同运作而非孤立进行的。

（3）从结构来看，自我效能主要围绕水平、强度和广度这三个维度而变化，分别表征着完成该活动任务对个体的能力信心的威胁等级，个体对完成不同难度和复杂程度的活动或任务的自信程度，以及自我效能的改变是否能延伸到其他类似的行为或情境中去。

19.1.2 自我效能理论的演化

1. 从社会学习理论到社会认知理论

社会学习理论和社会认知理论是班杜拉同一理论体系在不同研究阶段中的不同名称，在某些研究中，也有学者将其合称为"社会认知学习理论"以强调它们共同的理论假设和内涵。社会学习理论分析了传统行为主义视角下单纯将"刺激—反应—强化"作为学习机制的局限性，摒弃了环境直接决定行为的极端断言；认为个体除了通过直接经验进行学习外，还可以通过观察学习的方式获取经验；个体的认知能力、价值取向、知识背景等都在观察内化的过程中起到了中介作用。⊜

随着研究的深入，班杜拉逐渐认识到个体因素和环境因素对个体思想与行为改变的显著影响，并突破了学习论的范畴，创造性地提出了社会认知理论，其中最为核心的观点便是著名的三元交互决定论因果模式⊜。不同于行为主义者或是人本主义者的两极思想，班杜拉认为无论是环境因素还是个体因素都无法完全决定个体行为，此三者之间存在交互影响效应。如图 19-1 所示，个体因素（包含个体的内在认知、情绪状态

⊖ 班杜拉. 自我效能：控制的实施 [M]. 缪小春，李凌，井世洁，等译. 上海：华东师范大学出版社，2003: 47-52.

⊜ Bandura A. Social cognitive theory: An agentic perspective[J]. *Asian Journal of Social Psychology*, 1999, 2(1): 21-41

⊜ Bandura A. The self system in reciprocal determinism[J]. *American Psychologist*, 1978, (33): 344-358.

和心理因素）不仅受行为和环境的影响，反过来还对它们有着驱动力和改造力。当一个人认为自己的行为极有可能成功时，便在主观上更倾向于采取此行为；而当一个人认为自己在某环境中更有可能获得优势时，便更倾向于加入该环境，甚至通过行动改造和优化环境。人的能动性正是通过个体、行为和环境的交互过程体现。三元交互决定论的提出也为班杜拉日后探寻个体主观意志和能动性对行为及外部环境的深入影响打下了坚实的基础。

图 19-1　三元交互决定论概念关系图

2. 从自我效能理论到集体效能理论

自我效能理论延续了社会学习理论和社会认知理论中对个体主观能动因素的探讨，并以一种体系化、理论化的形式将自我效能信息来源、作用机制、特征维度等概念进行了明确定义。提出自我效能理论之初，班杜拉集中于个体自我效能的认识与研究，忽略了集体层面上效能可能带来的影响。然而人的生活不是与社会完全隔离的，现代社会不仅存在个体对自身行为的控制与实施，而且广泛地存在群体为了达成共同目标而进行的集体性行为。因此，经过研究与积累，班杜拉对集体效能概念进行了系统性的理论整合和阐释，进一步扩展了其自我效能理论的内涵。

班杜拉将集体效能（collective efficacy）定义为"集体成员对于集体成功地完成特定任务或取得特定水平成就的能力的共同信念"。⊖集体效能并非集体成员自我效能的简单加总或者平均，而是通过成员之间的相互作用和相互协调所产生的一个超过各个体属性总和的特性。个体自我效能形成的四种信息来源（直接经验、替代性经验、言语劝说、情绪及心理状态）在集体效能中依然适用，此外，群体中知识和胜任力如何构成、如何组织和协调群体活动以及群体活动中的引导与策略等群体特性因素也会影响到成员之间相互作用的方向及效果。由于集体效能这一构念可以预测集体的行为水平，它被大量运用于解释政体、媒体传播和犯罪行为。

⊖ 李锐，凌文辁. 工业与组织心理学中的集体效能感 [J]. 心理科学进展，2006, 14(6):924.

3. 从一般自我效能到计算机自我效能

自我效能理论的成熟时值计算机及相关信息技术大规模转向民用，信息系统学者逐渐聚焦于用户自我效能对计算机技术的使用影响及相关问题。1995年，Compeau等研究了计算机自我效能（computer self-efficacy）对计算机技术使用的突出影响，同时拓展和验证了计算机自我效能的前因变量、结果变量和测量方法。[⊖]研究中将计算机自我效能定义为"个体对自身使用计算机能力的一种判断"，它不是指对简单计算机技巧的掌握情况，而是将已有技能拓展至更广泛的任务范围的能力判断和感知；研究还指出，周围环境中他人的鼓励和频繁使用会提高个体的计算机自我效能，使得个体更频繁地使用计算机，并从中获得更多的愉悦和更少的焦虑。这一研究结果从另一个侧面体现了"个体—行为—环境"三元交互决定论的核心思想，也是自这一研究起，计算机自我效能这一构念开始广泛应用于信息系统领域的研究之中。

19.2　自我效能理论在信息系统研究领域的应用进展

将三元交互决定论的观点推及信息系统领域，信息用户—信息工具—信息行为亦可构成类似的三元交互关系，如图19-2所示。信息用户在与信息工具不断接触、理解的过程中形成对自身能力的感知和判断，进而影响其对工具采取的具体信息行为。自我效能理论帮助信息系统学者理解这种能力判断的本质及对信息行为的巨大影响，同时将个体感知因素的重要性提升至一个新的高度。因此，相关学者也积极应用自我效能理论，从多元角度研究信息系统领域内的实际问题，尤其是在信息技术接受和使用（信息行为）、信息安全（信息系统、信息行为）、信息共享行为（信息行为）、用户培训教育（信息用户）方面拥有丰富的研究成果。

图 19-2　信息系统领域的三元关系概念图

⊖ Compeau D, Higgins C. Computer self-efficacy: Development of a measure and initial test[J]. *MIS Quarterly*, 1995, 19(2): 189-211.

19.2.1 自我效能理论在信息技术接受和使用研究中的应用

个体身处与新技术、新系统交互的环境中,其接受行为不仅受到技术本身特征的影响,还受到个体特征因素的中介影响。通过梳理和归纳可以发现,自我效能理论在信息技术接受和使用意愿研究中的应用发展过程,其实也是自我效能理论与多种技术接受理论与模型积极融合的过程。因此,本节内容试图依据不同的理论模型分类,对自我效能在信息技术接受和使用研究中的应用进行述评。

1. 自我效能理论与计划行为理论模型

计划行为理论主张使用意愿受到态度、主观规范和行为控制的共同影响,广泛应用于技术接受问题中。其中,行为控制是一项反映情境促成和行为约束因素的变量。[1] 在信息系统领域及心理学领域的文献中,行为控制往往被视作一种感知构念测量,并显示出对意愿及行为的极大影响。具体而言,感知行为控制是由促成因素(外部控制)与自我效能(内部控制)构成的二维形成型构念,概念关系如图 19-3 所示。因此,诸多研究者将自我效能作为感知行为控制的影响因素来探究个体的使用意愿问题。

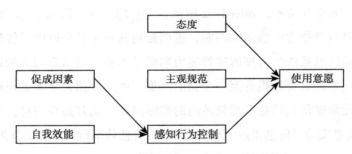

图 19-3 自我效能理论与计划行为理论模型

Hung 等探究了民众对中国台湾地区在线报税及纳税系统这项电子政务服务技术使用意愿的影响因素。研究结果显示,自我效能可以解释该信息技术超过一半的使用意愿,远超模型中的其他因素,说明在计划行为理论模型的框架下,自我效能是影响信息技术使用的关键因素。[2] Pavlou 等则对消费者在电子商务网站中进行"获取信息"和"从商家处购买商品"两种权变行为的影响因素进行了研究,结果表明购买商品的意愿

---

[1] Icek A. From intentions to actions: A theory of planned behavior[J]. Advances in Experimental Social Psychology, 1985, 20(8): 1-63.

[2] Hung S Y, Chang C M, Yu T J. Determinants of user acceptance of the e-government services: The case of online tax filing and payment system[J]. Journal of Industrial Engineering & Engineering Management, 2008, 23(1): 97-122.

会直接影响获取商品信息的意愿，无论在哪种行为中，个体的自我效能均能通过影响感知行为控制，最终提高消费者的使用意愿。[1]然而，并非所有研究结果都指向自我效能与使用意愿之间的正向关系。Shiau 等的研究显示，大学生的自我效能对云计算课堂的使用意愿有显著的负向影响[2]，其原因可能是具有较强计算机技能的大学生可以在个人计算机上完成学业，不会为了使用云计算课堂软件和服务而额外提升自我效能。这也表明随着信息化的普及和网络媒介的飞速发展，浸润在数字环境中的用户在最新的信息技术接受问题表现出了更为"挑剔"的特性。那些拥有较高自我效能的用户，也可能因为某些情境因素的制约而反映出较低的技术使用意愿。

2. 自我效能理论与技术接受模型

戴维斯所提出的技术接受模型[3]（Technology Acceptance Model，TAM）是信息系统领域中最广泛使用的研究用户接受和使用问题的模型之一。TAM 模型中包含两个关键变量——感知易用性和感知有用性，分别指代了个体在一项信息技术的使用过程中所需花费的努力程度以及对自己生产力的提升程度。该模型有着简约性的优势，然而正因如此，模型的估计结果往往只能说明前述两个关键变量对使用意愿的直接影响，却无法给予信息系统设计者更为深入和具体的指导。鉴于此，Venkatesh 着眼于 TAM 模型中感知易用性的形成及其随时间的变化问题[4]，该研究证实了以自我效能为代表的诸多个体感知和情境特性对感知易用性的决定性作用（如图 19-4 所示），拓展了原有的 TAM 模型，并为日后自我效能理论在信息系统学科中的广泛应用奠定了理论基础。

许多学者在不同的研究问题和情境中应用了类似于前述 TAM 的拓展模型，同时普遍纳入了表征个体感知内部控制差异的自我效能这一影响因素。对于一般信息终端的使用问题，Torres 等认为个体的自我效能和时间紧迫感（time urgency）与其使用信息终端的意愿相关，并实证检验了自我效能对感知易用性以及时间紧迫感对感知有用性的正向影响，但由于移动终端实际使用情境的巨大差异，感知有用性并未表现出对使用意愿的显著影响。[5]对于医疗产业的信息系统接受问题，用户（主要是医护工作者）

---

[1] Fygenson P M. Understanding and predicting electronic commerce adoption: An extension of the theory of planned behavior[J]. *MIS Quarterly*, 2006, 30(1): 115-143.

[2] Shiau W L, Chau P Y K. Understanding behavioral intention to use a cloud computing classroom[J]. *Information & Management*, 2016, 53(3): 355-365.

[3] Davis F D. Perceived usefulness, perceived ease, and user acceptance of information technology[J]. *MIS Quarterly*, 1989, 13(3): 319-339.

[4] Venkatesh, V. Determinants of perceived ease of use: Integrating control, intrinsic motivation, and emotion into the technology acceptance model[J]. *Information Systems Research*, 2000, 11(4): 342-365.

[5] Torres R, Gerhart N. Mobile proximity usage behaviors based on user characteristics[J]. *Journal of Computer Information Systems*, 2019, 58(2): 161-170.

使用意愿的影响因素更为复杂。Wu 等认为医疗系统中技术指导与信息系统之间的兼容性对医疗信息系统自我效能的提升有显著正向影响，自我效能则通过影响感知易用性和感知有用性最终影响用户的使用意愿。[⊖]对于社交网络服务的使用问题，Gu 等指出，个体最佳刺激水平对感知易用性的影响被个体创新性和计算机自我效能完全中介；换言之，最佳刺激水平越高的个体，其创新性越强，并会通过提高自身计算机自我效能的方式提升对社交网络服务的感知易用性。[⊜]

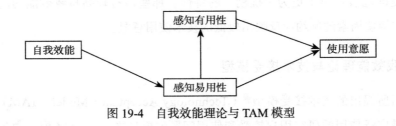

图 19-4　自我效能理论与 TAM 模型

3. 自我效能理论与其他理论模型

除计划行为理论模型和 TAM 模型之外，自我效能理论还与大量其他理论进行结合，以适应不同应用情境下用户使用技术的目的和方式上的差异，下文试举两例。

用户使用知识管理系统（Knowledge Management System，KMS）的方法和目的不尽相同，他们可以在系统中充当知识的贡献者，也可以成为知识的使用者。前述模型无法辨别该情境下用户行为目的的差异性，而任务技术匹配理论恰好可以解决这一问题。Lin 等利用任务技术匹配理论和自我效能理论构建了 KMS 使用意愿模型[⊜]，研究强调了自我效能理论对单一模型认知因素的补充作用，同时指出，自我效能在 KBS 中除了通过个人结果期望和绩效结果期望影响系统的使用外，还对任务技术匹配性的感知起到了调节作用。

对于网络媒介用户的主观感受及使用意愿，使用与满足理论试图从媒介受众的接触动机与心理需求的角度来解释他们的心理及行为。部分学者将使用与满意理论和自我效能理论相结合，分别探讨了网络环境中媒介传播功能使用的相关问题。Chiang 等指出，交互性、利他性和声望等需求的满足以及自我效能的提升促进了用户在

⊖ Wu J H, Wang S C, Lin L M. Mobile computing acceptance factors in the healthcare industry: A structural equation model[J]. *International Journal of Medical Informatics*, 2007, 76(1): 66-77.

⊜ Gu R, Jiang Z J, Oh L B, et al. Exploring the influence of optimum stimulation level on individual perceptions of it innovations[J]. *Data Base for Advances in Information Systems*, 2014, 49(1): 67-91.

⊜ Lin T C, Huang C C. Understanding knowledge management system usage antecedents: An integration of social cognitive theory and task technology fit[J]. *Information & Management*, 2008, 45(6): 410-417.

YouTube 上的生成内容的行为；㊀Sun 等则认为，认知、个体和社会层面的个体需求会通过影响满意度的方式最终影响用户使用链接功能的意愿，但自我效能在该研究中对使用意愿并没有显著影响。㊁

综上所述，为了辨明不同信息技术在不同应用场景中接受和使用意愿的影响因素，学者们将自我效能理论与诸多理论模型进行了积极融合。从结果上看，表征个体认知因素的自我效能在技术接受问题中总体表现出对使用意愿的积极影响，但在具体模型中的影响方式有所区别。有时自我效能作为前因变量对原模型变量有直接影响，有时它作为调节变量或中介变量在其他变量间的影响关系中发挥作用。从模型构建趋势上看，近年来，更多学者选择整合使用多种理论或模型来解决相关问题，旨在构建一个完整的、多维度的影响因素模型。如在一篇研究伊朗移动服务使用意愿的研究中，学者便使用了包括自我效能理论在内的六种理论，构建了含有 39 条假设的概念关系模型。㊂虽然研究中应用理论的多寡、构建模型的繁简与研究质量没有必然的关系，但也足见自我效能理论与各种研究理论的兼容性以及研究角度的不可替代性。

19.2.2 自我效能理论在信息安全研究中的应用

所谓信息安全（information security），指的是保障信息空间、信息载体和信息资源不受来自内外各种形式的威胁、侵害和误导的外在状态和方式及内在主体感受。㊃随着网络信息化的飞速发展，信息安全问题越来越受到个人、组织乃至国家层面的重视。信息安全专家曾指出，仅依靠技术层面的力量无法完全保证信息环境的安全，用户在信息环境中的行为与意识也应当被纳入考虑。㊄

1. 自我效能理论与一般信息安全保护行为

为达成错误目的而使用的信息技术（如病毒、蠕虫、网络钓鱼、间谍软件和广告程序等）会损害到人们的隐私和财产安全。在信息化进程日益推进的今天，个人用户可能

㊀ Chiang H S, Hsiao K L. YouTube stickiness: The needs, personal, and environmental perspective[J]. *Internet Research*, 2015, 25(1): 85-106.
㊁ Sun J, Sheng D, Gu D, et al. Understanding link sharing tools continuance behavior in social media[J]. *Online Information Review*, 2017, 41(1): 119-133.
㊂ Nastaran H, Mahdi A. Mobile application user behavior in the developing countries: A survey in Iran[J]. *Information Systems*, 2018, (77): 22-33.
㊃ 上海社会科学院信息研究所. 信息安全辞典 [M]. 上海：上海辞书出版社，2013: 42.
㊄ Furnell S, Clarke N L. Power to the people? The evolving recognition of human aspects of security[J]. *Computers & Security*, 2012, 31(8): 983-988.

会面对大量类似的潜在信息安全威胁，并且需要时常根据信息安全措施做出合理决策，保护自身信息不受损害。[1]自我效能理论认为，个体的决策行为受到效能预期和结果预期的影响，因此，对于一般信息安全保护行为的研究不能忽略自我效能的作用。

Safa 等的研究指出，用户对信息安全有意识的关注行为有助于抵御各种类型的信息安全威胁。研究中将"安全自我效能"定义为信息用户认为自身具有保护信息和系统不受未经授权的披露、丢失、修改、破坏和缺失的能力，并认为信息用户的自我效能越高，对信息安全的关注行为越普遍。[2]此外，Verkijika 提出了一种理解用户智能手机安全行为的模型，在该模型中，自我效能和预期后悔（anticipated regret）对智能手机安全使用意愿有显著的积极影响，这表明丰富的系统使用经验、熟练的系统操作能力以及在接受安全教育时所拥有的试错体验均有助于提高用户在使用智能手机时采取安全行为的倾向。[3]

2. 自我效能理论与组织成员信息安全政策应对行为

组织成员在应对信息安全政策时表现出的遵从或违反行为是组织信息安全的关键问题。据估计，超过半数的信息系统安全漏洞是由员工不遵守安全规定间接或直接造成的。[4]有学者指出，信息安全工作中的一个主要问题是用户缺乏信息安全及相关工作的知识和动机[5]，因而将自我效能理论纳入该问题的研究框架似乎可以解释个体因素在信息安全政策应对行为中的作用。

迄今为止，学界对该问题主要有两派观点，即基于恐惧诉求的行为动机和基于中立化行为的动机。持前一种观点的学者认为，恐惧诉求引发了对威胁本身和应对威胁方式的有效性的评估和一致性比较[6]，只有当威胁被认为是与己相关且有害的，评估和比较才会进行。而威胁的感知程度由应对效能和自我效能决定，当个体认为自己能够掌握应对行为并获得积极结果时，则更倾向于采取该行为。如 Johnston 等的研究证明了组织成员对自我效能及信息安全威胁感知上的差异可能导致不同的安全政策应对行

---

[1] White G L. Education and prevention relationships on security incidents for home computers[J]. *Data Processor for Better Business Education*, 2015, 55(3): 29-37.

[2] Safa N S, Sookhak M, Von Solms R, et al. Information security conscious care behaviour formation in organizations[J]. *Computers & Security*, 2015, 53: 65-78.

[3] Verkijika Formunyuy S. Understanding smartphone security behaviors: An extension of the protection motivation theory with anticipated regret[J]. *Computers & Security*, 2018, 77: 860-870.

[4] Stanton J M, Stam K R, Mastrangelo P, et al. Analysis of end user security behaviors[J]. *Computers & Security*, 2005, 24(2): 124-133.

[5] Liang H, Xue Y. Avoidance of information technology threats: A theoretical perspective.[J]. *MIS Quarterly*, 2009, 33(1): 71-90.

[6] Witte K. Putting the fear back into fear appeals: The extended parallel process model[J]. *Communication Monographs*, 1992, 59(4): 329-349.

为，所以组织应该使用更具情绪感染力的标语或口号以促进成员对信息安全威胁的感知，并通过详细合理的引导加强其自我效能。[1]而持另一种观点的学者认为，组织成员违反信息安全政策是基于中立化技术行为的心理机制：他们会为自己违反规范的行为辩护，通过否定责任、伤害等方式降低内心的不适感，以达到合理化自身行为的目的。[2]然而，Kim等的研究指出，在纳入中立化技术的变量之后，个体自我效能对信息安全政策的遵从意愿并无显著影响[3]，这与先前研究的观点相悖。因此，自我效能在组织成员信息安全政策应对行为中的具体作用仍需进一步研究探索。

3. 自我效能理论与信息安全意识

个体的信息安全意识是防范未知信息安全风险的更为广泛且更为基本的一项先决条件。信息安全风险来自外部环境中的方方面面，安全行为只能应对已经出现的或是预先识别到的威胁，而信息安全意识可以促使人们对未知风险产生警觉和戒备，并且依据先验知识灵活应对可能出现的各种状况。由于个体对信息技术的了解与判断极大地影响了信息安全意识的形成，许多研究者利用自我效能理论探究了信息安全意识的形成与培养问题。

Arachchilage选择当今社会中时有发生的网络欺诈作为研究背景，其研究发现，用户在遭遇网络欺诈时往往持怀疑和戒备态度，但概念性知识和程序性知识的缺乏严重影响了他们对欺诈的认知与判断，自我效能不足和信息安全意识欠缺使得欺诈行为屡屡得逞。[4]该研究证实了积极的信息安全普及教育确实可以提高人们的安全意识，并且需将概念性和程序性知识进行有机融合方能有效提高其自我效能。类似地，Rhee等的研究也认为，仅在用户信息安全策略中列出警示事项及与错误行为相关的惩罚措施，对安全措施的有效实施影响有限，信息安全专业人员应设计更能有效提高信息安全自我效能的安全意识方案。[5]还有研究证实，在移动设备使用环境中，隐私安全意识对自我效能有显著影响[6]，以及信息安全意识在一切与信息安全有关的行为中居于先发

---

[1] Johnston A C, Warkentin M, Mcbride M, et al. Dispositional and situational factors: Influences on information security policy violations[J]. *European Journal of Information Systems*, 2016, 25(3): 231-251.

[2] Siponen M, Vance A. Neutralization: New insights into the problem of employee systems security policy violations[J]. *MIS Quarterly*, 2010, 34(3): 487-502.

[3] Kim H S, Hoon Y K, Sun Y P. An integrative behavioral model of information security policy compliance [EB/OL]. (2014-05-28)[2020-06-22]. http://dx.doi.org/10.1155/2014/463870.

[4] Arachchilage N A G, Love S. A game design framework for avoiding phishing attacks[J]. *Computers in Human Behavior*, 2013, 29(3): 706-714.

[5] Rhee H S, Kim C, Ryu Y U. Self-efficacy in information security: Its influence on end users' information security practice behavior[J]. *Computers & Security*, 2009, 28(8): 816-826.

[6] Chen H, Li W. Mobile device user's privacy security assurance behavior: A technology threat avoidance perspective[J]. *Information & Computer Security*, 2017, 25(3): 330-334.

地位。[1]

由前述可知，自我效能在信息安全问题中的研究主要关注自我效能与具体信息安全行为和个体信息安全意识之间的关系。总体来看，自我效能表现出对于信息安全行为的积极作用，但具体影响方式和动机解释仍有争议。特别是在近来颇受关注的信息安全政策（information security policy）问题中，恐惧诉求和中立化行为两种解释何者更优，应该依据何种情境特征选择它们，自我效能在信息政策的应对行为问题中扮演什么样的角色，以上种种问题尚待研究补充。而对于信息安全意识问题，研究外部因素对自我效能的影响往往是探寻信息安全意识提升手段的有效方式，但信息安全意识与自我效能之间影响的方向仍不明确，还需要更多因果关系的分析。

19.2.3　自我效能理论在信息共享行为研究中的应用

信息系统用户所占有的信息是一种不具有损耗性的无形资产，这种资产可以在进行分享、贡献的同时保证自身的完整性。但是，信息共享行为需要花费用户的时间、精力和认知成本，故而行为的发生仍需要一定的因素驱动，自我效能便是其中之一。由自我效能理论和计算机自我效能研究可推知，当用户认为自己有能力完成与信息系统的交互任务并成功分享信息时，他会更倾向于进行信息共享行为，并可能获得更多的满足感和愉悦感。因此，自我效能理论有助于阐释不同情境中信息共享行为的发生机制和使用意愿等问题。

1. 自我效能理论与组织环境中的知识共享行为

组织内高效、及时、活跃的知识共享行为可以促进知识的传递、交换和运用，帮助组织成员提高自身的工作绩效以及决策质量。Kankanhalli 等将知识共享自我效能视作一种内在利益因素，并将之与其他变量相结合来检验对知识共享行为的影响，结果显示在使用电子知识库时，自我效能与知识贡献率呈正相关关系。[2] Quigley 等认为用户的知识自我效能反映了他对自身知识共享行为结果的预期，自我效能越高，用户对知识共享的目标设置越高，以此激励用户提升其知识共享绩效。[3] Sedighi 等在总结前

---

[1] Ron T, Carmen R, Stephen B. The impact of security awareness on information technology professionals' behavior[J]. *Computers & Security*, 2018, 79: 68-79.

[2] Kankanhalli A, Tan B C Y, Wei K K. Contributing knowledge to electronic knowledge repositories: An empirical investigation[J]. *MIS Quarterly*, 2005, 29(1): 113-143.

[3] Quigley N R, Tesluk P E, Bartol L K M. A multilevel investigation of the motivational mechanisms underlying knowledge sharing and performance[J]. *Organization Science*, 2007, 18(1): 71-88.

人研究的基础上，对公共级别、团体级别及私人级别上的信息共享行为的数量和质量进行了实证研究，并将影响组织成员共享行为的因素分为外部规范、内化的外部收益和内部收益三个潜变量，知识自我效能作为内部收益的维度之一，对团体级别信息共享行为的数量和质量均有积极影响。[1]Hau 等则研究了更为细分的与创新相关的知识共享行为，并发现组织中的领导性用户行为对创新相关的知识分享行为的积极影响是通过社会资本和自我效能完全中介的。[2]

2. 自我效能理论与社交网络中的内容共享行为

近年来，社交媒体的繁荣发展给予了用户分享、传播和使用信息更为便捷的平台。不同于传统商业组织或者学术组织中小范围的知识传播行为，社交网络将大量不同知识背景、学历层次和生活经历的用户连接到一起，通过内容共享满足其多目标、多层次的信息需求。学者们普遍认为，社交网络中共享行为的数量和共享的信息内容是衡量其系统成功与否的重要指标。

Oh 等探究了十种动机因素与社交网络中信息共享行为之间的关联。由于不同社交网络中分享信息的形式和内容有所差别，研究者挑选了五个信息发布方式和内容特征各不相同的社交网络进行分析，总体结果表明用户的自我效能对社交网络中的信息共享行为有积极影响，但不同社交网络中的影响程度不同，用户自我效能在推特和 YouTube 中对分享动机的影响尤为突出。[3]与一般社交媒体不同，在线问答网站兼具社交与知识传递功能，其信息质量更高，对于用户的内容共享行为也有更高的要求。Zhao 等探究了在线问答网站中信息共享行为的影响因素，认为回答在线提问有助于提高用户的知识自我效能，这种信念感可以成为促进知识内容共享的内在动机，互惠性和虚拟报偿在其中起到了调节作用。[4]

总而言之，自我效能主要作为利益因素、动机因素、激励因素等影响具体研究环

---

[1] Mohammadbashir S, Stephan L, Frances B, et al. Multi-level knowledge sharing: The role of perceived benefits in different visibility levels of knowledge exchange[J]. *Journal of Knowledge Management*, 2018, 22(6): 1264-1287.

[2] Hau Y S, Kang M. Extending lead user theory to users' innovation-related knowledge sharing in the online user community: The mediating roles of social capital and perceived behavioral control[J]. *International Journal of Information Management*, 2016, 36(4): 520-530.

[3] Oh S, Syn S Y. Motivations for sharing information and social support in social media: A comparative analysis of Facebook, Twitter, Delicious, YouTube, and Flickr[J]. *Journal of the Association for Information Science and Technology*, 2015, 66(10): 2045-2060.

[4] Zhao L, Detlor B, Connelly C E. Sharing knowledge in social Q&A sites: The unintended consequences of extrinsic motivation[J]. *Journal of Management Information Systems*, 2016, 33(1): 70-100.

境中的信息共享行为，信息系统特性、行为特征等因素则在其中起调节作用。过去学者主要着眼于组织环境中的知识共享行为，并依据不同的组织情境和行为特性构建各类假设模型。而随着信息通信技术的普及和网络社交媒体的兴起，越来越多的学者将研究重点转移到互联网环境中的信息分享行为中来。本书认为，未来的信息共享行为研究可能具有归一化的趋势，即商业知识共享越来越具有社交化的倾向，同时社交媒体的系统设计则会分化出更多组织沟通的功能。因此，未来研究应多关注基于互联网的社交化商业工具，探究自我效能在新兴媒介中对信息共享行为的影响可能出现的新作用和新特性。

19.2.4　自我效能理论在用户培训教育研究中的应用

1. 自我效能理论与组织信息系统相关技能培训

最早的用户培训教育研究萌生于组织管理领域。有研究指出，科学指导终端用户有助于信息系统的成功，自我效能在其中的作用不可忽视。然而，如何合理使用培训方式、配置组织培训资源、加强培训内容等问题尚未探明，因此探究自我效能的前因变量成为可供学者思考的角度之一。

早在 1995 年，计算机自我效能概念的提出者 Compeau 等便运用实验法对不同信息系统和培训方式的影响机制进行研究。[1]实验采用了演示视频和简要介绍两种方式培训员工操作不同的商业化数据处理软件，并收集和分析了员工的自我效能、结果预期和绩效等测量项；研究结果强调了示范和模仿行为对自我效能的积极影响，对于相对熟悉的任务，个体自我效能的形成更直接地取决于先前的绩效，而在面对较为生疏的任务，人们形成自我效能时会深入地评估绩效以及完成任务所需的技能。Yi 等进一步探寻了示范性培训中具体的影响路径，发现陈述性知识和培训后自我效能分别中介了培训过程对其结果的影响。[2]Scott 等则指出，在企业资源规划系统的技能培训中，外部动机与内部动机因素起到了决定性作用；加强培训过程中的组织支持（外部动机）和认知参与感（内部动机）有助于员工提高自我效能和工作绩效。[3]

---

[1] Compeau D R, Higgins C A. Application of social cognitive theory to training for computer skills[J]. *Information Systems Research*, 1995, 6(2): 118-143.

[2] Davis Y F D. Developing and validating an observational learning model of computer software training and skill acquisition[J]. *Information Systems Research*, 2003 ,14(2): 146-169.

[3] Scott J E, Walczak S. Cognitive engagement with a multimedia ERP training tool: Assessing computer self-efficacy and technology acceptance[J]. *Information & Management*, 2009, 46(4): 221-232.

2. 自我效能理论与用户在线学习

近年来，在线学习技术与应用获得了持续的关注和长足的发展，越来越多的互联网企业选择开发在线学习系统以满足互联网用户多样化的学习需求。传统教育学认为，拥有更高自我效能的个体会在学习绩效上表现出更大优势，但这种优势在在线教育领域是否依然存在？这是信息系统领域需要关注的问题。此外，尽管学习者的教育背景、学习方式以及认知能力等均存在差异，大多数在线学习项目仍在使用原有的统一教学模式，缺乏灵活性。因此，利用自我效能理论探究用户个人特征以及内在学习机制是拓展原有教学模式的有效方式。

Hasan 等的研究表明，在大学计算机在线课程中，学生的计算机自我效能对学习绩效有显著影响，同时中介了计算机经历、计算机态度与学习绩效之间的正向关系。[1] Nattaporn 等则针对使用移动化语言学习工具的学习效果问题做了深入探究，准实验结果指出，理工科大学生中计算机自我效能对其语言学习绩效的影响强于非理工科大学生，这也说明了学生的人群因素可能是自我效能与在线学习效果的一项具有参考性的调节变量。[2] Xu 等的研究关注智能辅导系统（Intelligent Tutoring Systems，ITS）的系统设计和行为机制对用户学习绩效的影响，研究模型将前因变量分为个体维度和设计维度；结果表明，感知在线学习过程、感知内容、感知自我评价和感知适应性的交互效应共同影响了 ITS 的设计维度，设计维度则通过相继影响满意度和自我效能最终影响 ITS 的实际学习绩效。[3] 该文献证实了 ITS 的合理设计和使用有利于实际学习绩效而非感知学习绩效的提高，同时给出了系统设计、个体特征、感知和行为之间的影响机制，为日后深化个性化在线教育的研究提供了指导。

可以看出，自我效能总体表现出对组织信息系统技能培训和在线教育的行为与结果的促进作用。对于前一个问题，研究关注技能培训对具体信息系统使用行为的影响；而对后一个问题，研究主要探究在线教育环境中用户对知识或技能的内化程度，不仅可以表现为行为，还可以转化为意识和思想。不同问题中用户的内化和外化机制有所差异，自我效能所处的影响地位也不尽相同。归纳而言，探寻内容设置、配置学习资源、提升系统设计的具体方式是用户培训教育问题的研究热点，个性化的培训和教育

---

[1] Hasan B, Ali J M H. An empirical examination of a model of computer learning performance[J]. *Data Processor for Better Business Education*, 2016, 44(4): 27-33.

[2] Thongsri N, Liang S, Bao Y K. Does academic major matter in mobile assisted language learning? A quasi-experimental study[J]. *International Journal of Information and Learning Technology*, 2019, 36(1): 21-37.

[3] Xu D, Huang W W, Wang H, et al. Enhancing e-learning effectiveness using an intelligent agent-supported personalized virtual learning environment: An empirical investigation[J]. *Information & Management*, 2014, 51(4): 430-440.

模式是未来的发展方向。如何合理利用自我效能理论研究个体差异和多种与学习相关的感知变量之间的关系是研究者们值得关注的问题。

19.3 结论与展望

通过文献综述发现，国内外已经涌现出一批使用自我效能理论作为理论基础的研究成果，这些成果主要集中在自我效能理论与信息技术接受和使用、信息安全、信息共享行为以及用户培训教育相关研究四个方面。

结合自我效能理论在信息系统领域的应用进展和研究思路，使用自我效能理论进行信息系统相关研究的局限性以及未来值得关注的研究方向可归纳为以下几点。

（1）自我效能是一个围绕着水平、强度和广度三个维度进行变化的多维度概念，但现有文献中对自我效能的测量多集中于强度的测量，少数涉及水平的变化，几乎没有文献关注自我效能的广度对个体行为的影响。日后研究应拓宽自我效能的测量维度，如探究自我效能与具体行为克服困难的程度、特定任务自我效能与推及类似任务可能性之间的关系。

（2）在探究自我效能对各种行为影响的测量部分，研究者普遍使用个体使用意愿作为结果变量，并使用量表法获取被试的自报告数据，数据结果较为主观。虽然使用意愿可以在一定程度上表征个体的行为，但与实际的行为结果仍存在差距。在未来的研究中，研究者可以尝试获取被试真实的在线行为数据（如点击量、购买量、点赞数、分享数等）用以验证假设模型，或使用实验法结合眼动、脑动等生理指标分析，提升研究的内部效度。

（3）班杜拉曾强调，自我效能的高低与任务种类高度相关，一般自我效能和具体自我效能不能混淆视之。但仍有部分研究者在建立模型时不区分具体任务或情境，直接使用一般自我效能或计算机自我效能的概念进行假设，或者在测量自我效能时照搬已有的自我效能量表。对此，研究者需在后续的研究中注意情境与自我效能的匹配性，避免使用一般自我效能量表对特殊情境下的自我效能进行测量。此外，Marakas 等曾指出，计算机自我效能量表的效度正随时间不断下降[⊖]，故而感兴趣的学者还可以着眼于网络环境下用户自我效能量表的开发，以适应当前信息技术环境下计算机自我效能的内涵及外延可能出现的变化。

⊖ Marakas G M, Johnson R D, Clay P F. The evolving nature of the computer self-efficacy construct: An empirical investigation of measurement construction, validity, reliability and stability over time[J]. *Journal of The Association For Information Systems*, 2007, 8(1): 15-46.

（4）现有研究普遍关注个体自我效能的概念，鲜有学者对在信息系统领域中集体效能的前因变量及结果变量进行研究。作为自我效能理论中重要的子概念，集体效能对预测集体层面的行为具有突出优势。在网络互联互通的今天，集体的构成形式除了传统的组织之外，还包括由不同的兴趣、选择、平台构成的各种网络团体，其使用意愿与集体效能理论的相关关系是一个值得关注的有趣问题，具体可以着眼于网络条件下集体社会网络特征（组成、结构、分布等）对集体效能的影响、集体效能量表的开发、集体效能对集体行为的影响等问题。

（5）鲜有学者对技术避免问题做实证研究。由于技术接受行为与技术避免行为遵循着不同的心理机制和行为模式，研究者可以关注技术威胁避免理论或者与之类似的解释技术避免行为的理论，并选择合适的研究问题做实证研究，还可以结合自我效能理论建立新的理论模型，继续深化对技术避免问题的认识与理解。

（6）多数研究结果为自我效能对行为的总体影响，忽略了行为结果可能对自我效能的反馈影响。根据班杜拉三元交互决定论的观点，个体与行为之间存在交互影响，有理由认为行为结果既是自我效能的结果变量，又能在某些情境下转化为自我效能的前因变量。这种变化可能会在与某项技术的长期接触期间才能表现出来，因此可考虑使用跟踪调查的方式观测长时段内自我效能与行为表现的变化趋势及因果关系。

第 20 章 CHAPTER 20

服务接触理论
及其在信息系统研究领域的应用与展望

1985年，肖斯塔克（Shostack）在研究企业服务质量管理的问题时正式提出了服务接触理论（Service Encounter Theory）[⊖]。该理论的核心思想是：顾客与服务系统之间发生的服务接触是影响顾客感知服务质量的关键因素。

考虑到服务接触对服务企业管理与服务营销的重要作用，学界不仅一直非常重视对服务接触理论本身的发展与突破，而且将服务接触理论广泛应用到零售、酒店、餐饮等传统服务行业中，实证检验服务接触点对顾客感知的作用效果。此外，随着信息技术的快速发展，普适计算、物联网和网络环境催生了新型电子服务接触方式，学界也逐渐认识到服务接触理论在信息系统研究中的应用价值，尤其在人机交互系统的分析与设计方面，已经积累了一定的研究成果。

为帮助学界了解服务接触理论及其应用研究进展，部分学者对相关成果进行了综述，主要集中在以下两个方面。

（1）服务接触的内涵、分类及相关研究模型的综述。王建玲等阐述了基于人际互

⊖ Shostack G.L. Planning the service encounter[M]. Lexington: Lexington Books, 1985: 243-254.

动的服务接触与基于广义交互的服务接触的内涵,并全面回顾了服务接触的分析模型与研究方法[1];杨华也从狭义和广义两方面界定服务接触的含义,并综述目前应用比较广泛的服务接触质量测度模型(SERVQUAL 模型、Nordic 模型和行业质量模型)[2];白琳则专门针对科技介入型服务接触的概念、分类、特性及测量进行了梳理[3];无独有偶,李军等也总结出四种以先进 IT 为基础的服务接触类型(技术中介型服务接触、自助服务接触、技术支持服务接触及数字化服务接触),并从八个维度比较了基于人际交互的传统服务接触与在当前网络环境下基于先进 IT 的服务接触的区别[4]。

(2)线下人际服务接触实证研究成果的综述。刘焱从顾客、员工、服务环境等角度总结出研究线下人际服务接触的文献中所涉及的接触点要素[5];肖轶楠对有关人际服务接触的实证研究进行了梳理,提炼出相关服务接触点要素(顾客因素、员工因素、企业因素)及其影响的结果变量(顾客信任、顾客满意、使用意愿、顾客忠诚)[6]。服务交互作为服务接触理论的延伸与发展,也引起许多国外学者的研究。为此,张丹等对相关外文文献进行归纳,发现目前的实证研究主要从服务环境、员工行为、顾客状态、角色定位和文化冲击五个角度构建服务交互质量的影响因素模型。[7]

目前,虽然发现一些针对服务接触理论的综述成果,但还存在以下局限:首先,前文所列举的综述大都集中于对服务接触理论本身或相关实证研究成果的归纳和梳理,缺乏进一步的分析和评价。其次,之前的综述只纳入了探究线下人际服务接触的文献,并未涉及服务接触理论在信息系统研究中的应用进展。因此,为了全面了解服务接触理论及其在信息系统领域的国内外最新研究动向,帮助信息系统领域的学者洞察和挖掘服务接触理论适用的研究主题,本章拟对当前研究现状进行分析,梳理研究取得的成果、存在的问题以及值得关注的潜在研究方向。

20.1 服务接触理论的起源及演化

20.1.1 对服务接触内涵的研究不断深化

自服务接触理论提出以来,服务接触的内涵经历了以下三个阶段的演化,逐步得

---

[1] 王建玲,刘思峰,吴作民. 服务接触理论及其最新研究进展 [J]. 企业经济,2008(1): 84-86.
[2] 杨华. 服务接触研究的评述与展望 [J]. 经济研究导刊,2014, (24): 54-56.
[3] 白琳. 科技介入型服务接触研究述评 [J]. 外国经济与管理,2008, 30(9): 14-21.
[4] 李军,李志宏. 网络环境下的现代服务接触研究述评 [J]. 科技管理研究,2014, 34(6): 118-125.
[5] 刘焱. 国外服务接触文献综述 [J]. 湖南人文科技学院学报,2008, (6): 32-35.
[6] 肖轶楠. 服务接触研究综述 [J]. 吉首大学学报(社会科学版),2017, 38(S1): 50-54.
[7] 张丹,吴真松. 服务交互外文研究文献综述 [J]. 北京第二外国语学院学报,2014, 36(7): 40-47.

以拓展和完善。

（1）二元互动的狭义服务接触内涵研究。由于服务的特性之一就是顾客主动参与服务生产过程，每一个关键时刻（moments of truth）都涉及顾客和服务提供者之间的交互作用，因此经由人际互动探讨服务接触成为起初国内外众多学者的选择。例如，Solomon 等认为服务接触主要是顾客与服务提供者之间的二元互动关系。[1]

（2）多元互动的广义服务接触内涵研究。肖斯塔克给出了多元服务接触的界定，提出服务接触不仅包括顾客与服务提供者之间的互动，还包括顾客与服务设施及其他有形物之间的接触。[2]1994 年，Lockwood 将顾客与隐形要素（如服务环境、服务氛围等）之间的互动也纳入服务接触的范畴。[3]

（3）在多元互动基础上纳入技术因素的广义服务接触内涵研究。网络科技的快速发展使得越来越多的技术开始应用于服务中，并替代服务人员成为服务接触的核心。因此，Froehle 等提出了基于人与技术交互的服务接触。[4]Massad 等则首次概括了技术介入型服务接触的含义，即以网络为媒介并利用先进 IT 来实现服务接触的交互过程。[5]

目前，学者们在进行实证研究时普遍采纳广义的服务接触内涵，即顾客在接受服务时经历的所有接触点（touch-points）都属于服务接触，包括技术接触点、物理实体接触点、人际接触点、隐形接触点等。在与时间密切相关的顾客体验旅程（customer journey）中分布着许多不同的接触点，不同阶段、不同形态的接触点串联起来形成服务界面（service interface），进而形成整个服务过程。

20.1.2 对服务接触模型的研究愈加完善

为了清晰地认识和理解顾客与各种服务接触点的互动过程，国内外学者相继建立了以下四种理论模型进行研究，即服务剧场模型、服务接触三元模型、服务交互模型以及服务接触系统模型。

---

[1] Solomon M R, Surprenant C, Czepiel J A, et al. A role theory perspective on dyadic interactions: The service encounter[J]. *Journal of Marketing*, 1985, 49(1): 99-111.

[2] Shostack G.L. Planning the service encounter[M].Lexington: Lexington Books, 1985: 243-254.

[3] Lockwood A. Using service incidents to identify quality improvement points[J].*International Journal of Contemporary Hospitality Management*, 1994, 6(1/2): 75-80.

[4] Froehle C M, Roth A V. New measurement scales for evaluating perceptions of the technology-mediated customer service experience[J]. *Journal of Operations Management*, 2004, 22(1): 1-21.

[5] Massad N, Heckman R, Crowston K. Customer satisfaction with electronic service encounters[J]. *International Journal of Electronic Commerce*, 2006, 10(4): 73-104.

1. 服务剧场模型

1992年，Grove等在社会学家Goffman研究的基础上建立了由演员、观众和场景构成的服务剧场模型（见图20-1）。○在模型中，演出开始前剧场的场景布置以及演出开始后演员的表演水平、跟观众的互动是影响观众对表演质量感知的关键因素。虽然服务剧场模型创造性地通过剧场的演出过程来表示整个服务接触过程，但只将演出开始后演员与观众的接触作为研究重点，并未考虑技术、服务设施等其他影响因素。

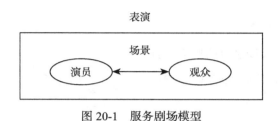

图20-1　服务剧场模型

2. 服务接触三元模型

Bateson考虑到服务组织在服务接触过程中的影响，提出了由服务组织、服务人员与顾客三个要素构成的服务接触三元模型（见图20-2）。○在模型中，服务组织支配的服务接触一方面直接影响顾客对服务的感知效率，另一方面通过提高服务人员的工作积极性与工作效率而影响顾客的满意度；服务人员支配的服务接触则是通过服务组织赋予服务人员足够的自主权来实现的。服务人员通过与顾客直接进行交流互动，能够及时掌控顾客需求，进而提高自身的服务水平。但是，服务接触三元模型也是基于人际互动的，并不包含技术以及服务环境等要素。

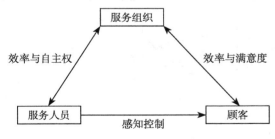

图20-2　服务接触三元模型

○ Grove S J, Fisk R P, Bitner M J. Dramatizing the service experience: A managerial approach[J]. *Advances in Services Marketing and Management: Research and Practice*, 1992,(1): 91-121.

○ Bateson J E G. Perceived control and the service encounter[J]. *The Service Encounter: Managing Employee/Customer Interaction in Service Businesses*, 1985: 67-82.

3. 服务交互模型

相较于服务组织，范秀成认为系统和实体环境更能准确地代表服务接触点，因此提出了由顾客、员工、系统和实体环境构成的服务交互模型（见图20-3）。[一]该模型共涉及七种服务接触过程：即顾客与员工的接触、顾客之间的接触、顾客与系统的接触、顾客与环境的接触、员工与系统的接触、员工与环境的接触、系统与环境的接触。

服务交互模型对服务接触点内部之间的影响关系考虑得更加全面，但还是没有考虑到服务设施等有形接触点的影响，且没有区分不同接触点对顾客感知的作用形式（直接作用或间接作用）。

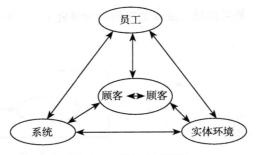

图 20-3　服务交互模型

4. 服务接触系统模型

Gronroos 在前人研究的基础上提出了目前对服务接触过程描述最为详尽的服务接触系统模型[二]（见图20-4）。该模型主要通过前台、后台以及其他接触点对服务接触的过程进行阐述：①前台包括内外部设施、服务人员与设备，它是服务传递的核心要素，直接影响顾客对服务的满意度；②后台是从企业的战略层面进行研究的，它主要由企业使命、服务理念以及核心技术构成，是服务过程开展的重要驱动因素；③间接因素（其他接触点）在服务过程中对顾客感知不会产生直接影响，但是会间接影响顾客对服务质量的感知，如广告、口碑等。

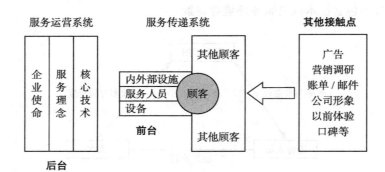

图 20-4　服务接触系统模型

[一] 范秀成. 服务质量管理：交互过程与交互质量 [J]. 南开管理评论，1999, (1): 8-12.

[二] Gronroos C. Service management and marketing[M]. Lexington: Lexington Books, 1990: 192-203.

20.1.3 服务接触理论的应用情境从服务营销领域拓展到服务设计领域

以顾客为中心，将顾客的观点与需求融入服务设计中，一直是服务设计领域关注的核心问题，而服务接触理论为服务设计者从接触点的角度映射顾客需求提供了新的思路，并推动接触点设计成为服务设计的核心。为了帮助设计者更高效地挖掘与分析服务接触点，部分学者尝试建立服务设计的方法与原则，相关研究主要集中在服务接触点识别方法与接触点可视化工具两个方面。

在涉及接触点识别方法的研究中，关键事件技术（Critical Incident Technique, CIT）是服务接触研究中用于识别接触点的一项重要技术。在服务接触的研究中，关键事件是指顾客与服务提供者间特定的互动，尤其是那些造成顾客特别满意或特别不满意的互动事件。[1]通过对顾客或员工的采访调查，可以获得影响服务质量的接触点。除此之外，还有学者提出了 AT-ONE 法则[2]、接触点卡片[3]、讲故事小组（storytelling group）[4]以及用于捕获接触点的移动应用程序[5]。

在涉及接触点可视化工具的研究中，肖斯塔克最早提出了服务蓝图（service blueprint），它主要由顾客行为、前台员工行为、后台员工行为、支持过程和有形展示五个部分组成[6]；服务蓝图中顾客与员工或技术的行为交互，就是顾客判断服务质量的接触点（见图 20-5）。1999 年全球创新设计公司 IDEO 为了将顾客在 Acela 高速列车上所经历的服务过程进行视觉化建模，首次使用了由视角、体验和洞察三个部分构成的顾客体验旅程图（customer journey map）[7]：视角定义用户角色、服务场景与服务目标；体验详细刻画每一个服务阶段的服务接触点与用户行为；洞察则深入揭示用户对接触点的情绪想法，从而寻找服务优化机会（见图 20-6）。目前，服务蓝图和顾客体验旅程

---

[1] Bitner M J, Booms B H, Tetreault M S. The service encounter: Diagnosing favorable and unfavorable incidents[J]. *Journal of Marketing*, 1990, 54: 71-84.

[2] Clatworthy S. Innovations in service experiences; The AT-ONE method[A].Proceedings of the 6th Conference on Design and Emotion[C]. Hong Kong: Hong Kong Polytechnic and University, 2008: 1-10.

[3] Clatworthy S. Service innovation through touch-points: Development of an innovation toolkit for the first stages of new service development[J]. *Journal of Exercise Science & Physiotherapy*, 2011, 5(2) :15-28.

[4] Kankainen A, Vaajakallio K, Kantola V, et al. Storytelling Group – A co-design method for service design[J]. *Behaviour & Information Technology*, 2012, 31(3): 221-230.

[5] Stickdorn M, Zehrer A. Service design in tourism: Customer experience driven destination management[A]. Conference Proceedings ServDes.2009[C]. Linköping, Sweden: Linköping University Electronic Press, 2009: 1-16.

[6] Shostack G L. Designing services that deliver[J]. *Harvard Business Review*, 1984, 62(1): 133-139.

[7] Yoo J, Pan Y. Expanded customer journey map: Interaction mapping framework based on scenario[A].HCI International 2014 - Posters' Extended Abstracts[C]. Berlin: Springer International Publishing, 2014: 550-555.

图已经成为应用最广泛的服务接触点可视化工具。[1][2][3]

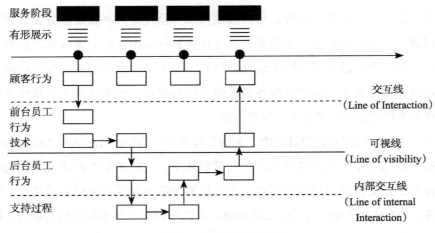

图 20-5 服务蓝图结构

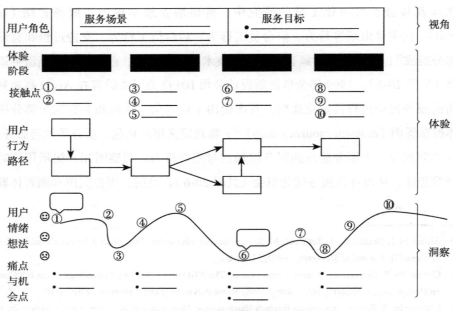

图 20-6 顾客体验旅程图结构

---

[1] Stein A, Ramaseshan B. Towards the identification of customer experience touch point elements[J]. *Journal of Retailing & Consumer Services*, 2016, 30: 8-19.

[2] Inversini A, Sit J, Pyle H T. Mapping mobile touchpoints in sport events[A].Information and Communication Technologies in Tourism 2016[C]. Berlin: Springer International Publishing, 2016: 535-547.

[3] Crosier A, Handford A. Customer journey mapping as an advocacy tool for disabled people: A case study[J]. *Social Marketing Quarterly*, 2012, 18(1): 67-76.

20.2 服务接触理论在信息系统研究领域的应用进展

20.2.1 服务接触理论在顾客电子服务满意度中的应用研究

信息通信技术的发展不断催生新的服务接触方式，基于人际交互的服务接触逐步被借助先进信息技术实现的电子服务接触所取代。因此，不少学者开始研究技术在介入服务接触中所扮演的角色，以及技术背景下各种服务接触点对顾客电子服务满意度的影响。

1. 技术服务接触点对顾客满意度的影响研究

Verhagen 等以虚拟客户服务代理（virtual customer service agents）作为研究对象，他们在更改移动流量套餐的实验情境下，发现顾客在与虚拟客户服务代理进行电子服务接触时，虚拟客户服务代理的友好性和专业性能够通过激发社会临场感和个性化感受，间接显著影响顾客的满意度。[一] Inbar 等也认为，在服务过程中增加顾客与电子显示屏的交互能够提高信息共享以及顾客对系统的控制感，进而通过信任与感知系统有效性的中介效应带来顾客的满意。[二] 还有学者采用访谈法调查顾客在酒店住宿过程中使用自助服务技术（self-service technology）的情况，却发现自助服务技术接触会对顾客的满意度产生直接影响。[三]

2. 不同服务接触点对顾客满意度影响的对比研究

Lin 使用模糊神经网络对问卷获取的截面数据进行分析，发现在信息技术产业和旅游产业中，人际服务接触比技术服务接触对顾客满意度的影响程度更大，但是人际服务接触与技术服务接触对顾客满意度均不产生直接影响，而是通过提高顾客的感知服务质量，间接影响顾客满意度。[四]

还有学者构建出不同服务接触点直接影响顾客满意度的框架模型。刘云等通过关键事件技术分析了顾客经历携程旅行网服务后在大众点评网上所发表的评论，发现人

[一] Verhagen T, Nes J V, Feldberg F, et al. Virtual customer service agents: Using social presence and personalization to shape online service E-encounters[J]. *Journal of Computer-Mediated Communication*, 2014, 19(3): 529-545.

[二] Inbar O, Tractinsky N. Lowering the line of visibility: Incidental users in service encounters[J]. *Behavior & Information Technology*, 2012, 31(3): 245-260.

[三] Beatson D A. Self-service technology and the service encounter[J]. *Service Industries Journal*, 2007, 27(1): 75-89.

[四] Lin W B. The exploration of customer satisfaction model from a comprehensive perspective[J]. *Expert Systems with Applications*, 2007, 33(1): 110-121.

际服务接触对满意度的直接影响最大（39.2%），其次为电话接触（29.6%）、网站接触（27.8%），影响程度最小的为邮寄服务（3.4%）。[1]Massad等也基于关键事件技术发现在电子零售服务情境下，人际服务接触（包括服务人员的特征和行为）是直接影响顾客满意度的首要因素。[2]但是，上述研究均只进行了定性分析和描述性统计，并未做出因果判断。谭巧巧则通过回归分析验证了技术接触（包括可靠性、易用性、网站信息和网站设计）、人际接触（包括服务态度、服务效率和专业性）、口碑接触（包括口头传播、网络营销、网络顾客评论）和服务结果接触（包括有形产品和便利性）分别对顾客满意度的直接影响，发现有形产品接触对满意度的影响最大，而不是人际服务接触。[3]Park等进一步基于服务接触的过程性视角，探究在线购物前与购物后的服务接触点分别对顾客满意度的直接影响，研究证实购物后的服务接触点对顾客满意度的直接影响更大。[4]

由前述可知，技术服务接触点会显著影响顾客的满意度且不同服务接触点的影响程度存在差异。但是，由于在研究时所构建的概念模型不同，学者们对服务接触点的影响形式（直接影响或间接影响）尚未达成共识。同时，前述文献对不同服务接触点影响程度的高低也未得出一致的结论，这可能与研究情境、数据收集方法等有一定的关系。此外，鲜有文献考虑到顾客特征（如文化差异、消费水平、消费习惯）、顾客对服务接触点的情感反应（正面情感或负面情感）、任务特征（如搜索产品的复杂度）等因素的调节作用。最后，服务接触理论指出，接触点的发生具有时序性与依存性（如前一个接触点的体验会影响顾客对后续接触点的期待以及接触时的行为表现），但现有研究大都只单一探讨了每个服务接触点的独立效应，未进一步洞察服务接触点之间的交互效应（例如人际接触点与情感接触点）。

20.2.2　服务接触理论在顾客在线使用意愿中的应用研究

服务接触理论表明接触点是影响顾客体验的关键要素，而体验的效果会直接通过顾客在服务过程的使用意愿表现出来，这为顾客在线使用意愿的影响因素研究提供了全新视角的建模方案。于是，部分信息系统研究者开始利用服务接触理论分析服务接触点对顾客网络购物行为与电子服务忠诚的影响，以寻求改善服务体验的方法。

---

[1] 刘云，王瑾. 携程旅行网的服务接触程度与顾客满意度关系研究[J]. 东方企业文化，2012，(15): 51-53.

[2] Massad N, Crowston H K. Customer satisfaction with electronic service encounters[J]. *International Journal of Electronic Commerce*, 2006, 10(4): 73-104.

[3] 谭巧巧. 服务接触对顾客网购满意度的影响研究[D]. 哈尔滨：哈尔滨工业大学，2013:1-69.

[4] Park I, Cho J, Rao H R. The effect of pre- and post-service performance on consumer evaluation of online retailers[J]. *Decision Support System*, 2012, 52(2): 416-426.

1. 服务接触点对顾客网络购物行为的影响研究

周杰等研究了网络购物过程中的口碑接触（包括口头传播、网络口碑）、技术接触（包括交易过程、响应速度、网站界面）、人际接触（包括服务态度、服务效率、专业性、发货速度）分别对消费者购买行为（产生需求、收集信息、评价方案、购买行动以及购后评价）的直接影响，结果显示这些服务接触点均对顾客购买行为产生显著影响，其中影响程度最大的是网络口碑、网站界面以及客服人员的服务态度。[一]

2. 服务接触点对顾客电子服务忠诚的影响研究

毕婷婷提出 O2O 服务接触的概念，并总结了 O2O 服务接触的五个维度（环境设施接触、其他顾客接触、服务人员接触、在线信息接触和智能交互接触）。实证研究结果表明这五个维度对 O2O 主题酒店的顾客忠诚意愿不存在直接正向影响，而是通过增强体验价值（包括情感功能价值和社会认知价值）间接影响顾客的忠诚意愿。[二]但是，潭江选取涉及不同接触度的银行业（高接触度的零售银行、中接触度的电话银行、低接触度的网上银行）作为研究对象，发现触觉体验（包括物理接触、人际接触、技术接触、环境接触）能够直接影响服务品牌延伸评价（即品牌忠诚意愿），也会通过具身认知和体验真实度的中介效应影响顾客对服务品牌的忠诚意愿。[三]

还有学者进一步考虑到服务接触频次的调节作用。Ieva 等通过在线调研发现顾客与传统零售接触点（如实体商店、宣传单、促销）、移动接触点（如移动应用程序、移动消息）和社交媒体接触点（如在线广告、网络口碑）的接触频率与顾客忠诚意愿（从关系承诺、自我表露与正面口碑三个维度进行度量）均存在显著的正相关关系。[四]

然而，上述文献均缺乏时间维度的动态分析。为此，Scherer 等以汽车公司所提供的道路救援服务作为研究对象，通过搜集面板数据进行生存分析，结果表明接触在线自助服务与电话客服的频次之比会以 U 形的方式动态影响顾客留存。[五]这说明技术服务接触对顾客留存具有明显的长期效应。

综上，服务接触被发现会对顾客网络购物行为产生显著影响，但是目前服务接触

[一] 周杰，孙爽，邓馨洁，等. 网购过程中服务接触点对消费者购买行为影响因素实证研究[J]. 经济师，2017, (5): 56-58.
[二] 毕婷婷. O2O 服务接触对主题酒店顾客忠诚影响研究[D]. 济南：山东师范大学，2018:1-58.
[三] 谭江. 触觉体验对服务品牌延伸评价的影响研究[D]. 北京：中央财经大学，2017:1-110.
[四] Ieva M, Ziliani C. Mapping touchpoint exposure in retailing: Implications for developing an omnichannel customer experience[J]. *International Journal of Retail & Distribution Management*, 2018, 46(3): 304-322.
[五] Scherer A, Wünderlich N V, Wangenheim F V. The value of self-service: Long-term effects of technology-based self-service usage on customer retention[J]. *MIS Quarterly*, 2015, 39(1): 177-200.

与顾客忠诚的关系尚未得出明确结论。同时，已有研究发现服务接触对顾客忠诚并非单一、静态的影响，各种服务接触点对顾客忠诚的动态影响仍待深入研究。此外，目前涉及网络行为的研究仅局限于计划购买行为，鲜有研究考虑到服务接触对计划外购买行为（如冲动性购买）的影响。最后，随着多屏（MultiScreen）与跨屏（CrossScreen）现象的出现，跨设备购买（即人们综合使用平板、手机、电脑等设备进行浏览和购物的消费行为）已经成为零售新常态。因此，未来的研究还可以探讨服务接触对顾客跨屏网购行为的影响，从而深刻揭示在不同需求情境下的跨屏消费行为机理。

20.2.3 服务接触理论在在线企业员工工作绩效中的应用研究

服务接触理论最初关注的就是服务业里顾客与服务人员的二元互动。在服务过程中，不仅服务人员的服务态度和服务水平会影响顾客对服务的感知，顾客的需求和配合程度也会影响服务人员的工作绩效。因此，有学者开始从服务提供者的视角出发研究服务接触对在线企业员工工作绩效的影响。

蔡珍妮构建了各种服务接触因素（即顾客因素、员工自身因素、计算机因素、任务因素以及公司管理环境因素）影响在线旅游企业员工工作效率（从员工对人机交互工作的满意度、交互时间、交互质量进行测量）的概念模型，实证研究表明顾客的需求、员工心理因素、公司管理环境因素对交互工作满意度有显著的影响；顾客的需求、员工生理因素、计算机软件性能因素、任务因素对交互工作时间有显著的影响；顾客的配合、员工个人特征与能力、任务因素、公司管理环境因素对交互工作质量有显著影响。⊖ 可以看出，如何满足顾客需求、减少与顾客接触过程中的摩擦是提升在线企业员工工作绩效的重点。

需要指出的是，当前研究并没有进一步分析不同的服务接触因素对工作效率影响的重要程度，而且它们使用的还是横截面数据，缺少时间维度的动态分析。此外，当前研究在测度效率时，是通过问卷度量员工自身的感知工作效率，存在一定的误差，未来的研究可以使用电子追踪数据（如在线服务用户数、平均服务时长、好评率等）或DEA（数据包络分析）方法来测量，以提高研究的准确性。

20.2.4 服务接触理论在电子服务质量测评中的应用研究

由于服务接触理论关注用户体验，强调用户对服务的感知价值是在经历服务接触

⊖ 蔡珍妮. 在线旅游企业人机交互效率的影响因素研究 [D]. 杭州：浙江工商大学，2017:1-57.

点以后产生的，这与服务质量评估衡量用户服务感知差距的原理相一致，因此非常适合应用于服务质量评估体系的构建。杜学美等基于服务蓝图提炼出网上零售业所涉及的服务接触点，以此为基础概括出五个网络购物服务质量的评估指标（网站设计、商品信息、在线支付、物流配送和在线人际服务），最后运用模糊综合评价方法对顾客的感知服务质量进行测评。实证研究发现，顾客对网站设计、商品信息和在线支付的感知较好，但对物流配送和在线人际服务的感知一般。[⊖]还有学者通过对服务接触三元模型（服务组织、服务人员与顾客）的相互关系进行分析，提出了电子服务质量综合测度模型，但未进行实证研究检验该模型的效度。[⊜]

目前，基于服务接触理论对电子服务质量进行测评的文献均未考虑到网络口碑、广告、企业形象、有形产品等服务接触点对顾客电子服务质量感知的影响，形成的电子服务质量评价指标体系都有些片面。值得指出的是，当前的研究情境基本限于零售服务业。

20.2.5　服务接触理论在服务系统设计中的应用研究

由于服务接触理论的影响，服务设计常被定义为："为随时间出现的服务接触点的体验而设计。"这种以用户为中心、自底向上的服务设计方式，可以为用户提供明确的价值主张，让用户积极采纳以及更好地使用服务系统。

1. 服务接触理论在服务系统概念设计中的应用研究

服务接触理论适用于在服务系统设计中挖掘影响用户体验的关键接触点。于是，部分学者在分析服务接触点的基础上，提出了服务系统的设计思路，以便为系统的设计实践和开发提供参考。胡蓉等通过分析移动阅读平台的内容接触点、阅读功能接触点、交互功能接触点与个性化功能接触点，提炼出以提升全民阅读体验为目的的移动阅读平台设计要素，并构建出移动阅读平台的 PUD（Platform-User-Designing）三维服务设计框架。[⊜]殷晓晨等则对智慧校园背景下的同校大学生书籍分享阅读 App 进行概念设计研究，他们在用户需求分析的基础上，从闲置图书资源共享、读书社交、个

⊖ 杜学美，张倩，苏强. 基于服务蓝图的网上零售业感知服务质量 [J]. 工业工程，2013, 16(1): 19-24.
⊜ 刘晓. 基于服务接触的电子服务质量测度模型 [J]. 图书馆学研究，2008, (9): 90-94.
⊜ 胡蓉，朱庆华，赵宇翔，等. 基于全民阅读理念的移动阅读平台三维服务框架构建 [J]. 图书情报工作，2015, 59(9): 45-51.

性化图书推送三个服务接触点提出了 App 创新设计新思路。[一]还有学者以餐饮排队系统作为研究对象，深入地探析了服务前、服务中、服务后的接触点，然后从智能手机界面接触、物理环境接触、人员接触三个角度提出了改善现有餐饮排队系统的建议与思路。[二]

2. 服务接触理论在服务系统设计实践中的应用研究

基于服务系统的概念设计，不少学者还将某一具体的服务平台作为优化设计对象，实现从概念框架到设计实践的整个研究过程。目前主要的研究情境包括虚拟展示系统[三]、智能家电系统[四]、医疗系统[五]、金融系统[六]、零售服务系统[七]、O2O 服务系统[八]、交通服务系统[九]、共享服务系统[十]等。在进行实证研究时，学者们首先通过定性研究方法（如访谈法）或者定量研究方法（如问卷法、二手资料分析法）对服务系统的目标用户进行调研分析，提炼出服务过程中的关键触点与痛点；然后通过服务蓝图或顾客体验旅程图视觉化地呈现全部服务接触点；最后以此为依据，提出服务系统流程优化的设计策略，并运用设计策略完成服务平台的功能设计、交互原型设计和视觉设计。例如，徐佩使用顾客体验旅程图将餐饮外卖 O2O 服务流程中的数字接触点、物理接触点、情感接触点和隐形接触点进行可视化，且针对性地提出服务接触点设计策略；最后以"美食汇"餐饮外卖 O2O 服务平台为例，建立服务设计原型，并对其进行商业性评估。[十一]王小彤通过对 B2C 电商 App 的资深用户进行深度访谈，挖掘其在移动购物过程中的接触点；然后运用服务蓝图进行综合分析，找到改进接触点、提升用户体验的方法；最后，将"贝贝母婴"App 作为具体的改进案例，进行接触点优化设计。[十二]张继涛也运用服务接触点与服务蓝图的方法对 O2O 家装服务平台进行了研究分析，并通过虚拟场景建模和 Unit3D 功能开发设计出带有虚拟装修效果体验功能的家装平台原型。[十三]

[一] 殷晓晨, 刘靖. 智慧校园服务 App 设计研究: 以大学生书籍分享阅读 App 为例 [J]. 艺术与设计（理论），2017, (9): 99-101.
[二] 纪好. 基于服务接触的餐饮排队系统探析 [J]. 艺术与设计（理论），2017, (7): 103-105.
[三] 汤子颖. 虚拟展示系统的服务设计研究与应用 [D]. 济南: 山东建筑大学, 2016: 1-44.
[四] 罗妙妙. 基于服务设计理念的智能健康秤及 App 设计研究 [D]. 广州: 华南理工大学, 2017: 1-72.
[五] 郭志番. 基于服务设计理论的移动医疗产品服务系统研究 [D]. 上海: 华东理工大学, 2016: 1-73.
[六] 魏敬普. 新型银行网点服务设计研究 [D]. 合肥: 合肥工业大学, 2014: 1-50.
[七] 孙惟斯. 基于服务设计理念的 B2C 电子商务网站设计研究 [D]. 上海: 华东理工大学, 2014: 1-54.
[八] 汪文才. 游戏化方式在 O2O 旅游服务设计中的应用探究 [D]. 上海: 华东理工大学, 2016: 1-68.
[九] 赵树林. 基于顾客体验的轨道交通智能售票系统服务设计研究 [D]. 合肥: 合肥工业大学, 2016: 1-60.
[十] 韩力. 基于服务设计理论的共享雨伞服务系统设计研究 [D]. 上海: 华东理工大学, 2017: 1-102.
[十一] 徐佩. 餐饮外卖 O2O 服务创新设计策略研究 [D]. 上海: 华东理工大学, 2015: 1-75.
[十二] 王小彤. 着眼于服务提升顾客体验的 B2C 移动电子商务 App 设计研究 [D]. 南京: 东南大学, 2016: 1-51.
[十三] 张继涛. 基于服务设计理念的 O2O 家装服务平台的设计研究 [D]. 广州: 华南理工大学, 2018: 1-56.

目前，服务接触理论在服务设计中的应用研究已经较为丰富，但是，现有的研究还存在不足之处，主要包括以下三个方面：第一，学者们主要关注线上技术接触点的体验，对其他接触点（如在线人际接触点）的关注并不多。同时，学者们几乎只对某一个接触点进行独立的优化设计，而未认识到各种接触点之间相辅相成的关系。第二，尚未有在对用户类型进行细分的基础上，分别挖掘不同特征用户的服务需求与体验痛点，并针对性地展开系统设计的文献。第三，调研对象仅囿于目标用户。因为参与服务的人员不仅包括用户，也包括提供服务的一线员工（如设计者、管理者、开发者等），了解和倾听他们的心声对服务流程的改善也会有较大帮助，但学者对这一方面的调查普遍欠缺。

20.3 结论与展望

通过文献综述发现，目前服务接触理论在信息系统领域的应用研究成果主要集中在"顾客电子服务满意度研究""顾客在线使用意愿研究""在线企业员工工作绩效研究""电子服务质量测评研究"以及"服务系统设计研究"五个方面。

现有研究仍存在以下缺陷：①研究情境基本局限于零售电子商务。②关于服务接触与顾客满意度、顾客忠诚关系的研究还未得出一致的结论。③缺少综合考虑到服务接触点之间的交互效应以及接触频次、接触时顾客的情感反应等调节效应的文献。④大部分研究使用的还是横截面数据，缺少从时间维度对接触点的动态效应进行分析的文献。⑤未能综合考虑到网络口碑、广告、企业形象、有形产品等服务接触点对顾客电子服务质量感知的影响，导致构建的电子服务质量评估体系有些片面。⑥开展服务设计前仅对目标用户进行调研，视角单一。⑦仅对接触点进行独立的优化设计，却未认识到各服务接触点之间的顺承或递进关系。

为了弥补前述不足，今后服务接触理论在信息系统领域的应用研究需要注意以下问题。

（1）在涉及顾客电子服务满意度、顾客使用意愿与电子企业员工工作绩效的研究中，可以继续对现有研究中尚未达成一致的问题进行深入探索，探究分歧存在的原因，得出更具普遍性与规律性的结论；进一步挖掘用户特征、任务特征、用户对接触点的情感反应、服务接触程度等可能会调节服务接触作用效果的因素；在构建概念模型时，纳入服务接触点之间的交互效应；从动态的视角出发，利用面板数据分析服务接触点对顾客满意度、使用意愿、服务人员工作绩效的动态作用机理。

（2）在涉及电子服务质量测评的研究中，未来需要根据研究情境，综合考虑到服务全流程中人际接触点、技术接触点、有形产品等物理接触点、口碑和企业形象等隐形接触点。

（3）在涉及服务系统设计的研究中，未来需要认识到接触点之间的联系，并从双重视角或多重视角（用户、服务人员、管理者、设计师等）展开需求调研，挖掘服务提供者预期的服务与用户真实体验的服务之间所存在的差距，以丰富对服务接触点设计的整体认识，从而更好地提升用户体验。

（4）拓展服务接触理论至新的领域和场景。未来的研究还可以对电子政务、远程医疗、在线教育、在线旅游、在线游戏等电子服务进行探讨，拓宽服务接触理论的应用范围。

（5）使用更客观和更准确的方法获取研究数据。当前的研究往往采用问卷法或访谈法收集数据，从而识别出服务接触点，但是问卷与访谈所得到的主观报告数据具有一定的误差与滞后性。因此，未来的研究可以利用客观数据挖掘服务系统目标用户的认知，并结合扎根理论方法深入探究影响用户满意度与使用意愿的服务接触点。此外，考虑到各类接触点需要根据服务情境进行识别，还可以通过情境模拟实验捕捉用户在具体情境下的行为反应，从更细致与真实的角度识别服务接触点。

（6）基于服务接触理论的电子服务失败研究。一些针对传统服务行业的研究表明，企业在服务过程中无法完全避免所有失误，顾客产生不满也难以完全避免。因此，今后的研究还可以基于服务失败和服务补救的视角，搜集用户在社交媒体等平台上所发表的负面评论来反向洞察导致电子服务失误与用户抱怨行为的接触点要素，从而为服务组织有针对性地采取服务补救措施、提高用户满意度提供参考。

（7）基于服务接触理论的数字现实技术接触研究。增强现实、混合现实、虚拟现实等数字现实技术已经开始在零售、医疗卫生等服务行业得到应用，它们通过计算机生成作用于用户视、听、触、嗅、味觉的交互式视景仿真，可以带来全新的、沉浸式的服务体验。因此，新兴的数字现实技术服务接触能否影响用户行为以及用户对服务的满意度？若能，在何种服务情境下会产生积极影响？如何对数字现实技术接触与其他接触点进行整合设计以强化这种积极影响？